LEGISPRUDENCE
PRACTICAL REASON
IN LEGISLATION   LUC J. WINTGENS

《立法学经典译丛》
赵雪纲 主编

立法法理学
立法中的实践理性

〔比〕吕克·J. 温特根斯 著
姜廷惠 陈一宏 译

商务印书馆
The Commercial Press

Luc J. Wintgens
LEGISPRUDENCE
Practical Reason in Legislation
Copyright © Luc J. Wintgens 2012
中译本根据 Routledge 出版公司 2012 年版译出

Authorized translation from English language edition published by Routledge, part of Taylor & Francis Group LLC. All Rights Reserved.

本书原版由 Taylor & Francis 出版集团旗下 Routledge 出版公司出版，并经其授权翻译出版。版权所有，侵权必究。

The Commercial Press, Ltd. is authorized to publish and distribute exclusively the Chinese (Simplified Characters) language edition. This edition is authorized for sale throughout Mainland of China. No part of the publication may be reproduced or distributed by any means, or stored in a database or retrieval system, without the prior written permission of the publisher.

本书中文简体翻译版授权由商务印书馆独家出版并仅限在中国大陆地区销售，未经出版者书面许可，不得以任何方式复制或发行本书的任何部分。

Copies of this book sold without a Taylor & Francis sticker on the cover are unauthorized and illegal.

本书贴有 Taylor & Francis 公司防伪标签，无标签者不得销售。

立法学经典译丛
总　序

一

柏拉图在《法律篇》的开头之处就通过雅典来客之口问道："告诉我，你们的法律是谁制定（安排）的？是某位神？还是某个人？"① 这种以追问立法者及其立法方式开端的思考方式，奠定了后世西方思想家探究立法问题的基本模式。又由于古犹太人首先以摩西传达的上帝诫命为其律法，故承继犹太信仰核心的基督教思想家对立法问题的思考，尤重立法者及其法律的"制定"问题。阿奎纳在阐述法律的核心要素时，将立法者（legislator）、理性（reason）、公共善（common good）和颁布（promulgation）四者作为判断一条规则具有法律品质的标准。② 在柏拉图或者阿奎纳这样的古典思想家那里，立法者到底应该是谁的问题，大体又可以分为两层来理解：第一层是，立法者应该是神还是人；第二层是，如果立法者是人，那应该是什么样的人。在古人那里，似乎只有神

---
① 柏拉图：《法律篇》，张智仁、何勤华译，孙增霖校，上海人民出版社2001年版，第1页。
② 圣多玛斯·阿奎那：《神学大全》第六册《论法律与恩宠》，周克勤总编，刘俊余译，中华道明会、碧岳学社2008年版，第1—7页。

所制定的法律,才是最不可能偏离正义的,而人所制定的法律则不一定如此。故而宙斯的儿子米诺斯"每隔九年……就到他父亲宙斯那里去请教,根据神谕"为克里特城邦制定法律。而摩西这样的先知,也是从上帝那里领受了祂借着天使所颁布的法律(旧约的法律),更不要说神子耶稣直接颁布新约法律的故事了。职是之故,人类立法者(human legislator),一定至少是半神之人,甚至本身就是神自身,否则他便不能参悟神道,并将永无谬误的神圣之法传达给人类。按柏拉图的看法,似乎只有神明亲自立法或通过半神之人传达自己的法律,这法律才能"像一个弓箭手那样始终瞄准唯一的目标",即美德。① 故而古人之追问立法者应该是神是人,其实是在关注人类立法者的限度以及人法的目的和方向问题。

然而,启蒙思想家却认为,神明和通神之人,甚至神样的人(god-like person),其自身之存否尚可质疑,因此,人类或者国家,只能可靠地从普通人那里寻得权威,以立言制法。普通人是芸芸众生,因此,启蒙思想家寻找到的这个人类立法者,不再是那个单数的神样的人,而是成了复数的"人们"(persons),而且他们还用一个单数的"人民"(a people)将这个复数的"人们"总括起来,树之为最高的、唯一正当的人类立法者。在这个探寻人类立法者的过程中,一位并非启蒙家的教士马西略发挥了重要的过渡作用。按照施特劳斯的理解,马西略的主张是,"在任何一个共和国中,最根本的政治权威……是人类立法者,也就是人民,全体公民"。因而"立法权应当属于那些凭借自身能力就能够制定出理想法律的人,这只能是全体公民"。进而,人法才是唯一能够被真正称为

---

① 参见柏拉图:《法律篇》,张智仁、何勤华译,孙增霖校,上海人民出版社2001年版,第109页。

法律的东西,因其立法者是人,而其目的在于为人类自身谋得身体上的福祉。①

如果说马西略类似现代人民主权理论的人类立法者思想是出于反教权目的而"被迫"表达的话,那么一百五十多年之后的马基雅维利基于反神学的抱负而阐述的专制君主为唯一立法者的学说,就不仅使得世俗之人成了唯一合格的立法者,而且使得专制君主命令之外的其他一切规则彻底丧失了法律的品质。霍布斯在一百二十年后接续并完善了马基雅维利的这一主张。尽管霍布斯还在讲自然法的戒律,但他明确提出,"正式来说,所谓法律是有权管辖他人的人所说的话",因此称自然法为法律"是不恰当的"。② 霍布斯的此观点,首开了后世"法律就是主权者的命令"这一实证法学立场的端绪。他的这种让主权者握有几乎全部权力的理论,对后世的议会主权观念影响深远。后来,经过斯宾诺莎、洛克等人的论述,不仅上帝为人立法的观念遭到了彻底的否弃,人类立法者成了唯一正当的立法者,而且人类立法者所定法律的目的只能是霍布斯式的"使生命与国家皆得安全"③,"为人民谋福利"④。当斯宾诺莎和洛克出于维护自由的信念而将民主政体视为几乎是最佳政体时,现代人民立法者的观念就呼之欲出了!⑤ 上承马西略、斯宾诺莎和洛克的卢梭完成了人民是唯一的主权者、唯一的立法者这理论上

---

① 参见列奥·施特劳斯:《帕多瓦的马西利乌斯》,载列奥·施特劳斯:《古今自由主义》,马志娟译,江苏人民出版社2010年版,第215—236页。
② 霍布斯:《利维坦》,黎思复、黎廷弼译,杨昌裕校,商务印书馆1985年版,第122页。
③ 斯宾诺莎:《神学政治论》,温锡增译,商务印书馆1963年版,第66页。
④ 洛克:《政府论(下篇)》,叶启芳、瞿菊农译,商务印书馆1964年版,第89页。
⑤ 参见斯宾诺莎:《神学政治论》,温锡增译,商务印书馆1963年版,第216—219页;洛克:《政府论(下篇)》,叶启芳、瞿菊农译,商务印书馆1964年版,第80—98页。

的最后一步。① 立法者终于由神而到半神之人、由半神之人而到独裁的君主,最终变成了人民,这是古今立法者身份之变,也是正当政体或最佳政体观念之变的紧要"时刻"——我们或可称之为"卢梭时刻"。

二

人民是唯一的主权者,也应是唯一的立法者,可是,作为集体的人民如何立法?就连创构人民主权理论的卢梭在这一点上也深感为难。"我们不能想象人民无休无止地开大会来讨论公共事务"②,尤其"常常是并不知道自己应该要些什么的盲目的群众……又怎么能亲自来执行像立法体系这样一桩既重大又困难的事业呢?"③摩西或者穆罕默德这样的伟大人物立法自是容易,他们以神道设教、代神明立言颁法即可,无须代表。但人民这样的立法者总是难以持续地制定法律,除非通过人民的代表机构。而卢梭又完全不相信人民能被"代表",也不认为代表机构能享有国家主权并获得立法者的资格,人民的议员"不是也不可能是人民的代表,他们只不过是人民的办事员罢了"④,即便议员制定法律,他们似乎也只不过是"编订法律的人",而编订法律的人"不应该有任何的立法权力"⑤。这是卢梭的理论难题,只不过在实践中,英国代议制彼时已在欧陆产生广泛影响,尤其受到孟德斯鸠等人的大力推崇。因此,到了十八世纪的时候,尽管人们在"谁应操有主权,谁应行使立法

---

① 参见汉娜·阿伦特:《论革命》,陈周旺译,译林出版社2019年版,第181页。
② 卢梭:《社会契约论》,何兆武译,商务印书馆1980年版,第84页。
③ 卢梭:《社会契约论》,何兆武译,商务印书馆1980年版,第48页。
④ 卢梭:《社会契约论》,何兆武译,商务印书馆1980年版,第120页。
⑤ 卢梭:《社会契约论》,何兆武译,商务印书馆1980年版,第53页。

权力"这样的问题上还有争议,但代议机构应具有主权者和立法者的身份这一观念,已然产生了极大影响。而且,尽管卢梭反对代议制度,但其人民主权观念却在经过法国大革命之后,愈加与议会制度结合在一起,进一步确定了议会主权即人民主权的观念。人民成为现代立法活动的至高之"神",具有极为重要的理论和实践意义。

由此看来,虽然代议机构在英国历史中出现得早,代议制度实践在欧洲历史中也长,①但将代议机构视为一国人民的代表机构,视为享有至高权力的立法者,却是人民主权观念确立之后的事情。后来,经过欧洲1848年的革命运动,到了十九世纪中期,主要处理代议制实践问题的密尔的《代议制政府》一纸风行,为体现人民主权的代议制度确立了更为坚实的基础。在"理想上最好的政府形式是代议制政府"一章的结尾之处,密尔讲过一段很有名的话:

> 显然能够充分满足所有要求的唯一政府是全体人民参加的政府;任何参加,即使是参加最小的公共职务也是有益的;这种参加的范围大小应到处和社会一般进步程度所允许的范围一样;只有容许所有的人在国家主权中都有一份才是可以想望的。但是既然在面积和人口超过一个小市镇的社会里除公共事务的某些极次要的部分外所有的人亲自参加公共事务是不可能的,从而就可得出结论说,一个完善政府的理想类型一定是代议制政府了。②

密尔这里所说的意思是,鉴于直接民主制不可能在现实中实现,因

---

① 参见弗朗索瓦·基佐:《欧洲代议制政府的历史起源》,张清津、袁淑娟译,复旦大学出版社2008年版。
② 密尔:《代议制政府》,汪瑄译,商务印书馆1984年版,第55页。

此只有能够最大程度地体现民主性的代议制政府,才是唯一可能的最佳政府形式。而且,密尔所说的代议制政府,主要就是指作为全体人民之代表的立法机构。其实,早于密尔的《代议制政府》一书十年时间,基佐在他的《欧洲代议制政府的历史起源》中批判卢梭的意志论代表理论时,就将代议制中的代表推上了至高地位,认为他们代表的不是个体的意志,而是公共理性、公共道德,因此代表构成的团体才能体现最高统治权所要求的理性、道德、真理和正义,也因此,代议机构才能享有最高的立法之权。①

三

既然代议机构理所当然地享有了最高立法权力,成了事实上的立法者,那么,这种在现代人看来来之不易的机构,又应该立出什么样的法律? 换言之,某些启蒙思想家将立法者由专制君主替换成代表人民的代议机构,目的是想让它制定什么样的法律?

中世纪的英格兰议会对后世代议制理论和实践产生了深远影响,孟德斯鸠对英格兰中世纪形成的这一传统深表赞赏,他的理由在于,因为这种制度有助于实现人民的"自由"——自由在孟德斯鸠眼里是好政治的主要标准。"世界上还有一个国家,它的政制的直接目的就是政治自由。"②英格兰这个国家不仅以政治自由为其立国目的,而且在光荣革命后还设计出了颇让孟德斯鸠赞叹的权力分立和制衡制度来实现政治自由。孟德斯鸠进而论述道,自由之国的"每个人都被认为具有自由的

---

① 参见弗朗索瓦·基佐:《欧洲代议制政府的历史起源》,张清津、袁淑娟译,复旦大学出版社 2008 年版,第 300—313 页。

② 孟德斯鸠:《论法的精神》,张雁深译,商务印书馆 1961 年版,第 155 页。

精神",都应该自治,"所以立法权应该由人民集体享有",但这在实际上又很难做到,"因此人民必须通过他们的代表来做一切他们自己所不能做的事情"。① 由此看来,将代议机构视为卢梭主权在民意义上的最高立法机关,或许孟德斯鸠尚不具此意,但立法权从根本上说应由人民集体享有而且立法的目的应为实现人民的自由,则是两个人的共同看法。

那么,促进和保护自由应是现代代议机构立法的唯一目的吗?不是!

密尔认为,历史上曾经存在专制君主和专断权力,有时也被用作猛药来消除国家的弊病,但是,只有当专制权力被用来"消除妨害民族享有自由的障碍时才是可以原谅的"②。也就是说,只有在人民的自由受到威胁而有丧失的危险时,专制权力才可以作为恢复自由的临时手段而被使用。在常态下,对于维护自由来说,平民政府无疑才是最佳的手段。而且,平民政府不仅有利于实现自由,还能促进民族性格的健康发展和进步,进而使国家达至普遍繁荣之境。"一切自由社会,比之任何其他社会,或者比自由社会在丧失自由以后,既更能免除社会的不公正和犯罪,又可达到更辉煌的繁荣。……自由国家的较高的繁荣明显得无法否认。"③原来如此!平民-代议制政府、自由社会、公正秩序、繁荣昌盛,是具有密切关联的事物。由此可以看到,孟德斯鸠、密尔等人论证代议制政府的正当性,是与论证国家和法律所欲实现的新目的——自由、公正、繁荣——连在一起的。当国家和法律所欲达至的目的经过启蒙思想家的不懈论述和宣传发生了根本变化时,能够建立起这样的新国家、能够制定出这样的新法律的政府形式也就必须发生根本变化,

---

① 孟德斯鸠:《论法的精神》,张雁深译,商务印书馆1961年版,第158页。
② 密尔:《代议制政府》,汪瑄译,商务印书馆1984年版,第43页。
③ 密尔:《代议制政府》,汪瑄译,商务印书馆1984年版,第46页。

这就是从君主制向民主制的转变,从君主一人立法向民众全体立法的转变——由于民众全体立法在实践操作中的困难,代议制政府形式和代议制立法于是就有了唯一的正当性。而且,原来"像一个弓箭手那样始终瞄准唯一的目标"的法律,所瞄准的那个唯一目标是美德,所以法律才须由神明自身或半神之人来制定,当法律的目标成为自由的公正,尤其是繁荣的"共富"(commonwealth)时,立法者也就必须变成代表全体民众之想望(desires)的代议机构。国家和法律在根本目标上的古今之变,带来了国家治理方式、立法者和立法方式上的彻底改变!

四

可是,代议制终究不是全民民主,代议机构在制定法律时也不易常能听取人民的意见。如果人民选出的代表是精英还好(熊彼特的精英民主理论),因为精英毕竟代表着更高的理性和美德。但若人民选出的少数代表僭取人民的至高政治地位,篡夺人民的利益,限制人民的自由,那该怎么办?因此,直到今日仍然有人认为:"代议制事实上具备某些民主特征。但其寡头特征也是不容置疑的……(因此)代议制政府的制度安排是民主属性和非民主属性的组合。"①因此,代议制"在创始之初被视作民主的对立物"可能是更有道理的,而在今天"被视为民主的表现形式之一"很有可能也是成问题的。② 但是,毕竟我们可以通过更合理的制度设计来逐步解决代议制和代议机构立法所存在的问题,

---

① 伯纳德·曼宁:《代议制政府的原则》,史春玉译,中国社会科学出版社2019年版,第215页。
② 伯纳德·曼宁:《代议制政府的原则》,史春玉译,中国社会科学出版社2019年版,第214页。

因此达尔的看法还只是对代议机构立法所做的一般性批判,尚不致毁掉其根基。而二十世纪的另外两位政治立场迥异的思想家对代议制或议会民主制所做的批判,则让我们对代议机构立法的常态做法,甚至对人民主权理念本身也会产生深刻的疑虑。

第一位就是自由主义大师哈耶克。他认为人类社会自有其规律(法律),而人类按照自己的意志进行人为立法,有时固然有大大增强人类力量之功,但更多的时候却会带来糟糕的后果甚至灾难,因此他说:"立法这种发明赋予了人类一种威力无比的工具——它是人类为了实现某种善所需要的工具,但是人类却还没有学会控制它,并确保它不产生大恶。"①哈耶克引述别人的话说,得到人民主权观念加持的代议机构运用技艺来立法,更是一种现代的"发明,可能会产生某种严重的后果,与火的发现或火药的发明所具有的那种严重后果一样"②。因此,哈耶克坚决反对"法律乃是主权者的命令……一切法律都必须由正当选举产生的人民代表制定"这一观点,③因为这种观点极易导致一种普遍的信念,即"所有的法律都是,都能够是,也都应当是立法者随心所欲发明的产物"④。具体到代议制中,这种观点和信念假定人民可以"一起行动",而且人民一起行动时"在道德上也要比个人采取单独行动更可取"⑤,进一步地,它又推定人民的代议机构是全知全能的,并因此而享

---

① 弗里德利希·冯·哈耶克:《法律、立法与自由》(第一卷),邓正来等译,中国大百科全书出版社2022年版,第182页。
② 弗里德利希·冯·哈耶克:《法律、立法与自由》(第一卷),邓正来等译,中国大百科全书出版社2022年版,第210—211页。
③ 参见弗里德利希·冯·哈耶克:《自由秩序原理》(上),邓正来译,生活·读书·新知三联书店1997年版,第377页。
④ 弗里德利希·冯·哈耶克:《法律、立法与自由》(第一卷),邓正来等译,中国大百科全书出版社2022年版,第184页。
⑤ 弗里德利希·冯·哈耶克:《法律、立法与自由》(第三卷),邓正来等译,中国大百科全书出版社2022年版,第62页。

有不受限制的主权(unlimited sovereignty),可以随心所欲地制定一切法律。在哈耶克看来,这种观念只不过是现代人的臆想。

哈耶克提醒人们要警惕这种观念:最高立法者的意志就是法律,只有最高立法者的意志才是法律。原因在于,作为最高立法者的代议机构据此观念制定的法律极有可能侵犯人的自由。但这还不是最为糟糕的事情。当随着行政事务越来越多而民选议会过多承担了政府治理的任务时,议会的主要事务就会变成帮助国家机器能够正常有序地运转,这在哈耶克看来才是糟糕透顶之事。即便我们承认议会是最高立法者,这种改变议会和议员性质,让议会为行政机关背书,让政治决定立法的实践,会使立法机构将其真正的立法任务彻底抛弃,会使议会和议员不关注立法而关注政府治理任务,会使得议会和议员不能再代表普遍利益,而会趋向"变成他们各自选民利益的代言人"。①

政治治理任务的主要特征是命令的即时化,而非法律的恒稳性。洛克说:"谁拥有立法权或最高权力,谁就有义务根据既已确立的、向全国人民颁布周知的、长期有效的法律来实行统治,而不得以即时性的命令来实行统治。"哈耶克据此认为,洛克眼里的立法机构成立的目的是制定法律以捍卫、保障社会成员的权利和自由,限制任何社会成员尤其是任何机构的权力和支配权。而现代代议机构立法权的政治化在很大程度上可以使之堕落成专断、绝对的权力,更要命的是,这种专断和绝对的立法权在这时其实只不过成了政治性权力的附庸。② 哈耶克最终对现代立法事业提出警示说:"真正的立法从根本上说是一项需要远见

---

① 弗里德利希·冯·哈耶克:《法律、立法与自由》(第一卷),邓正来等译,中国大百科全书出版社 2022 年版,第 51 页。

② 参见弗里德利希·冯·哈耶克:《自由秩序原理》(上),邓正来译,生活·读书·新知三联书店 1997 年版,第 214—215 页。

的任务……立法必须是一项持续不断的任务,亦即一项必须持之不懈地以渐进方式去努力改进法律并使之与新情势相适应的任务。"① 但这种新情势,却绝不应是政治性权力"创造"出来的。

施米特作为二十世纪的一位非自由主义者甚至反自由主义者,对议会立法从另一个方向上提出了深刻的批判。他像哈耶克一样认为,议会的愈加政治化和行政化是一个现实——"今天,议会主义是作为执政方法和政治体制而存在的"②。而这种现实在他看来是现代大众民主愈加发展的后果。因为大众民主愈是发展,议会这样的立法机构就愈是成为一种"商议和协调"机构,而离其"说服对手相信一种正确做法或者真理"的机构性质愈远,③于是卢梭式的"公意"也就愈加不可能从议会中产生出来,而正确的法律因之也就愈加不可能从议会中制定出来。当"议会从拥有明确真理的机构变成一种单纯的实际操作工具"时,"某种工艺流程"就成了它展示自身存在的最重要的东西。"于是,议会便走到了尽头。"④ 而且,当议会立法越来越为党派性的委员会操控时,"议会就变成了一个官署",而不再是一个"在公开辩论的基础上作出决断的场所了"。⑤ 于是,议会作为立法机构的正当性基础也便深遭侵蚀。施米特早在作于1923年的《当今议会制的思想史

---

① 弗里德利希·冯·哈耶克:《立法、法律与自由》(第三卷),邓正来等译,中国大百科全书出版社2022年版,第64页。
② 卡尔·施米特:《议会主义与现代大众民主的对立》,载卡尔·施米特:《论断与概念:在与魏玛、日内瓦、凡尔赛的斗争中(1923—1939)》,朱雁冰译,上海人民出版社2006年版,第49页。
③ 卡尔·施米特:《议会主义与现代大众民主的对立》,载卡尔·施米特:《论断与概念:在与魏玛、日内瓦、凡尔赛的斗争中(1923—1939)》,朱雁冰译,上海人民出版社2006年版,第49页。
④ 卡尔·施米特:《议会主义与现代大众民主的对立》,载卡尔·施米特:《论断与概念:在与魏玛、日内瓦、凡尔赛的斗争中(1923—1939)》,朱雁冰译,上海人民出版社2006年版,第53页。
⑤ 参见卡尔·施米特:《宪法学说》,刘锋译,上海人民出版社2005年版,第342页。

状况》"导言"中就说过:

> 比例代表制和党派代表式选票的制度,破坏了选民与议员之间的关系,使结帮拉派成了议会中不可缺少的统治手段,使所谓的代表原则成了无稽之谈。此外,真正的事务不是出现在全体参加的公开会议上,而是出现在委员会里,甚至不一定出现在议会的委员会里;重大决策是在宗派领袖的秘密会议甚至议会外的委员会做出的……这样一来,整个议会制度最终变成了一件掩盖党派统治和经济利益的可怜外衣。①

当议会的立法不得不越来越"跟委员会甚至越来越小的委员会合作"时,作为人民代表机构的议会整体,就变成了"一种纯粹的门面",议会在此意义上也就丧失了其"自身的理(ratio)"。②

更糟糕的还不止于此。在施米特看来,应将辩论作为其根本活动方式的议会,不仅对自身的这一根本之"理"不再坚持,而且它自己也越来越认为不可能通过公开辩论获得绝对意义上的真理和正确,它认为通过辩论能够获得部分相对真理已经是不错的了。这样,议会就"从一种其正确性不言自明的制度变成了一种单纯实用的技术性手段",于是,"议会也就完结了"。③

这样的议会制定出来的法律,毫不尊贵,也无庄严。因为法律应该

---

① 卡尔·施米特:《当今议会制的思想史状况》,载卡尔·施米特:《政治的浪漫派》,冯克利、刘锋译,上海人民出版社2004年版,第173页。
② 参见卡尔·施米特:《当今议会制的思想史状况》,载卡尔·施米特:《政治的浪漫派》,冯克利、刘锋译,上海人民出版社2004年版,第200页。
③ 参见卡尔·施米特:《当今议会制的思想史状况》,载卡尔·施米特:《政治的浪漫派》,冯克利、刘锋译,上海人民出版社2004年版,第164页。

是"与纯粹的权威(Autorias)相对的真理(Veritas)……与单纯的具体命令相对的普遍正确的规范"①,若现代法律只能从议会获得一个权威的外壳而不能从中获得真理品质,那么,我们还要议会制度干什么呢？在施米特看来,这样一种议会制理念,摧毁了卢梭式"自身同质的"人民保障其意志的正义和理性的"所有属性",而只让议会成了一个个人利益的协调场域,从中只能产生价值中立的、功能主义—形式的法律。由此,施米特说,布尔什维克主义对现代议会制的批判,才有其甚大的合理性,而马克思主义思想中的专政理念,也才在某种程度上具有了道德上的正当性。② 施米特引用托洛茨基的话说:"相对真理的意识绝不可能赋予人们运用暴力和流血牺牲的勇气。"③因为只有一个以追求绝对真理和永恒正义的法律为目标的议会,才能树立起"立法的尊严"！

五

柏克说过,认为"法律从制定它的机构中便能够获致权威而与制定者的品质无关",是一种威胁人类社会的秩序和和谐、安全和幸福的极大谬误。④ 我们从哈耶克、施米特等二十世纪思想家对议会立法的反思和批判那里,仍然可以听到柏克此种观念的回声。所以,立法者到底应该是谁、立法者应该制定什么样的法律、如何保证立法者制定良好的法

---

① 卡尔·施米特:《当今议会制的思想史状况》,载卡尔·施米特:《政治的浪漫派》,冯克利、刘锋译,上海人民出版社2004年版,第195页。
② 参见卡尔·施米特:《当今议会制的思想史状况》,载卡尔·施米特:《政治的浪漫派》,冯克利、刘锋译,上海人民出版社2004年版,第200页及以下。
③ 卡尔·施米特:《当今议会制的思想史状况》,载卡尔·施米特:《政治的浪漫派》,冯克利、刘锋译,上海人民出版社2004年版,第210页。
④ 参见弗里德利希·冯·哈耶克:《自由秩序原理》(上),邓正来译,生活·读书·新知三联书店1997年版,第378页。

律等等这些问题,既是古人的问题,同样也是启蒙以来的现代立法理论所关注的问题。也可以说,这些基本问题,是一代代思想家论述立法的经典著作不断重新提出而且持久为后世心怀天下者所深思的问题。今日自不例外,也不应例外!

然而,代议机构自卢梭之后在实践中已经成为人民主权代表机构而能代表人民制定法律,且其制定的法律之目的和方向已然确定,那么对今日的我们来说,上述立法的诸基本问题似乎就只剩下了一个,那就是不断探索代议机构制定法律的正确方式,精心设计立法程序并将之确定为制度性的过程,以保证法律"来自人民、为了人民"的品质。由此,现代的立法学也就从根本上与柏拉图式的、亚里士多德式的古典立法学区分开来,[①]它无须再承担寻找立法者的任务,也不再承担探究制定何种性质、什么种类的法律的任务,而主要成了寻找和建构合理的立法过程的学问。正因如此,十九世纪后期尤其是二十世纪以来,关于立法过程的学术研究、制度设计之类的著作,遂多如过江之鲫,不可胜数。这些关于议会立法过程乃至议会议事规则的著作,对于人民主权理论已然确立起来的二十世纪来说,确实具有不小的意义,因为人民的法律在很大程度上确需由此合理的过程和精确的程序规则产生出来。

然而,如果我们的眼光仅仅停留在对这些程序性原理和细则的研究之上,而放弃对现代立法基础理论的持续性反思,恐有深陷技术泥潭之虞。而要反思现代立法的问题和现代立法研究的方向,不将视野扩展到整个现代立法理论的奠基时代甚至古代立法理论的形成时期,恐怕也不易真正深入。因此我们才不厌其烦地追溯立法理论的古今变化

---

① 参见赵雪纲:《亚里士多德论立法学》,《中国社会科学报》2021年4月28日;另参见林志猛编:《立法与德性:柏拉图〈法义〉发微》,张清江、林志猛等译,华夏出版社2019年版。

过程，以期凸显古今立法思想家在立法者、立法目的、立法方式等问题上持有的有时相似、有时迥异的看法，从而为我们思考今日世界的重大立法问题提供一孔之见。也是因此之故，我们才组织编译了这套"立法学经典译丛"，以图稍稍展现这些问题的基本脉络，从而推动关注今日中国乃至世界立法的人们进一步思考现代立法的种种问题。在我们组织移译的八部著作中，哈林顿的《立法的技艺》和边沁的《立法理论》，就其作者、创作年代和后世影响来看当之无愧已成"经典"；而其他六部仍属当代专家探研现代立法理论、考究议会立法过程和立法技术的出色著作，它们能否成为立法学研究的"经典"，尚待来日评判。但是，就我们切欲唤起研究者和立法者研读立法学经典著作的兴趣这一大愿而言，总称其为"经典"，实亦恰当！

感谢中国政法大学法学院——尤其是焦洪昌和薛小建两位先生——对立法学研究工作的一贯支持，正是法学院提供的学术资助才使本译丛的出版成为可能；对于侯淑雯先生和各位译者，我们也要奉上真诚的敬意，并对他们付出的辛劳致以谢忱！

赵雪纲

二〇二二年九月十八日

目 录

引言 ··· 1

第一章 法律主义的形而上学 ································ 12
一、引言 ·· 12
二、唯名论形而上学 ··· 15
三、唯名论的哲学版本与神学版本 ······················ 19
四、唯名论的神学版本 ······································ 31
五、全能、世界的偶然性,以及人类认知 ············· 40
六、全能、意志的漠不关心,以及人类行为 ·········· 45
七、法律主义的形而上学 ·································· 53
八、立约理论 ·· 67
九、总结 ·· 87

第二章 语境中的个体 ·· 89
一、笛卡尔的研究 ·· 89
二、笛卡尔的主体 ·· 97
三、对"我思"的批判 ······································· 99
四、自我-观念和作为实践的主体间性:象征 ······· 112
五、难以捉摸的自我 ·· 114
六、自我与他人 ·· 117
七、互动、意义和冲突 ····································· 120
八、冲突也是互动:法律是一种替代方案 ············ 129

第三章　语境中的理性 …… 141
- 一、亚里士多德与笛卡尔 …… 141
- 二、理性谬误和认识论哲学 …… 147
- 三、对笛卡尔理性的批判 …… 154
- 四、语境中的理性：观众 …… 163
- 五、谁在害怕实践理性？ …… 165
- 六、理性、合理性与有限理性 …… 171

第四章　语境中的自由 …… 179
- 一、自由和唯名论 …… 179
- 二、笛卡尔的观点：自由、知识、道德与政治 …… 181
- 三、霍布斯：政治唯名论 …… 187
- 四、自由：概念和观念 …… 189
- 五、语境化的自由 …… 193
- 六、自由和法律框架 …… 204

第五章　强法律主义或者立法缺席理论 …… 217
- 一、引言 …… 217
- 二、强法律主义是一种策略 …… 219
- 三、强法律主义是一种思维模式 …… 229
- 四、被掩盖的工具主义 …… 245
- 五、主权、国家和国家主义 …… 253
- 六、强法律主义、法律和法律科学 …… 266
- 七、19世纪的法律体系和法律科学 …… 273
- 八、罗马法和德国私法的融合 …… 288
- 九、法律科学强化了强法律主义 …… 290

第六章　正当性与正当化——从强法律主义到立法法理学 …… 297
- 一、通过代表获得正当性 …… 297

二、正当性和正当化链条 ………………………………………… 301
　　三、强法律主义与正当化的委托理论 …………………………… 308
　　四、政治领域的运作：立法 ……………………………………… 312
　　五、权利 …………………………………………………………… 318
　　六、主权：正当化链条中的黑箱 ………………………………… 324
　　七、法律主义与立法 ……………………………………………… 330
　　八、从强法律主义到立法法理学：权衡正当化理论 …………… 333
　　九、对权衡正当化理论的进一步探讨 …………………………… 340

第七章　从委托到权衡：立法法理学的原则 ………………………… 349
　　一、术语的澄清 …………………………………………………… 349
　　二、立法中的实践理性：作为立法法理学第一原则的融贯性原则
　　　　…………………………………………………………………… 355
　　三、作为立法法理学第二原则的替代性原则 …………………… 386
　　四、立法中的时间：时效性原则 ………………………………… 400
　　五、规范强度必要性原则 ………………………………………… 406
　　六、语境中的立法法理学原则 …………………………………… 419

第八章　立法法理学与权力所负的义务：理性立法的立法法理学
　　　　审查 ………………………………………………………………… 424
　　一、引言 …………………………………………………………… 424
　　二、权力所负的义务 ……………………………………………… 426
　　三、立法者的理性和立法的具体情形 …………………………… 431
　　四、立法法理学和立法者的义务 ………………………………… 440
　　五、对立法者义务的审查 ………………………………………… 453

参考文献 …………………………………………………………………… 458
索引 ………………………………………………………………………… 488

引 言[*]

当前的法律理论是以法官在现代法律体系中居于主导地位为前提的。尽管这一变化对于人们很好地理解法律意义重大,但在很大程度上忽略了立法者的作用,因而未能将立法研究理论化。法律理论常常将法律理解为"就在那儿"(just there),并在其理论工作中将法律限定为"既定的"(given)。这种观点认为法律是政治决策的结果。但从某种程度上说,法律一旦生效,就会奇迹般地与政治分隔开来。因为政治这一领域是不纯洁的(impure)——它不像推理和决策中的法律那么"中立"与"客观"。

本书对法律和立法采取了不同的观点,为法律的理论思维提供了一种完全不同的思路。本书认为,立法中的实践理性其实贯穿了整个立法过程。与法理学相对应,本书想要建立的是"立法法理学",这是一种与法律制定有关的法律理论。法律从何而来?那种认为法律与政治分离的理论,其前提为何?立法者在立法过程中要受制于宪法,这种论断到底意味着什么?立法者是否需要遵守宪法规则?宪法的作用是否应该仅仅被限定为一个政治问题?

这些问题乍一看似乎颇令人费解,那么,当代法律理论为何没能认真地对待立法呢?要知道,在西方民主的公共话语中,立法的数量和质

---

[*] 本书引言至第四章由姜廷惠翻译。

量早已成为中心话题。人们常常抱怨立法数量一直在呈指数级形式增长,立法质量却在惊人地下降。毫无疑问,当代民主国家必须摆脱如今的这种困境。通常,我们会认为,政治属于权力领域而非理性领域。政治决策是通过投票做出的,它所代表的是政治利益,而非更好的论证与主张。因为所代表的利益决定了议员们将如何投票。政治是一种权力游戏,其结果是妥协,正是这种妥协后来变成了立法或者制定法的结构。权力游戏有其自身的逻辑,因这种逻辑而产生的结果,在大多数情况下比这种逻辑的其他任何形式都重要。

本书反对这种与政治本质及其结果即立法有关的一般认识。我们提供的是一个新的视角,我称之为"立法法理学";它认为立法或者规章制度是一种理性创造,因此属于立法中的实践理性。在进行这种描述时,我运用了普遍适用于当前法律理论和法哲学中的研究方法、理论洞见和研究工具。此外,本书也将某些过去只用于处理司法解释和法律适用的工具开发出了新的用途:立法者创制法律。

在这种新方法下出现了很多新的问题,比如规范的有效性、规范的意义、法律系统的结构等。传统上,这些问题要从法官的角度来看待与处理。然而,当我们将注意力从法官转向立法者时,却出现了同样的问题,不过其方式稍稍有些不同:立法者将在什么意义上必须考虑法律秩序的系统性?什么样的规范可以称得上是有效的?当然,这只是其中的一些问题而已。

正式提出这些与立法功能有关的问题是很重要的,回答这些问题时则需要借助于法律理论中的哲学基础。实际上,在本书中,我认为在当代法律理论和法哲学研究中,立法者容易被忽视这一点都不让人意外,尽管立法在现代民主国家中的重要性是毋庸置疑的,但出现目前这种令人遗憾的状况也并不奇怪。对此,我的判断相当明确:立法者之所以会被忽视,原因就在于几十年来法律推理中一直存在着一种法律主义(legalism)。多少年来,我们一直教导律师们说,只要涉及立法,那么其背后必定都存在着一个主权者,一切立法行为背后也必定存在着一个合法性(legality)问题。

这些面纱使得我们忽视了对与规则制定有关的替代性理论进行反思的可能性。在讨论替代性社会调节方式时,主权者要保持沉默,主权者是沉默的主权者。

不妨想想这些熟悉的场景:规则是由主权者制定的;规则或者有效,或者无效;假如规则是有效的,那它就必须得到遵守;对那些不服从规则的人,国家可以采取合法的强制措施。在这种线性展示的情景中,法律的功效、效果、效率或者理性的可接受性等问题,其实都没能出现在上述系列问题中。

是时候超越这种对政治权力基础问题所做的简单解释了,即便这种解释相当有影响力,我们也不应该一直沉溺其中而不考虑以一种新的方式将其往前推进。现在,我们必须重新思考立法权,同时还要就主权者这一概念阐述一种新的观念。

本书探讨的是立法理论的基本框架,即"立法法理学",它是一种理性且具原则性的立法理论。理性立法研究的重点在于,我们要探究在法律规范创立的过程中实践理性究竟扮演了什么角色。在这种研究中,规范制定者不仅要扮演好政治角色,同时还要扮演好法律角色。

我说过,法律推理中的法律主义,需要为我们忽略了立法理论中的立法者这一做法负起责任。法律主义有其哲学前提,我们不能在没有深入探讨这一前提时就立意将其根除。早期的现代性为我们提供了一个权力光谱,用以解释为什么为社会语境中的法律提供了存在空间的理性立法理论的缺失绝不是一个偶然事件。除非对法律的基础概念和主体、理性以及自由本质的核心假设,还有法律权威的深层根源进行非常深入的探讨,否则我们无法改变当前的法律思维范式。

人们通常是如何理解哲学的现代阶段的?本书就这一问题提供了一种更为宏大的观点,同时还对这些基础概念和假设做了一些探讨。笛卡尔是"现代"哲学的开创者,这是人们的普遍观点。本书认为这一观点还需要做一些补充,而补充的方式就是要对前现代哲学中的概念进行简要的概括。现代哲学关注的主要问题是思维之外不可能有共相(universals)存在这一唯名论立场。

根据这一立场,自然法的研究内容从对正义本质的洞见,转向了法律作为命令因而需要人们在道德上予以服从这一规范性特征。这一转变可以在表象性(representative)理论这一基础上予以简单阐述。这里提到的表象性理论,其主要观点认为,法律是由规范组成的,这些规范中含有权利与义务;法律是强加给主体的,主体必须遵守这些法律。这就是最初的"法律主义",这种认识极具典型性。同时,它还认为,法律和法律制定其实是主权者意志的一种非语境化的(a-contextual)表达。

在对这种法律主义的思维模式进行更根本的分析和批判之前,我们先要对个人主义、理性主义和自由进行语境阐释,从而为从立法角度理解法律和立法铺平道路。换言之,语境中的法律和立法思想要求我们重新审视其植根于前现代和现代哲学的非语境化理解。对法律主义的批判建立在这样一种思想之上,即要正确理解主体、理性和自由等概念,就必须将它们置于参与的语境中。

首先,对主体进行语境解读,是建立在对唯我论"我思"(cogito)加以批判的基础上的;这样,"我思"中的"自我的观念"(conception of the self)就被扩大到了主体是拥有自我-观念(self-conception)的这一思想上。主体拥有自我观念这种方法建立的基础是符号互动论。根据这种互动理论,只有通过与他人的互动,主体才能产生。主体的自我,一端连着社会性,另一端则连着个体性。人们试图描述这两个端点,并希望通过这种描述将主体看作一个具有自主意识的严肃的道德行动者。

其次,对理性所做的语境解读,对笛卡尔的唯心主义理性持一种批评态度,也就是说,它们认为,笛卡尔的理性非语境化模糊了一个事实,即理性其实是历史性的。对理性所做的这种(历史性)定位,说明它更像是一种语境化论证(argumentation),因为它指向的是合理性(reasonableness),而不像证明或者计算一样仅仅是一种自我显示的(self-revealing)理性。

最后,因为立法与规则有关,而规则与个人行为有关,所以两者都会对自由产生影响。立法法理学是一种理性的规则制定理论,因此它需要的是一种自由理论、一种仰赖语境阐释的理论。我们可以将对自由的语境阐释与对主体和理性所做的语境阐释放在一起来看。作为实践性概念的自由,需要的是不同的(自由)观念或者(自由的)具体化。这里提到的观念,既可以是"自由的观念"(conceptions *of* freedom)*,也可以是"与自由有关的观念"(conceptions *about* freedom)。"自由的观念"是主体自身对自由的具体化,"与自由有关的观念"则是主体在服从他人时他人自由的具体化。社会主体在塑造自己与他人的互动时须具备一种道德自治能力,"自由的观念"就与这种道德自治有关。

规范制定者所拥有的观念被称为"与主体自由有关的观念",而主体自己拥有的观念则是"自由的观念"。"与主体自由有关的观念"在政治国家中的地位要优先于"自由的观念",因此,拥有"自由的观念"的主体,其自主性会被削弱。为了建立社会主体的道德自主性,我认为规范制定者必须进行论证,以说明他们自己"与主体自由有关的观念"

---

* 本书中有时根据语境也译作"自由观念"。(以下星号注均为中译者注。)

为何会优先于主体自己的"自由的观念",也就是说,规范制定者有义务为这种行为提供论证。在这一背景下,其实存在着这样一种观点,即认为我们应该在道德上对社会主体给予足够的重视。同时也要注意,我们不能期望主体一定会将自己按照"自由的观念"行事的能力转交给国家。这种研究所采用的是一种自由的方法。对立法法理学进行进一步阐述时所遵循的,正是这儿提到的这种自由的方法。

在对个人主义、理性以及自由进行语境化阐释这一基础上,本书一开始就着重论述了法律主义特征的缘起这一问题。对法律主义的批评主要在于,人们认为它阻碍了某种立法原理的出现,因为通常来讲,法律主义会将法律限定在主权者的要求或者命令这一范畴上。它抹杀了立法中的实践理性。法律与政治的分离是法律主义的主要策略。在法律主义的眼里,法律是一个非语境化的存在。这种与法律和立法有关的观点所依赖的正是基础主义者(foundationalist)的思维方式。所谓强法律主义(strong legalism),其主要特征在于,认为法律是由具有普遍形式的国家规范所构成的,而且正是这种普遍形式为法律提供了一种不容任何质疑的正当性(legitimacy)。

立法法理学是对法律主义的批判,它建立在对理性、主体与自由进行语境阐释的基础上,它的焦点在于立法中的实践理性这一问题。在对立法中的实践理性进行描述时,首先需要区分两个问题:一个是正当性,另一个就是正当化(legitimation)。正当性是说,由主权者颁布的规范具有一种非语境化特征,它的合理化在事实上(*ipso facto*)具有无可争辩性。

上述这种观念非常适于用来阐释强法律主义。这里提到的正当化,指的是主权者积极为规范辩护(active justification)的过程。对自由的组织有两个不同的基础,一个是规范,另一个则是主体的自我调整式互动。而正当化就是要说明为什么以前者为基础会比以后者为基础更加合理。这是立法法理学的基本前提。立法法理学将立法做了两种区分，一种是作为成果的立法，另一种是作为过程的立法。

正当性与正当化之间的区别是本书在对社会契约理念进行双重解释时想要强调的新内容。

第一种解释是社会契约的委托版本（proxy version）。在该版本中，主体委托主权者发布一些对自己自由的限制或者规范。从契约生效的"那一刻"起，主权者事实上就被正当化了，因为他们用"与自由有关的观念"替代了"自由的观念"。在社会契约这一委托版本中，主权者可以将所有的主张都正当地转变为真正的规范，而且无须进一步正当化。

对社会契约的第二种解释被称为"权衡"（trade-off）模式。在这一模式中，主体将"自由的观念"权衡替换成了"与自由有关的观念"。也就是说，用"与自由有关的观念"来取代"自由的观念"这一行为，必须经过规范制定者的权衡与证成（justify）。假如没有提供正当理由，那么任何规则都将不具有正当性。

作为一种理性立法理论，立法法理学是建立在后一种模式基础上的。它的成立主要取决于三个相互交织的要点：自由是基本原则；自由是理性立法原则的基础；自由最终将被具体化为规范制定者的义务。

融贯性原则（the principle of coherence）是立法法理学的第一原则。它要求规范整体上都是合理的。我建议将融贯性原则表述为"融贯性的层次理论"。最低层次即融贯性$_0$要求规范不能自相矛盾。融贯性$_1$这一层次要求规范制定者能够解释某些规则为什么发生了变化，或者为什么没有发生变化，这样的话，随着时间的推移，融贯性就可以建立起来了。立法者要按照融贯性$_2$这一层次或者系统融贯性来进行论证，因为他们的规则在系统内部必须具有整体上的合理性。融贯性$_3$这一层次指的是一个事实，即一个法律体系仰赖于某些自身并非法律的原理并将其作为自己的基础,但是立法者必须明确指出这样的原理并以其为基础证成自己的规范。

这种融贯性标准通常指的是某些原理,比如规范的规则性、权力分立,以及其他一些原理。有人认为,所有这些原理所指向的其实都是自由原则。从这个意义上来讲,融贯性$_3$这一层次将会对其他的融贯性层次持续产生影响。此外,受这种影响的还有立法法理学的其他三个原则。之所以会产生这种影响,乃是因为立法法理学中这些与自由有关的原则互为彼此的语境。从这个角度可以看出,人们通常都认为,之所以产生这种影响,乃是基于词汇顺序,而非语境设置。

社会主体最初是自由的,他们能够在与他人共处的语境中理性地安排自己的自由。这个时候,他们行为的依据主要是"自由的观念"。在社会互动失败后,用"与自由有关的观念"取代"自由的观念"这种做法,只有被正当化或被证成为一种替代性选择时,才是正当的。这是立法法理学的第二原则,也被称为替代性(alternativity)原则。

立法法理学的第三原则是时效性(temporality)原则。对"与自由有关的观念"这种自由所施加的限制必须是"当下的"(on time)。然而,任何正当理由都潜藏于语境之中,因为作为合理性的理性具有语境相关性,因此,它的定位也具有历史性。也就是说,假如我们为规范提供的正当理由是适宜的,那它就只能是暂时的;这就意味着规范可能会过时。所以,时效性原则要求正当理由必须随着时间的改变而改变,它不应该一直使用当初制定该规范时的那些正当理由。

立法法理学的第四原则是规范强度必要性(necessity of the normative density)原则。规则不应包含自动制裁,也不应把这种制裁当作规范强度最强有力的表现形式。假如规则中含有制裁,那就需要提供一个具体的补充性正当理由,用以说明为什么没有采用那些较弱的替代方案(开展宣传运动、采取激励措施、贴标签、签订信约等)。

我们前面已经说过,立法法理学的原则是将自由理念具体化,但这种具体化其实还可以更具体些,这就是规范制定者的义务。为某些规范提供正当理由,是对规范制定者提出的要求;据此,我们可以为规范制定者确定一些义务:发现相关事实、发现问题、衡量与平衡备选方案、展望或考虑未来状况、监督已颁布的规范、追溯、审查。要求规范制定者履行这些义务,是为了向公众展示他们是如何制定那些正在颁布实施的具体规范的。

规范证成的要求、立法法理学的原则,以及规范制定者相应的具体义务等,都属于本书所要讨论的问题,而且这些问题都需要得到宪法法院与行政法院的理性控制。不过,这种理性控制的过程并不会对立法过程中的政治或者价值选择产生什么影响,它关注的焦点主要还是规范制定者基于立法法理学原则提出的那些具体主张。

立法合理性这一方法,为当前立法所面临的问题开辟了一个新的研究视角。这里提到的所面临的问题主要是指,在大多数欧洲民主国家中,法律的数量正在以几何级数形式增长,但立法质量却在不断下降。规范制定者除了需要认真考虑自己创立规范这一行为的必要性之外,还要想办法证成自己的规范。立法法理学有能力为提高立法质量做出自己的贡献。提高立法质量是立法法理学的主要目的,而质量的提高无疑会减少立法规范的数量,因为好的规范所需要的矫正、调整和改变也会比较少。

根据立法正当性这一前提条件,规范制定者在立法中要运用实践理性。除此之外,他们还要表明自己在将法律主体看作道德行动者时会更加严肃,因为他们所支持的是具有正当理由的法律义务。通过这一过程,立法法理学扩展了立法理论的领域,从而将可以进行理性控制的立法活动也囊括其中。立法往往被看成是一种政治游戏。从上述内容就可以看出,本书提出的立法法理学将为立法提供一个更深层的正当理由,以逐渐将它从政治游戏中拖曳出来。人们常常呼吁,立法者要为其制定规则的行为进行说明解释,这就是论辩正义。立法法理学可以将立法与论辩正义这种理论模式结合在一起。从这个角度说,立法法理学研究将对当代民主所面临的困境产生实际影响,因为它强调立法者须对立法负有责任,这已经超出了纯粹的政治考量的范围。

一部著作往往不会是作者独自思考的产物,本书亦如此。那么多朋友的智慧以及与他们的交往都使我受益良多。无数的朋友和同事都以这种或那种的方式为本书做出了自己的贡献。我实在没有能力详述这些贡献,因为贡献是如此之多,详述它们显然是不可能的。因此,在这里我只简单提一下他们的名字。当然我也希望他们能在书中的某个地方辨认出曾经属于自己的一些想法、反思、批判或者鼓励。对于本书的内容,我们实行的是严格责任制,所以这些朋友和同事当然没有义务为本书的最终内容负任何责任。

这些人中,我能想到的有,奥里斯·阿尼奥、莫里斯·亚当斯、罗伯特·阿列克西、布鲁斯·安德森、雅克·安德烈、曼努埃尔·阿蒂恩扎、科恩·贝滕、泽农·班科夫斯基、约翰·贝尔、萨曼莎·贝松、塔德乌斯·比亚纳特、杰斯·比亚鲁普、吉多·卡拉布雷西、汤姆·坎贝尔、埃米利奥斯·克里斯托杜利迪斯、赫尔曼·库西、沃伊切克·西鲁尔、阿加·西鲁尔、马丁德·克莱尔克、埃尔温、德普、阿德琳、德塞格尔、约翰·德斯梅特、大卫·多格、纪尧姆·德拉戈、蒂玛、德林奇、雨果·杜蒙特、菲利普·艾吉兰德、米歇尔·埃尔斯特、伊默、弗洛雷斯、奥克·弗伦德伯格、贝诺·弗莱德曼、蒂托、加拉斯、约翰·加德纳、菲利普·杰拉德、勒内·冈萨雷斯、琳达·格洛宁、盖伊·哈舍尔、雅普·哈格、西里尔·霍姆、马克·洪雅迪、塔索奥、伊努埃、艾瑞克·拉格斯佩兹、马克·兰姆布莱希特、谢尔顿·里德、约哈、卡忽、玛丽亚-伊莎贝拉·考普克-亭车、丹尼尔·拉拉纳、弗朗西斯科·拉波特、卢修·马德尔、已故的内尔·麦考米克、弗兰克·米歇尔曼、查尔斯-阿尔伯特·莫兰德、德维特、纽曼、弗朗索瓦·欧斯特、理查德·帕克、特里因·帕克、史坦利·鲍尔森、已故的亚历山大·佩岑尼、弗拉德·珀鲁、马金·皮尼亚泽克、考科、皮蒂拉、帕斯夸尔、波利卡斯特罗、帕特里夏、波佩利尔、丹尼尔·普里尔、佩卡·里基宁、托马斯·罗伯茨、杰弗里、塞缪尔、乔瓦尼·萨特、伍敏、西姆、杰尔兹、斯特尔马赫、安德烈亚斯·塔基斯、杰尔基、塔拉、冈瑟、特布纳、贝诺、蒂莫曼斯、汉努·托洛宁、米歇尔·特罗珀、弗朗索瓦、图尔肯斯、斯塔马蒂奥斯、齐兹、弗朗索瓦·瓦兰松、科恩·范·阿肯、马克·范·贝令根、维布伦·范·德伯格、已故的米歇尔·范·德·科尔科夫、弗里德里克·范德里希、罗伯·范·格斯特尔、克劳德·范·里斯、斯科特·维齐、罗杰·韦尔高文、阿玛利斯·韦尔霍文、维姆·福尔曼、杰里米·沃尔德伦、玛辛·威斯布劳、肯尼斯·温斯顿、威廉、维特温、海伦、赞萨基、沃伊切赫·扎杜尔斯基、毛罗·赞博尼和马雷克·齐尔克-扎杜尔斯基。

托马斯·罗伯茨在文本的语言订正方面为我提供了很多帮助，比如帮我翻译外国引文。

感谢为这个项目提供慷慨资助的佛兰德斯科学研究基金（Fonds voor Wetenschappelijk Onderzoek Vlaanderen），也感谢布鲁塞尔大学（HUB-KUB）给我时间来完成本书。保罗·沃特斯在这个项目的财务管理方面为我提供了很多帮助，他的工作很有效率，为此我要向他致以特别的谢意。

吕克·J. 温特根斯

佛罗伦萨，2011年复活节

第一章 法律主义的形而上学

一、引言

在描述现代性的本质特征时,汉斯·布鲁门伯格(Hans Blumenberg)(1983)说,它具有一种不可化约的(irreducibly)独创性;而卡尔·洛维特(Karl Löwith)(1970)则声称,现代性的理性整体形态(Gestalt)其实是基督教神学的世俗化。两者的见解看上去至少部分是正确的。笛卡尔(Descartes)的"我思"表面上是一个不可化约的新概念,而现代语境中的"主权"无疑与中世纪晚期神的全能有关。从对现代语境中的"主权"所进行的解释来看,现代性其实是一个全新的历史时期,因为它带来了很多新的问题,不过这一主张需要受到限制。现代性是"对于理解的理解"(understanding understanding)的不同方式,是对哲学那些恒久问题的一种新认识。

本章探讨的主要问题是法律主义。通常来讲,它总是与韦伯所说的资本主义和新教之间的关系(Weber 1992)紧密相连。韦伯对合法性与正当性进行了集中研究,他被认为是法律主义的首倡者;对他来说,所有具有规则形式的规范都因拥有这种形式而具有了正当性。法律主义将理性的劳动管理与理性的簿记(book-keeping)联系在了一起,而且两者都摆脱了宗教或者迷信的色彩。资本主义的繁荣需要一个稳定且具可预测性的法律体系。因此总结一下,首先我们要明确一点,即资本主义是新教以某种方式"催生"出来的。资本主义与新教的结合需要一个由可预测的规则组成的理性法律体系。法律主义的特征就在于,它是一种"伦理态度,它主张所谓的道德行为其实就是遵守规则,而道德关系指的就是由规则规定的权力义务关系"(Shklar 1986:1),至于这些规则来自哪里,反而没那么重要了(Bankowski and Schafer 2007:34)。我在本章首先需要详述的就是这一表达的前半部分,即规范性指的就是遵守规则。规则的内容,以及认为道德关系指的就是权利与义务关系这些判断,都需要我们进行一种不一样的研究,这部分内容将留待以后进行探讨。

  本章的主要观点是,法律主义不是现代性的发明。相反,它是一个植根于中世纪晚期神学的形而上的概念。对法律主义来说,重要的是规则,而不是规则的渊源。就是从这里开始,法律与法律自然主义(jusnaturalism)和实证主义一起逐渐扩展到了政治哲学与法哲学之中。[1] 因此法律主义绝不是实证主义的衍生品,事实正好相反,实证主义其实是从法律主义中产生出来的。不过,从概念上来看,法律主义与实证主义之间基本没什么关系。

  我不会深入探讨由韦伯命题所引发的争论。很可能只是在某些有

---

[1] 哈根马赫(Haggenmacher)(1983:472-3)在《格拉奇教令集》(*Decretum Grantiani*)中辨识出一种既是法律主义又是实证主义的法律自然主义。《格拉奇教令集》(12世纪)是《教会法大全》(*Corpus Iuris Canonici*)的一部分,而《教会法大全》直到1917年被新的法典取代时才失去效力。哈根马赫把格劳秀斯(Grotius)的法律自然主义理论阐释为既是法律主义的,又是唯意志论的(同上:520)。至于当代自然法哲学中的法律主义,请参见 Johnson 1987。朱迪斯·施克莱(Judith Shklar)在她的书中(1986年版,第106页)说,"在持自然法观点的法律人和实证主义者之间发生的争论,本质上属于法律主义者内部的争论"。她还说,实证主义的法律计划和自然法的法律计划同样都是法律主义的,因此它们之间没有什么区别(同上:123)。

利的历史条件下,新教主义才会和资本主义不期而遇,而前者的出现强化了后者的影响,两者合流则催生出了法律主义。① 我们更感兴趣的问题则是要探讨法律主义的根源之一,即唯名论。② 从这个角度来看,我认为唯名论其实是为法律主义所做的形而上设置。因此,可以这么说,中世纪的唯名论扮演着非常关键的角色,无论是它的哲学版本还是神学版本均发挥了重要作用。

  唯名论有很多变体和表达方式(Largenault 1971:7-43)。20世纪中期,对这一问题的分析开始变得活跃起来,人们对它重新产生了兴趣,而且评价也多是比较积极的。这种兴趣与当时人们的观点并不相合,因为那时的人们对唯名论的态度更多是批判性的,他们认为唯名论是中世纪晚期经院哲学尤其是托马斯主义分崩离析之后衍生出来的副产品。③

  后来,人们重新对唯名论产生了兴趣,但其关注点更多在于逻辑而非形而上学。黑科·奥伯曼(Heiko Oberman)注意到了一个事实,即

---

 ① 马克斯·舍勒(Max Scheler)(1964)曾说,方济各会(Franciscan)的理性论就是唯名论,唯名论与资本主义的出现之间在思想上有着某种联系。关于古典时期(休谟[Hume]、斯密[Smith]等人)唯名论与经济学之间的关系,参见 Largenault 1971。韦伯有一个观点,即他认为,正是加尔文主义的新教引发了资本主义或者对个人主义自由市场原则的坚持。有一种方法可以在经验上对这种观点加以验证,参见 Barker and Carman 2000。
 ② 在韦伯的学术研究中,中世纪宗教和新教的这一方面经常被忽视。见 Kaeler 1996。
 ③ 关于20世纪对中世纪思想所产生的新的兴趣,请参阅 Knowles 1947 的出色概述。对某些最重要的经院著作所做的概论,请参见 Courtenay 1990:11-24。有人认为唯名论是对中世纪托马斯主义所做的回应,这一观点请见 Villey 2003:204 ff.。关于"中世纪晚期的哲学总体上来看是哲学的分裂和衰微"这一观念,除其他人外,还请参见 Gilson 1955:489:"……奥卡姆理论(Ockhamism)的结论是要取代经院哲学在其黄金时代所获得的信仰与理性之间积极的相互协作,它是一种全新的、更为宽松的制度。在这种制度中,信仰的绝对化和自我确定性只在哲学上获得了支持。"也见 Gilson 1999:25-72。这一立场受到很多人的批评,除其他人外,批评者有 Oberman 1978:80-93(指向"托马斯主义矩阵"神话);Moody 1958;Ginasco 1959;Leff 1956;Lindbeck 1959。关于后托马斯主义形而上学衰落或者解体的最新观点,请参见 Bastit 1997。

"唯名论不是某些教条式主张的集合,它其实是很多极不相同的思想路线至少在某些问题上的共有态度"(Oberman 1960;也见 Michalski 1927; Vignaux 1948)。这种普遍态度的一个重要内容,也是13世纪以来对上帝全能的解释(Oberman 1960)。这种新的解释对基督教教会的地位以及基督教的形而上学产生了很大的影响。新教主义以及随后产生的法律主义,可以被认为是唯名论的一棵概念性幼苗。笛卡尔开创了现代哲学,这一哲学的主要特征——个人主义、理性主义和自由——通常被认为实际上是由中世纪晚期神学带来的一个结果,而唯名论正是在这一神学基础上产生出来的。就像我在本章将要讨论的,这三个特征在概念上具有相关性。在第二章、第三章和第四章,我将分别讨论个人主义、理性主义与自由,并将为这些概念提供一些语境化解释。

二、唯名论形而上学

假如要简单地描述一下唯名论的特征,那么我们可以这样说:唯名论形而上学所要解决的是语言和话语(discourse)问题,而唯实论形而上学所要解决的则是物自身。① 后者声称可以直通(direct access)实在,而前者则认为我们认识实在时所采取的路径其实是非直通的(indirect)。我分别将它们称为"直通"(direct access)理论与"非直通"(indirect access)理论。"直通"理论与"非直通"理论之间的区别在于

---

① 这一点可以追溯到阿波拉德(Abelard)第一版本的唯名论;见 Vignaux 1931:717-33;Largenault 1971:79-93。关于哲学史请参见 Coppleston 1933a;与普遍性有关的争论请参见邓斯·司各脱(Duns Scotus)的论述;之后一段时间的内容请参见 Coppleston 1993b。也见 Cranz 1974:95 的观点。在谈到阿波拉德的立场时,克朗兹(Cranz)写道:"……思维通过'建立'(legislates)概念来思考(think about,斜体为原作者所加)事物。"类似立场请参见 Ozment 1974:78 的论述。

概念的定位，也就是说，问题主要在于概念到底是存在于思维之内还是之外。这里所采用的是形而上的立场，因为它影响到的是整个的实在及其本体论地位。

与中世纪唯实论先驱的看法一样，唯名论者认为神学与哲学之间的关系具有层级性。根据这一观点，哲学包括对上帝是最高形式的动因(the highest cause)这一信仰，也就是说，上帝是一切存在的存在之源。我们可以对"我信独一全能的上帝"(credo in unum Deum omnipotentem)做不同的理性解释，这取决于在这位至高存在那里，理性与意志之间到底是一种什么样的关系。唯实论者的观点可以归结为一点，即只有上帝才了解那种包含了世界秩序的"永恒法"(lex aeterna)。通过神启，上帝让人们经由圣经所表达的神法(lex divina)而了解了部分永恒法。

以阿奎纳的观点为例，他认为这是存在与善之间的互相转换(ens et bonum convertuntur)问题，即"所是"同时也是"所应是"。① 也就是说，世间万物的存在所依靠的究竟是上帝的大能还是最实在的存在者(Ens realissimum)呢？任何存在都是整体的组成部分，存在与整体之间的关系所表现出来的就是存在的目的(telos)。整体秩序的和谐是由上帝创造出来的。他创造了他所创造的，因为这可能是他所能创造的最好的世界。在创造这个世界时他所依据的到底是第一计划还是永恒法，以及他到底是否事先已经制订好了自己的创世计划，这些问题在哲学上意义重大。

如果世界秩序与上帝同在，那么这种秩序就是真实的。在唯实论者——主要是托马斯主义者——的形而上学中有一个重要观点，那就是上帝是在按计划行事，而且逻辑上讲，计划先于行动。上帝到底是在

---

① Aquinas 1898：q. XXI, a. 2："在个体那里，存在与善是否可以互相转换。" 8："……任何不存在的事物都不可能是善的，因此我们得出结论说，存在与善是可以互相转换的。"

按照事先制订好的计划创造世界,还是只是在依据一个出于自我意志的计划行事——这说的大致就是 16 世纪西班牙经院哲学所采用的版本? 在对上述问题的不同回答中,实在的地位是完全不同的。"创造时其实并没有什么预先制订好的计划"这一观点,一般来讲所指向的就是唯名论方法。

与此有关的一个基本的形而上学问题是上帝的理性与他的意志之间的关系。哲学上有一个永恒的标准问题(*par excellence*):上帝规定某个东西是善的,是因为他想这么做,还是因为这个东西本身是善的,所以上帝才会这么规定? 这个问题被称为尤西弗罗困境(Euthyphro Dilemma)*(Plato 1943:35 ff.)。关于这个问题,我将在本章后面部分继续加以讨论。这一问题再次从侧面说明了唯名论与唯实论之间的区别。如果上帝想要的东西是善的东西,而他之所以会要这个东西,是因为它是善的,这是唯实论的立场。相反,假如上帝想要的东西是善的东西,而这个东西之所以是善的,乃是因为上帝想要它,那么这时我们所面对的就是唯名论立场。

除了"直通"与"非直通"理论之间的区别以及尤西弗罗困境,还有另外一种方法可以用来描述唯实论与唯名论之间的区别性特征。这里所说的区别性特征指的就是可以把信徒信仰的对象即上帝变成理性思维的客体。信徒对上帝的信仰与启示和传统有关,其中就包括教会对信仰内容的权威性解释。这是一个视角,一个理性的视角。另外一个视角则是信徒对上帝的信仰,并且信徒认识到自己之所以依赖上帝,乃

---

* 善良的本质是什么? 这是柏拉图提出的一个著名问题。假如我们认为一个东西是好的,那我们所依据的标准是什么呢? 是因为上帝说它是好的,还是因为它本身就是好的所以上帝才说它好呢? 这被称为尤西弗罗困境。这个名字来源于柏拉图关于何为善这一主题的"苏格拉底对话"。尤西弗罗字符就出现于这段对话中。

是因为这是自己对万物之源的一种非理性服从。

这两种立场都暗含着对上帝本质的理性探究;这与宗教视角的探究不同,与上帝和信徒之间非常个人化的关系亦不同。从唯名论者的角度来看,上述两种视角不仅是相容的,而且彼此相互依存。有一种观点认为,这种脱离了权威与传统之后对信仰所做的探究其实是一种异端,唯实论反对这种看法。

唯名论者在这一阶段最显著的特征是把思维看作一种纯粹的人类经验,也就是说,它是人的有限思维之理性能力的逐渐展开。之所以说这种思维是有限的,乃是因为人是受造物。没有上帝的创造,思维就不可能存在,除非这种思维属于上帝,因为上帝是独一无二的,只有他既"是"(be)同时又"应是"(ought to be),也就是说,这个世界上只有他是完美的。因此,唯名论形而上学对人拥有理性这一观点持批判性态度;从这个角度说,经院哲学提出的人有理性这一假设在理性上也不可能得到确证。也就是说,基督教所启示的真理不可能被这一假设模糊掉。

在形而上的研究中,唯名论所采用的是人的视角,但它并不会因此而滑入主观主义。唯实论与唯名论都坚持思想的客观性。但在两者中,唯实论并非更具客观性,因为它认为概念"就在那儿"(out there)。当把焦点放在具有认知能力的主体这一问题上时,唯实论与唯名论之间的区别就应该被认为是一个重点问题,但这也可能仅仅是个信仰问题。

从这个角度来说,亚里士多德的唯实论更强调共相"就在那儿"这一信仰,而"什么'就在那儿'"这一概念的外延对唯名论者来说约束性更强。不过,概念的客观性并不受它们到底是在思维之内还是之外这一定位的影响。

对唯实论和唯名论简单做了一些概括性说明之后,现在我将对它们进行更为详细的探讨,以说明为什么唯名论是法律主义的形而上的基础。在接下来的几页我将深入探讨唯名论的哲学版本,并厘清"特性"(distinctions)＊与"共相"在唯名论中的角色与功能。在讨论与此有关的一些本体性结论之后,我的研究将转向对唯名论神学版本的探讨。这并不是说唯名论有两个不同的版本,一个是哲学的,另一个则是神学的。应该这样说,唯名论对实在的研究持有两种不同的视角,一种是哲学的(或者逻辑的,我们即将看到这一点),另一种则是神学的。我认为唯名论和唯实论一样属于形而上学,因此它所面对的是这整个的世界,包括它自己的地位以及上帝,这两种视角并不是互相排斥的。

三、唯名论的哲学版本与神学版本

(一) 唯名论的哲学版本

亚里士多德认为,可以将一与多混合为一。以下问题与基督教的神启思想相结合,提出了中世纪盛期之后的一类新问题:实在要比我们的多样化经验所涵括的内容更多更丰富吗?(Aristotle 1984c:1056b, 3 ff.)对这一问题的否定性答案,正是唯名论对中世纪唯实论进行批判的一个标志。它为后继的笛卡尔寻求确定性的努力做好了铺垫;这里的确定性指的是,在没有神启的帮助下,理性可以帮助提供确定性,其方法就是探究上帝、存在、世界以及人类是如何结合为一个整体的这一问题。这一立场说明,唯名论有资格被界定为"形而上学"。

许多学者认为唯名论仅仅是一个逻辑问题,这在某种程度上模糊了我们上面提到的观点。唯名论其实包含着很多真理(truth)。然而它

＊ 或者说"区别"。

还是留下了一些悬而未决的问题,比如哲学家为什么一开始往往是神学家——这是事实,为什么这些神学家会突然开始只专注于逻辑?逻辑本身并非什么"形而上学",因为它对实在的解释相当拙劣(thin)。如果认为仅仅凭借逻辑就能解释清楚世界的本来面目,包括上帝立场的话,那将是愚蠢的。上帝是世间万物的全能创造者,但人们也从古希腊哲学中引入了与共相或本质保持一致这一观念。但这两者之间其实存在着一种对抗性关系。按照唯名论的想法,"神圣自由"与"共相观念"这两者相互之间并不一致,至少是难以调和的。

把斯多葛学派的知识遗产与基督教信仰结合起来的首次尝试,带有奥古斯丁(Augustine)的新柏拉图式印记。斯多葛学派的"正当理性"(recta ratio)当时正统治着整个世界,这个概念后来被重新解释为上帝头脑中基督教的"永恒法"。① 这一思想的基础是新柏拉图主义。它认为,人类对世界的理解指的是上帝运用自己的理性启示了人类理性,或者说它是人类理性对上帝理性的参与。这种方法简单点说就是,他们认为,人们可以通过上帝的眼睛来观看世界。奥古斯丁在共相问题上所持的观点是,他认为共相存在于上帝的理性中,而我们参与了上帝的理性。② 依据这一原则,创世的神圣自由是绝对的,不受任何先在形式或者规范的约束。

奥古斯丁的理论,后来与西方13世纪早期重新发现的亚里士多德理论结合在了一起。阿奎纳对奥古斯丁理论的解释是批判性的。这一批判跟亚里士多德对柏拉图的评价极为相似,他们都认为人类知识反

---

① Augustine 42:Book XXII, ch. 27, col. 418:"永恒法是神圣的秩序或者上帝的意志……"这一主题在随后的章节(第28、30、43章)中还将再次出现。

② Augustine 40:q. 46,2, col. 30:"……因为实际上,理念是万物某种初和首要的形式……它们被包蕴在神圣理性之中。"

映着(address)物质世界。正如柏拉图所主张的,共相或理念的存在离不开世界。我们也可以从奥古斯丁的作品里看到,对世界的理解与上帝对人类的启示或者人类对上帝的参与密不可分。阿奎纳认为,我们需要理解的是共相,而且这种理解只有通过抽象的方式才能做到。世间事物中的共相所表现(represent)*的,正是上帝头脑中预先存在的永恒形式。根据阿奎纳的说法,我们的理性只有通过将形式、共相或者本质抽象化,通过对本质进行调查研究,通过将物质带回神圣的统一性等方式才能够理解。因此,存在的存在以质料为表现符号(materia signata),而质料则会受到形式的影响,这就导致产生了个体化(individuation)。

邓斯·司各脱(1893:d.3,q.6,n.1)的观点与阿奎纳的思想直接相关。他认为,本质或共相会参与到个体中,个体会经由直觉获得它。根据个体化过程(the process of haecitas**)或具体性差异,共相会被分化为不同的个体。这种本体论保留了亚里士多德形而上学理论中存在的"转变"***这一动态机制。不过这一说法同样表明,理性只与个体有关,而与共相无关。

司各脱理论的核心,是通过本体将共相转化为个体。直觉可以揭示存在于个体事物中共相的形式。正是通过这些个体事物,才保证了作为整体的共相能够独立于上帝而存在,而上帝正是这些共相形式的渊源。

就像所有唯实论者一样,司各脱也提出了一个与唯名论有关的非

---

* 在康德的作品中,常常将它翻译为"表象""表征"或者"象征"等。

** 这个词也写作"haeccitas",意谓存在的个体性,"此"性,即"thisness",或者"principle of individuation"。

*** 亚里士多德感兴趣的是经验事实,而非数学。他对具体的自然过程也很感兴趣,因为他认为抽象的科学概念就存在于这些活生生的本性之中。因此,对亚里士多德来说,世界是一个一直在互相转变(becoming)的能动的王国。这与柏拉图的观点不同。柏拉图认为,世界是一个永恒存在(being)的不朽的王国。

常重要的问题。在对古典四因一体说所进行的解释中,他提出了共相的"基督动因"(Christian cause),这个动因指的就是全能的上帝。需要格外引起注意的是,上帝可以凭借自己的全能创造出没有形式的物质。不过这部分内容将会留待后文做进一步探讨。假如上帝希望的话,物质与形式可以独立存在。但这不是基于经验得出的必然结论。换句话说,物质与形式的分离这一判断不必非得是一种事实。它只是向我们表明,可能存在着一个完全不同的世界,在这个世界里,事物的存在规则是完全不同的。

司各脱的立场主要关注的是"事物"(things),是有什么东西存在,尽管这种存在有时候仅仅是一种假设。这种形而上的立场与奥卡姆(Ockham)理论的逻辑观点相当合拍。根据奥卡姆的观点,我们没办法直接认识事物本身。换句话说,任何理性话语(rational discourse)* 都应该以对话语的理性批判为先导。从这一点来看,奥卡姆关于唯名论的这一"第二"版本其实是在向阿波拉德的"第一"版本致敬。就像我们即将看到的,奥卡姆的逻辑理论带有一种形而上的意味。这一理论所探讨的不仅是"到底有什么"这一问题,还有上帝以这种方式所希望的实在究竟是什么样的这一问题。

奥卡姆对人类话语所做的理性批判,为我们提供了一种可能性条件。对理性话语可能性条件的研究属于哲学问题,在这种研究中,"通往实在之路"不是直接的,而是间接的。冒昧一点儿说,这其实是康德(Kant)先验**

---

* "理性话语"是一种对传统"哲学"观念进行非难的态度和思潮,是后现代哲学的重要组成部分。

** 本书将 transcendental 译为"先验的",将 transcendent 译为"超验的",将 prior 译为"先在的"。

哲学的一次提前表达(avant la lettre)*。我们从奥卡姆的批判中可以看到唯实论的荒谬性,他的批判中包含着一个种子,一个对唯实论进行直接且彻底抨击的种子。根据这种批判,共相并非一种事物,假如有人持有另一种不同观念的话,那必定是错的,是荒谬的。共相并非一种事物,我们更愿意说它其实只是一种名称(McCord Adams 1987:13-69)。

唯实论的核心问题在于,它认为思想、共相或者本质居于本体位置。而且它还认为,本体就存在于实在中。共相创造了秩序,这就是实在。"就在那儿"的秩序是奥卡姆批判的对象。奥卡姆反对传统权威,他站在哲学家的"上帝视角"(God's eyes)这一立场上从逻辑视角来研究实在。逻辑把哲学与它的客体——整个世界——和人类如何思维联系在了一起。亚里士多德认为,逻辑存在于实在中。在探究了逻辑在人类头脑中的运行方式之后,他认为,这两个论断之间其实是一致的。这种研究方法将哲学从神学中剥离了出来,因为它不再关注如何"直通"绝对"真理"(unqualified 'truth')这一问题。也就是说,哲学不再研究"有什么东西存在",它要研究的是"我们如何面对这些存在",以及这些存在"对我们"究竟意味着什么。简言之,哲学应该研究"什么是知识"以及"如何获得知识"。神学面对的则是"神",哲学已经从神学中剥离了出来,它要面对的是"人"。

哲学具有一种谦逊的品质,一直以来都是如此,把研究的焦点从"有什么东西存在"转换成"如何了解这个东西"就是这种谦逊的明证。因为这种转换意味着唯实论所提出的"直通"理论是无法获得保证的,它需要接受批判性评估。因此,对"有什么东西存在"这一问题所做的

---

* 这句话的意思是说,它所表现出来的内容其实是康德的先验哲学。奥卡姆生活于13—14世纪,康德生活于500多年之后的18—19世纪,因此这里说奥卡姆的批判是康德先验哲学的提前表达。

判断是通过人的视角而非"上帝视角"或者"本然的视角"(view from nowhere)来进行的,这至关重要。为了理解这种研究视角的转换,我们必须厘清奥卡姆观点中的三类问题,因为只有这样我们才能更好地理解唯名论。第一类问题就是奥卡姆对经院哲学的区分方法(method of distinctions)所做的批判。紧随这一问题之后的就是第二类问题,它要对共相和关系的本体论地位进行重新评估;最后也就是第三类问题,是这一研究对实在论来说究竟有什么重要意义。

(二) 奥卡姆对哲学的区分与方法所做的批判

在整个中世纪,占主导地位的思想是亚里士多德传统。这种传统运用了两类区分:实在区分(real distinction)与理性区分(rational distinction)。这两种区分可以被看作是同一事物的"不同侧面"。

实在区分指的是自然实体(entia naturae)之间的明显不同,亦即两个事物或其组成部分之间没有实在的同一性。如果没有Y,X也能存在,那么X在实在上不同于Y。理性区分则属于思维的不同,是思维在"理性存在"(理性实体)之间所做的区分,例如逻辑客体就属于这一类。理智或理性区分是由思维做出的,在外在事物上我们找不到它们的任何痕迹。

在理性区分中,司各脱还看到了更加细微的区分。实在区分指的是事物之间的明显不同,而理性区分则表现在思想上;在实在中找不到理性区分存在的痕迹。司各脱还指出了事物(ex parte rei)的形式区分(formal distinction)。这种形式区分是由思维做出的。但它原本却是由事物造成的,因为它就是事物的某些侧面。事物的形式区分要先于思维对这种区分的理性把握(就像实在区分那样),它与实在事物有关,就像它是该实在事物的一个方面一样。除此之外,这种区分还可以在事物内部被识别出来,但是即便这种区分没有与事物分开,也不会影响识别。①

司各脱在这一问题上的独创性很是惊人。事物的形式区分关系到对神圣全能的解释。依据唯实论对此的解释,上帝全能意味着只有他拥有创造的能力。司各脱证明了这种能力,他说,上帝不仅拥有这种创造的能力,还可以创造一切不与自己本性相矛盾的万物。这里最为关键的问题就是质料与形式之间的区分问题。司各脱认为,这种区分是事物的形式区分。如果上帝想把质料与形式分开,那么质料就可以在没有形式的情况下独立存在。这是对古典四因说经典理论的一种突破。按照四因说,质料与形式之间相互关联,质料是四因之一(Aristotle 1984b:II,7,338-9)。质料是实在进行转变的承载者;因此,质料不可能仅仅通过形式就获得其存在(Duns Scot 1893:d.12,q.1,11)。质料在理性与动因之外具有某种确定的实在性。也正是由于这种实在性,它才有可能获得那种非常简单(*tout court*)的实体形式(the substantial forms)(同上:d.12,q.1,n.13)。假如上帝愿意,质料可以独立被感知,也可以独立②存在(同上:d.12,q.2,n.3)。③

在这个问题上,奥卡姆对他的前辈进行了抨击。司各脱认为,假如区分是有意义的,那它不必非得是实在的。奥卡姆认为这很荒谬。区分或者是实在的,或者不是。假如它是实在的,那么它就真的存在。假如它不是实在的,那么它压根就没有存在过。区分的实在性可能导致神学的崩溃,虽然它看起来仅仅是个简单的逻辑问题。我之后还会回

---

① 这个问题的标准参考文献是 Gilson 1952:432-77。也见 Jensen 1929。历史性的和原则性的分析,请参见 Coppleston 1993a:508-17;Wolter 1962:725-36。
② Duns Scot 1893:II,d.12,q.1,n.20:"那么我说,[质料]自身就其本质而言是可知的。"
③ 同上:II,d.12,q.2,q.1,n.20(神圣力量能够使质料变得没有形式……)。

来继续讨论这个问题。

奥卡姆也站在了形式区分与理性区分的立场上。他认为只有个体之间的实在区分才有意义,任何其他的区分都会流于荒谬。我们知道,其他区分仅仅是命题(propositions),而且命题与事物有关。命题从逻辑上来看有对错之分。不过我们并不了解事物本身,唯名论者——康德紧随其后——所持的就是这种观点。

奥卡姆的哲学方法还对不矛盾律进行了逻辑解释。根据亚里士多德的形而上学解释,不矛盾律具有本体论性质。① 根据后者的这种解释,不矛盾律属于实在的一部分,因为从同一主体的同一视角来看,同一性质在同一时间不可能既属于又不属于某一事物。② 形而上学解释认为,从逻辑上来讲,假如我们在本体上肯定了一个谓词是从属于主语的,那我们就不能认为它不是。这就好比说一对相反的概念可以同时存在一样,这显然是不可能的。③ 也就是说,在实在本体论中,不矛盾律是一种实在法则。

根据奥卡姆的唯名论解释,不矛盾律不是实在的组成部分。存在拥有本体论地位,这是一种逻辑主张,而非本体论命题。在逻辑主张所持的理论框架中,所有的存在都是殊相(singular),而且在殊相内部根本不存在什么区别。因此我们知道,能够存在的只有殊相,而且这些殊相的存在独立于我们的思维,共相则不同(Ockham 1970:d. II,q. 6,196)。

根据这种解释,不矛盾条件下任何事物都可以存在,任何事物又都

---

① Aristotle 1984c:995b,5-10;1061b,34-35;1062a 1:"事物中存在着一条原则,因此我们不可能被欺骗;而且正相反,我们必须始终能够识别出一个真理,即同一事物不可能在它存在的同时又不存在,它也不可能拥有其他类似的成对的相反特质。"(着重号是后加的。)

② 同上:1005b,16-20:"显然这样的原则是最确定的。我们接着说这是什么原则。这种原则就是指同一属性在同一方面不能在属于某一主体的同时又不属于它。"

③ 至于不矛盾律的间接证明,见同上:1006a-1009a,5。

是创造的结果,因此,上帝的创造力需要受到不矛盾律的约束,因为他不能创造与自己本性相矛盾的东西。事物之所以存在,乃是因为它在逻辑上是可能的;不过,事物之所以实际上存在,乃是因为上帝想要它存在。对不矛盾律的逻辑解释被纯粹化了;被纯粹化的还有不矛盾律在上帝身上的适用,这就导致产生了奥卡姆的唯名论。

奥卡姆可以宣称自己是亚里士多德逻辑方法的忠实信徒(Moody 1935)。奥卡姆对亚里士多德是尊重的,对他的唯实本体论也是尊崇的。但当基督教神学与亚里士多德的形而上结合在一起,并按照奥卡姆的方法将不矛盾律适用到上帝身上时,他的这种尊重和尊崇即便不是不可能的,也会变得复杂得多。因此他对不矛盾律的解释不可避免而且不可逆转地影响到了共相的本质,从而将共相从实在的事物变成了思维的客体。也就是说,共相不再是思维之外的(extra-mental)实在。我们将对此进行更为深入的探讨。

(三) 共相和关系的本体论地位

共相的本体论地位正是唯实论和唯名论的分野之所在。柏拉图将理念或者共相放在了理念世界中,他认为,存在于这个世界上的客体只不过是对这些理念的苍白模仿。亚里士多德则从自己的理论出发,认为本质是具体存在的一部分,因此他批判了柏拉图的观点。[①] 根据奥古斯丁的新柏拉图主义理论,理念存在于上帝的头脑中。在创造万物之前,上帝头脑中已经有一个将要创造的世界的模型或者原型了,这是他在创造世界时的依据。

[①] Aristotle 1984c:990b-993b. 亚里士多德对柏拉图的批判贯穿于他整个的形而上学理论,更为具体地体现于 Aristotle 1984c:107a,8 ff. ;1087a,29 ff. 。

唯实论认为,对于众多的个别存在者来说,共相即是共性("人"对于"沃伊切赫"[Wojciech]和"弗拉德"[Vlad]＊来说即是共性);同时,它在数量上是一,与"他们/它们"是不同的(Ockham 1970:d. II,q. 4,99-101)。在柏拉图看来,参与了这些共相的正是具体的存在者。在奥古斯丁的新柏拉图主义理论中,我们对这个世界的理解正是通过对上帝思想的参与来实现的。

然而,根据奥卡姆的观点,没有必要预先假定存在这些理性模型,因为相信上帝是存在的,并且也相信是他创造了受造物,这些都是信仰的题中之义,由此我们可以认为世界是可理解的。

从奥卡姆对不矛盾律的逻辑解释中,我们可以知道他批评的其实是思维之外存有共相这一思想。这一思想是形而上唯实论的特征之一。但这种存在思想被奥卡姆在逻辑基础上给否定了。然而,思维之外存有共相这一思想却深潜于奥卡姆的指代(suppositio)理论中。① 在这一理论中,词语指称的是事物,并在话语中代表着这些事物。在某些命题中,词语同时还扮演着某种角色,因此它本身就是一种个人指代(suppositio personalis)("这个人跑步")、实质指代(supposotio materialis)("'人'是个名词")或单一指代(suppositio simplex)("人是理性的")。在后一命题中,这个词所指的并非具体的实在,而是共相实在;而共相实在只不过仅仅是一个概念。

因此,一个词语只能指向具体的实在或殊相。共相并不是具体的实在,因为它不是实体(substance)。实体是殊相(singular thing),而非共相。如果实体是共相的话,那么"人"是此殊相的同时也是彼殊相,这

＊ 这是作者信手提出的两个人名。
① 奥卡姆的"指代"理论出现在 1974:lxii、lxiii、lxiv and lxiii。

显然很荒谬。根据这个矛盾原则,共相实体就只是一系列的殊相,共相并非实在的存在,同时也并非实体。① 如果共相是实在的,如果它由具体的存在物共享,那么上帝每清除一个具体存在物,就将对其他存在物产生影响;但事实显然不是这样的(quod non)。后面一节中,将会澄清一种观点,即:共相不可能存在,因为所有的存在都是由上帝创造出来的,而按照唯名论对全能的解释,上帝不可能创造共相。这就说明,在奥卡姆的哲学与神学之间存在着某种根本性的关系。

因此,在奥卡姆看来,假如苏格拉底具有实在性,那么属于苏格拉底的任何东西就都无法逃脱殊相的命运。换言之,只要是属于个体的,就都具有殊相*性(Ockham 1970:d. II, q. 5, 158-9)。殊相之间的区别都是实在的。而事物内部不存在区分,因为事物就是它自己本身,它的存在是一个整体(en bloc)。而且,如果形式区分是真实存在的,那么实在区分也一样。否则,存在物之间的任何实在性差异都将被销蚀掉(同上:d. II, q. 6, 173-4)。因此,共相或"共同特性"是一种理性(ens rationis)。不可否认,假如殊相具有实在性,那么共相就必然是一种理性。因此,共相只具有逻辑意义。这里的逻辑指的是名称或者符号的逻辑,而不是表现事物之间真实关系的逻辑。

事物之间的关系,比如共相,所指的并非思维之外的一种存在,因为实在中只有绝对真理(absolutes)存在。从形而上的角度来看,绝对真理彼此之间相互分离、彼此孤立。事实上,它们之间的任何"关系"都不是本质上的,因为两个事物之间本质上的关系其实是组成它们

---

① Ockham 1974:I, 15, 5-6, 50:"因为共相并不是存在于灵魂之外的某种实体,这一点可以按如下方式显而易见地予以证明。"

* 本书将 singular thing 或者 singularies 译为"殊相";而将 individual 有时译为"殊相",有时则译为"个体",这取决于上下文语境。

本质的一部分。关系仅仅是存在物的一种偶然或者偶发性事实,这正是思维所要表达的内容。因此,实在中的秩序不是事物与生俱来的。任何"整体"(whole)都只是把"绝对真理"加以并置(juxtaposed)而产生的集合体(aggregate),但它们彼此之间本质上并没有什么关系(de Lagarde 1946:216)。像共相一样,关系仅仅是头脑中生发出来的符号或名称。因为存在物之间的关系不具有实在性,它们无法在思维之外建立起一种"秩序",因为"秩序"恰好是以存在物之间的关系为前提的。

(四) 本体论的影响

在对共相实在性与关系实在性的逻辑解构之下——也就是说,它们存在于思维之外——奥卡姆认为思维在运行时使用了概念。概念是由思维之外的事物"触发"而产生的,概念与事物之间并非必然存在着某种关系。一方面,概念是事物的符号,他将之称为"自然共相"(natural universals)。事物触发了思维并形成了概念,这是由经验带来的结果;因此,思维不仅仅可以产生共相。另一方面,建立在奥卡姆的区分理论基础上对实在本体论所做的解构,也为他的实在论提供了一种图形式(schematic)观点。

根据这一实在理论,共相只是一种话语形式,而不是存在于实在中的客体。因此,当殊相事物彼此相似时,并不是因为它们拥有共同的本质,而是因为我们赋予了它们相同的名字。名字或概念是经由思维而产生的符号,我们可以借由它们指称殊相存在物。换句话说,概念是人为的、任意的,是由人强加给那些具有相似性的殊相存在物的约定俗成的符号。

任何存在都是殊相的,存在的殊相性从逻辑上否定了思维之外存有共相这一命题。"一匹殊相的马和'马性'存在于思维之外"这一命题是个悖论。因此思维之外没有任何实在可以与共相相对应。共相，包括关系，都是指称具体殊相存在物的符号。殊相存在物都极简单，因为它的内部没有区分，你看到的就是它最本初的样子。

对不矛盾律的逻辑解释表明，共相与殊相不能共存。对实在来说，这看起来只是个逻辑方法问题，但实际上却是一种新的本体论。从逻辑上将共相与殊相的存在排除在思维之外，这反映的其实是实在的结构。假如世上有什么东西存在，那么它一定是由上帝创造的。这一切都取决于上帝能不能创造万物。

托尔内（Tornay）（1936：246）认为，对本体论的这种逻辑研究势必会导致一个结果，即逻辑理论与形而上学相伴而生。因为，奥卡姆认为，上帝根本不可能创造出共相。假如把上帝的存在当成信仰的题中之义，那么为这一信条做出理性表达的就是哲学。更具体一点说，假如把不矛盾律的逻辑解释适用于上帝的话，那么一定会对他全能的外延产生影响。因为根据这种解释，上帝的全能必然意味着他只能创造殊相。而唯名论的哲学版本将受到神学版本的制约。关于这一点，我将在下一节进行评论。

四、唯名论的神学版本

唯名论的神学版本，指的并不是只应用于神学中的哲学版本。我敢说，事实正好相反，促使神学开始使用逻辑方法的反而是神学本身的某些内容，比如神圣全能。从形而上学的整体来看，唯名论哲学版本与神学版本是非常契合的。唯名论者往往是逻辑学家，但他们首先是神学家。本节我们将会看到，对神圣全能所做的逻辑解释，也是受到神圣全能广阔外延的激发而产生的。在解释过程中，唯名论者认为，只有理解了上帝的力量,才能更好地配合它。① 换句话说,作为第一因的上帝,我们不能以他做过什么来衡量他是否完美,而应以他能做什么来衡量(Celeyrette and Mazet 2005:39)。

唯名论的神学版本就实在问题所采用的研究视角与哲学版本不同。唯名论包含了一种从人的角度来看待世界,而不仅仅从奥古斯丁主义所声称的"上帝视角"来看待世界。哲学版本关注的中心是人,面对的是实在;而神学版本关注的中心则是上帝。两者是不同的。根据唯名论的方法,上帝的许多属性(正义、良善、智慧、理性和意志)都被认为与他的本质相一致。上帝的本质与他的属性是一致的。从这一点我们就可以得出如下两个结论。

首先,上帝具有根本上的统一性(unity),因此我们必然可以得出一个结论,即属性仅仅是上帝的名字或者符号。"上帝即正义"这一表达是正确的,但还不足以完全概括他的本质。而且,任何区分——无论是实在区分、形式区分,还是理性区分——在上帝那里都不适用。实在不能适用,因为上帝是信仰的本质内容,而他是唯一的。形式区分和事物的形式区分都是不可能的,它们不能适用于上帝,正如它们不能适用于其他任何存在。

其次,按照指代理论,上帝的属性只有符号。"理性"与"意志"被认为是由他规定的客体,这与上帝的本质相一致。然而,符号与概念并

---

① 关于方济各神学和哲学方面的论述,除了其他人,还请参见 Villey 2003:204-7;Oberman 1960:50:"唯名论神学不仅仅是从哲学中自动得出的一个结论,它还是对神学的反思与呼应,其中尤其是对上帝的绝对权力这一概念的反思与呼应。"在这一点上,我不同意林德贝克(Lindbeck)(1959:60)的观点。他说,唯名论哲学最大的成就在于将唯名论引入了神学领域。基于同一原因,我也不赞成穆迪(Moody)(1935:vi,307)的观点,他认为奥卡姆明显摆脱了其经院哲学前辈学者的神学困扰,与他们相比,奥卡姆更像是一个世俗哲学家。

不像"理性"与"意志"一样是实在的。上帝所指与上帝本身并不相同,因为符号本身与符号所指也不是一回事。

从事实角度来看,上帝的意志与理性都是实在的,也都是完美的,因此上帝的本质具有根本上的单一性(a radical* simplicity)。由于存在着这种根本上的单一性,所以在他的理性与意志之间不可能出现某种连续性或者是层级性秩序。上帝是一个完美存在,在他的各种属性之间没有什么内在区分,对他本身来说也不存在所谓的程度问题。上帝一直以来都是一种单一性的完美存在(Vignaux 1931:754-69)。

在奥卡姆对上帝全能所做的冷静的逻辑解释中,他对上帝,更具体地说,对上帝的理性与意志之间的关系所做的形而上描述,是哲学问题史上的一个突破点。更具体一点说,这种研究使得哲学可以作为一种自主的学科而出现。我将在后面的几页讨论这一问题的重要性以及由它带来的影响。

(一) 神圣全能与自主哲学之可能性

与上帝全能有关的研究必然会提及自由问题(Courtrnay 1990;Geach 1973;de Muralt 1993d)。并非因为某些事发生了,我们才知道上帝为什么这么做,以及他为什么以这种方式行事。上帝行动的基础不能成为我们反思的点,因为他不欠我们任何理由;更具体一些说,上帝不欠他的受造物任何东西。

然而,信仰的本质要义是说上帝是善的,即,他不会想做什么坏事。因此上帝想要什么与什么是善这两者之间的关系,就变成了一个关键问题。这其实是上面提到的尤西弗罗困境的一种变体。上帝是善的,

---

* 意谓极端的、全然的、彻底的、纯粹的。

这是我们的信仰；这种信仰不同于从自然理性视角来看待上帝之善。从信仰到自然理性的这种视角转变后来被应用到了神圣全能上，这一转变彻底改变了神学与哲学之间的关系。

历史上来看，由神圣全能引发的问题数不胜数。对它的第一次研究是在彼得·隆巴大师（Magistri Petri Lombardi）的《箴言四书》(*Sententiae in IV libris distinctae*)中，这是第一次对基督教神学的系统性特征进行研究的著作之一。它著于1155年，并为随后的几个世纪提供了1400个可供探讨的议题。其中一些议题，如阿奎纳、司各脱和奥卡姆提出的议题，重塑了西方哲学的结构。这可以充分说明哲学思考如何使神学问题变得越来越透明化，并且由此引发了对人类思维极限问题的追问。此外，将哲学从神学中解放出来的也是这种思考，这相当出乎人们的意料。

在隆巴的《箴言四书》的第42—44条区分中，我们找到了对上帝全能的讨论。其中主要包括如下三个思想：首先，如果有什么事情是上帝不能做的，这可能是因为错误地理解了全能的局限性或者缺陷。其次，书中问，上帝原本是否可以创造一个完全不同的世界或以不同的方式创造世界，甚至说，他是否创造了很多可能的世界或者从很多可能的世界中选择了一个去创造。最后，书中还提出了一个问题，即上帝是否有可能创造出比他自身更好的事物。

有些事情上帝显然是做不到的，比如挽回过去。除此之外，他还不能撒谎，不能死亡，因为这与他的本质相矛盾。在对神圣全能进行讨论时，人们还提到了被造世界的结构问题。邓斯·司各脱就曾经讨论过这个问题。他当时质疑的是质料与形式之间的关系问题。在形式质料说（hylemorfism）中，质料与形式的结合是自亚里士多德以来人们一直在探讨的主题。就像我们所看到的，司各脱认为，形式被认为可以独立于质料而存在,因为它是被附加在质料之上的。因此,质料可以与形式分开或者独立于形式而存在,不过这种存在方式并非必需。假如上帝希望的话,质料与形式本来是可以分开的。我们称之为"可分离命题",也就是说,形式区分的意义具有单向性(*a parte rei*)。这是思维对神圣全能进行逻辑解释时所做出的区分。为了理解这个可分离命题,我们不需要任何经验形式。因为这是一个先验命题。所以,质料与形式实际上无法分离这一事实,或者说我们从来没有经验过它们的分离这一事实,并不能排除一种先验的可能性,即存在着一种将它们概念化为不同事物的那种神的绝对权力(de Muralt 1970,1974)。因此,质料与形式事实上又是可分的。

对神圣全能的"个案研究",点燃了神学家从 11 世纪开始的对神学问题的整体研究,它会研究上帝是否会在一个女人被强奸后恢复她的童贞这一问题。干预现实和恢复原状是不是上帝全能的一个清晰信号呢?讨论的结果就是,被强奸的女人其实集"处女""非处女"和"再次成为处女"这三种身份于一身。在没有微创手术的时代,这种解释听起来很像是一种反直觉判断。①

但是,在对全能上帝的信仰上,上述问题为我们开启了一个更广阔的视野。上帝即使是全能的,也不能改变时间的进程。② 如果他是全能的,他可以消除强奸的后果。更确切地说,假如上帝愿意的话,他是可以做到这一点的。毕竟,他的儿子就是由处女生出来的,所以他为什么就不能恢复一个被强奸妇女的童贞呢?

---

① Damianus 1972:"事实上,上帝可以恢复被侵犯的贞操。"正是该案开启了对上帝全能的争论。

② 亚里士多德(1984d:1139b,10-11)已经对这个问题做出过评论:"因为,甚至神也独独缺乏这种东西/使得已做之事成为未做的。"亚里士多德指的是阿伽同(Agathon)的一段文本,后者是公元前 5 世纪希腊的一位悲剧作家。

这个视角为我们展示了上帝全能问题的某些侧面。上帝本可以阻止某些发生在过去的行为。如果他没有这样做，这就意味着他其实不想这样做。如果这一行为没有发生，这个世界本来会有所不同。然而，它确实又发生了，并且上帝没有阻止它，虽然他本来可以阻止。你也可以说，某些事之所以发生，是因为上帝并没有阻止它。由于后面这种关系，上帝的全能显示了其创造的彻底偶然性。假如世上有什么事发生，那一定是因为他希望这件事发生。

（二）阐释全能：自主哲学

在司各脱的研究中，质料与形式的分离有很重要的意义。在可分离命题这一背景下，我们研究了亚里士多德的一与多之间的关系（Aristotle 1984c：1056 b，3 ff.，1669 ff.）。这一问题后来从基督教的视角被重新塑造了，这一视角认为实在的存在取决于其创造者的意志。造物主是全能的，这是信仰的内容之一。世界的存在取决于上帝的意志，我们可以从很多不同的视角来理解这句话：上帝以前想要的是什么，他本来想要的是什么，我们观察到什么，我们以什么方式理解，此处仅举这几例。

人的视角是用来体验与理解世界的，它可以用哲学中的逻辑方法来准确地加以描述。这种方法可以让人们从不同的视角观察实在，提出什么样的问题则取决于观察者的立场。奥卡姆认为，问题可以从人的视角来提出，这不同于奥古斯丁"本然的视角"。它同时也开辟了一条路，以在"何物存在"（what there is）即绝对真理与人们处理这个问题的方式之间做出进一步的区分。而知识就是这些方式中的一种。

这看起来似乎没什么问题，却触发了一个哲学问题，这个问题是对神圣全能进行逻辑解释的又一个结果。后面一节我将从两个方面简要论述这个问题,而这两方面的问题就好似一枚硬币的两面,互相依赖,彼此难分。其中一面即是知识的确定性,这是我们面对世界的众多方式之一。另一面则关乎行动,以及作为唯名论结果的自由和价值无涉问题。正如我们将看到的,这两方面的问题将促使我们在规范性与法律主义方面提出一个更好的主张。

在转向这一问题之前,我建议先对唯名论中自主哲学的地位做些深入探讨。自主哲学的特征是反思性。反思是人类行为,它可以将人自身作为反思的客体,以说明它是实现自我的一种可能性条件。哲学的反思性是由理性对其自身进行批判研究的结果;这种研究后来在康德综合性哲学的普遍框架中达到了顶峰。理性的自决表现为人类独立于任何权威自行思考。这种自主可以制衡权威。这带来了一个新的哲学问题,即自由。自由是一个哲学问题,它并非 17 世纪的产物。实际上它是司各脱对上帝全能进行逻辑解释的结果;到奥卡姆时,对这一问题的研究达到了顶峰(Boulnois 1994:9-68)。

神学话语是一种自上而下的论证,它从对上帝的信仰开始,直到由该信仰得出理性的结论为止。神学的论证是将理性置于信仰之内(a Deo)(Gilson 1960:61 ff.)。哲学进行的则是一种自下而上的论证,从自然理性开始,然后用自我的力量(ab homine)尽可能向上"攀登"(climbing)。从形而上的视角来看,完美是一个必要条件(非理性的),因此这已经跨过哲学进入了神学领域。正如康德所说,形而上学所包含的必然是整个的实在,包括对其自身边界的确定问题。因此,从哲学的视角来看,对上帝的信仰虽然并非不合理的或者有悖于人类的尊严,但确实是非理性的。

引发了哲学与神学之分的关键是不矛盾律,这里如此,别处也一样。不矛盾律把神学与哲学一起都看作理性活动,两者都不可能放弃不矛盾律。在哲学中,不矛盾律被描述为理性论证的基础,这种理性论证是存在科学的一部分。由于形而上学具有包容性,因此就产生了以下问题:不矛盾律除了可以适用于关于上帝的神学话语,是否也可以适用于上帝本身呢?在基督教中,上帝的自我启示的确需要将古代哲学与神学重新结合起来。一方面,对于古代哲学中的世界等级秩序,我们可以用一种神学的自上而下的模式来进行思考,即一切从信仰开始,其中就包括理性在内。

另一方面,它还可以被表述为一种自下而上的模式。在这一模式中,自然理性所表达的是对世界的一种理性解释,即从纯粹的理性攀升至它的极限。两种模式都表现出了遵守不矛盾律的必要性。任何关于上帝——信众相信他是存在的——或者世界的理性话语都不可能包括下面这个命题,即某事在同一时间既"是"也"不是"。从这个角度来说,它到底是信仰还是建立在话语基础上的自然理性已经无关紧要了。

除了上面这两种话语类型之外还有一个问题,即不矛盾律是否适用于造物主本身。换句话说,上帝是否可以在肯定某件事的同时又否定这件事呢?假如可以的话,这难道不是上帝展示其全能的绝佳机会吗?要知道,全能可是基督教信仰的基本要义。

正如我之前所说,对上帝全能所做的不同的潜在研究,是中世纪后期形而上学研究的一个关键点。作为基督教的基本内容,它事关信仰。因为上帝是全能的,所以他可以做一切符合他本质的事,比如正义、善良、理性与意志。因为他的存在是完美的,所以他出于理智与意志而做出的行为也是所有可能行为中最好的。

进一步说,有些事物之所以存在,是因为上帝想要它存在。上帝是所有这些事物存在的原因,是万物之源。在"何物存在"与创造本体之间的理性联结中,上帝的全能表现在两个不同的方面。尽管他的能力是一,是唯一,在"上帝能够创造什么"与"他实际上创造了什么或者已经创造了什么"之间仍需要做出区分。后者说的是世界的自然维度,亚里士多德曾经探讨过这个问题;而前者探讨的则是世界的模态维度(modal dimension),它要研究的是是否存在着一种受到必要性约束的东西。

因此,这种方法颠倒了存在与原因之间的关系,因为亚里士多德设想了一个作为第一因的不动的推动者,这是以从下到上的视角来看的。基督教信仰最终采用了相反立场,即从上到下的视角,这一视角相信万物的第一因是上帝。作为"何物存在"可能性条件的第一推动者,最后反而变成了世界的必要动因。也就是说,自然的起源与自然本身的性质并不一样。

非基督教哲学与基督教信仰相结合,必然会带来这样一个兼容性问题,大致可归结为如下几点。如果世界必须存在,那么上帝就必须创造它;假如世界必然要呈现为它应该是的样子,那么上帝除了创造它之外将别无选择——而且他得按照它本来的样子予以创造——因此他是不自由的。假如他是不自由的,那么就不是全能的,这与信仰的公理相悖。认为上帝在创造与不创造这个问题上是不自由的这一立场,说的就是阿威罗伊(Averroës)的必然论(necessitarianism)。阿奎纳坚持采纳的是亚里士多德理论的这一版本,这导致他的作品分别于1270年与1277年受到了批判(Van Steenberghen 1966:413-93)。从历史角度来看,正是在这些批判的基础上,唯名论才击退了唯实论,并开始把重点放在上帝的自由这一问题上。唯名论者坚信世界的偶然性是神圣全能的结果。由于避开了上帝并非全能这一危险问题,所以唯名论得以蓬勃发展(Courtenay 1990:95;Bastit 1990a:176-80)。上帝的绝对自由与世界的彻底偶然性,是一枚硬币的两面。

为了维护上帝的自由,有必要对他的全能从两个维度予以阐述,这两个维度分别是绝对权力(*potentia absoluta*)与常规权力(*potentia ordinata*)。这是权力的两个方面,而非两种不同的权力。绝对权力以"无中生有"(*ex nihilo*)的方式运行,这再次显示了其在哲学上的荒谬性,不过在神学上它却有其必要性。与此相反,常规权力则把"何物存在"看作正常情况。再次强调,两者只是视角不同。常规权力采用的是人的视角,即人类对世界的经验。而绝对权力采用的则是上帝的视角,因为它将"何物存在"与上帝的意志联系在了一起。

在接下来的两节,我将简要探讨唯名论对神圣全能所做的解释对于对人类认知与行为所产生的影响。

五、全能、世界的偶然性,以及人类认知

根据奥卡姆的逻辑方法,上帝在根本上的单一性与共相不可能存在这两件事,就好像是一枚硬币的两面。在上帝那里,一切都同样完美与简单明晰,他不是共相之源,因此在创造殊相之前他需要先打草稿(司各脱)。他的理性也不是他发现自己将要创造的事物之永恒形式的中心所在(阿奎纳)。阿奎纳理论中的上帝运用自己的力量做出决策,这是常规权力。而奥卡姆则更多地将重点放在了意志上,他眼里的意志拥有一种自主力量。

理性与意志在上帝那儿都同样完美。因此对上帝来说,两者之中无论哪一个,其对另一个来说都不具有优先性。理性对于意志的优先性指的是前者可以指导后者,因为后者不够完美。因此,创造从根本上来说是彻底偶然或不确定的。由于他是全能的,上帝甚至没有理由去

创造。由于世界是彻底偶然的,逻辑上不能创造的东西本体上也就不可能存在。不过,即使上帝是全能的,他的意志也必须尊重不矛盾律。因此,只有那些在逻辑上不相矛盾的事物才能存在。只要逻辑上是可能的,那么上帝就都可以自由创造。唯名论的这些内容不是偶然的,相反,它指向的恰恰是哲学的核心问题,因此具有必然性。

有一个结论对本章的目的来说非常重要,即世界秩序源自神的常规权力;也就是说,这是上帝意志的具体化,不是唯实论中预先存在的永恒秩序的现实化。由于上帝根本上的单一性,因此从逻辑上来说不存在什么永恒法,在他的理性与意志之间也不存在顺序上的优先性。换句话说,创造是稳定的,因为上帝的意志永恒不变。①

应用到神的行动上的逻辑方法,为我们带来了一个由全能上帝创造的殊相世界。上帝像他的受造物一样也是一种殊相存在。然而,与受造物不同的是,他在根本上是单一的,因为他不是由两个或者两个以上的存在构成的。由于他在根本上的单一性,因此他的意志与理性同样完美。由于他是完美的,因此在上帝创造出秩序之前,世上根本就不存在什么秩序,这种秩序只有在被创造出来之后才能存在,而其存在的原因就在于上帝想要这种秩序。

需要指出的是,唯名论的哲学版本与神学版本之间保持着严格的同步,这种同步的本质就在于唯名论对神圣全能所做的解释。唯名论的哲学版本得到了神学版本的支持。在哲学版本下,思维之外不可能存有共相,否则就将导致悖论的出现。在神学版本下,上帝虽然是世界

---

① 这是笛卡尔对神圣全能的解释。上帝本可以创造多个世界,的确,他本可以创造出混乱。然而,因为他的善良,他创造出了一个我们能够理解的世界。使人类知识变得可能的不矛盾律是上帝的任意性创造;见 Descartes 1996b:118-20;1996i:232-3(对第六项反对意见的答复)。(在创造世界之前,上帝不知道世界是什么样的。世界是什么样的纯粹取决于他对于世界将是什么样的之意志。上帝的漠不关心是他全能的最佳证明。)

的全能创造者,但他却不可能在创造出共相之后再创造殊相,因为这会限制他的全能。

即便只是一种自我设限*,它在逻辑上也难以自圆其说。它确实是矛盾的,因为全能在逻辑上不可能包括自我设限。假如之前就存在着创世计划,那这就是对上帝全能的一种限制。对全能的这种解释简直就是一种亵渎。上帝可以在任何时间、任何地点创造他想要的任何东西,这种创造只有一个条件,那就是要尊重不矛盾律。

万物都具有"是被创造的"这一特点。不过就像我们之前提到的那个理由,即便是相似的存在,也不会共享什么本质,因为上帝的全能不允许他创造共同的性质、本质或者共相。也就是说,共相将决定在接下来的创造中上帝的意志,而这种创造势必会与他的绝对自由相悖。因此,神圣全能等同于上帝的绝对自由,那不受任何约束的自由。

关键的一点是,上帝的全能意味着,由可观察到的第二因(secondary cause)造成的任何事物,都可以由上帝这个第一因直接创造出来。① 比如,依据事情的通常原因,孩子出生前,他的父母一定发生了性行为,因此他的出生是由父母性交导致的。父母是上帝的受造物,因此他们是孩子存在的第二因。然而,上帝作为第一因,根本不需要第二因的介入就可以创造一个人。假如我们运用前面提到的技术性术语来描述这件事,那就可以说,正常情况下,上帝使用的是常规权力。但当做出行神迹这样的直接行动,或者作为第一因有所作为时,他行使的就是绝对权力(Freddoso 1991)。

---

* 这里指的是假设上帝首先创造了共相,然后又创造了殊相,那他的这种创造方式就是上帝的一种自我限制。当然,从神学逻辑上来讲这是不可能的,因为上帝只创造殊相,而不创造共相。

① 除了其他人的作品,还请参见 Ockham 1981, II, q.3-4, p.63, q.15.350:"……因为[上帝]整体上来讲是不公正的。"

上帝的直接行动,即作为第一因的行动,可以追溯到唯名论思想的认识论维度。根据奥卡姆的说法,我们的理性知识具有双重性。共相是一种可以理解的事物,也是一种了解理性知识的手段。在共相缺失时,我们可以借助直觉或者抽象来进行认知。依靠前者进行认知时,我们能够掌握关于偶然性真理(contingent truth)的证据,这种认知的客体是实际存在的。而依靠后者进行认知时,我们不知道认知客体是否存在,因为抽象认知只有在具备或者存在或者不存在的客体时才能成立。①

上帝在依据第一因做出某种行为时可以"跳过"第二因,这是一条原则。因此可以这么说,直觉认知或者抽象认知与神圣全能有关。因此,上帝有可能会使我们的头脑对一个不存在的事物产生直觉。换句话说,上帝可以看到所有受造物,即使这些受造物并不存在。然而,作为一种恩典,他可以在人身上创造一种理解,以使人参与这种神圣的直觉。② 直觉知识必然是正确的,因为"谬误的证据"本身就自相矛盾。上帝可以在今天制造这种知识,而在明天就停止。而且,他可以在 A 的头脑中制造知识,但不在 B 的头脑中制造同样的知识。或者他可以完全不制造这种知识,也可以一直制造。根据对神圣全能所做的唯名论解释,我们拥有了知识的确定性,不过这些知识与实在之间并不具有一一对应性。

因此真理不再是理性的自然目标。这就带来一个结果,即主体与客体之间的关系被"打破"了。客体本身不能在我们的思维中产生直觉,因此也不能被"加工"成与实在有关的概念。就像前面所提到的,作

---

① Ockham 1967:I, prol. q. 1,38:"能够对非存在物形成直观的理解。"
② 对非存在事物直觉知识的奥古斯丁式解释,请参见,比如 Vignaux 1948:36;Pernoud 1970:89。

为引起直觉的第二因,现在被作为万物第一因——因此也是直觉的第一因——的上帝取代了。也就是说,认知过程中客体的积极功能,现在被作为万物——包括知识——第一因的上帝截胡了。作为第一因的知识与作为第二因的知识之间存在着竞争关系,而前者是知识的"真正"(real)原因。

正如许多研究者所说,①对不存在的实体产生直觉知识的可能性问题,与上帝会不会欺骗我们没有必然联系。假如上帝能够欺骗我们,那将产生一种极端怀疑主义。但即使上帝没有欺骗我们,而且他只是用自己的绝对权力替代了第二因,依然会产生怀疑主义。事实上,我们不知道上帝什么时候会动用他的绝对权力,什么时候又不会。这是他可以运用自己的绝对意志自由做出的决定。随之而来的怀疑并不是由于作弊之类的原因。上帝的全能与他取代第二因的能力,对他的受造物来说意味着极端的不确定性。知识产生的真正原因是不确定的,也就是说,它可能是上帝,也可能是事物,这种说法实际上并不亚于怀疑主义。这种不确定性对自主哲学的地位产生了负面影响。自主哲学指的是纯粹自然的(ex puris naturalibus)人类科学或者仅以理性为基础的知识神性。

关于这个问题,正如我在其他地方所说的(Wintgens 2006a),哲学中的现代性并不是从笛卡尔开始的。笛卡尔对确定性的哲学追求,受到了奥卡姆和他的追随者遗留下来的怀疑主义的启发。很遗憾,我们没办法在这里展示奥卡姆与笛卡尔两人在观点上的相似性。尽管笛卡

---

① 有关这一问题的出色概述,请参见 Pernoud 1970。对奥卡姆的极端怀疑主义的解释,除了其他人,还请参见 Pegis 1944;de Muralt 1966;Scott 1969。对怀疑主义解释的批判,除了其他人,还请参见 Putallaz 1983(他批评了德·穆拉尔特[de Muralt]对奥卡姆所做的怀疑主义解释,并指出,有些历史学家是错误的,因为他们认为笛卡尔笔下的邪灵就是奥卡姆笔下的上帝)。

尔非常谨慎地隐藏了其思想上的来源，但我们依然认为他与奥卡姆在思想上基本是一致的。他的"我思"是一种尝试，以期克服由双重因果论及之后的怀疑主义导致的不确定性。

六、全能、意志的漠不关心，以及人类行为

神圣全能对人类行为的影响，与它对人类认知的影响是一样的。上帝不能创造共相；出于同样的原因，他对世界上的价值也持漠不关心的态度。漠不关心意味着，在他进行创造的当下，所有的价值都是平等的。因为根据神圣全能的唯名论版本，对自然所做的任何神学解释都与上帝的本质相矛盾，因为创造的最初目的要先于以此为目的的具体存在者。如果人类的自然目的是幸福，那它必然也是决定人类行为的共相或者本质的一部分。人类会努力实现自己的目的或者本质并变得幸福。但就像我们在前面提到过的，出于逻辑上的原因，人类的这一目的并不存在。而当目的缺失时，人们就会失去努力的目标与方向。

我已经提到过一个事实，即对上帝全能的唯名论或者逻辑解释，是由"任何其他解释都是对上帝自由的限制"这一批评所触发的。这听起来似乎有些自相矛盾，神圣自由指的是人类也享有同样的自由。上帝越自由，人类也就越自由。这是世界彻底偶然性的一种规范性衍生品（pendant），它直接导致了法律主义。这正是我在接下来的几页中将要讨论的问题。

由上面的分析可以看出，唯实论与唯名论的分歧在于善的本质。前者认为，上帝之所以创造或者控制某物，是因为该物是善的；而后者则认为某物之所以是善的，乃是因为创造或者命令它的是上帝。唯名论者会反对唯实论者，因为他们认为，唯实论不适当地限制了上帝的全

能。唯实论者则站在自己的角度批判唯名论,因为他们认为正是唯名论破坏了世界秩序,而且他们还认为唯名论的立场是矛盾的。

例如,像阿奎纳这样的唯实论者从自己的角度出发,认为上帝是根据"永恒法"中所包含的计划创造了世界。① 而我们所了解的永恒法,就是上帝在"神法"中启示给我们的。通过运用我们的理性能力,我们可以从自我身上发现"自然法",自然法是对永恒法的参与。② "参与"这个概念强调的是法律中的理性而非意志。任何法律都受实践理性的支配与约束。③ 永恒法引导人达到超自然的目的,而自然法引导人达到自然的目的(Aquinas 1910:I-II,q.91,a.4)。我们可以将这两种路径一起概括为:"做善事,求善行;忌作恶。"④

因此,从唯实论到唯名论的概念性转变,势必会抹杀永恒法,这不足为奇;即使有人说创造或者规定了永恒法的是上帝,也于事无补。如果永恒法真的存在,那它必须与上帝的本质相一致。若是这样的话,永恒法的存在就必须在逻辑上先于上帝的创造,也就是说,永恒法将因此

---

① Aquinas 1910:I-II,q.91,a.1:"此外,永恒法被认为是存在于神圣理性中的、主宰宇宙的理性……因此,治理万物的理念存在于宇宙的统治者上帝那里,这一理念本身就具有法的性质……上帝为治理他所预知的万物而颁布神法;所以,在此意义上,神法的永恒概念已经具备了永恒法的特征。"同上:I-II,q.93,a.1:"……因此,永恒法只不过是神圣智慧的一种,它指导着所有的行为与运动。"

② 同上:I-II,q.93,a.3:"奥古斯丁认为,在法律时代没有什么是公正与合法的,因为法律并非永久的。所有通过永恒法来制定的法律,都是对正确理性的参与,这一点很确定。"也见 Finnis 1982:398-403。

③ Aquinas 1910:I-II,q.91,a.1:"两种法都是理性的。"阿奎纳的自然法理论是人类的一种理性发现,它为格劳秀斯的理性自然法理论提供了土壤。格劳秀斯的理论被认为是现代自然法学派的开端。根据他的观点,人们仅凭理性就能发现自己的义务。对这个问题的解释,请参见 Haggenmacher 1983:475-9。这与通常所说的自然法是世俗化的这一观点并不一致,格劳秀斯所使用的(2005:§11)"伦理……"(etiamsi daremus)常常需要解释。见 Haggenmacher 1983:496-506;Edwards 1970;Novak 2000;Sève 1989:36-9。

④ Aquinas 1910:I-II,q.91,a.2:"人类世界中有一种自然法,根据善恶就可以看出,人类也有一种对永恒法的看得见的参与。"此外,还有 I-II,q.94,a.2:"……应当去追寻和完成善,同时还要避免恶。"

而变成约束上帝的规范,而上帝也只能以行使常规权力的方式来展示自己的全能,因为他须受自己的本质与理性的约束。① 将古希腊自然主义与基督教神启融为一体的困难由此可见一斑,这儿如此,其他地方也一样。奥古斯丁将两者糅合之后产生的准则在整个中世纪都很流行。他说,神的理念和神圣意志在神的思维中是一体的。这种观点使奥古斯丁从一开始就显得非常与众不同。

与以阿奎纳为代表的多明我会短期传统相比,唯名论者能跟奥古斯丁对神圣理性与神圣意志的矛盾糅合融洽相处,这绝非巧合。在13世纪的前25年,多明我会传统被嫁接到了重新发现的亚里士多德理论上,而正是对亚氏的重新发现为基督教神学的发展提供了概念性基础。奥古斯丁思想路线在14世纪的复兴,非常清晰地向我们展示了从神学内部攻击唯实论所产生的影响。② 这种攻击认为,创造是一种出自神圣意志的行为,而神圣意志与神圣理性有关。根据奥古斯丁主义传统,上帝根据计划(scheme)创造了实在。然而,与之前斯多葛学派的观点不同,奥古斯丁主义传统认为,这一计划或者永恒法只存在于上帝的思维中,而非实在中(Augustine 42:Book XXII,ch. 27,col. 418)。

在阿奎纳的论述中,相对于神圣意志,神圣理性具有优先性。人们可以在实在秩序中观察到永恒法,它是上帝智慧的象征。根据该论述,上帝可以自由创造,但不能自由创造他想要的任何东西。假如他可以自由创

---

① Aquinas 1910:I,q. 25. a. 5:"但是,既然上帝的本质就是他的力量,而这一力量只不过是他的智慧,那么的确可以说,神圣力量中没有任何事物不在神圣智慧的秩序之中,这一说法是恰当的……"

② 关于这一主题,参见高切特(Gauchet)2006年的开创性著作,他认为,由于高估了上帝的全能,因此基督教信仰中包含了终结其自身的萌芽。用高切特的原话来说就是,基督教这一"宗教本身就会让自己退出舞台"(religion of the exit of religion)。但令人遗憾的是,高切特没有提到他的理论渊源,我猜其思想可能来自唯名论。

造他想要的任何东西的话,那么实在秩序就有可能被摧毁,但这些秩序原本是存在于永恒法中的,是永远不可能被摧毁的。因此,这里有一个上帝的意志无法解决的悖论,究其原因,乃在于他须受不矛盾律的约束。

正如阿奎纳所说,①认为上帝的理性优先于意志这种主张可能很难理解,因为这一预设约束了上帝的自由,即使它被理解为上帝的自我约束,也依然是对他自由的限制。换句话说,虽然上帝是永恒法的创立者,但正是这种创造变成了对他全能的一种约束。任何限制上帝自由的理论都与信仰相悖。因此这个世界必须被解释为全部是由上帝创造出来的,只有在这种情况下,秩序才可能是神圣意志的结果,而非神圣理性的结果。这是邓斯·司各脱结合基督教末世论(eschatology)对亚里士多德哲学遗产所做的重新解释,他做出这一解释的角度是信仰。

奥卡姆提出了一种更为激进的解释,他认为规范性只能是意志或者命令行为的一种结果,这里如此,其他地方也一样。因为上帝只能创造殊相,而这些殊相不会共享本质并将这种本质作为其规范性的来源。因此,殊相不可能在它自身的本质中发现终极因(causa finalis),因为在殊相中根本不可能存在终极因。也就是说,在这个意义上,创造是无前因的(uncaused),因此不需要事先预备什么模式。

从这个角度来看,认知中的主客体分离——如上所述——与实践中的主客体分离具有严格的平行对应性。在实在本体论中,共相含

---

① Aquinas 1910:I, q. XIX, a. 1. 在回答"神的旨意"这个问题时,阿奎纳写道:"结论:就如意志总伴随着理性,上帝既然有理性,那就应当有意志。我回答说,正如上帝那里有理性一样,上帝那里也有意志,因为意志与理性是形影不离的。"不应该从字面意义解读下面这句话:"意志追随理性。"它其实非常准确地表达了阿奎纳的理性主义观点,同时也是对布莱克法尔(Blackfriars)的唯名论解读:"假如上帝有思想,那他就有意志;它们彼此包含。"这个解读排斥理性对意志的优先性,善良的唯名论者在逻辑上强调了上帝根本上的单一性这一特性。

有规范性模式,即理性存在将会认识到共相这种终极因。根据唯名论对上帝全能的解释,虽然可以在实在中观察到这种规范性,但它们根本不属于实在。而且,根据这种解释,上帝的意志将不受任何善的约束,否则,上帝就会是第一个知道善并按照善的标准做出行动即下达命令的位格。这显然是矛盾的,即使认为他首先创造了善,这种善也依然会束缚他。因此,他的意志是——并且在逻辑上必须是——漠不关心的。也就是说,上帝的意志是自由的,因为它极端不确定。它不受什么是善的约束,否则就将与他的全能相矛盾。①

实在对规范性来说毫无意义,这是由上帝的极端全能导致的。这种无意义带来了一种新的规范性思维模式。如果规范是存在的,那它只能是由上帝强加给他的受造物的一种义务。一种行为在道德上之所以是善的,乃是因为它符合施加于自由之上的外部规范。如果该行为因其内在的善而在道德上被认为是善的,那我们将再次走上唯实论之路。因此,道德指的是某一行为符合某种规范,而规范则是一种直接针

---

① 这是柏拉图提出的尤西弗罗问题的一个变体(参见 Plato 1943),也是贯穿哲学史的经典问题。还可以参见其他人的观点。阿奎纳采用了两种立场。Aquinas 1910:II-II,q. 57,a. 2:"神法命令某些事情,因为它们是善的;神法禁止其他一些事情,因为它们是恶的。而有些事情是善的,是因为它们是神法所规定的;有些事情是恶的,是因为它们是神法所禁止的。"同上:I-II,q. 71,a. 6:"但并非所有的罪都是因为被禁止才成为邪恶的,有的罪乃是因为邪恶才被禁止。因此罪的一般概念不应被定义为违反上帝的律法。"Duns Scotus 1894:II,d. 22,q. 1,n. 3:"但是所有十诫定下的罪恶,不是因为它们是恶而受到禁止,而是因为它们受到禁止才成了恶。"Ockham 1984:q. 8,442,446;Ockham 1977:d 17,q. 3:"凡[上帝]本身意愿的,实际上都是好的和正当的。"Leibniz 1953:5:"而且,当我们基于某些规则说某些事物不是善的时,我们所依据的是善的规则,而不单纯是上帝的意志,在我看来一个人就这样漫不经心地摧毁了上帝所有的爱与所有的荣耀。那么为什么要表扬他做过的这些事呢?假如他正好做过相反的事,他是否也应该获得同样的表扬? 他的正义和智慧到底在哪里? 如果只剩下某种专制权力,如果意志代替了理性,那么按照暴政的定义,最有权势的人所喜欢的是不是只有暴力或者暴政?"Descartes 1996i:233(上帝在知识上没有什么优先权,在上帝决策之前,没有什么是善的);Pufendorf 1994c:I,ch. 6,§4;斯宾诺莎(1965b:121-21)从自己的角度认为:"是否相信上帝……自由地或者出于自然必要性地控制着万物并不重要;以统治者的身份制定法律,或以永恒真理来教导他们也不重要。"

对人的自由发出的意志或者命令。

在唯名论解释中,上帝的意志是漠不关心的,因为它不受理性的"影响"(informed)。创造和命令有时会同时发生,但它们在性质上属于两种不同的行为。将正义与神圣意志看作一回事,意味着上帝的命令在内容上是任意的,这是由上帝根本上的单一性与他的全能相结合而产生的一个逻辑结果。① 神圣命令的任意性具有双重结果。第一,这些命令的内容仅仅取决于上帝的意志。因此,他按照自己的意愿下达命令。第二,作为第一点的结果,只要上帝愿意,他可以随时改变自己的命令,比如,他命令亚伯拉罕杀死自己的儿子,这与一个人不应当杀戮的规范相悖。上帝对善的漠不关心意味着,善并不是独立于他的意志而存在的,因为造就这种善的正是他的意志。

上帝唯一不能做的事,是在命令"X"的同时又命令"非X"。神圣诫命(commandments)是任意的,除此之外,人类思维没有办法理解为什么命令的是"X"而不是"非X"。上帝这样做或许有他的理由,但他并没有义务向他的受造物解释这些理由。从受造物的角度来看,这实际上等于没有理由。因此,上帝的命令是出于自己意志的任意行为;这些命令之所以是善的,只是因为这是上帝的命令,此外就再也没有其他任何理由。

神圣命令的内容是任意的,这意味着命令的规范性内容取决于上帝的启示,没有这一启示,上帝的意志就将无从得知。我们所知道的上帝的意志,就是他曾经在《圣经》中命令和启示过的十诫。这种解释将

---

① 这是一个总纲,其目的就是要展示对神圣全能进行唯名论解释的主要逻辑结果。不过这些结果后来也被否定掉了,比如汉斯·威尔泽尔(Hans Welzel)(1962:149)就认为这种解释是错误的,因为从司各脱到普芬道夫(Pufendorf),这些唯意志论者从来没有把拒绝专断的神圣之善排除在外。不过,可以参见 Haggenmacher 1983:482 and Edwards 1970:802。

第一章　法律主义的形而上学

产生一种形而上的影响,即神法与永恒法要么是一致的,要么就是永恒法控制了神法,但这说不通。①

在这个问题上有一个典型的悖论命题,即上帝命令人们去恨他,这就是所谓的"恨上帝"(odium Dei)问题。② 根据第一诫,上帝命令信徒们爱自己。对上帝的爱会让信徒们做那些他们或者教会机构认为上帝喜欢的事。这是一种义务,这意味着信徒最起码不能违背上帝的诫命;这也是一种渴望,可以说上天(the sky)*即是终极,一直以来均是如此。义务或者渴望是信徒们遵守上帝诫命的规范性动机,但更深层次的动力是对上帝的爱。对上帝的爱贯穿于人的一生,信徒可以因此获得永恒救赎。对上帝的爱决定了一个人是否可以拥有获得救赎的机会,因为上帝是善的,是公正的,这是一种基本理念。

然而,根据对神圣全能的逻辑或者唯名论解释,上帝诫命的内容被认为是具有任意性的,因此上帝也可以命令人们去恨自己。对上帝的恨,就像谋杀、通奸或者盗窃一样,逻辑上讲都有可能是上帝神圣命令的内容,这也可能是判断的理由与救赎的基础。我们相信上帝是善的、

---

① Bastite 1990a:186 and 189. 关于永恒法与自然法的一致性问题,以及与格劳秀斯的"假设上帝不存在"(etiamsi daremus)的比较,请参见 Rommen 1948,特别是第 447 页。
② Ockham 1981:q. 15,348:"如果不允许恨上帝不是因为罪,而是因为上帝本身……那么,上帝就不能让意志去恨上帝。""复仇之日"这一主题反复出现,将唯实论与唯名论区分开来的也正是这一主题。根据邓斯·司各脱(1894:IV,d. 28,6)的观点,上帝之爱从其唯一目标来看其实是唯一的善行,憎恨上帝则是唯一的错误,而且任何情况下都不可能使它变为善的。也见 Aquinas 1910:II-II,q. 34,a. 2:"这是否意味着上帝本可以命令受造物去恨自己,并让这成为一件好事?"在与伯曼(Burman)的争论中,笛卡尔回应了伯曼的质疑:"这是否意味着上帝曾经命令一个受造物去恨自己,并让这件事变成好事? 上帝现在不能做这些,不过我们也不知道他本来可以做什么。那么,他为什么没有把这一命令下达给他的某个受造物呢?"(译自 Cottingham 1976:22) 这一观点是唯名论者对神圣全能进行解释的逻辑结果,尽管这个结果不一定符合伦理。然而,一方面认为一个人必须恨上帝才能得到救赎,另一方面则为了遵守诫命而又必须爱上帝,这显然是矛盾的,见 Bastit 1997:Chapter 9。
*　指上帝。

公正的,但这并不能决定他诫命的内容。因此,诫命与终极因之间没有什么关系;也就是说,与知识一样,善与存在本身无关。我们前面也曾提到过,知识可能是一种并不存在的东西。既然善是上帝的命令,那他也可以命令信徒去恨自己,基于这一说法,那些恨他的人最有可能得到救赎。当然也可能正好相反,因为上帝不欠他的造物任何东西。

这一解释带来一个结果,即信徒们根本不知道必须"真正"做什么才是"就在那儿"的"善"。他们必须做的就是遵守上帝启示给人类的诫命,而且不能抱有任何获得救赎的希望。由于神圣诫命本质上是任意的,其内容是不确定的,因遵守它们而带来的后果也因此就是不确定的。因为在遵守诫命与得救之间并没有什么必然联系,所以说杀人犯也有可能获得救赎,而撒玛利亚人则有可能会被诅咒,尽管诫命上说要爱上帝,反之亦然。将仇恨上帝的命令合理化必然需要一个基本前提,那就是上帝是全能的,处处如此。

要找到规范性与某一诫命之间产生逻辑关系的原因并不难。因为上帝不能创造本质,所以按我们的本性行事这种说法就有点儿说不通了,因为"人的本性"或者"人类本质"根本就不存在。因此,这个世界的规范性缺乏必须通过将诫命以其他方式施加于自由的受造物之上来予以弥补。而且,上帝想要做的任何事情都需要通过命令,因为不被禁止的即是允许的。这是由唯名论带来的第二个结果。

因此,行为在道德上的善,不再是作为诫命终极因的善在实现之后所产生的一种结果。善指的是遵守所施加的规范。也即是说,道德乃在于对人们的自由施加规范。遵守规范就会使一种行为在道德上成为善的。遵守上帝所施加的规范是每个人都必须做的。

七、法律主义的形而上学

（一）唯名论者的义务概念

尽管上帝是全能的，但他不能创造共相，因此古典自然法就被抹杀掉了，因为自然没有任何共相价值。在之后的苏亚雷兹（Suarez）的解释下，托马斯主义版本的自然法也随之消失了。根据阿奎纳的说法，上帝根据包含创世计划的永恒法创造了世界。在这一基本框架中，法律是对公共善的一种安排（ordinatio ad bonum commune）。然而，由于受到唯名论的干扰，神学思维模式也消失了。一旦本质缺失，终极因也就失去了意义。在根据唯名论对义务概念做过简单分析之后，本书将简要探讨一下法律主义形而上学的特征，这些内容分别见于苏亚雷兹、普芬道夫以及康德的理论中。

苏亚雷兹对阿奎纳的理论进行了重新解释。这种解释与奥卡姆的唯名论相结合，一起为法律提供了一种新的定义。法律是上位者的命令，而第一个上位者同时也是最高的上位者即为上帝。法律是施加在受造物自由之上的命令，遵守命令就是道德的本质；也就是说，法律可以满足"道德化"这一过程。阿奎纳所说的十诫受到了永恒法的启示，之后才变成了它现在的样子。十诫的内容仅仅取决于上帝的自由意志。请记住，在这个问题上，奥卡姆的观点是上帝可以命令人们去恨他，同样也可以要求人们去爱他。

将规范与自由联系起来的是命令，命令同时还决定了行为的道德性。在这个新的安排（constellation）中，法律思维经历了重大的转变。米歇尔·维利（Michel Villey）在他对罗马法与法律义务的研究中反复指出,法律是一个客体("这就是正义"[id quod justum est]),它在债权人与债务人之间建立起了一种关系。根据客观法,债权债务关系属于两个人之间的横向(horizontal)义务关系。一旦债务被清偿、标的物被执行或者约定行为被履行完毕,法律上的约束(vinculum juris)也将消失。

在法律转变为命令之后,由服从上级意志而产生的纵向(vertical)义务将会成为横向义务的补充,而且横向义务还会对纵向义务产生依赖。从这个角度来说,遵守法律的道德义务,先于建立在行动主体(agent)意志基础上的法律创立这一义务。纵向义务具有道德性,因为服从是一种意志行为。它不会随法律义务的完成而消失;事实正好相反,这项义务其实是永久性的,因为它或出自上帝,或源于自然法,或来自国家(Sève 1985)。

实际上,由服从上级而产生的纵向义务,与债权人和债务人之间的横向义务是对称的。这就产生了一个正当性问题,马克斯·韦伯(Max Weber)与保罗·利科(Paul Ricoeur)都曾提到过这个问题。正当性主张以及义务人对正当性的信赖与接受之间是不对称的或者非对称性的(Ricoeur 1986e:310)。正如我在前面几页所说,产生法律主义的唯名论形而上学,在其逻辑解释中指的是神圣全能这一主要议题。双方在形式上的不同有一种极端化的表现,那就是奥卡姆与后来的唯名论者的观点所指向的内容。他们认为,只要上帝希望,那么逻辑上不矛盾的东西在本体上就是可能的。而逻辑上相矛盾的东西在本体上是不可能的,这是因为上帝不可能希望出现这种结果。

根据这种义务观,权威指的就是有权力向自由施加约束性规范这一渊源。从这个角度来说,上帝的权威是唯名论形而上学的一个必要元素;因为,共性或者共相是不存在的,规范性的唯一渊源就是上帝的意志。根据唯名论者对神圣全能的解释,我们可以从一个新的角度解读十诫,亦即它们可以被看作上帝的意志行为。十诫的内容依赖于其渊源;赋予它们权威的也是渊源,而不是内容。

上帝的命令是规范的终极渊源,它直接施加于人类的自由之上,而且必须经由意志来予以实施。因此,规范化行为无须经由目的的内在之善即可操作实施,它所受到的约束来自外在规范,而且正是这些规范塑造了行为的规范性。依据正当理性进行选择,就是接受理性的命令,而这正好就是上帝的命令。

在阅读上面这些评论时,需要联系我之前说过的唯名论中的知识与行为,并以图形的方式总结深潜于这种形而上学中的规范思考模式,即我们现在讲的"法律主义"。唯名论者对上帝全能所做的解释将产生一个直接结果,即实在在规范性上是空的;这种空将规范性与施加其意志的权力这一外在渊源联系在了一起。其实这个渊源可以是任何东西,只要它拥有按照某种方式行事的权威就可以。从这个角度来说,权威就等于权力,这一点从外部属性或者形式上可以看得出来。这样一来,与义务的规范性范畴相结合的那个渊源就构成了法律。

从阿奎纳的唯理论传统转变为奥卡姆之后关于规范性的新唯意志论之路,意味着在判断比如"对/错""道德/不道德""合法/非法"时所使用的二元式道义论已经取代了之前的标准,即与"卓越性"(excellence)这一属性有关的德性渐进式圆满标准。① 因此,强行施加于现有受造物身上的规范性,在不改变世界的前提下又为它增加了一些新的内容。这是

---

① 这一转变带来了一种结果,即形而上学本身变成了一种法律体系。在这一体系中,存在的事物是被创造出来的,应做的事则是被命令或者强加的,参见 Bastite 1990a:180。比如,朗·富勒(Lon Fuller)就努力阐述了两类道德,一方面他强调了与亚里士多德传统有关的卓越性、愿望(aspiration)或美德(virtue);另一方面他也提到了义务道德,即康德的道义论道德(denotic morality)。这两种类型的道德结合在一起,就形成了富勒所说的"法律的道德性",因此他强调了由卓越性道德或愿望所产生的影响,但这种道德远不如法律主义的义务道德那么广为人知。见 Fuller 1969:3-32;Brochard 1954:489-503。

一个不同的世界,一个将"应然"与"实然"分开的世界。世界原本并没有什么价值,规范是被强行施加在人类这种受造物身上的。因此,任何行为都与规范性无关,除非它来自命令。

这意味着不禁止即是允许,因为规范性是由规范来表现的,而规范必须经由命令与颁布方能生效。因此,规范性行为及对其所做的道德评价需要一个明确的外在规范。我们由此可以得出一个结论,即对某一行为进行规范性评估,与是否已经完成目标无关,它更像是某个行为人要遵守其上级所发布的规范。因此,行为的规范性与其合法性,就此完全成了同一个问题。规范与行为之间的一致性决定了行为的道德性。

由唯名论引发的这种怀疑主义,与由唯名论作为原因之一而引发的宗教改革相结合,形成了反宗教改革的神学与哲学中的一种制衡力量(counterweight)。17世纪初,西班牙经院派继承了中世纪经院派的传统,并将其与唯名论的后续思想融合在了一起。这一融合是两种传统的融合:一种是自亚里士多德以来一直延续到阿奎纳的理性主义传统;另一种则是贯穿于14世纪的唯意志论传统,与奥古斯丁主义以及方济各会信徒联系在一起的就是这种传统。

(二) 苏亚雷兹

这一研究线索后来被苏亚雷兹拾起来了。哲学史上对阿奎纳的"新托马斯主义"曾经进行过长达一个世纪的权威解释,而苏亚雷兹的研究就是这一漫长过程的开端(Rose 1962:737-8)。这种解释是反宗教改革斗争的内容之一;耶稣会士在其中扮演的是战斗的教会(*ecclesia militans*)这一角色。1879年,利奥十三世(Leo XII)发布的《永恒之父》(*Aeterni Patris*)通谕将新托马斯主义的思想推到了高潮,它促进了经院哲学的复兴,并成就了苏亚雷兹的托马斯主义理论,这一理论是经院哲学理性主义传统和唯名论者的唯意志论传统相融合的产物。接下来的内容是关于这一问题的评论,其具体内容与法律主义的形而上学有关。

苏亚雷兹在其《论法律和作为立法者的上帝》(*De Legibus ac de Deo Legislatore*)一书开篇就对"法"(*lex*)这个词从词源上进行了描述。他认为这个词可以从两个相反的方向进行解释,一个是唯实论和理性主义,另一个则是唯名论和唯意志论。一方面,苏亚雷兹评论说,"*lex*"在词源上与"*legere*"(收集、阅读)有关,因此它有唯实论或理性主义的成分。另一方面,他也提到"*lex*"的另一来源是"*ligare*"(约束),这里强调的就是法律的唯名论或者唯意志论性质。① 苏亚雷兹承认这种词源解释有些不可靠,因此并没有那么重要(Suarez 2003:97-9)。现在有充分的理由相信,苏亚雷兹的这一理论一定是借用了加布里埃尔·贝尔(Gabriel Biel)的观点,而后者正是奥卡姆的学生(Courtines 1999:99;Bastite 1990b:211-20)。

然而,苏亚雷兹一方面试图融合希腊理性主义与基督教神启,另一方面又希望融合希腊理性主义与唯名论,这是一种总结,也是对具有悠久传统的不同问题所做的概括性说明。这种理性主义或唯实论传统坚持认为,立法之前须对实在进行认知性理解,因此判断先于决定。从这个角度说,"理性"先于"意志"。基于这一立场,阿奎纳认为,所有法律(神法、自然法与人法)都是对永恒法的参与。

然而,对上帝神圣全能进行唯名论解释的核心结论却是上帝的绝

---

① Suarez 2003:book I,ch.1,nrs 8-9,一方面提到了 Aquinas 1910:I-II,q.90,a.1c: "因为'法'这个词来源于'约束'……"另一方面则提到了 Cicero 1999:book I,20,p.112,西塞罗将"lex"与"legēre"、与"选择"联系了起来,尽管他认为"nomos"是从"nemô"派生出来的。Augustine 35:II,q.15,2395:"法是传承的记录,为使众人从中取舍。"

对漠然,这意味着上帝只能发出命令,而不能创造本质上属于殊相之"共同本性"的规范。上帝首先运用他的创造性意志(voluntas creativa)创造了殊相,然后又把自己的意志以命令的形式(oluntas imperativa)施加给了这些受造物。从这个角度说,唯名论形而上学对十诫的看法是不同的。在唯实论中,可以把十诫看作管理着创世行为的永恒逻各斯或者永恒法的部分揭示。唯名论则认为上帝具有根本上的单一性;按照这一观点,理性相对于意志不再具有优先性,因为在上帝那里,两者同等完美。然而,不受任何约束的意志相对于这种平等来说具有绝对的优先性;因此,判断(judgement)在决定(decision)面前就不具有优先性了。从这一观点来分析的话,十诫可以被认为是十个命令(Ten Commandments),这其实更多的是在强调它们的强制性而非理性品质。它们是由外部施加给受造物的规范。苏亚雷兹的"法律是命令"这一理论,腰斩了阿奎纳的"法律中存在着终极意义"这一定义。正是作为动力因(causa efficiens)的渊源决定了法律的权威,从而抹杀掉了唯实论的终极因。

苏亚雷兹将托马斯主义的理性论和唯名论者的唯意志论融合在了一起,由此找到了解决融合希腊理性主义和基督教神启的方法。他认为,一方面,上帝创造了世界,这种创造既包括对自然法的创造,也包括对理性受造物的创造。后者要理解前者,因为前者比较好地解释了人对上帝所负的义务。另一方面,上帝不能将他的规范打包后植入人性中,因为这会限制上帝的创造性权力,也会使这种权力与他的全能相矛盾。

其结果就体现在苏亚雷兹给法律所下的定义中。他认为非经命令的自然法不能做出任何规定。因此,为了保护上帝的自由——这是阿奎纳追随阿威罗伊的亚里士多德主义时所面临的一个难题——苏亚雷兹在自然法中注入了规定性（prescriptive）这一元素。然而，按照纯粹唯名论的研究方法，创造与规定是不同的、有区别的。上帝把人创造成了能分辨善恶的理性人，在做这件事时，上帝本来不可能不想禁止那些内在恶的东西，也不可能不想规定那些内在善的事情。尽管如此，"规定性意志"的"必要性"却是上帝"创造性意志"发挥作用的结果。因此，人们必须遵守包含了"善"的自然法——这是苏亚雷兹的唯实论所持的观点——这种义务源自上帝意志的附加行为，即命令；这儿所讨论的正是苏亚雷兹的唯名论立场。

因此，规范性在概念上就与命令发生了关系。可以说，苏亚雷兹创新性地提出了"实然"（sein）与"应然"（sollen）这两个领域的区别，这一区别后来启发了普芬道夫以及更久之后的凯尔森（Kelsen）。正是在这一区别中，我们提出了法律主义的一个根本问题，即规范是外在的限制，或者说是对无限自由的外在约束。这一界定的根源即在于上帝的全能，以及他极端绝对的冷漠，这一点在奥卡姆的唯名论中就可以看到。苏亚雷兹把"法"阐释为"阅读"和"约束"；显而易见，"约束"这个表述更适合用来描述他的唯名论立场。法律的规范性效力只能来自某个上级的意志，因此苏亚雷兹更像是一个唯名论者，而非唯实论者，尽管他试图将两者中的精华融合在一起。

苏亚雷兹就是这样以一种新的形式提出了规范性理论。该理论认为，规范性就是遵守规范，这与施克莱给法律主义下的定义非常契合。行为的道德性不再只是认识到善本身是什么。之前的唯名论者对神圣全能所做的唯名论解释，以及之后提到的世界规范性空洞，都会导致一个结果，那就是实在论者的本体论理论再无立足之地。与之相反，行为之所以具有道德性，乃是因为它遵守了外部施加的规范。从这个角度说，法律主义是尤西弗罗论题之变体。命令之所以有效，是因为下命令者的权威,而非命令的内容。

苏亚雷兹的相当一部分追随者都将他的规范性理论表述为遵守外部施加的规范,这说明他们将规范性理论融合进了政治哲学中。从这个角度说,遵守规则这种表述既是道德维度上的,也是政治维度上的。遵守规则无论是在道德维度上还是在政治维度上,都与唯名论将"自由"解读为"漠不关心"有关。

至于政治社会,唯名论带来的一个主要结果就是,像亚里士多德的城邦(polis)那样的自然的或者普遍的政治社会模式已经不复存在。由于思维之外的共相没有本体论价值,因此我们必须以不同的方式看待"社会"这一共相或者概念。社会是由本体上互相分离的自由个体所组成的,他们以服从神圣命令为开端,然后将遵守国家或者主权者的命令规范作为自己的义务。这再一次证明苏亚雷兹的理论融合了阿奎纳的本体论神学理性主义和唯名论者的唯意志论,并且预告了后来的社会契约传统。*

因为上帝不能创造"国家"这样的共相,因此"国家"的存在就取决于人民按照合意(common consent)结合而成的共同体。从唯名论的"整体存在于部分之中"(totum sunt partes)这一观点可以看出,这种结合不是个人的简单集群或者并置。相反,它是一个道德或者准政治性(quasi-political)的联合体,或者说它是一个"奥体"(corpus mysticum)(Suarez 1944:375)。因为所有的权力都来自上帝(《罗马书》13:1),他直接将这种权力赋予了作为整体的集体。这种赋予的结果就是促成了"原初民主"(original democracy)的产生(Suarez 1944:380)。原初民主是一个完美的共同体,虽然它只是一个没有形式(政府)的存在(人民的

---

* 原书第39页和第40页中有多个段落语意重复,因此译者未将重复段落译出。

集合体),但它却可以作为一个整体来行使政治权力(同上:364,375)。这不由让人想起司各脱式的神的绝对权力之分,或者只要上帝希望就会出现的质料与形式之分在逻辑上的可能性。①

不过,上帝或自然当然不会做无用功,所以,赋予这个完美的共同体以原初的政治权力,意味着必须由某种权力来统治管理该共同体,因为上帝从来不会直接管理人类社会,在对人类社会进行管理时他需要借助于第二因(同上:365-6)。因此,统治性的权力(potestas dominativa)、统治性的命令(ius imperandi)或说统治权,都需要赋予人类政府;假如没有人类政府,共同体就将变得不完美。也就是说,共同体的完美,正在于它可以实现共同之善(同上:375)。因此,人民(质料)必须被赋予一种形式(政府)。

换句话说,由上帝赋予政治权力是完美共同体的一种自然属性,在这种赋予之后,人民必须自愿将自己的权力移交给政府以赋予其权威(同上:380-1)。政治体是一个统一体,它存在的终极目的就是实现共同的善。因此,为了保存这个统一体,人们必须遵守完全相同的规则,必须臣服于某一共同的上位权力(同上:375)。正是根据这种辅以隶从契约(pactum subjectionis)的联合契约(pactum unionis)*,完美共同体才得以形成;同时也正是借由它,苏亚雷兹才得以勾勒出即将出现的社会契约传统的大致轮廓。

至于共和国这种制度形式,尽管苏亚雷兹表示他偏爱君主制,但他也说人们可以自由选择他们自己想要的政府形式(同上:383)。至于权

---

① 卢梭(Rousseau)(1997a:49)拥护原初民主这一思想,他提到了格劳秀斯:"格劳秀斯说,人民可以将自己交给国王。因此,按照格劳秀斯的说法,人民在把自己交给国王之前还是人民。"

* 也称社会契约。

力转移或者隶从契约的性质,苏亚雷兹很确定地说:"因此,所说的这种将权力从国家转移给君主这一方式,并不是授权,它只是一种转移(一直都是这样),也就是说,要将(形式上)属于共同体的权力毫无保留地赋予(君主)……"(同上:391)①这种转移是一种不可逆转的赠与(donatio),因为赠与行为一旦完成,权力拥有者所拥有的这种真正的统治权力就不能被剥夺了,除非他滑入了暴政的泥沼(同上:387)。赋予主权者的政治权力具有绝对性,尽管它受人类机构的调节(mediated),而且主权者的法律还要在道德上受到赋予国家原初权力的神圣起源的约束(同上:387)。

(三) 霍布斯

霍布斯第一个明确承担了唯名论在政治上的后果,因此可以说他是"政治唯名论"的创始人。如何面对自由是一个新的哲学问题,霍布斯为此提供了一个新的概念性框架。我们将在后面的几节简单描述一下这个框架的基本轮廓。

(四) 自然状态的二个维度

在自然状态下,没有什么权力可以独立或者外在于个体而存在。自然法是指一切人对任何事物所拥有的权利,因此自然法的实现指的就是这种权利的实现。而两者的实现所仰赖的只能是主体自己的判断。在自然状态中,三个维度——规范性、认识论和人类学的维度——可以相互独立。

---

① 拉丁语的版本比较清晰:"共和国的这种权力转移并不是一种授权;但作为一种外来物,它在共同体中确实是一个相当大的权力。"(Suarez 1865:186,着重号是后加的)

第一章 法律主义的形而上学

自然状态中的规范性维度首先要受自然法的控制。① 正如洛克后来所说(Locke 1963c:[《政府论·下篇》] Chapter 2),自然法是建立在生存下去的义务及相应的权利基础上的。根据这一基本的自然法,人们必须寻求和平并保持和平。假如和平无法获得,那么人们就可以利用一切手段来保护自己(Hobbes 1966c:117)。

从对自然法的这个定义中可以衍生出很多自然法,其中的第二条就可以解读为"在他人也愿意时,为了和平与自卫的目的,一个人在必要时可以放弃对一切事物的权利。而在对抗他人时,他拥有这么多的自由,对此他感到很满足,因此他也允许别人拥有用来对抗自己的自由"(同上:118)。②

自然法可以经由理性来发现;除此之外,它们还是上帝的命令(Hobbes 1966b:49-50;1966c:147)。自然法是上帝的命令或者理性的要求,它是永恒不变的(Hobbes 1966c:145),与自然法有关的知识就是真正的道德哲学。自然法须与道德法(moral law)相一致(Hobbes 1966b:47),这一点在《圣经》中已经得到了确认(Hobbes 1966b:52;1966c:147)。

人们在自然状态下不可能和平共处,这有三个相互关联的原因。第一个原因是,生存下去的义务属于上帝,他是自然法的制定者。这些自然法具有个人化的道德性,而非社会性。这清楚说明了自然法的本

---

① Hobbes 1966c:116-7:"自然法,亦即 lex naturalis,是一种戒律或者一般性规则,它经由理性发现;这些规则禁止人们做那些伤害自己生命的事,或者剥夺维持其生命的手段,也禁止人们忽略那些他认为最值得保护的东西。"

② Hobbes 1966c:118. 在有组织的政治领域缺失时,其他的自然法将会对社会交际形式产生影响,它可以使社会顺利运行。因此,自然法第三条要求人们尊重约定,第四条则说人不能不知感恩,第五条是说人必须与他人合作,第六条说的则是人必须要有同情心,等等。

质:它是一种为了让人们履行义务而允许他们做任何事情的许可。第二个原因是,因为这种义务只属于上帝,因此生存下去的权利与义务之间具有逻辑上的联系。如果 A 有义务生存下去,那么逻辑上来说他就有权利采取相应的行动。然而,A 虽然拥有这种权利,却并不意味着任何 B 都有义务尊重他的这种权利(Hart 1955;Warrander 1962:355)。

第三个原因与霍布斯的唯名论有关。由于能够存在的只有个体,因此个体间的关系并不具有本体论地位。个体间的关系在实在中缺少支持,因而与此相反的观点同霍布斯的唯名论及后来的个人主义相矛盾。所以,个人之间的关系在哲学上所做的任何阐释都毫无意义。

这就说到了自然状态的第二个维度,即认识论维度。自然法具有本体论地位,因此不需要关注它的意义。像关系一样,概念也不具有本体论地位,因此,即使概念出现在了自然法中,也依然不需要关注它们的意义;因为它们仅仅是语词。语词的意义是约定俗成的,它并非自然的或者本体性的(ontological)。自然法要求人们服从上帝,所以它的意义仅仅是"私人性的"。假如要履行对上帝的义务,那么个体化主体的意义是一个充分必要条件。假如仅仅依靠语词,自然法是不可能在社会中付诸实践的,在实践中亦行不通,因为仅具私人性质的意义是荒谬的。自然法中义务的来源和性质将自然法的存在与意义分隔开了,这是由霍布斯的唯名论本体论所导致的一个结果。因此,自然法在社会交往中并不适用。

自然状态的第三个维度关注的是霍布斯的人类学观点。对霍布斯来说,激情、平等与理性是基本的人类学要素。这些要素在混合之后就像一种爆炸式鸡尾酒。事实上,人类的目标是在审慎思考这一过程中逐渐形成的,这个过程集欲望、嫌恶、希望和恐惧于一体(同上:48)。

在审慎地塑造自己的目标时，所有人都对获得自己想要的东西抱有同样的希望。正如霍布斯所说，由于身体强度与思维的速度是恒定的，所以每个人都拥有相同的能力（同上：111）。竞争、胆怯（diffidence）与骄傲正好为我们塑造了人类学维度中自然状态的图景。这种状态使得人们为了自己的利益、安全或者名誉各自为战，互相攻击。而这些战争将导致工作停滞、艺术困乏、科学难产、文学荒芜等。然而最糟糕的还是"持续的恐惧、暴死的危险"（同上：113），所有这些结果都将使"人的生命变得孤独、贫困、肮脏、残忍且短寿"（同上：113）。

（五）三个维度的结合

自然状态的三个维度相互关联、相互印证。在唯名论维度下，自然法中的概念本身并没有什么意义。正如我之前所说，它们在语义上是空的。因此，不难想象，每个人都会按照自己的方式填充这些概念。所以说，用自然法来调整社会生活是行不通的；因为在自然状态的认识论维度内，自然法没有什么"真正的意义"。人类学维度只会让事情变得更糟。

规范性维度与认识论维度紧密相连。霍布斯认为，那些为遵守自然法而做出的努力是（1966c：145）"真诚且持续不断的"，为了遵守这些规则，人们已经足够努力了。那么，假如没办法了解自然法的真正意义，我们又该如何把善的意志填充到这些语词中去呢？我们可以借用霍布斯的方法，他认为，我们可以经过观察来了解自然法。不过只有在涉及自然法的道德性时，霍布斯的这种方法才是正确的，而且我们还要为实现自然法付出很多的努力才可以。

就像认识论维度曾经做过的一样，人类学这一维度再次强化了自然状态的规范性维度。不过，本质上来讲，人类学维度并不会对自然法

[43]

的规范性产生什么影响。自然法是基于上帝命令而产生的一种规范。因此,尽管这类法律不具有实践性,但原则上来讲这一点并不会对它们的规范性产生什么影响。

因此,当 A"希望[自然法]发挥作用"这一思想变成现实时,他就让自己变成了他人的猎物;这可能会导致他自己的毁灭(同上:145)。我们很快就会看到,以契约理论为例,任何当时没有被履行的交易都将违反自然法第一条,因此需要被禁止。当 A 履行完自己的契约后,他会希望签订契约的另一方也能够履约,但他的希望恐怕会落空。一般来讲,契约的两个履行行为之间会有一定的时间差,因此这种想法不仅是天真的,同时也会违背自然法第一条。因此,假如 A 想要向他的恩人(benefactor)表达自己的感激之情,那么他就要冒着被误解的风险,甚至可能会被恩人认为这是对自己的蔑视。除此之外,"每个人都承认另一个人与自己平等"(同上:141)这一义务也有可能会被严重误读为一种证据确凿的积极歧视。①

这些问题不一定出自不道德或者邪恶的意志。它们之所以会出现,主要是因为"契约""感恩"和"平等"并非共相,它们只是没有任何终极意义的词语,因此没有真正的意义。它们的意义都是约定俗成的,并不真实。由于缺乏真正的意义或者终极意义,因此,当它们出现在自然法中时,就不太具有可操作性。

像其他地方一样,假如我们在这儿采用了人类学维度,事情可能会变得更糟,因为激情对社会互动的顺利完成提供不了任何帮助。更严格一点儿说,遵守了自然法的行为是道德的。然而假如按照自然法采

---

① 一个少数群体中的成员之所以能够获益,仅仅是因为他们属于那个集体。这时候,人们可能会误以为因为这些受益人属于少数群体,所以他们的品性一定有问题,因此应该减少或者取消他们获得的利益。

取行动,以将"希望自然法发挥作用"变成现实的话,那么这种做法简单点说就是与自然法的定义相矛盾的,而且还有可能是不道德的。道德的和以道德的方式行事完全是两码事。

这种自相矛盾的解释表明,自然状态的人类学维度并不是自然法无效的主要原因,然而,这个维度却可能是导致无效的很重要的原因之一;强化这种无效显然也可能会是很重要的原因,但是除此之外,很明显,人类学维度将在原因中居于主导地位。自然状态的麻烦,其深层根源在于它的认识论维度。因为自然法的语词没有什么实际含义,因此自然法在语义上是空洞的。善良意志(good will)或者邪恶意志(bad will)并非什么实质问题,因为在霍布斯看来,在认识论维度上根据自然法进行互动是不可能的。认识论上的不可能性就是霍布斯式的哲学认识论化。而开创了这一哲学认识论化过程的正是笛卡尔。

一方面是自然法的存在,另一方面则是自然法的语义空洞,这是两个不同的问题。正是这种不同使得自由成了一个新的哲学问题。由于政治领域(political space)在实在中不再具有存在的基础,因此它必须被看成一种理性建构。这种建构的基础就是作为命令的基本自然法。人们必须利用自己从上帝那里获得的理性能力,根据正当理性做出自己的行为,霍布斯将这种理性与产生社会契约的自然状态结合在了一起。

八、立约*理论

自然法第三条说,"……即,人们履行自己订立的信约"(Hobbes

---

* 在霍布斯的理论中,covenant 为信约,pact 为期约,contract 为契约。

1966c:130)。① A 和 B 订立了一个信约。A 履行信约,但 B 对自己之前做出的决定感到后悔了,因为他行为的目的对自己来说不再"有好处"了。② 因此 B 告诉 A 说,他们之前所做的安排其实不是订立信约,所以不必履行。A 大概不会同意 B 的看法,因为他自己已经履约完毕。B 认为 A 所说的"履行信约"仅仅是指比如说 A 向 B 提供草莓新品种的样品,除此之外他们之间的信约没有任何其他的内容。A 与 B 在什么是信约上意见不一。也就是说,他们对自然法第三条的意义没能达成一致,这种不一致与是否存在自然法第三条无关。为了解决这种与语义有关的分歧,自然法的语义空洞必须用意义理论来填充。这就是立约理论。自然状态下的语义出现分歧这件事,正是由霍布斯的唯名论所导致的,而立约理论就是解决这一分歧的一个范例。

契约是指权利的互相转让(120)。关于这个问题,霍布斯提出了四种假设。第一,权利的转让可以是物本身的立即转让(第一类)(120),这种转让中存在着相互交换的行为。第二,双方当事人可以订立契约并延迟标的物的转移(例如货物和金钱)(第二类)。按照这种假设,即便外部标的物的实际交付被延迟,权利依然可以被转移(121)。第三,如果只有一方实际履行契约,而另一方却延迟了,那么前者须信任后者(第三类)。第四种也是最后一种可能则是,双方可以约定推迟履行契约,这种情况下他们必须相互信任,因为双方都推迟了契约的履行。对于尚未履行契约的一方来说,该契约可以称为期约(pact)或者信约(第四类)(121)。虽然在一段时间内并没有履约行为发生,但是依然可以

---

① 在下文中,括号内的数字指的是 Hobbes 1966c 的页码。
② Hobbes 1966c:120(意志行为的目的是对自己有利)。判断一种目的是善还是恶,取决于人们对它的期望或者渴望。"因为,这些或者善的或者恶的或者可鄙的词语,曾经被用来形容那些使用它们的人:没有什么东西是单纯而绝对的。"同上:41。

凭借信任和相应的义务期待这种履约行为的发生,这就是许诺或者信仰(121)。

根据不同的分类标准,第一类和第二类属于同一类。在第一类中,任何履约都于当下完成,因此双方对于履约不会产生任何问题。在第二类中,双方同意之后再交付标的物;他们在时间₁转让权利,而将转移标的物推迟到时间₂。假如我们对信约进行严格解释的话,那么这种情况就可以理解为根本没有契约。虽然从某种理论上来讲这个契约其实是存在的。然而,如果 A 和 B 双方对一切事物都享有权利,并且相互之间已经开始交换部分权利,那我们就可以问:为什么他们没有相互转让自己已经拥有的某种东西也就是权利呢?他们不是拥有全部权利吗?因此,问题就来了:订立契约的目的究竟是什么?

第一类和第二类有它们的共同点,即权利或者标的物的转移可以于当下完成,也可以延期。第三类和第四类就不同了,这两种情况下的履约采用的是另一种形式。它们的履约方式与前面两类不一样——因为它们采用的是"遵守承诺"这种方式——这恰恰就是契约的特征,我们可以称之为信约或者期约。霍布斯认为,在信约的范畴内做出承诺就等同于权利的转让;因此,信约也是契约(我们从定义中就可以看到这一点)。因为可以通过承诺来转移权利,因此信约具有强制性(123)。信约具有强制性的基础在于自然法第三条,因为它说人们必须履行自己签订的信约(130)。

到目前为止,这种契约理论看起来具有很强的可分析性。然而,当我们将契约放在一个更大的语境中,比如霍布斯在《利维坦》第十三章所描述的社会理论这种语境中时,契约的有效性条件就更丰富(thicker)了。在对契约理论进行系统性解读时,无论采用的是自然法理论还是后来的社会理论,这种解读都可以为契约的有效性提供限制

(qualification)。

尽管信约具有强制性(123)(根据自然法第三条),但基于相互信任而产生的立约——双方当前均不履约(第四类)(124)——在"任何一方担心对方不履约"时,信约就将失去效力(131)。这同样(更确切地说)适用于只有一方履约的情况(第三类)(124)。这种状况下的缔约方违反了自然法第一条。根据这条自然法,"禁止人们去做损毁自己生命或者剥夺保全自己生命手段的事情,并禁止人们不去做自己认为最有利于保全生命的事情"(116-7)。一个人知道或应该知道他不能信任自己的同伴。因为就像所有的契约一样,订立信约是一种自愿(voluntary)行为,而这一行为与自然法第一条相悖。结果,"首先履约的人,却为了敌人背叛了自己……",那他就将自己暴露在了"猎食者"面前,而这是任何人都不应该承受的(118,145)。更为可怕的是,他"背弃了自己的权利,那种他永远不能放弃的、用来捍卫自己生命与保全自己生命手段的权利"(125)。

这类契约违反了自然法,因此它是无效的。换句话说,义务是有效性的结果,因为后者是前者的条件。然而,霍布斯不是说过,立约是强制性的,但同时它也是无效的吗?假如你认为霍布斯没有意识到这个悖论,那你就有点太傻了。那么,该如何解决这一悖论呢?

自然法第三条包含了一条普遍的道德规范,即人们需履行自己订立的信约(130)。霍布斯的唯名论立场很重要,此处如此,其他地方也一样。不是已经订立的所有信约都需要被履行。因此需要问一下:什么样的信约才需要履行?只有"在没有其他法律禁止履行时,即在纯粹的自然状态下,信约才是有效的"(126-7)。这是保持整体一致性的必要条件:只有不违反自然法的信约才应该被履行。

（一）需要解释的自然法

自然状态的认识论维度有一个基础，即唯名论这一前提。唯名论排斥客观语义的存在，但客观语义却是自然法有效的前提。根据这种语义学，自然法有它自己的"自然"或者"真实"含义。只有这种含义阙如时，才会产生信约理论。

这一理论试图抵消自然状态的消极后果。这些后果可以总结为"一切人对一切人的战争"（bellum omnium contra omnes）。一切人对一切人的战争是由自然法概念的语义分歧所导致的。这种分歧的可能性很多。比如根据自然法第四条，感恩是因为"施惠者不会为自己的善意感到后悔，因为没有合理的原因"①。自然法第五条则说，"每一个人都应当力图使自己适应其余的人"（138），而自然法第八条说，"任何人都不得以行为、言语、表情、姿态表现仇恨或者蔑视他人"②。我们很容易就能看出，"正当理由""善良意志""使自己适应其余的人"或"蔑视"这些语词是很容易引发歧义的，因此这些语词在实践中根本没有办法适用。

自然法可以被认为是一套希望社会中的人们能够和平交往的经验法则。表面上看，如果每个人都确实能按照自然法生活，那么和平就指日可待了。因此，只要每个人都能努力做好自己的事，那么自然法就可以得到完美实施。③ 但为和平而努力，与已经实现和平之间还是不同的。

有一种解决社会生活问题的方法，那就是要充分考虑到自然状态的人类学维度。人在做事时总是容易受自己喜好的影响，不太能考虑

---

① Hobbes 1966c:121 和 138（赠与的定义，基于友谊、慈善的名望、宽宏大量等等）。
② 同上:140，加上轻蔑的激情（40）。
③ 同上:146："相同的[自然]法必须用来满足一种欲望，而且努力……这很容易就能观察到。因为它们所要求的就只有努力；一个人要努力履约，以完成信约……"

同伴的利益,这就是利己主义。人的利己主义会阻碍他成为一个有道德的人。此外,还有另外一个方法可以解决这个问题,那就是将这三个维度组合成另一个不同的序列。唯名论势必要排在前面,然后把人类学与规范性的前提吸收进来,并将其作为对建构霍布斯理论的额外支持。

(二) 自由的政治学

自然状态的三个维度最终形成了霍布斯的政治社会理论。政治社会的形成是一个自然过程,其基础如下。首先,在政治领域出现之前没有社会领域,社会领域与政治领域是共生共存的。这是霍布斯的观点,卢梭的观点与此不同。

其次,霍布斯并不认为人是不同于其他动物的理性动物。他说,我们注意到,人与动物都具有思虑能力,因此他们都拥有自己的意志。意志是经过思虑之后所形成的欲望、嫌恶、希望和恐惧的总和。意志是最后的欲望(appetite),而欲望是不理性的,因此"理性化"这种条件也并非"人"所专有。

再次,由以上分析可以得出以下结论,即经过思虑之后所形成的,由激情、欲望、希望和恐惧融合而成的这个最终结果,在经过衡量与权衡之后,并不会奇迹般地转变为与其组成要素品质上完全不同的东西。意志是一种欲望,是在这一过程中所产生的易于变化的东西。

最后,因此,人们会按照理性建议,就和平问题的便宜条款(convenient article)达成一致意见(Hobbes 1966c:116)。① 然而,这些

---

① 不过可以查看一下普芬道夫的批评(1991:132):"这儿说人们会被拉入公民社会,这远远不够……"

"理性建议"并非理性的结论。假如这些建议的语义没有任何意义的话,那该怎么办?但不管这些条款是不是人们所希望的,他们还是会在其基础上达成一致。

根据这种机制,人们要被引导着放弃自己的全部权利。这个问题值得做进一步的扼要讨论。它与霍布斯唯名论中的认识论前提有关,而唯名论思想在他的立约理论中有着很深的根基。

霍布斯努力为信约这个概念下了一个定义,我们在他的自然法第三条中就能看到这一点;尽管如此,他的定义依然不可能使某一具体信约成立并有效。虽然这个定义包含了为真实信约存在所必需(但并不充分)的条件。与这一分析性定义相对应的互信立约是强制性的,不过,这种信约并非真的有效。"信约""义务"与"有效性"在分析的意义上彼此关联。在对概念性进行分析时,我们就可以看到这些分析性的关系。

然而,自然法第三条中所包含的道德义务,并没有就信约的本体性地位做出任何表示。

为了使信约存在,也就是说为了使它真正有效,也为了使它真正具有强制力,我们还需要更多的东西。自然法第三条是正义之源(同上:130),它规定人们必须履行自己的信约。反过来说,非正义就是不履行信约。霍布斯又一次使用了他的唯名论"万事达卡"(master card)。唯名论似乎既是一种疾病,也是一种治疗方法。因为概念并不存在,所以每个人都可以用自己的方式给自然法下定义(认识论维度)。他们这样做的时候,其实就是在履行对上帝的义务。

根据自然法第三条,人们知道每个人都需要履行自己订立的信约。虽然该条自然法后来又加上了一句同义反复的话:"正义之本质,在于遵守有效契约。"(同上:131)但是这种补充只是使该理论显得更加徒具唯名论色彩而已,并不会产生什么实际效果。尽管纳入自然法理论的契约思想是很丰富的,但它还是漏掉了一项重要内容。

即使具备了这些与信约有关的理论,我们依然不了解什么是信约,也不知道它究竟什么时候会生效。而且只有在订立信约时我们才会产生这种疑问。然而,假如已经订立信约但履约带有很强的不确定性,那这种立约行为就违反了自然法义务。因此,不构成违反自然法的信约只能是那种具有自动执行(self-executing)性质的信约。这就是社会契约的意义所在。

从以上分析不难看出:社会契约是具有自认实施(self-referential implementation)性质的信约。根据信约的定义,基于互信而订立的契约,从表面上看其实是自然法并不禁止的。然而,它存在的目标是希望自己成为"足以迫使人们遵守(他们所立的信约)的国家权力的宪章"(同上:131)。由信约产生的国家权力之所以拥有这种力量,乃是因为它就是这种权力本身。按照自认实施的信约理论,社会契约是可以自动执行的。而且除自动执行之外,它还提出了一些可以让任何信约有效但往往会被忽略的前提条件。

(三) 普芬道夫

普芬道夫的规范理论与苏亚雷兹有相似之处,因为他借鉴了苏亚雷兹的"双重本体论"(double ontology),即要区分上帝的创造性意志(creative will)和命令性意志(imperative will)。普芬道夫认为,上帝创造的人是一个理性的社会存在。人类这种受造物不同于其他生物,比如狗,因为人能够改变自己的行为,也可以暂停或者调整自己的行为。[①] 这种

---

① Pufendorf 1994c:100:"通过这种特殊的[心灵]之光,他可以更准确地理解事物并对不同的事物进行比较,也可以从已知中推出未知,或者在事物之间进行判断以做出适当安排,这样他就无须被迫总是以相同的方式做出相同的行为;而且他还可以自己决定是否采取某种行动或者暂停该行动,也可以以看起来更为适宜的方式调节自己的行为。"

能力深藏于道德实体(entia moralia)之中,甚至成了强加(外加[superadditum])于事物之上的一种确定的属性,它可以更好地指导或者调整人这种理性存在的自由(Pufendorf 1994c:100)。

这些属性被称为道德实体*,因为人类的习惯和行为要接受这些属性的指导和调整,因此就有了一种不同于野兽的粗犷且具原始性的独有品质(同上:100)。我们可以比较便宜地将道德实体——无论是由上帝赋予还是由人赋予的(同上:101)——界定为某些模式,这些模式可以由理性的存在赋予自然事物与行为(motions),其独有的目的就是指导和调节人类自由的以及具有意志性的行为,并赋予生命某种秩序与美德(grace)(同上:100)。道德实体是被赋予的(外加的),它们自己不具有实体性。但它们的存在也不仅仅是偶然性的,因此需要一个基础,以从根本上将这种存在合理化。这种"被赋予"的性质,正好说明像上帝或者人这样的理性存在其实是带着权威参与到这件事中来的。

道德实体并非自然事物,因为它们"并非产生于事物本身的实体性原则,它们是被外加于已经存在并且自然完美的事物之上的……施加者是那些能够独立决定自己存在的理性存在之意志"(同上:100-1)。道德实体并不是自然的,它们产生于理性(intellect),它们要为人类生命所独有的完善(the distinctive perfection)服务(同上:100)。从唯名论意义上讲,这就是所谓的"概念"。人类生命所独有的完善正好与道德实体的"外加"相契合,也就是说,与从外部赋予现有存在的道德实体相契合;而以规范方式将人类生活制度化的正是后者。①

---

* 在普芬道夫的理论中,有"自然实体"(entia physica)与"道德实体"(entia moralia)之分。

① 塞德勒(Seidler)在他1994年翻译出版的有关普芬道夫的作品中使用了这个词,在这里我也使用了同一个词。让·巴贝拉科(Jean Barbeyrac)将普芬道夫所使用的词"赋予"(impositio/imposition)翻译为了"制度"(institution)。

因此,普芬道夫的观点是个谜一样的混合体。他将人划分为私人的、道德的、公共的、神圣的、政治的等等,据此产生了一个概念分类网,这个网中有一些元素对我们此处的研究尤其重要。他也对道德实体做了区分,道德实体这个概念跟他说的"道德人"这个实体有些类似。将"道德人"细化之后就出现了一种复合性道德人(the composite moral person),我们可以将它称为政治国家或者政治社会。结合为"道德人"的那些人彼此之间是如此紧密,以至于无论现在还是将来,经由这个联合体做出的事情都被认为出于同一意志或者同一行为(同上:104)。这里我不再详述普芬道夫为这个问题所做的更为详细的区分了。我们只需要知道一点就足够了,那就是道德实体被认为具有"有效的积极的道德品质",这里面包含了"权威""权利"与"义务"这些概念。

对自己以外的人所施加的权威被称为"主权"。"主权"是由人类施加的一种道德实体或者"制度",尽管国家的创立是人类遵守神圣命令的结果。

苏亚雷兹区分了"实然"与"应然",这一点我们之前曾经讨论过。现在它们以一种新的面貌出现了,但其本质并没有发生什么根本的变化。上帝的创造是一种意志行为,他做出了选择。不过,为了不与受造物的社会本质发生矛盾,这种创造不得不对上帝命令的力量施加一些约束。也就是说,在创造了这些人之后,上帝不得不命令人类履行自己的义务,以便参与社会生活(Pufendorf 1994b:70;1991:33-8)。基于这一观点,普芬道夫批评了格劳秀斯的"社会性"(*appetitus socialis*),因为仅有社会性是没办法让人们进入公民社会的(Pufendorf 1994c:203-4)。社会性、理性、自爱和软弱是人类的本性,这些本质特征可以理解为上帝的设置,其目的就是让这些品质发挥作用以增进人类的福祉。因此,基本自然法说:"任何人都必须尽可能培养和保有一种针对他人的和平

的社会性,因为这与人类的本性和人类生存的总目标是一致的。"(同上:152)

在这个问题上,普芬道夫的理论具有法律主义的色彩,在这一点上他与霍布斯和苏亚雷兹有相似之处。他们都详细阐述了一种政治社会理论,而其缘起则指向神圣命令。正如我们很快就会看到的,康德同样坚持了法律主义这种形式。康德认为,社会肇始于遵守那种被称为绝对命令的规范,但他完全没提到所谓的神圣规范这一类问题。

在这个问题上有必要记住一点,那就是普芬道夫与霍布斯一样,都是从唯名论的世界规范性缺失(normative emptiness)中得出必须参与社会契约这一结论的。对这两个人来说,尽管他们的理论看起来已经相当理性,但他们依然将社会契约的最终来源设置成了具有神圣起源的命令。在国家这种道德存在(ens moralis)的基础上,权威——又一种道德存在——被赋予了最高主权:"……国内法来源于公约,因为正是通过公约建立起了最高主权,这个最高主权制定法律,并在受这一主权约束的群体内颁布实施法律。"(Pufendorf 1994b:59)

正如政治社会喜欢在神圣命令中寻找自己的起源或者基础一样,普芬道夫的法律主义理论也可以适用于法律。法律是上位者对那些服从自己的人所发出的命令,以强制他们按照自己的规定做出某些行为(同上:58)。命令的理由并非某些一般或者具体的善,它仅仅是命令者的意志而已。普芬道夫的理论基本上还是以唯名论为渊源的,大家都这样认为。据此,义务变成了道德的标准。一种行为在道德上是善的还是恶的,取决于它是否遵守了规范,[1]而不是因为行为者意识到了什

---

[1] Pufendorf 1994b:27 and 30:"依法行事被称为善(bonus);违反法律即被认为是恶(malus)。我必须完全依法行事才能使我的行为成为善的;假使要让某一行为成为恶的,它只需具备不遵守规范这一缺陷即可。"

么事情是善的或者恶的:"所谓的善仅仅是指遵守法律……"(同上:31)

这让我们想起了本章开头讨论过的法律主义的唯名论渊源。像邓斯·司各脱和奥卡姆一样,普芬道夫认为法律之所以是好的,乃在于它是被颁布的。正如奥卡姆所说,行为在道德上的善并不取决于意志的自然定位是否是善的,就像理解这一行为可以独立于被理解的事物一样。他认为,在法律产生之前,或者说在某个上级做出规定之前,"诚实"与"不诚实"、"好"与"坏"都是不存在的,而且也没什么意义(Pufendorf 1994c:129,§3)。因此,普芬道夫信奉全能的上帝这一前提。在他的理论中,全能的上帝根本不在意(即漠不关心)自己的权力,比如说永恒法对外在世界的决定作用。这确实会与上帝的全能和他所拥有的、根据自己的喜好创造世界的主权自由发生矛盾。普芬道夫的规范理论,就像奥卡姆和霍布斯的理论一样,表现出来的是一个在道德上相当漠不关心的宇宙。正是这个道德无涉的宇宙,或者我所说的规范性缺乏的世界,将普芬道夫的理论与对一个不具有任何规范性维度的自然世界所做的新的科学解释联系在了一起。这再次说明,普芬道夫与唯名论思想之间确实存在着非常紧密的联系。

上述解释显然更加支持普芬道夫的法律主义立场。也就是说,义务是对意志的一种约束,义务为履约行为提出了要求。在法律领域,义务的发生是因为自愿服从者接受了被服从者的指令(Pufendorf 1994b:59;1994c:119-28)。遵守法律,并以法律为自己行为的准则是一种义务。与通过社会契约进入国家这种义务相比,遵守法律并以这种遵守为前提做出自己的行为的义务居于次要位置。不过,后面提到的这两种义务拥有相同的结构:它们都需要服从上级(上帝、主权者或者是另一个需要被服从的人)的意志。义务是服从上级意志的结果,与目的无关。

在这里，合法性原则得到了足够的重视。它为履行义务提供了具体措施。遵守外界施加的规范是一种终极标准，这种标准可以用来评价人们的行为。这个合法性原则所关注的主要是人们的外在行为。这一理论可以被认为是康德法律与道德分离命题的先驱，而这恰恰就是法律主义的本质。

（四）康德

霍布斯和普芬道夫在他们的法律理论中研究的是自然法，而康德的计划则是清除法律中与自然法相关的所有内容。唯名论告诉我们，存在的只有个别的事物，行为是强制实施规范的结果。在唯名论的神学版本中，规范就是上帝的诫命。从这个意义上说，我建议将神法的唯名论版本称为十个命令，而将它的唯实论版本称为十诫。上帝的主权自由赋予了他随心所欲发号施令的权力。因此，他可以命令他的信徒憎恨他，也可以命令他们去偷窃、强奸等等。

康德关于理论知识的立场，说明他不是那种直接的"唯名论者"，因为他并不认为"事物"（things）不存在。他所说的"事物"，是指使它们成为"事物"的那种东西，即事物的本质。他并不认为本质是不存在的；他只是说它们无法为人所知。在这一点上，他的理论立场与唯名论所主张的"'思维之外'并没有本质存在"这一观点相似，不过也并不完全一样。本质不能为人所知这一事实，正是从他的立场导出的一种逻辑结果；这儿提到的他的立场，指的是应该打破对启示或者宗教的依赖这一桎梏，也就是说，我们不应该把启示与宗教看作知识与行动的渊源（Kant 1996:35）。作为本质的一部分，"物自体"（Dinge an sich）是存在的，但它们的存在只是一种信仰，与"物自体"有关的知识是不可能存在的。正是基于这一理念，康德建构了一种唯名论的知识理论，以与笛卡尔开创的反目的论的先验方法相一致,这种知识是借由先验的思维规则形成的。

至于实践理性,康德的立场是,他提出了先验道德以与现代哲学研究相适应。根据唯名论的观点,先验道德是由世界的规范性缺失而引发的。因此,康德的立场与法律主义具有绝对的相关性。

从这个角度说,康德的观点比普芬道夫更进了一步。对普芬道夫来说,行为的规范性或者道德性,乃在于它是否遵守了法律。而从道德理论角度来看,这对康德来说依然不够。一种行为,只有在它出自法律意志时,才是道德的;也就是说,一种行为只有在它仅仅出于法律本身的目的而发生时,才是道德的。① 理性的存在者之所以能够表述法律,不仅仅是因为要使他们的行为符合法律,还因为他们就是这些法律的制定者。② 因此,道德行为所要表现的是意志——有意愿完成这些行为以立即获得尊重。不像普芬道夫,"强制"(imposition)对康德来说并非必需的。从康德的观点来看,这种强制可能是对人类自治与尊严的侵犯。

道德立法指的是行为准则的普遍化,以便我*一定能够希望将自己的准则变成普遍法。因此,道德主体既是守法者,也是立法者。虽然是立法者,他们也不能不遵守法律,因为由他们制定的准则未必每一条都会变成法律。只有与普遍化不矛盾的准则才有可能被普遍化为法律。因此,道德行为指的是一种双重遵守,它既要遵守所创制的规则,也要

---

① Pufendorf 1994c:129:"然而这里必须指出的是,一种行为要想成为善的,就其实质要件而言,它必须与法律保持一致;就其形式要件而言,它的实施并非出于无知(ignorance)或其他原因,而是为了使法律得到应有的遵守与服从。"

② Kant 1997:39(阐明了意志的第三个实践原则,也就是说,每一个理性存在的意志都是为了使普遍法[universal laws]制度化)。

* 即道德主体。

遵守创制这些规则的绝对命令。这就是康德的法律主义。我将在接下来的几页对其予以简要说明。

康德把道德的形而上学纯粹化了,他这么做的目的是批判纯粹实践理性(Kant 1997:52)。在康德的理论中,意志被看成是一种因果性,而不是霍布斯所说的欲望的总和。因果性有一种双重运行机制,即由外而内或者由内而外。由外而内指的是,行为人的意志要由外来或者外部原因所决定。从这个角度来看,决定了意志的其实是自然必然性。在这种自然必然性中,原因是独立于结果而存在的。因此,只要行为人做出的决定并非出于自己的意志,那么这种意志就具有他律性(heteronimous)。这是自由的消极概念(同上:52)。

自由的理念与意志的自主性或自由的积极概念密不可分。就像假设的理论(theoretical theory)并不了解事物本身一样*,自主的行动者必须假定在"自己背后"存在着一个自我,无论这个自我指向的到底是什么。① 康德所说的主体是一个理性主体,而且这个主体就像笛卡尔所说的那样拥有表现能力。这种表现能力所表现的并非他自己的欲望,也不是他在这个世界上想要实现的种种自由观念。康德的理性主体更像是一种非实质性的自主理念,因为主体并非"实在的"、自治的、可以集合起来形成国家的前社会单元(pre-social units)。毋宁说,主体的自治更是其理性本质的一个侧面,这种自治使得他们可以表现自己是如何做出理性决定的。因此,他们的行为须受到法律这一表象的指导。②

---

* 这里的"事物本身"指的是事物的本质或者事物的共相。
① 同上:56;Habermas 1996b:158:"……自我(ego qua)作为一个能够做出道德行为的主体,它集本质与表象于一体(a thing-in-itself),因此不需要什么认知……"
② Kant 1997:24,比照 Rawls 1971:516:"……自主行为是建立在我们的合意原则基础上的,而我们都是自由和平等的理性存在。"(这话还是没有说明我们是什么,但它说明了如果程序是理性的,我们应该是什么。)

理性行动者在将自我表现为一个先验主体时,必须认识到一点,即自我既属于感性世界又属于理性世界;除此之外,他对这两个世界就再也没有更进一步的认识了(Kant 1997:56)。理性让人们从法律中推导出自己的行为,而意志只是一种实践理性。意志是一种选择能力,它只会选择理性,而不会倾向于那些尤其是由环境所指定的在实践中必要的东西(同上:24)。"善"只能归于意志之维,它不属于外部世界。从这个角度来说,康德的方法具有唯名论色彩。因此,善良意志只有在为了实施道德行为时才是必需的;这里的道德行为指的是遵守法律的行为,而且这种遵守是出于对法律的尊重,而非其他。

也就是说,一个行为的道德性取决于它的合法性。康德做出这种区分,乃是为了将规范性行为与神圣命令分隔开来,或者说是想要脱离神学来独立地建立道德理论。然而这一操作带来了一个相反的结果、一个悖论:行为主体是如此自治,以至于它根本无法存在。这并不是康德的问题,因为经验的自我并非他关注的焦点。行为的道德属性是合法性,这一点要求把先验主体看作一个必要条件。实在或经验的自我是先验哲学的副现象或者副产品。

在理论思维中,世界被缩小为一种显像(appearance)*,借助它,我们可以接收到世界的表象(representation)。因为我们想要了解的只能是表象——不包括与物自体有关的知识——知识本质上也是表象性的。而

---

　　* 在康德的概念中,representation 与 apperance 是两个相互对应的词。representation 包含了两个方面,即直觉(intuitions)和概念(concepts),它指的是一个客体在我们的主观意识里形成的一种印象、一种理解。而 appearance 通常用于先验的理念中,与 representation 的区别有时候相当模糊,它想要强调的是物(thing)的属性,虽然在康德的理论中我们永远无法真正了解物自身(thing in itself)。换句话说,representation 的重点在第一视角,即物在我的经验中是怎样的;appearance 这个词则在试图表达第三视角里的物受限于"我"的主体性而传递给我的一种信息、一种外在表现。

主体也会以表象形式呈现给我们。因此,据以呈现出表象形式的主体必须是一种先验条件(transcendental condition),而非真实世界内的存在,它只能以作为主体的主体(subject qua subject)这一形式存在。

无论是在实践思维还是在理论思维中,表象所表现的都不是自我表象(self-present)的存在,或者拥有具体利益的实体性主体。再说一次,主体并不是这个世界中的可知"事物",自主性所指向的是道德个体的特征,它不是对决策行为的描述。经由表象所表现出来的并非预先存在的自我。在缺乏道德性时,主体只能通过政治过程来表现自己。也只有通过这种自我表象,主体才能成为自我,因为主体是在政治过程中逐渐成为自我的。再说一次,为了实现表象这一功能,自治是一种必要条件。就像自主行动的主体一样,认识的主体(the knowing subject)在这个世界上也并不存在,但是因它而产生的知识与行为被认为是可能存在的。

康德的法律道德可以归结为一个事实:行为的道德性指的是行为与意志自主之间的关系。这也就意味着,在意志准则基础上进行普遍立法是可能的(Kant 1997:45-6)。

出于对法律的尊重而遵守法律是法律主义的本质。绝对善意——比如说,圣人的善意——总是以这种方式被付诸实践。因此,康德说,圣人总是出于责任而做出某种行为,他不受任何约束。理性存在认为自我属于理性世界,即虚拟世界(同上:56);在此虚拟世界中,行动者做出某种行为,仅仅是出于对道德法的尊重。然而,主体又是一种感性存在物,他属于感性世界。人类部分是经验的,与自治原则有关的意志所表现出来的善并非总是绝对的,因为绝对善的意志是不存在的。因此我们需要一种道德约束,康德称之为"义务"(同上:46)。义务的原则只能在纯粹理性的概念中找到其先在性(同上:4)。出于对规范的尊重而做出的规范性行为,正是康德版本的道德法律主义。它后来被扩展到了政治领域中。

按照霍布斯和普芬道夫的理论,在政治领域中可以按照神圣命令建立国家制度。康德的理论正好相反。他认为,政治领域建立的基础是道德义务,这是一种基于对道德法的尊重而产生并与道德法相一致的"应然意志"(ought to will)。义务被构建成了一种绝对命令,这一命令赋予了义务一种普遍形式,然而它并非义务知识(knowledge of duty)的来源。① 道德法在形式上排他性地决定了意志,但它并不能决定意志的内容;意志的内容不可能由任何先在的或者既定的规范来决定。绝对命令是一种纯粹的形式,它是空洞的。因此,一个人之所以有意志,仅仅是因为意志本身。也就是说,意志将自己当成了客体,它具有反思性。

因此,一种行为的道德属性并非源于该道德的内容。它其实是将普遍化予以形式化操作的结果。假如没有这种形式上的操作,行为根本不可能具有道德性。换言之,假如主体意志拥有某些内容,那么这些内容的道德属性主要不是源于这一意志,而是源于其内容的普遍性。通过普遍化,内容被赋予了法律的形式,而法律与真理有关。

根据这种道德的形式理论,阿奎纳得出了法律的经典公式"各得其所"(suum cuique Tribere)(1910:II-ll, q. 58, a. 1)。康德将它表述为一种祈使句形式:"诚实生活,不伤害他人,各得其所。"(Kant 1996:29)这种祈使句的形式随后被转换成了另一个祈使句。人必须先离开自然状态,然后应当进入可以确保自己安全的国家,以对抗其他所有人。离开自然状态或者文明状态,并为国家的成立做出贡献是一项道德义务(同上:§41 and §49)。道德观点解释了个人所应承担的道德义务,即将自己变成一个公民,并将他的前法律权利与义务转换成法律权利与义

---

① Kant 1996:§44,§42,§49,论及进入国家状态这种义务与绝对命令有关。

务(同上:§44)。这是由绝对命令所施加的义务,也是一种先在的理性规范。祈使句与法律本身的理念有关,因此,国家也只能是一个法律国家(同上:§45)。①

从康德对国家的观点可以看出,契约双方的共同目的是一个义务问题,而非(像康德对霍布斯的理论所做的解释那样是一个)事实问题。因此,康德的理论在概念上将自由与法律联系在了一起,法律的形式具有普遍性,这种普遍性是绝对命令普遍性的一种折射。就像罗尔斯一样,康德的法律理论是建立在理性的普遍原则基础上的。因此,自由是法律的基本原理($principium$),它是普遍化的,或者概念化的。根据康德的理论,自由指的是个体的"独立"或者自治。

现代哲学研究中有一个实践问题,即如何调和按照自由观念行事的独立的主体与他人的关系。根据康德的观点,这应该属于法律的功能。离开自然状态是一种道德义务,在自然状态中,所有的人都是独立的个体,法律的功能就在于按照自由的普遍法则调节个人与他人之间具有相当任意性的关系(Kant 1996:24-5)。因此康德在自由与法律之间建立起了一种概念性联系。使自由变得可能的正是法律。因此,所谓的自由,其实是根据法律所获得的自由(Kant 1997:52-3),根据这一观点,我们就是我们应该是的(we will what we ought to will)。

在构建道德形而上学包括权利哲学理论时,康德将自我的理论结构建立在了绝对命令上。在主体的经验性本质与他的理性之间,他所标示出的是一种二元主义,这种二元主义更为清楚地表现出了"道德

---

① 黑格尔(1991:§258)的研究使得道德论证更深了一层。他认为,就像康德所说,一个人所负的道德义务不仅包括要离开自然状态,而且包括要成为国家的一员这件事。具有普遍意志的国家先于个人而存在(同上:§257),它不是社会契约的结果,而是理性本身的产物。对黑格尔来说,无论主体的利益是理性的还是非理性的都不重要。国家的存在绝不可能取决于主体的意志,包括它的创立以及持续存在都不可能取决于主体的意志。

与"国家法"之间的不同。不过,他认为,主体有义务将自我的自然偏好置于道德法之下;正是因为这一点,我们看出康德有想要抹去这种二元论的想法。如果所有主体都想使自己的自然倾向符合道德法,国家机构的存在就将变得多此一举。但是人类主体并非圣人,也并非所有的人都愿意自行遵守道德法,因此就需要一个国家,以迫使主体去做那些他们不愿意做的事。

当把国家的基础与绝对命令联系在一起时,对国家法的服从就可以采取不同的形式了。主体从外部独立地遵守国家法的动机,正是康德在法律事务中所说的"合法性"(Kant 1996:20)。这可以清楚地标示出道德法律主义(moral legalism)与法律教条主义(legal legalism)之间的区别(所谓的道德法律主义,是指出于对道德法的尊重而依它行事。假如这样做了,那你的行事准则同时也将变成普遍法[同上:17])。而法律教条主义则主张,一个人的行为必须在外部遵循一种方式,即在一般法律(general law)之下,某人行使的自由裁量权可以与其他所有人的自由共存。这意味着虽然道德与法律在运行方式上有所不同,但两者所采用的方法都是法律主义的。实证法跟绝对命令比较合拍,而国家与法律都是建立在绝对命令这一基础上的(同上:§45)。

从上面对康德的分析可以得出一个结论,即康德关于道德和法律的观点被融合成了一种法律机制。对主体来说,这两种规则都必须予以遵守。因此,在将绝对命令具体化时,包括权利理论在内的道德形而上学,都被组织成了一个系统。而在这一系统中,决定一个人的道德义务和法律义务的规则均须居于主导地位。出于对道德法的尊重而遵守它,或者是出于惧怕国家外在的暴力而遵守它,就是主体必须承担的义务。

九、总结

本章讨论了法律主义与特定形而上学即唯名论之间的关系。在对唯名论的哲学内容和神学内容做过探讨之后,我们得出了一个结论,那就是奥卡姆及其追随者所说的神圣全能所指向的是上帝的绝对自由。上帝的绝对自由意味着他对价值漠不关心,因此他所创造的世界存在着规范性空洞。对神圣全能进行唯名论解释或者逻辑解释只会产生一个结果,即上帝只能创造个体,因此,上帝是自由的,作为上帝受造物的个体也是自由的。不过,人类的自由要受到上帝命令的外在约束。

这一结论为现代哲学研究提供了一种前提条件。笛卡尔的理论可谓开现代哲学研究之先河。然而,笛卡尔将会发现自己面前存在着这样一种理论,即它认为,理性主义、个人主义和自由在概念上其实是相互关联的,而这是由对神圣全能进行唯名论解释所带来的一个结果。

由法律主义的形而上学(即唯名论)带来一个结果,即规范性行为,与朱迪斯·施克莱的法律主义思想其实是彼此契合的。也就是说,所谓的道德行为其实与遵守规则和道德有关,这是一种伦理态度,这一态度中包含着由规则规定了的义务与权利。遵守规则这一态度在形而上学理论中有着很深的根基,我在本章中已经探究过这一问题。之所以形成这一态度,乃是因为人类这种受造物必须遵守基于上帝命令而形成的规范。法律是命令这一思想,塑造了中世纪晚期的哲学家和现代哲学家,同时它还使起源于亚里士多德的古典法哲学和以唯名论为前提的现代法哲学之间出现了分野。

在这个问题上,苏亚雷兹的研究至关重要,因为他试图根据奥卡姆的唯名论重新解释阿奎纳的作品。他希望通过这一工作,在本体论研究上弥合唯实论与唯名论之间的裂缝。然而,他的本体论在区分"应然"与"实然"王国时,却促使他的后继者对前现代(或者说中世纪后期)哲学的唯名论前提做了更多的论述。

霍布斯、普芬道夫和康德的著作进一步解释了这个问题。这三个人都提到了通过社会契约建立国家的必要性。而建立国家反过来又是遵循规则这一行为的结果。换言之,"国家"制度的建立,受益于各种版本的社会契约,同时也受益于"国家"的内部运作,它们都利用了遵守规则这同一机制。

霍布斯的唯名论者的认识论与他的人类学观点(人人皆为敌人[homo homini lupus])紧密相连。同时,这种认识论还将人类学与弱规范性的自然法结合在了一起。自然法是上帝的命令,对上帝命令的遵守又导致了社会契约的产生。而主权者的法律反过来又可以决定什么是善的、什么是公正的,人类行为的道德性仅限于遵守这些规则。

继苏亚雷兹之后,普芬道夫阐述了"应然"与"实然"之间的区别,也区别了上帝的创造性意志与命令性意志。上帝创造了人并使之成为社会性存在,因此,人必须进入社会契约以与他的社会性相一致。人们必须遵守上帝施加的规范。国家一旦创立,上帝的命令无论其内容为何,均需得到受造物的遵守,这就是普芬道夫的唯名论。另外,他的法律主义立场也认为,义务仅仅是指遵守规范,而且只有遵守规范才能使行为具有道德性。康德关于这个问题的理论被认为体现了法律主义的精髓,因为规范性行为不仅要求遵守规范,还要求这种遵守必须是出于对规范的尊重而做出的。

第二章　语境中的个体

一、笛卡尔的研究

前面一章提到过一个观点,即个人主义是对上帝全能进行唯名论解释的必然结果。因为上帝是全能的,所以他极端单纯。因此无法将他的意志与理性区分开来。也就是说,上帝因此拥有全然彻底的自由。这种自由使得世界也具有了彻底偶然性。为了正确理解现代性的开端,有必要厘清一下笛卡尔的地位,他不是唯一的现代性之父。

一方面,笛卡尔支持唯名论者对上帝全能所做的部分解释。就这一点来看,他与阿奎纳以及经院哲学属于同一阵营。而且,笛卡尔的本体论立场也表现出了一些唯名论痕迹,例如,他关于数字本质的观点即是如此(Descartes 1996j:rules 58-9)。另一方面,笛卡尔还借鉴了奥古斯丁主义的观点,也就是说,他也认为真理是存在的,而且可以在主体中发现它。黑格尔对笛卡尔进行了解读,并说,凭借着这种自我反思(Hegel 1955:126-7,参见 Husserl 1996:19),主体意识到了自己的意识;这就是"我思"的确立。因此,笛卡尔的"我思"既符合唯名论观点,也是对唯名论观点的一种反叛;更确切一点儿说,知识中深藏着怀疑主义;这一点第一章已经讨论过。尽管绝大多数学术文献都将笛卡尔解读为一位唯实论者,但我们依然没办法否认唯名论对他的影响。① 接下来的几页我将会把讨论的重点放在唯名论的内容上,但并不会事无巨细、面面俱到。

在唯名论形而上学中,认知主体(knowing subject)和已知客体(known object)之间的先验关系从哲学话语中被抹去了。因此需要重塑这种关系,因为哲学的定位不再是解码实在的结构。也就是说,哲学的任务是建构实在,它要用认识论、道德和政治取代形而上学实在论中属于实在结构的那些先验要素。构建实在与发现实在的结构两者完全不同;这里提到的构建其实是一种动态行为,它不是静态的思辨(theorein)或者想象(vision),它要求人类思维的介入,这一点很重要,无论是从唯名论的哲学版本还是神学版本中都可以看到这一点。这部分内容我们在前一章已经讨论过。

思维之外的实在中根本不存在什么共相,这是唯名论的主张。唯名论要求将人本身在本体论神学上予以重新定位。而要重新定位的话,就需要重新阐释人与世界的关系以及人与他人的关系。因为世界是彻底偶然的,因此这种重新定位需要一种新的战略,那就是寻找原点或者寻找自我参照的起点,因为这种原点或者起点可以给知识与行为提供基础或者根基。

这一战略的主要内容就是要好好利用理性的自我参照这一性质,无论从理论上还是实践上均如此。理论思维可以是理论思维本身的客体,这是一个事实;理性的自我参照性就与这一事实有关。在实践语境中,这意味着自由需要在自由中行使,这是世界偶然性本质的主要内

---

① Rodis-Lewis 1971. 吉尔松(Gilson)(1987:128-56)认为,司各脱和阿奎纳对笛卡尔有着双重影响,这种影响更具体、更清楚地表现在意志对于理性的优先性这一问题上。这当然可以证明笛卡尔思想中至少含有某些唯名论倾向。

容。如果自由的行使不是在自由中进行的,那便没有自由。

在这一新战略中,笛卡尔居于一种比较特殊的位置。在关于上述问题的观点与立场上,他与奥卡姆是一致的。奥卡姆认为,在放弃了本体论意义上的"关系"概念,并对持有互动因果观的经院理论进行批判之后,是有可能获得对非存在客体的真实知识的。不过,知识只有在与实在相吻合时才是真实的。然而,上帝可能会就现实中并不存在的客体制造相应的知识,这就是困惑之源,因为它会导致怀疑主义的产生。本体上真实的知识,也就是与实在相一致的知识,也因此要取决于上帝的不干预,这是形成真实知识的主要原因。因为不知道上帝是否干预了——除非是在发生奇迹时,因此并没有办法确定确定的知识——而直觉知识总是确定的——是否在本体上也是真实的。如果已知客体(object known)并不存在,那么命题与实在之间的对应也就不复存在。就像奥古斯丁反对柏拉图哲学的怀疑主义一样,笛卡尔为自己安排的任务是直面唯名论遗留下来的怀疑主义。

对于这个问题,笛卡尔走的是奥卡姆的路。奥卡姆通过上帝的绝对权力建立了一种可能性,以获得与不存在客体有关的知识。由此产生的彻底偶然性,可以被认为是笛卡尔哲学研究的动机之一。也就是说,即便与实在没有任何关系,知识也可以是真实的,当客体并不存在时这个命题尤其清晰。

我们的直觉也并非必须来自实在,因为上帝可以直接制造这些直觉(绝对权力),虽然这些直觉往往是由第二因(常规权力)导致的。这种直觉知识无论是由上帝制造的还是由客体导致的,都一直是真实的。

在唯名论立场形成的过程中,奥卡姆为笛卡尔的认识论铺好了路;也就是说,唯名论认为,我们是有可能获得与不存在客体有关的知识的。

笛卡尔的研究方法旨在为怀疑论提供一种补救措施。他要寻找的是理性的确定性,所使用的方法就是确定原点(Wintgens 2006a)。因此,我建议把这种方法归类为原点问题(*quaestio originis*),当然也可以将它看作是一种行为,即单纯运用自然理性来寻找原点;这里提到的原点是具有确定性和自我参照性的开端。寻找具有自我参照性的原点这一做法,为哲学家提供了一个思考的锚点或者基础。基于这个原因,我们可以称之为"基础主义"(foundationalism)。关于这个问题的细节,我们之后还会讨论。

根据对现代性开端的权威解释,笛卡尔就像是正坐在壁炉旁紧盯着一块蜡。这块蜡的颜色、气味、形状和尺寸正在发生变化,因此笛卡尔得出结论说,他不能通过视觉、触感或是想象来了解什么是蜡。与蜡的本质有关的明确无疑的知识只能通过思维以"广延"(extension)的方式被感知(Descartes 1996i:26)。

笛卡尔一直在寻找具有明确无疑的确定性的阿基米德支点(Archimedean point)。这一寻找过程始终伴随着可能会欺骗他的邪灵(*mali genius spiritus*)。这个邪灵就是与不存在客体有关的笛卡尔版的唯名论知识,而上帝是其第一因。当笛卡尔思考时,即便邪灵试图欺骗他,他依然在思考。笛卡尔认为,思考时的自己是存在的。假如他是正确的,那他当然就是存在的。但是,即便认为思考时的自己是存在的这一观点是错误的,或者怀疑他的存在,也并不会导致他的不存在,这个时候的他依然是存在的。他不能认为自己是不存在的。[①] 他也不能认

[①] 笛卡尔借用了奥古斯丁的理论。即便这种借用不属深巨,它的重要性也不言而喻。与笛卡尔类似,奥古斯丁(32:II,3)反对他那个时代由新柏拉图主义者们提出的怀疑论。根据奥古斯丁的说法,我们可以毫不犹豫地确定的一个真理就是我们自身是存在的,这是一个事实。

为自己已经死了。换句话说,假如认为虽然他在思考,但他却是不存在的,那显然是不可能的。因此,假如他思考,他就存在。我思故我在(Cogito ergo sum)。"我思"可以抵御任何可能的怀疑,因此它比数学更确定。① 除了它的确定性,"我思"在本体上也是真实的。因此这是哲学的绝对开端。这里的"绝对"(absolutus)意味着"与万物绝缘"(disconnected from everything)。

笛卡尔通过"我思"证明了主体的存在;此外,他还提供证据证明了上帝的存在。上帝将"完美"这一理念赋予了我们。我们所说的完美存在(perfect being)的理念指的就是这种存在的存在(existence);假如没有这种完美存在的存在,那么这种存在就不会那么完美了。因此上帝是存在的。这是本体论真理的第二个确定性(Descartes 1996i:27-42)。

然而,依然有可能出现错误,因为在厘清理念或者区分理念时,我们会做出不正确的判断。然而,由于上帝是真实的,因此我们强烈倾向于相信外在实在与我们的理念之间具有对应性;在这一点上,我们不可能被系统性地误导。② 外在实在是否是存在的? 这种存在是否具有一种内在必然性? 自然理性并不能证明这一问题,因此存在的这种内在必然性在逻辑上就是不可能的。将正确地运用理性与上帝的真实性相结合,就可以导出真理。

不过,要获得真理,就必须以意志的正确使用为条件。因为理念只有在清晰且明确时,才有可能获得认可。与知识有关的自由,以及因此而从权威中获得的解放,均说明了一种可能性,即当有怀疑存在时,我

---

① 人们甚至会对数学证明产生怀疑:Descartes 1996j:26-7。
② Descartes 1996j, nrs. 5 and 29;1996i:42-50. 如果有一个全能的上帝存在,那么他就有能力欺骗他的受造物。如果我是由一个不那么全能的存在创造出来的,那就更有充分的理由相信我是不完美的。然而,笛卡尔认为,一个全能的存在有能力欺骗我,却不可能想要这么做,因为欺骗这种意志是一种不完美的表现,这与上帝的本性不符。

们可以不表示赞同或者认可。这些条件,比如说将外在的世界判定为具有广延的性质,就是建立在"我思"的确定性这一基础上的,也就是说,它是建立在思维之内的。这再一次说明,笛卡尔的思想与唯名论密切相关。

哲学始于方法上的反思(reflection)。基于逻辑原因,奥卡姆的方法拒绝承认思维之外的共相具有本体论价值。这种逻辑方法扩展了笛卡尔的方法论方法。根据笛卡尔的这种方法,哲学可以被简化成主体所确定知道的东西。只有确定的事物才是可以依赖的;可能性则不是其选项。只有主体能够确定了解的东西,才具有本体论价值。

笛卡尔的理论是一种方法论方法,它从神圣动因中提取直觉知识,并将其放在主体的思维中。奥卡姆认为,直觉知识总是正确的;然而,我们并不知道这种知识到底是由客体引起的,还是由上帝直接创造的。因此,笛卡尔非常强调直觉为真的条件,他要求这种条件与"我思"一样清晰、明确。依据这个条件我们可以知道,确定的或者客观上真实的东西,在本体上也一定是真实的。因此,确定性知识是通向本体论真理的钥匙。

之前我就说过,笛卡尔的研究具有双重视角,这里所表现出来的就是这种双重视角。一方面他吸收了唯实论观点,因为他认为我们是可以获得本体论意义上的真理的。另一方面他还采用了唯名论视角,因为他认为对主体来说,真理性知识始于理念的确定性。但是他又说,主体的确定性与上帝放置在人身上的理念的清晰性以及确定性有关,这其实又回到了唯实论。只不过主体发现这些理念的地方恰恰是自身。上帝是原因,也就是说,他是思维中存在着理念的原因所在;但与此同时,上帝实际上依然外在于主体。然而,理念的客观性(*esse objectivum*)

也存在于主体的思维中。与其他地方一样,奥卡姆也从方法上预告了笛卡尔的反思论;也就是说,认识论先于实在,并为认识实在做好了铺垫。尽管我们通常给笛卡尔贴的标签是唯实论者,但我们依然有理由相信他曾经受到过唯名论的影响。

由对现代性的开端所做的这种权威解释可以知道,理性可以向主体显示自我。这种权威解释融合了经院哲学的真理理念,而"真理显示自身"(*veritas index sui*)正是以之为基础的。真理与确定性是一体的。这种权威解释无疑带有笛卡尔风格。不过由于他为我们提供的参考资料是如此有限,以至于我们很难发现究竟有哪些渊源影响了他的思想。根据这种解释,笛卡尔在方法论上的怀疑主义,看上去是哲学史上一种极其新颖的方法。正是这一方法为他冠上了"现代哲学之父"这一头衔。

从上面的分析可以看出,人们并没有否定笛卡尔研究的创新性及重要性。笛卡尔的观念完全脱胎于过去,他克服怀疑主义时所表现出来的坚定立场也是从唯名论那里继承来的。从这个角度来看,我们可以说他所寻求的其实是确定性,而且正是这种确定性说明他所坚持的应该是某种特定类型的理性。笛卡尔对确定性的寻求可能与当时的历史环境有关,比如经济萧条、宗教战争、宗教改革与反宗教改革斗争,所有这些因素都促使寻求确定性的现代哲学研究一步步展开并逐步推进(Toulmin 1990:Chapter 1)。

这些视角将唯名论传统融合进了一种更为广阔的理论框架中。通过阅读苏亚雷兹,笛卡尔熟知了唯名论。笛卡尔之所以要寻求理性的确定性,其实是为了确保人在全能上帝面前的地位。

因此,笛卡尔对确定性的寻求是对哲学原点的探索。对知识来说,原点是自我指涉的开端;从认识论上来说,这是为了让人独立于上帝。既然已经认识到这个原点，他就开始着手对实在进行理性解释。

根据权威解释所阐明的"真理显示自身"这一观点，我们可以知道，确定性在逻辑上先于真理。当理念被清晰、明确地感知到时，它就是确定的。因此，确定性是知识的标志，而知识则是通向实在或者真理的钥匙。

然而，根据这种解读，主体就将不可避免地从世界中脱离出来了。这种脱离是获得本体论意义上的含有知识的真理所必须付出的代价。脱离语境的非嵌入式主体（Ricoeur 1990:16-8）和本体论意义上的含有确定性知识的真理，两者是同一枚硬币的两面。假如所寻求的是真理，那么实际情况就可能是，某些真理是确定的，而其他一些真理则仅具可能性。然而，可能性真理对于笛卡尔来说不是选项（Descartes 1996j:nr 2），对亚里士多德来说也一样。

在怀疑这一方法论方法中，笛卡尔发现了一个障碍，而且这个障碍不是维特根斯坦（Wittgenstein）的铁锹所能清除的，这就是阿基米德支点。他用确定性锚定的点就是这个阿基米德支点（Descartes 1996i:18-26）。笛卡尔对整个实在世界都持怀疑态度。但有一个连接是没办法因为他的怀疑而被破坏掉的。这个连接是如此确定，以至于我们既可以将它当作锚定点，也可以将它当作一种标准，以说明进一步论证的合理性。这个锚定点就是与"思"紧密相连的"（主体之）我"。怀疑是一种思的方式；而对主体存在的确定性所持的怀疑源于思本身（Descartes 1996h:33）。

不过，方法论怀疑本身就包含着一种解决问题的方法，这一点之前已经提到过。笛卡尔在寻求确定性。他通过怀疑所发现的确定性，指的是只有通过怀疑他才能以思这种方式存在。思就是存在之所以存在的一种证明。从知道他在怀疑到知道他如何怀疑——他在思——他很确定地知道自己是什么。

二、笛卡尔的主体

我们所熟悉的对笛卡尔"我思"的批判,主要集中在主体的实体化这一问题上。从主体之思所具有的确定性出发,笛卡尔通过主体存在这一判断建构起了存在这一概念。他认为,主体是思的实体(thinking substance),所以他存在。这种观点实现了一次概念性飞跃。在进行这种分析时,"身份"(identity)取代经院派的"实体"(substance),变成了识别存在的一种方式(Hintikka 1962;Descartes 1996i:27)。关于这一立场还有另外一种表述,即它认为,笛卡尔将自我的本质归结成一种源自它自身某一要素的实体。① 这毫无疑问是一种转换或者跳跃。人们认为,正是这种转换或者跳跃说明了肇始端点的不证自明性。

另一条批判路线则来自确定性与真理之间的联结,以及确定性相对于真理而言所具有的逻辑优先性。真理可以独立存在,因为它的存在不需要任何主体,确定性却不能独立于主体而存在。也就是说,确定性是某事相对于某人来说所具有的确定性。下一节我将会回来继续讨论这一问题。

第三条则是更为深入的批判,即其他主体的存在只能从他们清晰明确的理念(idea)中推导出来。从这一理念可以得出一个结论,即他

---

① Descartes 1996i:19:"'我的存在'必须是真实的。"也见同上:20,此处,他认为,思是自我的一种属性,而我们可以通过属性来了解实体的本质;思离不开头脑;因此我是一个正在思的实体。

人(others)*是存在的。他人的经验虽然也是一种原初事实,但在笛卡尔理论中却被排除掉了。① 这儿提出的问题与他人的本体论地位有关。

他人是存在的,这一结论可以通过与笛卡尔的自我经验进行类比而得出。不过,这种类比属于第二次飞跃,因为笛卡尔无法了解他人的思,因此也无法得出他们是存在的这一结论。换句话说,笛卡尔的思并不指向他人。避免第二次飞跃一定会导出一个结论,即他人只能作为客体而存在。这个结论再一次证明了作为主体的个人所具有的脱域性(disembeddedness)**。

主体与他人在哲学上的唯一关系,和他与客体之间的关系具有相

---

* "others"有时被译为"他人",有时则被译为"他者"。本书将主体之外的他人译为"他人",同时将因胡塞尔的主体间性而产生的、主体之内的他人意即我中的他性译为"他者"。笛卡尔的他人指的是主体思维的客体,是相对于"自我"而产生的概念,它所指向的是自我以外的一切人与物。凡是外在于我的存在,不管他以什么形式出现,都可以被称为他人。他人对于自我的定义、建构与完善必不可少,自我的形成依赖于自我与他人的差异,依赖于自我成功地将自己与他人分割开来。自我的建构依赖于对他人的否定。这就是笛卡尔的心物二元论。由于笛卡尔的他人这一概念带有边缘、属下、低级、被压迫、被排挤等意味,因此对于后来那些追求正义、平等、自由的学者来说具有重要的批判价值。胡塞尔批判了笛卡尔的他人这一类客体式概念。他认为,世界的客观性和真实性是由主体间性构成的,而主体间性的前提是,这个世界上是有他人存在的;而他人之为他者,就在于他不是我的一部分,他人是陌生的、不可通达的。胡塞尔所说的他者不单是一种异在的、他性的、对象性的存在,也是一种主体性存在,所以,我们也可以把胡塞尔所谓的"他者"叫作"他我"(alter ego)。他我既有他性,也有我性,也就是说,他者既是一个对象,也是一个主体,这就是所谓的主体间性。主体可以通过共情(有的也译为移情)来感知他人之中的"我性",也就是说,主体可以通过共情感知到他人也是一个主体。而我的肉身在这一感知过程中起到了关键作用。一方面,我的身体是一个有灵魂的活物,是"我的"身体,是一种精神性的器官,因而具有主体性。另一方面,我的身体也是一个对象性的东西,是一种物质性的存在,它对我而言是陌生的、是具有他性的。因此我的身体兼具我性和他性,也就是说,自我之中也有他者。他人同样如此。因此胡塞尔通过这种主体间性建构起了他人亦主体这一平等观。在胡塞尔的理论中,他人与他者的存在其实是为了解决可能面临的唯我论风险。

① 因为我只拥有那些和我相似的他人的表象,而对那些跟我不像或者无生命的事物、天使或动物的表象,我只能通过理念来获得。参见 Descartes 1996i:34。

** 意即在笛卡尔理论中,主体是一个不以他人或者外物存在为条件的绝对存在。

同的性质。他拥有对客体的真正知识,不过他与客体之间的关系却受限于这种真正知识。他人的存在与客体的存在具有相似性。这种类型的关系是认识论哲学的另一个侧面。在认识论哲学框架内,他人作为客体的本体论地位,与主体作为思的实体的本体论地位是同生并存的。因为与他自己有关的真理只能建立在认知的确定性这一基础上,而他的理性能力最多也只能让他得出一个结论说,正在思的他是存在的。

上面阐述的是本章核心问题中的两个要点。第一个是对主体的存在这一问题所做的批判。需要说明的是,这里的主体指的是思维的实体。第二个则是主体与他人之间的关系在本体上所呈现出的一种分离状态。

这两点与后文的阐释是一致的。"我思"是自我存在的一个证明,尽管两者并不相同。也就是说,自我不是认识自己的实体,他也不能得出结论说自己是存在的。① 只有通过明示或者表现,主体才能认识自己与他人。换言之,自我是通过一个过程来证明自己的(Hintikka 1962:16)。根据这种区分,我认为可以将实体性自我留在后面讨论,我们现在先来探索"语境中的个体"的大致轮廓。

三、对"我思"的批判

现在回头看看第一章讨论过的唯实论向唯名论转变这一问题。根据唯名论的观点,只有个体才具有本体论价值。这一转变带来了一个自相矛盾的结果,即只有个体才具有共相价值。因此,笛卡尔"我思"中

---

① 正是在这个意义上,阿奎纳(1889:q. X, 12, ad 7)说:"没有人会同意自己不存在这一想法。因为在思考某物的过程中,他知觉到了自己的存在。"更多的参考资料和信息,也见 Hintikka 1962。

的个体主体的本体论定位从一开始就提出了一个要求,即主体应该被认为是一种共相概念,也就是说它是一个实体。

因此,主体的共相化说明,我们不是从历史定位的视角来看待主体的,也就是说,我们不是从参与者的视角或者从他与他人共享同一语境这一视角出发来看待主体的。凡是不能从与主体的第一确定性也即"我思"相关的视角来看待的,就都不存在。主体也不属于理性秩序。就像"我思"中所表现出来的,主体从一开始就在本体论上被定位成了个体。主体作为个体的身份是建立在将主体看作与真理有关的思维实体这一认知上的。换言之,假如主体的身份纯粹是一个真理问题,而且假如完全按照它与客体的对立关系来塑造身份的话,那么这种对立将有助于产生一种替代性选择,以对主体的实体性身份进行解释。

笛卡尔对经院哲学的态度是批判性的。不过,为了将主体看作思维实体,他在批判时所采用的其实是一种实体论者的思考方式。这是笛卡尔处理问题的方式。然而,思维实体(res cogitans)这一身份需要一种对立关系作为补充。这里提到的对立关系,指的是什么是"主体"与什么不是"主体"之间的关系。后者可以获得"广延实体"(res extensa)这一身份,其功能是说明什么不是"思维实体"。"广延实体"是纯粹的外延,它不具备可以使它们成为"思维实体"的思这一本质。

因此笛卡尔声称,主体作为思维实体这一身份在本体论上是真实的。假如我们从意义观点来思考这一主张,而非纯粹从真理角度来思考的话,将会出现另外两个问题。第一个问题就是主体身份的含义与什么不是"广延实体"有关。第二个问题与这个问题有关,即假如主体的存在是确定的,那么就能确定主体是存在的。那么他人该处于什么地位呢?他人在主体的生命和意识中应该扮演什么角色呢?

现象学哲学主要是在胡塞尔的推动下发展起来的。它批评了笛卡尔的主体理论，因为笛卡尔提到了"纯粹意识"，即他将"对意识的意识"当作哲学的起点和它进一步发展的动力。然而，意识从来都不是纯粹的，它总是对意识之外某物的意识。确定性是对某人来说的确定性。除此之外，笛卡尔还将与自身存在有关的意识赋予了个体，从而否定了他人是与思维实体有关的"思的存在"。接下来的几节，我将把焦点放在胡塞尔对笛卡尔的批判以及他对"主体间性"（intersubjectivity）的使用上。保罗·利科和乔治·赫伯特·米德（George Herbert Mead）两人分别从他们各自的视角对这一批判进行了补充，这些补充对本章就语境中的主体这一问题进行讨论是有帮助的。在集中讨论过胡塞尔之后，我还将对他们的理论做些评论。

（一）胡塞尔论主体间性[①]

与笛卡尔一样，胡塞尔也认为知识需要一个绝对的、确定的基础。在笛卡尔的沉思*中使用的是逻辑方法，因为逻辑的确定性是毋庸置疑的。胡塞尔则将"我思"的活动范围拓展到了无限的经验上。与笛卡尔一样，他也在寻找可以据此建立他的共相科学的第一真理（或一系列真理）(36)。这种类型的真理不仅是不证自明的，也必须具有必然为真的属性，也就是说，它必须是毫无争议的(37)。从这一角度来看，世界的存在——尽管我们每天都在与它打交道，而且生活于其中——并不具有这里提到的这种必然为真的确定性(40)。

世界是存在的这一信仰突然失效了，它留给了主体一个现象的世界，包括他的身体以及他人。也就是说，即便没有"世界是存在的"这一

[①] 括号内的数字指的是 1996 年出版的胡塞尔著作的页码。
* 指的是笛卡尔的系列沉思录中提到的沉思。

预设，我们依然可以感知到这一存在。根据这一"先验悬置"（transcendental epochè）(46)，主体回到了自身，而且他的意识也因此变成了对现象世界的意识(47)。纯粹的自我与他的思维实体先于加了括号的(bracketed)自然存在而存在。这种"加括号"或者悬置指的是，自我专注于自身内在的、与现象有关的先验以及现象学的经验。从这个角度说，由内在先验经验提供的确定性并没有局限于"我是"（I am）。它促使产生了一个与自我先验经验有关的、普遍且毋庸置疑的结构。与笛卡尔单调乏味的"我思"相比，胡塞尔想要拓展的内容广泛得多，因此他将先验经验扩展到了无限领域(62)。

就像对笛卡尔一样，胡塞尔"我思"的证据是毋庸置疑的，或者是绝对确定的(50)。然而，与米德一样，胡塞尔的立场是将实体性"我思"或者"自我"变成实质性的思维实体(51)。对于米德的研究，我们将放在后面进行讨论。与笛卡尔一样，胡塞尔要处理的问题是：既然有了"悬置"这一预设，那么我们该如何表述他人的自我呢？因此，他的问题是如何建构一个可以涵括他人的哲学理论，这就是关于先验主体间性的现象学(61)。

从下面的内容可以看出，胡塞尔的意识方法是对笛卡尔理论的一种批判。从对笛卡尔的解释可以看出，真理可以以自己的方式独立存在，而确定性总是某事对某人来说所具有的确定性。不过，胡塞尔认为，意识是"有意向性的"（intentional），也就是说，意识与事物有关(64)。因此，胡塞尔提出了一个更纯厚也更丰富的意识版本，因为这一版本认为共相是存在的(70)，而且它总是存在于意识整体（unity of consciousness）中(70)。先验还原（transcendental reduction）指的是主体仍保有其自然态度；不过，先验现象学家对共相所做的描述性观察，其客体具有"意识形态的意向相关性"(70)。因为意识是"某物的意识"

第二章 语境中的个体

(consciousness of something),因此胡塞尔将"我思"和"我思之物"(*cogitatum*)做了区分(74),这一点与笛卡尔不同。意识的不同状态考虑到了"我思"的综合性,因此我们可以将经验看作综合(synthesis)的基本形式。

通过"我思"的经验而对某物产生的意识,其内容是非常丰富的。不过,这些内容并不固定,因为实在的意向(intention)需要以同一客体所具有的潜能性(potentialities)*作为补充。对意识的相关性进行更深入的思考,可以让我们对思维本身获得更深层次的洞见(与笛卡尔不同,胡塞尔的思维有许多变体和视角,如即时记忆、感知前预期等等〔91〕,并没有仅仅局限于数学)。通过这种方式,"我思之物"或者"思考的对象"的客观性(objective sense)可以构成每一个客体以及每一种客体,而这些客体在意识模式变体中出现的方式都是"相同的"(91)。

一个或一系列客体的构成需要理性。理性指的是对经验的确认或者验证(101)。从这个角度说,证据指向的是一种意识模式,即目的方式(the end modus)。在这种目的方式中,事物可以"自我表象"。至于意向的客体,只要能够确保它的身份,就可以追问一个问题,即它是否与"自身"模式一致。

实在就与这种不证自明的验证紧密相关。与胡塞尔理论的概括性前提相一致,作为意识(生活)普遍法则标志的基本概念同步出现了。这清楚说明了真理与实在对我们来说究竟是如何有意义的(105)。

---

* "潜能性"在胡塞尔的术语中是与"非现时性"相平行、与"现时性"(Aktualitt)相对应的概念。"潜能性"既可以指意向活动进行的非现时性,也可以指在意向活动中被构造的意向相关项存在时的非现时性。更确切地说,从意向活动角度来看,与"现时性"相对应的是作为"权能性"的"潜能性";而从意向相关项角度来看,与"现时性"相对应的则是作为"可能性"的"潜能性"。胡塞尔将这个意义上的"潜能性"看作意向分析的一个重要对象。见《胡塞尔现象学概念通释》。

在第五沉思(Fifth Meditation)中,胡塞尔扩展了研究的范围,使它包括了对他人自我的探究。从他的前四次沉思就可以看出,他的理论已经具备相当程度的唯心主义形式了,因为他所有的研究都是从构成先验自我的自我开始的。因此,问题就是"非自我"的他人是如何进入到我们的研究视野的。

保罗·利科指出了先验自我的两个重要内容。我将对此做个简要评论。第一个内容是说,经验中客体的构成这一事实不是一种创造(Ricoeur 1986d:289),因为先验自我就是它本身,它不是"白板"(*tabula rasa*)运行的结果,也不是将世界存在悬置的结果。第二个内容是一个事实,即胡塞尔将对"唯我论"(同上)的批判性运用看作对自己理论的一种可能的反驳,这一事实被认为是"显而易见的"。如果没有"他人"(如果唯我论是"真实的",就会这样),胡塞尔的"我思"与康德的"我思"(*Ich denke*)就会比较相似,也就是说,与我们所有的表象相伴而生的预设,从来没有这么接近它们在世界上原本应该是的样子(Kant 1929:152 ff.)。

对康德来说,尽管事物本身可能是存在的而且是可以思考的,但它们仍然是不可知的(同上:27,74,87 and 149)。因此,对唯我论的反对可以说明,"他人"、共性和人类共同体一定是经由建构而形成的。与米德不同,这种建构类型是胡塞尔安排给自己的任务,他没有将这看作一种事实(Ricoeur 1986d:290)。对于米德的理论,本书稍后再做探讨。因此,胡塞尔的研究被认为是对自我的一种说明,同时予以说明的还有自我中的他人自我*(同上:291)。在胡塞尔的先验唯心主义中,他人与意识客体的客观性这两者在构成上是一致的(Husserl 1996:Section

---

* 即他者。

41；Ames 1955：327）。

至于"他人"的构成,利科提到了胡塞尔理论中的类比这一先验原则（Ricoeur 1986d：294）。在使用这一概念时,胡塞尔的观点并不是说我们可以在同质平台上把（自我的）"生动表达"与能够观察到的他人的表达进行比较。他的这种类比仅仅意味着,他人和我一样都是主体（同上：293）,他人并不是我的延伸,也并不像笛卡尔所说的那样仅仅是我的思维的客体。也就是说,他人并不在我的经验领域内*（同上：293；Downes 1965）。因此,主体可以与他人共存,并将自己的外在显象归因于另一主体。这就使得他人成了"他我",他"像我一样"思考、感受和行为（Ricoeur 1986d：294）。类比是一个先验原则,将"自我"与"他我"进行类比之后就会发现,他人也是"自我"（同上：294）。这一原则不仅适用于"我"在当下这一刻的同伴,也适用于所有曾经存在和将来会存在的那些人。

胡塞尔使用这种类比的关键之处在于,他是把它当成一个先验原则来看待的,而且也正是由于这一原则的存在,我们才得以在实在与经验问题上开启一条更为宽广的研究探讨之路。我们可以从经验上描述这一点（同上：295；Carr 1973）。

利科将类比解释为一种可能性,一种将胡塞尔理论与韦伯思想联系起来的可能性。这说明利科是支持胡塞尔的唯心主义的。之所以这样说,是因为在利科的理论中,我必须将自己看作"他我",否则,社会交往对"我"来说就将失去意义,对他人来说也一样（Ricoeur 1986d：295）。社会存在是建立在普遍本质这一构成基础上的,它要考虑到精神客观性（spiritual objectivity）在不同程度上的构成问题（如国家）（同上：296）。

---

* 即他人不仅仅是对象与客体,也是主体。

从先验自我到拥有适宜制度的共同体,它们都运用了构成这一概念。从胡塞尔的沉思中我们可以得出一个结论,即根本不存在"社会事实"(social things),只存在"交互主体间的关系"(intersubjective relations)(同上:300)。他人的存在并不像笛卡尔所说的那样是一个推理或者演绎问题;否则的话,就应该会产生一个与存在和社会互动有关的无法克服的问题(Carr 1973:16-7)。在第五沉思中,胡塞尔将"自我"与"他我"安置在了彼此的关系中(同上:19-21)——他我存在于经验里,而非仅仅存在于笛卡尔所说的"表象"这种关系中*。① 对他人意识(首先是"非自我"[non-ego],因此也被认为是一种"异质性"[foreignness]经验)的这种说明,意味着事物对我来说是有意义的(同上:26-7)。

胡塞尔对笛卡尔的批判主要集中在"我思"具有实体性本质这一问题上。不过胡塞尔的立场总体来说依然是唯心主义的,他认为,有必要从"我思故我在"出发来构建世界与他人。但是,胡塞尔的方法中缺少与自我有关的经验理论,这使得他的思想更倾向于唯心主义。就像笛卡尔一样,他最终提出了"自我概念"这一概念,这是一个非语境化的自我。利科认为,在韦伯的社会学中,我们可以发现与经验理论之间的联系。关于这一问题,我们之前已经提到过(Ricoeur 1986d:296)。从我的角度来看,我希望把关注点放在米德身上,我认为这是一个更好的选择,因为韦伯把更多的关注点放在了社会关系上,而没怎么关注社会互动过程中个体的产生这一问题。

---

* 意思是说在"表象"这种关系中,他人仅仅是一个居于次要地位的客体,而且这种客体对主体来说仅具有表象性意义。在这一点上,胡塞尔的理论则恰好相反,他认为他人即主体。

① Descartes 1996i:25. 假如从窗户往外看,笛卡尔看到的可能只是正在街上走路的斗篷和外套。

（二）乔治·赫伯特·米德：从"与自我有关的观念"到"自我-观念"

米德对笛卡尔主体概念的批评，主要在于他认为意识并不是一个原初事实。① 他把主体看得很严肃，他没有采纳笛卡尔的奥林匹克式观点（Cartesian Olympic view）。笛卡尔的奥林匹克式观点认为，自己发现了与主体有关的真理。然而，这一观点将主体与他人分隔开了，同时也将主体与实在分隔开了。我反对这种奥林匹克式观点。接下来，本书将简要探讨一下认为"个体存在于语境中，也即个体与他人是共存的"这一理论的大概样貌。

米德的洞见既不同于笛卡尔，也不同于胡塞尔对笛卡尔所做的解释。他不认为意识是重要的独立事实（Mead 1962：164；Habermas 1996b）。同时，他也"不认为个人第一，共同体次之"（Mead 1962：189，223）。米德的这一双重主张既确认了意识的实体性，也确认了主体是本体性的社会存在这一观点。胡塞尔认为，自我在本质上是外在于社会的；与他不同，米德认为自我在本性上是具有社会性的。米德说，"从个体生物体的立场来看待思维这一方法其实是很荒谬的"（同上：133）。

米德要研究的是个人产生于社会这一事实。个人与他人的关系有助于个人主观性与"自我"的"产生"（参见 Blumer 1969：61 ff.）。在研究过程中，他采用的是笛卡尔的主-客体关系理论以及与自我有关的融合（associated）观念。他用有机体与环境之间的关系取代了主-客体关系："因此，个人与他身处其间的世界之间的关系，是产生主客体关系这种显象活动的条件，但两种关系相互之间并不一致。"（Mead 1972：114-5）

---

① 类似哈贝马斯（Habermas）（1996b：158-70）读费希特（Fichte）理论时的那种感觉。

世界因此变成了一个经验的世界,这与胡塞尔的理论不同。对胡塞尔来说,世界只是"我思(cogitationes)的一个我思之物(cogitatum)"(Husserl 1996:Section 15)。

主体自我的出现与人类行为的三元结构有关。行为由姿态(gestures)构成。A 做出的一个姿态引起了 B 的反应,而这个反应反过来又引起了 A 的反应(Mead 1962:145)。假如 B 了解了 A 的第一个姿态所要表达的"想法"的话,他将会采用另一个姿态。之后当 A 知道 B 的"想法"时,A 也就"明白"B"已经了解了 A 的想法"。

因为这个想法在 A 和 B 中引起的反应具有相似性,因此 B 看待自己时的观点和想法就像 A 看待 B 时一样;反之亦然。当一个姿态使得 A 和 B 做出了相同反应时,交流就开始了,意义也就通过这种交流得以产生。

当姿态"表达"(mean)了交流者的某种想法,而且它们也能在其他人中引发这种想法时,这些姿态就变成了"意义符号"(significant symbols)(这是米德描述"概念"或者"共相"时所用的术语)。借由姿态传达的"想法"并非心理附加物这种外在物。笛卡尔认为这些"想法"不是内在的,也不是在互动过程中逐步加入到姿态里来的。意义并不能独立于行为而存在,意义是经由互动而产生的,而互动的进行须借助于姿态(同上:145-6)。

因此,姿态变成了意义符号。之所以如此,乃是因为这些符号是可以理解的,也就是说,它们可以唤起他人的想法。因此,意义是可以共享的,而且意义也只能经由互动产生。所以,意义从一开始就是社会意义。

有声语言可以最为清晰地说明这一问题。当 A 对 B 说话时,他能听到自己的声音,就像 B 能听到 A 的一样。因此,作为说话人的 A 也在扮演听话人的角色,他能够经验到与听话人相同的反应。在内化他人的反应时,A 能通过意义符号跟自己对话,如果 A"想"的话(同上:47)。

从上面的分析可以看出,意识不是给定的,它的产生也不可能先于任何社会互动。相反,意识是一种吸收他人对姿态所持态度的能力。就像前面所提到的,可能性并不取决于向姿态添加的心理因素,而仅仅取决于互动本身。正是通过互动,意义才得以共享;而促使意识产生的正是意义。因此,意识是由在我们中间能够引发他人反应的这种能力所带来的一种结果(同上:163)。基于这一观点,人类思维的出现、存在和互动性运行这三者之间是不可分割的。意识是"有机体对自身反应的反应"(Mead 1980:78)。

将意义符号表象为概念或者共相这一特征取决于同一理论框架,即它取决于某人自己扮演他人角色的可能性。角色扮演要考虑到意义的一般化。概括化后的意义将会组成概念。而将互动中产生的意义加以普遍化后所得到的就是概念。也就是说,将主体扮演他人角色这一行为概括化后得到的结果就是普遍性。把这些态度的特定内容具体化(crystallisation)后就会产生米德所说的"一般化他人"(generalized other)(Mead 1962:90)。概念或者共相的产生有赖于互动。正如亚里士多德的唯实论所说,概念或者共相是没办法从实在中获得的。它们也不是由上帝在人的思维内部(笛卡尔)或者外部(阿奎纳)建立起来的。共相是一种社会创造,它产生于社会互动。

根据以上主张我们可以看出米德的立场,他认为"我思"是实体性的。自我既不是给定的,也不是由上帝创造出来的,它产生于社会互动。与笛卡尔以及紧随其后的胡塞尔不同,米德关注的首要问题不是确定性,他反而认为,确定性仅仅是意义的一种形式。因此,意识首先不是自我认识(的确定性),而是对意义的认识。对胡塞尔来说,只有在先验主观性中才能建构起意义或者实在（Husserl 1996：Section 28）。而对米德来说则正好相反，他认为，一个人是有可能在内心重复与他人的外部互动的，而且互动的这一可能性正是自我意识产生的基础。根据这个观点，主体的自我意识是通过把与他人的互动加以内化而产生的。正是通过这一内化过程，才产生了自我的两个极点："主我"（the 'I'）与"客我"（the 'me'）。

自我的"客我"包括他人的态度，或者是在我们中间激发起的"一般化他人"的态度。"主我"，从这个角度说是在某人内部给一般化他人提供的一种个人性应答。与胡塞尔和笛卡尔的主体不同，米德的主体对他自身的这个"主我"没有直接经验。他所拥有的经验都是非直接的，因为它常常隐藏在我们身后。经验中常常出现的"主我"只存在于记忆中（Mead 1962：174）。① 它不会直接出现在经验里（同上：175）。"主我"与"客我"之间的动态互动构成了"自我"。

自我的互动式产生导致它本身具有双重性格。正是通过行动或者互动才产生了自我。自我的产生是一种分化过程。这种分化与思想和行为之间的对立性无关。恰恰相反，自我是因行为与思想之间的联结而产生的。由此我们可以得出一个结论，即主体不是一个从本体上定位于实在的实体，他的定位在于互动，在于有他人参与的语境。

自我是以主体形式通过与他人的互动而产生的，因此，自我从一开始就是一个社会主体或者一个"交互式主体"（intersubject）。他人本质上是自我的一部分。然而，他人没有吸收自我，因为他们完全可以自行确定自己的身份。更准确一点说，思维或者自我不是因环境而生的结

---

① 哈贝马斯（1996b：172）认为，"主我"以他人的凝视为中介形成了对自己的表象，他将这种表象称为本我自身的"记忆表象"（memory image）。

果。应该这样说,主体的身份或者自我源于与他人持续不断的互动。正是通过与他人的互动,主体的个人化与社会化才在本质上联系了起来,这就是哈贝马斯(1996b)的观察。主体的身份既具有社会性,也具有个人性;之所以如此,乃是因为身份的产生源自互动这一过程。①

我赞同米德的观点。米德的理论中有一个关键问题,即"假如没有'客我',将无法感知'主我'";因此与他人的分离是难以想象的。除此之外,根据哲学认识论,"我思"的透明性是"主我"的一种特殊表述,但这种透明性仅局限于认识论上的透明性。不过,"我思"的这种透明性会变成一种幻觉,因为从认识论上来说,"主我"是没办法理解主体自己的;它一直隐藏在自己身后,这是米德的观点。为了从认识论上认识"主我",主体需要将自己变成知识的客体。基于同样的原因,即假如没有把他们变成客体,我们同样也没有办法从认识论上认识他人。

从认识论上认识自己或他人这条唯一的路,与那些根本不具可能性的路之间显然是有差异的。在重新安排知识与(互动)行为之间的关系这一问题上,将主体看作交互式主体这种研究方法属于现代哲学。主体从认识论上认识"我思"中的自己这种方法,原本应该是具有优先性的,但这种优先性后来被产生交互式主体的互动过程取代了。这儿提到的这种互动过程,正是主体借以认识他人与自己的方式。从这个角度看,主体对自己本来应该是有一些想法的。然而,这个想法是否像笛卡尔的"我思"那样清晰且具确定性,却是十分令人怀疑的。也就是说,主体不是真实存在的思维实体,而只是一个自我概念。我们从米德的理论可以知道,要成为自我,其条件首先就是要拥有自我-观念。

---

① Ames 1955:321:"在米德的哲学中,我们是彼此的组成成员……"Laplantine 1999:142:"……这是一种身份上的不幸,这是一种与他人的混合体。"

四、自我-观念和作为实践的主体间性：象征

关于通过与他人互动可以产生意识这一问题，米德显然既支持笛卡尔的实质性"我思"，也支持胡塞尔的先验"我思"。到目前为止，我们已经从米德的理论了解到了意识是如何产生的。然而，我们还需要对上一节提到的"交互式主体"进一步做些研究。意识产生于与他人的互动这一事实，以及意义因此具有"社会性"这两点还不足以表达清楚"交互式主体"这一概念。因此，我建议探讨以下这一问题，即在米德的社会主体的产生方式这一观点基础上有没有可能产生一个与交互式主体有关的、更具说服力的理论版本。

在这个问题上，沃克·珀西（Walker Percy）曾经做出过令人印象深刻的贡献。他重点关注人类行为的三元结构（刺激-反应-刺激）这一事实。他认为这一事实只不过是一种指称或者"命名"的形式，而且这种指称充其量也只是一种象征性指称（symbolic denotation）（Percy 1958: 635）。指称这一概念把我们带入到了语义层面。指称这种行为要获得成功，需要具备两个有机休，只有这样才有可能逐次把意义表现出来。不过，符号不仅仅是一种标志。从这个角度说，如果把语音或者语言对话与生物体在以符号为中介的环境中的调整加以对照，就可以看出两者之间多多少少还是存有一些不同的。这里提到的语言对话相当特别，米德也曾经指出过这一点。

象征/意义（symbol/meaning）这对关系中有一个关键问题，即它至少需要两个生物体，而且从最开始的时候就需要四元（即四个元素），而不是像刺激-反应这样的简单二元序列。A 将一个客体称为树，意思是说对他和 B 来说这是树。假如没有其他人说该客体是树，那么 B 将永

远不会知道这一点。"但象征性本质上所要求的生物体并非只有两个,"珀西说,"……这是一种持续不断的条件(condition)……每一种象征形式,无论是语言、艺术还是思想,它们都需要真实的或者设定好(posited)的其他人;象征只有对这些人来说才是有意义的。指称是主体间性的一种实践。"(Percy 1958:636)这种关系包括:(1)指称者;(2)作为共同感知者的听者;(3)一种通用符号;(4)支持(auspices)的客体(同上:636)。

从过去到现在,他人都是持续存在的,而且这种存在远远超过资料中所能观察到的状态,这就是共知者(co-knowers)之间的关系,这种关系具体一点说就是主体间性。根据珀西的观点(同上:637),主体间性不能被解释为一种互动。不过,根据米德的观点,我们认为它其实始于互动。而且,主体间性不是有意形成的,这一点我们在胡塞尔的理论中已经读到过;它也不是"给定的"——就像笛卡尔的意识;它只能被承认(同上:637)。此外,胡塞尔还认为,对某物的意识同时具有象征性,因为它是对某物的意识,无论对你还是对我来说都如此(同上:639)。因此,从其最本质的意义上来讲,象征性与主体间性具有相关性,反之亦然(同上:525)。

珀西的观点有可能将胡塞尔和米德的理论联系起来,其方式比利科所说的将胡塞尔与韦伯的理论联系起来的那种方式更具渗透性,但两者之间具有相似性。胡塞尔认为,主体间性不是由先验自我构成的,它是经验的。从这个角度来看,胡塞尔和米德的理论可以被认为是具有互补性的。由于意识和主体间性之间存在着不可分割的关系,因此可以这么说,意识的构成是具有主体间性的(同上:527)。

五、难以捉摸的自我

我们从米德的理论可以知道,自我是通过与他人的动态互动这一过程而产生的。通过将主体的程序性产生替换为清晰明确的理念,难以捉摸性就可以被确定性所代替。自我的难以捉摸性,是由自我不愿意接受象征转换这一事实导致的。我永远无法了解我自己(Percy 1958:527)。

主体自我,和他与他人互动的社会之间,具有同构性(isomorphy)。自我的这一特征正好用来妥善处理主体的定位问题。主体的定位将自我的出现与时间和社会语境联系在了一起。不同于认识论哲学上先验的、永恒不变的主体这一内省式概念,处于社会语境中的这个自我带有强烈的时间性。而自我的意义(meaning of the self)与对自我而言的意义(meaning for the self)则取代了本体论真理。假如真理真的存在,那么它就已经超出了对主体来说所具有的意义。因此,就像米德所说,意义具有社会性。

假如需要通过知识来获知真理,那我们获得知识的途径也就只有意义。笛卡尔对确定性的追求影响到了主体的性质。米德关于主体产生及其意义的理论反过来也影响到了理性与自由思想。这些内容将在第三章和第四章分别加以讨论。

意义是互动性的;根据这一洞见,知识的特征可以被看作一种行为方式。认识与行动之间具有一种辩证关系,正是在这种关系中,意义而非本体性真理才首先建立起来。我们不再将意义与真理混为一谈。假如真理是存在的,那么获得真理的途径就只有意义,而意义则是通过与他人的互动才获得的。因此,以为可以绕过意义而直接了解实在的那种想法只能是一种幻觉。

从这个角度上说,确定性是一种意义形式,或者对主体来说是一种说得通的形式。它所提供的认识实在的路径是间接的。换句话说,确定性其实不是本体论真理的指数,而仅仅是一种与知识形式有关的指数。通过互动产生的意义要先于这种确定性。

笛卡尔的自我,其本质是一种超越了时间的思考实体或者与自我有关的观念,这种本质抹杀了主体的历史性定位。这种抹杀意味着主体对自己来说是透明的。正是这种透明性导致产生了主体可以直接认识自身的那种幻觉,尽管这很荒谬;透明的东西是看不见的,因此容易导致幻觉。

与上述观点正好相反,米德的理论赋予了自我一种历史性定位,这意味着自我是通过与他人的互动而产生的。与他人的互动这种形式可以将主体置于其参与的语境中。而参与该语境的互动正是意义形成的前提。这些在语境中形成的意义反过来又构成了主体自身。因此,正是通过这里提到的这种意义,主体和知识才得以建构起来。

因此,主体的"真实"(truth)或与自我有关的观念是以意义为中介的。意义与他人有关;正是因为有他人的存在,主体才在置身其间的语境中发现了自己。在这种置身其间的语境中,"他人对我的看法"构成了主体自我的一部分,但两者之间并不完全一致。根据自我的动态性质,我自身中的他人或者"客我",与"主我"之间存在着一种互动。与"主我"相分离的"我自己中的他人"是不存在的,这就是米德理论中所说的社会化。由于"主我"与"客我"之间存在着这种相互交织的动态关系,因此,我们不可能直接了解这些独立存在的自我。也正是这种不可能才为主体或者自我的自由提供了最核心的内容,这一点我们将在下面几页进行讨论。

自我的"主我"并非来自经验的直接信息。假如没有进入笛卡尔的"我思"这一漩涡,那么"主我"也就不会被看作一个实体。"主我"与"他人"对自己的态度有关,因此,它不是实体性的或者先天的(ready-made)。米德反而认为,对行动与思考来说,"主我"只是一种可能性条件(Mead 1962:175)。

主体的"主我"与实体本体论无关,而与认识(awareness)有关。对主体本身来说,"主我"代表的只是过去。当它出现时,它同时也在消失。当他人与主体在当下互动时,这个"主我"就会将自己传达给他人。"主我"是自我的一个基本内容,它是主体行动与思考的可能性条件。它的实在性是虚幻的。因此,直接认识"主我"是不可能的。由于这个原因,用来解释"主我"的理论绝不仅仅是一个与自我观念有关的主体理论。但这种思辨模式实际上可能会将"主我"的本质弱化为一种纯粹的可能性条件。

有一种理论,它将主体的实在性描述为是难以捉摸的;这是一种主体的元理论。所谓的元理论,指的是一种理论的理论。这儿的元理论指的则是主体理论的理论。主体理论只能是主体为自己建构的一种理论。换句话说,元理论只是由主体阐明的、与自己有关的理论的一种可能性条件。因此,元理论提供的是一种条件;根据这种条件,主体的理论是有可能产生的。只有在主体理论下,才有可能取消自我的观念(conceptions of the self),并代之以自我-观念的可能性。

正是借由主体理论的元理论性质,我们才厘清了自我动态内容中的那种难以捉摸性。它同时还解释了为什么不能以认识论方式直接或者间接地认识主体。对主体来说,他没办法直接了解自我的"主我",因为它总是隐藏在主体身后。对于与主体互动的他人来说,他们也无法"了解"这个"主我",因为"主我"并不是构成其自我的一部分。对他们来说,他人自我的动态内容只能通过自己的社会性即"客我"来进行观察。因此,自我的"主我"是"未知的",也就是说,我们没办法从认识论上认识"主我"以及他人(Ricoeur 1986b:109;Modell 1993:144-5,157)。自我的难以捉摸性所指向的是行动的领域,对于该领域,无论是自己还是他人都没有办法直接认识。这个领域是一个自由王国。

对自由的积极表达所展现出来的是一种选择的可能性。对自由的消极表达则会导致确定性的缺失。这两种概念性结论后来结合在了一起,因为确定性可以排除选择的可能性。与此相对应,确定性的缺失必然意味着选择的必要性。从这个角度来看,自由既指向选择的必要性,也指向选择的可能性。第四章中我将更为深入地分析"人类行为的语境"(circumstances of human action)这一问题。在该章中我还将阐述自由的规范性维度。有必要注意下面这一点,即在规范性维度中,他人必须尊重自己与主体之间的距离。假如他人与主体之间缺少了这个距离,那么自由行动就是不可能的。因为有意义的行动与互动有关,它指向的是主体内的他人。这就是自我的"客我"所包含的内容。

六、自我与他人

按照自我产生于与他人的互动这一观点,我们应该做一个短暂的停留以思考一下"他人"。从笛卡尔的观点我们可以知道,主体是一个"脱域性"存在。更具体一点说,主体与他人之间没有关系。胡塞尔试图通过先验的自我来建构他人;因此我认为,他的理论中缺少日常生活的经验维度。在用自我的观念理论取代自我-观念理论时,米德的理论是有帮助的。他人在主体的互动性身份中发挥了一定的作用,但他人并不属于我的自我经验领域,这正是利科所着重强调的(Ricoeur

1986d:293)。尽管他人就在这里,但他人依然是缺席的。也就是说,我们不能代替他人的位置。佩里(Perry)的观点颇具启发性。他认为,因为他人是符号化的必要条件,而构成主体间性的正是符号化,因此可以说,他人是符号化的持续性(enduring)条件,所以也是构成主体间性的持续性条件。

佩里强调,他人是自我以及主体产生的持续性条件。我们可以看到,以互动性加以区分的主体,在某一特定时刻是不可能——也就是说,当他们"准备"好时——与已经形成自己身份的他人分别独立存在的。相反,主体与他人相区别的互动性身份是一个持续过程。这意味着互动性身份在某一特定时刻是不会导致产生一个稳定的身份(或者实体)的。恰恰相反,互动性身份处于一个持续进行的过程中;而且也正是在这一过程中,主体可以而且将会发生变化。

一旦驱散了认为"我思"可以通达实在本身的本体性幻觉与信念,我们就会发现主体有能力通过互动将自己定义为"主我"。就像泰勒(Taylor)(1985c)所说,主体是可以自我定义的,他不会将自己仅仅定位为思维实体这一理论的一部分,虽然这种理论很明显与自己有关。当我们放弃一个实体性"我思"时,作为主体的主体就会与他人一起进入我们的视野。

我们曾经有机会从主体是一个社会个体这一思想中得出一些结论。按照笛卡尔的观点,主体是一个孤独思考的思维实体。思考时,他将自己从本体上定义为一个实体。从笛卡尔的"我思"中,我们可以嗅到一些中世纪实体论的味道。主体是有表象能力的,而他人对"我思"来说就只是自己的一种表象形式。

根据这一观点,自我认同的主体所拥有的最多只是另一个思维实体的表象;后者被认为"是"像主体本身一样,也就是说,他是另外一个思维实体。然而,假如以这样一种方式思考的话,我们是没办法获得自己不同于他人的身份的。假如我们在理解不同的意义时存在着某些困难,那这应该归因于与现代身份观念相伴而来的"实体"思想。因为根据这个观点,身份从其定义上来说仍然与它自身相同;因此,任何不同都不是身份的标志,就像分歧不是错误的标志一样。

作为"主我"的主体,其互动性身份具有动态性;更具体一点说,这一身份是与他人互动的结果,而他人是"正在产生的主体"永远身处其中的语境。正是基于与他人的互动,拥有"客我"意义的主体才得以产生。"主我"的交互性身份所表现出来的是自己与他人的不同。然而,这种不同并不意味着两者之间可以相互分离。意义是具有互动性的,它所体现的就是"主我"的含义;而这里的"主我"仅仅意味着"不是他人"。由于交互性设置中他人的存在,"主我"不再由唯我论思考式的主体来表象(笛卡尔),而且这一思考主体从他成为先验自我的那一刻开始就已经形成了主体间性(胡塞尔)。从这个角度来看,我不认同利科的主张;因为他认为,他人不是我的自我经验的组成部分。尽管我没有关于他人的直接经验,他人依然是我的自我经验的一部分。

主体的互动性身份会同时不在场或者"不出现"(not presence)。就像我之前所说的,"主我"对主体自己来说是虚幻的;对他人来说更是如此。这种全然透明性的缺席或者缺失,被认为是符号化的一种可能性条件。作为符号的"主我",可以使某些看起来存在的东西也能同时不存在。而且,正是通过这种缺席,"主我"才有了意义;这是了解符号意义的方式。这意味着某些东西看似在场,其实它也不在场,他人亦是如此。

根据表象性观点,他人可以通过表象这种方式"在那儿";相应地,根据互动性观点,他人也"在那儿",不过这个时候"在那儿"的他人却是作为互动性身份的自我而存在的。主体在互动中的"在那儿",不仅包括他的自我,也包括另一个人的自我。这个自我需要他人,并在将主体对他人的意识当作"客我"时形成自我;"客我"正是"存在于我之中的另一个人"(the other in me)。他人在作为他人时是不在场的,当然,在作为"他性"(otherness)时也是不在场的。然而,主体与他人仍然在一起,只要他人可以成功地将另一个人符号化为"他自己的一部分"。

由主体自身所具有的"主客"辩证关系所表现出来的是一种自我意识形式;然而,这是一种不同的意识形式。自我意识是与主体在自我意识内对他人的意识同时产生发展起来的。但这并非意味着自我与他人是相同的,当然也并不意味着与他人的分离具有绝对性。他人是自我意识的组成部分,而这种自我意识是由给予和索取这种互动关系带来的一个结果,这也正是自我得以成为自我的原因所在。在我的意识中,"他人的在场"并非"他性"的任何表象形式,但正是通过"在场的他人",我才获得了与他人有关的"真正的知识"。相反,他人的"在那儿"是真实的、不可化约的,这与"他性"不同,这时的他人是"另一个人"*。

七、互动、意义和冲突

迄今为止,关于自我或者主体的争论已经到了自我概念这一阶段,此时我们就可以嗅到一些童话故事的味道了。互动看似是在有他人存在的语境中获得自我意识的一条非常流畅的渠道。即便不会成为魔鬼,人也不可能成为天使。互动并不总是平和的,比如冲突在日常生活

---

* 意思是说,他人不再是主体自我的一部分,不再是主我之中的"客我"了,他就是他自己,他的存在是作为主体的存在。

中就随处可见,或大或小。现在,是时候把我们的目光从互动中较为甜蜜的一面挪开了,我们需要直面它的另一面:冲突。

在笛卡尔看来,冲突或者不一致意味着持有分歧意见的主体中没有任何一方是正确的。理由就在于,假如其中有一个人是正确的,那他就可以轻易说服他人,说自己的思想是清晰且明确的。如果事实上他没能做到这一点,那这就是一个信号,说明他和另一个人都错了(Descartes 1996l:6-7)。

面对冲突,霍布斯和卢梭都采用了一种特定的方法。对霍布斯来说,主体天生邪恶,也就是说他本性不完美,至少堕落(fall)之后是这样的。由此可见,奥古斯丁对霍布斯的影响是毫无疑问的。冲突都是人类堕落之后因为他们的不完美而引发的。

卢梭从自己的立场出发得出了类似的结论,因为他认为,文明的进化——主要与经济的发展有关——创造了依赖关系,而冲突的发生也正是由于存在着这种关系。除此之外,坏的政府也会让人变坏。① 主体并不像霍布斯所说的那样本质上是坏的;腐蚀了他的恰恰就是他置身其间的社会生活。

从第一章的讨论可以得知,霍布斯对冲突的解决方式是尽可能予以压制。在这个问题上,全能的主权者诞生了。对冲突的压制被理解为要预防冲突的产生。这种预防工作是主权者的义务,因为他们被要求去界定对与错,简言之,就是要他们来界定正义。这里到处弥漫着霍布斯式的彻底的唯名论思想。因为自然法在语义上是空的,也因为每

---

① Rousseau 1997b:138:"人们有一种非常强烈的倾向;他们认为,人类疾病的历史始终伴随着人类社会……"Rousseau 1997b:157:"……但是,骚乱和犯罪[法律]每天都会发生,这充分证明,这方面的法律是不完备的;所以,需要追问一个问题,即这些骚乱产生的原因是否并非法律本身……"

个人对一切事物都拥有权利,因此对自然法进行定义这件事就交给了主体自己。每个人都会基于自己的利益去界定自然法,这很容易理解,因此冲突也就不可避免。

主权一旦建立,冲突就变成了对规则的违反,这需要施加一些惩罚。从主体视角来看,法律秩序中包含着以规则形式表现出来的需要履行的义务。从这一点来看,霍布斯可以被认为是一个法律主义者,对他来说,行为的规范性在于遵守规则。用哈特的术语来说就是,他们要接受这种初级义务规则(primary rules of obligation)。①

卢梭想做的不是压制冲突,而是阻止冲突。他提出了一种方法,以用来将解决冲突的方法制度化,这样这些冲突就可以根据规则予以重新塑造了。一旦出现冲突,就可以运用规则来解决。然而,与霍布斯的理论相比,卢梭的公民是不同的,他们积极参与了规则的创制,所有公民都是主权者中的一员。卢梭的理论预告了哈特的观点,因为社会契约中形成合意正是为了形成多数原则(majoritarian principle),这种原则可以被解释为一系列规则,比如创立规则、改变规则、承认规则。我将在第八章详细讨论这些问题。

也就是说,他们两位都认为冲突是不可避免的,因此需要将其置于主权者的规则之下来加以解决。假如想要通过权威的权力或者制度化来压制或者预防冲突,那就需要对冲突进行预判,但无论从何种角度来看这种方式都是比较糟糕的。17 世纪的英国非常好战,18 世纪末的法国刚好处于大革命前夕,从政治角度来看,他们都有理由将更多的注意力放在冲突这一问题上。

正是因为有这种忧虑,所以霍布斯和卢梭才提出了他们的规则模

---

① 霍布斯的法律体系是一套最基本的义务规则,见 Wintgens 1991a。

式以理顺冲突。将规则与权力捆绑在一起是为了限制权力。因此,他们的解决方案包括权力法律化,目的是将冲突重塑为法律冲突。权力的制度化或者法律化将社会冲突转变成了法律冲突。正是通过这种转变,他们将社会问题的解决方式转变成了通过法律来进行的裁决(Cyrul 2005)。

霍布斯和卢梭在所给出的冲突解决方案上有相同之处,即源于社会互动的冲突一旦发生,就要将其消灭。他们两位都将冲突看成可以解决的现实问题,两个人也都按照自己的哲学以独有的方式给出了相应的解决方案。因此,无论从哪个角度看,主权者似乎都是处理这些冲突的最佳人选;因为两者都认为,无论什么冲突,其实都是在战争中悄悄滋长起来的。也就是说,给人们带来恐惧的正是战争,其中就包括死亡的危险。假如要驱散或者避免这种危险和恐惧,就需要国家的出现与介入。

然而,在我看来,这两种方法都有缺陷,理由至少有五个。

第一,和平并非必然意味着没有冲突。霍布斯和卢梭对和平问题的思考可能受到了他们所处时代历史环境的影响。然而,社会环境本身并没有提供解决这些问题的方法,因此我们必须从他处寻找应对策略。

两人将和平看作冲突的缺失,这种归类的基础本质上是机械论的世界观。行星遵守规则,所以它们没有冲突,这就是"和平"。他们相信,天国的事物所遵循的规则模式同样适用于地球——机械论世界观这一前提是由伽利略(Galileo Galilei)引入的——他们认为自己是公正的,对他们来说,遵守规则是避免冲突的唯一方法,因此需要压制冲突或者将冲突制度化。

根据霍布斯和卢梭的表象主义观点,规则可以表现实在(reality),

他们将这看作一种真理,而这一真理正是他们理论的基础。冲突是不完美的标志,这是笛卡尔从认识论角度出发提出的观点。于实在中发现的不完美"就在那儿"。亚里士多德在政治哲学中提出了一种宇宙论模式,他认为,行星的运行模式既完美又真实,这对现代哲学研究来说非常具有吸引力。霍布斯和卢梭就是其中的典型代表。

第二,两人的研究方法是有缺陷的,因为他们都认为冲突具有二元性,也就是说,冲突或者存在,或者不存在。假如产生了冲突,那么就有爆发战争的潜在可能性。但是就像韦伯后来所说的,他们没能看清一个问题,即冲突中也有程度问题。有些冲突在性质和范围上会受到限制与约束,比如两个意见不同的人之间的冲突就属于这一种,他们会在争论中为各自的意见而"战"。韦伯称这种冲突为"和平的冲突"(peaceful conflict),这种冲突将导致产生某种形式的选择,因为它的主要特征是竞争。由于这种冲突会以某种方式或其他方式予以"调整",这意味着它们在意义上互为导向(Weber 1964:132)。

和平的冲突或者竞争,其目标在于选择。韦伯说,对这种竞争形式加以"调整"的目标和手段,其定位在于形成秩序(同上:133)。假如没有这种定位,竞争就没办法加以调整。就像我对韦伯所做的解释那样,我认为定位的首要目的不是形成秩序。不过,定位本身倒是可以被解释为是在构建秩序,也就是说,因意义而形成的秩序可以被看作在意义上互为导向。强调外部干预的缺失是很重要的,这儿说的外部干预指的是外在于现实实践的干预。我对韦伯这种主张的解释是,和平的竞争意味着意义的选择,从这个意义上来说它是"冲突"。因为构成秩序的意义并非先在的,而是通过互动逐渐建立起来的。所以,韦伯提到的"调整"绝不可能源自比如霍布斯所说的主权者。因此可以这么说,竞争性冲突所采取的解决方式其实是自我调整(Freund 1983:55,88)。

霍布斯和卢梭将冲突归类为一种二元概念,他们认为冲突或者存在,或者不存在。假如冲突存在,那么它总是会自动导向战争;假如冲突不存在,和平就会到来。既然有了这么一个界定,那么我们能够采取的审慎态度,就是多加小心,以确保冲突不会爆发。审慎,词如其名。他们的方法提出了一个具体问题。现在,有两个理由可以用来解释对他们这一结论的不同意见:首先,将冲突和战争同化是一个失于简单化的错误。并不是每一个冲突都是战争,虽然每一个战争都是冲突。其次,同时也很关键的一个问题是,他们所采用的似乎是一个与战争有关的毫无疑义的定义,这个定义与所谓的"沙堆原理"(Sandhaufentheorem)类似(Bender 1978:34-42)。假如要把沙子堆成一个沙堆(sand-heap),那么在被称为沙堆之前究竟需要堆多少沙子?类似的问题是:一个人究竟需要掉多少头发才能被称为"秃子"?紧接其后的问题就是:冲突究竟需要强烈到什么程度才能被称为战争?

可以想象,没有人会反对他们提出的下面这个观点,即"一切人对一切人的战争"才是"真正的"战争。光的粒子理论的支持者与光的波动理论的支持者之间存在着分歧,这种分歧也是战争吗?尽管两者之间也存在冲突,而且据我所知这种冲突到目前为止依然没有得到解决,但这想来不会导致战争,至少我认为不会。这种冲突的存在并不能说明两种理论都是错的——在笛卡尔看来,两者都不正确,因为两者之间存在着不一致——他们之间没有达成任何共识;当然,这句话也可以解读为"正在形成共识"(in the making)。平心而论,两种主张的追随者都了解从米德的角度来说他人究竟"意味着"什么,但是他们的反应又的确令人难以理解。由于彼此之间不能"理解",因此他们开始疯狂地互相吐槽与攻击。他们的理论对形成终极真理是有帮助或者是有意义的,但两方当下依然没有达成共识。

第三,霍布斯和卢梭解决冲突的方法是有瑕疵的,因为冲突具有模糊性;据此人们提出了它的潜在语义问题。卢梭在批判霍布斯时发现,战争并不是社会缺席的表现(Polin 1971:84)。霍布斯从自己的角度出发,认为假如国家缺失了,那么社会也就不再存在,这时候的社会将处于潜在的战争状态。卢梭则与此相反,他认为,既然有战争,那么就一定有社会存在。一个人不会与自己不认识的人争斗;只要有一个人和他争斗,这种争斗其实就是一种互动,这两个正在争斗的人之间形成的关系其实就是一种社会关系。

在说明为什么霍布斯和卢梭在冲突问题上的观点是有瑕疵的这一问题时,还有第四个理由,即:假如存在冲突,那一定是意义的冲突。比如,亚里士多德就认为,在一块土地是我的还是你的这种冲突中,冲突与土地本身无关,与其有关的其实是"我的"和"你的"这两个词的含义。从这个意义上说,任何经济设置从其本质上来讲都是一种冲突,因为出售者和购买者在设定价格时必定存在利益冲突。双方的互动过程所要解决的其实是意义问题。也就是说,他们正在讨论的其实是一些条件,也就是某些东西被认为是"我的"和"你的"时所需要的条件。

价格就是他们必须就其达成一致意见的焦点所在;否则"我的"的意义无论如何也不会变成"你的"。意义就像价格一样,既不是预先规定好的数字,也不是一个可能引发战争的条件。假如你认为意义有可能引发严重的冲突,这种看法无疑是准确的;但是假如你说它正在引发一场国内战争,或一场一切人反对一切人的战争,这显然不太说得通。上面描述的这类冲突既是一种互动形式,同时也是意义产生的渊源。由此可以看出,冲突是有作用的,某种程度上来讲,它至少是有某些价值的。

上面提到的这个经济领域的事例所描述的是我的一般性目的,因为我想要说明的是互动的冲突性特征,那就是它不会导致武装冲突。现在让我们在经济领域稍作停留。卢梭认为,经济基础的发展意味着劳动分工,劳动分工反过来又会导致产生一种相互依赖的关系,而这种关系很可能会引发国内战争。比如法国大革命前夕,"社会问题"就层出不穷,这说明卢梭的理论可能是对的。马克思是第一个承认存在这种问题的人,他将这种问题归类为资产阶级与劳动阶级之间的冲突,由此认为阶级这一概念具有本体性。皮埃尔·布尔迪厄(Pierre Bourdieu)对这一判断表示强烈赞同;但他同时也批判马克思,因为他认为马克思为真实的实践问题开出了一个错误的理论药方(Bourdieu 1994:53 ff.)。

马克思认为社会问题具有本体论性质,因此他以本体论方式为劳动阶级和资产阶级定了位,从而将冲突实质化或者自然化了。这样做时,他其实已经预见到了将要发生的无产阶级革命。这种革命一旦开始,一种新的、公正的社会秩序就会产生。

马克思、霍布斯和卢梭,每个人都出于自己的理由拥抱了冲突的本体化,这些冲突不可避免地都与实在有关。他们这样做时其实都是在鼓吹冲突的本体论性质,并将这一点当作自己理论的正当依据。对霍布斯和卢梭来说,冲突的本体化要求国家对其进行压制或者将其制度化;对马克思来说则相反,他认为能够解决这些冲突的只有历史进程。

因为将冲突本体化了,同时也因为预测到冲突将会在战争或革命中逐渐发展起来,因此很多人都没能看到语义的潜在影响,比如霍布斯和卢梭,某种程度上至少也包括马克思;而我认为,冲突与生俱来就是语义问题。霍布斯和卢梭忽视了自发的社会互动,而这种互动倾向于在冲突这一领域之外发展出一种新型关系。正是由于存在着这种忽视,所以他们不再是冲突的一方当事人了,从而成功地避开了冲突。然而,这样做无异于将洗澡水和婴儿一起倒掉了。

因此，将冲突本体化这种方法，似乎需要在同一水平上寻求一种解决方案，即将冲突解决方法本体化。霍布斯和卢梭认为，冲突的解决方案就是创建国家。马克思则认为，冲突可能会从整体上消灭国家。黑格尔则相信，国家是阻止和解决冲突的唯一方法；这与霍布斯和卢梭的主张是一致的。

正如我在第一章所说，"自然的"或者"关系的"范畴在13世纪末被唯名论者之间出现的裂隙抹杀掉了。在古典方法论看来，"正确"的社会秩序指的是，人生活于其中的关系秩序是已经预先存在的。但是冲突却对这一秩序造成了干扰。

假如运用这种方法，真理和意义就是同一的；不过这已经不属于肇始于司各脱和奥卡姆的唯名论传统了。然而，社会契约理论家们非常渴望将意义与真理融合起来。在他们的理论中，概念或者共相缺乏本体论价值，比如正义的意义与其他意义一样，根本就不是"就在那儿"的。因此，与其他概念一样，正义本身也失去了本体论价值。概念（concept）一旦爆炸，就将变成很多不同的观念（conceptions）。

霍布斯与卢梭从不同的角度提出了自己的主张，他们认为冲突终将会消失在它们曾经出现的地方，这种主张看起来相当迷人。然而，他们的方法与他们的整体理论看上去并不一致。冲突的前提、对它们所做的本体论定位以及相应的解决方案，都会导致产生一种虚假的"个人形而上学"（metaphysics of the individual），但这一结果并不是从他们的整体理论中推导出来的。

霍布斯和卢梭在冲突问题上的观点之所以存在缺陷，还有第五个原因。霍布斯说，既然冲突已经本体化，那么社会关系就不可能存在。卢梭则认为，假如社会关系的确存在，这种关系势必将导致战争。在他们看来，这都证明了一点，即主体无法安排自己的互动，他们需要依靠那些源自主权者的外在约束来调节自己的行为。除了这种结果，冲突的上述特征再也不会带来其他的可能性。依赖主权者需要付出代价，比如主体要放弃自己作为自由的道德主体采取行动的道德能力。他们不能像麦考米克(MacCormick)(1989:188)所说的那样，"在相互依存中各自独立"(independent in interdependence)，因为这会导致冲突。霍布斯和卢梭在这里的立场是有问题的，因为他们没能看到冲突对人的自由来说是一个条件(Freund 1983:330)。冲突中的主体其实是可以凭借着对外在约束的依赖而实现彼此之间的相互独立的。

霍布斯和卢梭其实是从政治角度来处理冲突问题的，这对他们从道德视角看待主体的方式有着毋庸置疑的影响。这也意味着他们不认为主体是一个可以自治的道德主体。这反过来又影响了他们的法律观，我将在下一节讨论这个问题。对卢梭来说，只有法律能够建立平等，也只有法律能够赋予社会关系以道德维度，这正是非国家状态所缺失的。对霍布斯来说，只有法律才能保证安全、阻止冲突。简言之，只有法律才能降低社会生活的复杂性，并建立起秩序。

八、冲突也是互动：法律是一种替代方案

互动有可能会转变为冲突，这是霍布斯和卢梭两个人共同的主张，他们列出了一个可以阻止或者调整这种冲突的实际方案。就此，他们建构了一个政治领域，以为社会领域提供缺失的道德。

两人的这种研究方法还对法律与道德之间的关系进行了具体阐述。霍布斯提出了一个观点，他认为法律中蕴含着经过主权者挑选的道德。这种道德不需要进行系统化反思，它们是理性的道德。为了使法律规范为真，也就是说为了使法律在道德上是正确的，主权者的意志

是一个充分必要条件。

卢梭则采取了一种更为和缓的立场。他认为,能作为普遍规则的命题,其内容肯定是正义的,而实体性道德是不需要强制执行的。因此,在卢梭的观点中,法律的道德性与法律本身这两者似乎是可以分离的。由于具有程序性,因此法律几乎变成了一种中立性的冲突解决方式。换句话说,规则所表达的是第三方的观点,也就是主权者的观点,但每个公民都是主权者中的一员,毕竟这是使法律成为法律的充分必要条件(Kojeve 1981:69-94)。

我们应该记得,对霍布斯来说,法律和道德既是一体的,也是相同的。因此我们将他的理论归类为"法律实证主义"(juridical positivism)(Wintgens 1991b:3-22,40-61,86-104)。从他的理论可以知道,主体只有在法律的帮助下才会成为道德主体;也就是说,只有借助于主权者的命令,主体才能成为道德主体。主权者通过命令为主体设定了道德义务;因此从这个角度来看,主体根本没有自主性,这是显而易见的。

卢梭的情况略有不同。对他来说,尽管法律是一个道德事实,但法律并没有创造出一种在制定之后需要强制实施的道德。作为道德事实,法律制造出了自然状态中所缺失的道德。因此,经由法律所表达出来的其实是一种特定的道德观点,法律与道德之间的关系可谓是同质不同名。但在自由中是认识不到自由的,因此主体必须接受主权者的指引,并要按照主权者提出的外在约束来行事;与此同时,他还要让这种约束成为自己行动的理由。作为行动的理由,法律绝对是处于道德视角之下的,因为它在道德上是正确的。换言之,法律作为行为的排他性道德理由,优位于主体做出某种行为时自己原来的理由。然而在这一过程中,法律对主体道德自主性的认识是错误的。我将在第四章回过头来继续讨论这一问题。

第二章 语境中的个体

根据这种思路,由主权者做出的对自由的每一个外在约束都是对社会契约的确认,因为这种约束是建立在社会契约基础上的。经由外在约束确认的还有由社会契约所展现出来的道德观点,也就是说,主体在行动时不是一个具有自主性的道德主体。从法律视角来看,他充其量只是一名行动者。

总结一下本书到目前为止曾经讨论过的观点。本章前几节主要在探讨与主体有关的不同观点以及主体与他人的关系。他人以一种特殊的方式处在我的世界中。就像分析中所说的,主体之间的关系,其实是由语义以及主体本身的存在这两者共同构成的。除了这些组成部分之外,主体之间的关系也可以被归类为是冲突性的;对于这一点,前文就已经对其原因做出过说明。

关于互动的冲突性质,我将在本节继续加以讨论。互动的冲突性是指,在主体这个问题上其实存在着不同的道德视角,这属于立法法理学的内容。更具体一点说,立法法理学在作为主体的主体这一问题上所表达的,其实是一个特定的道德观点。我将在本章的后面部分探讨这一观点的主要特征,并将其与法律联系起来加以阐述。本书在后面章节将要进行类似分析的问题还包括理性与自由。

马克·洪雅迪(Mark Hunyadi)在最近的研究中说,冲突具有某种价值,比如它能激活规则中的规范性要素。[①] 在讨论律师眼中的规则即法律规则之前,我们要先确立一个事实,即主体与他人之间会进行互动。根据韦伯的观点,假如考虑到行动中的他人或者以某种方式出现的其他主体,那么我们可以肯定地说,行动是具有社会性的(Ricoeur 1986d:

[①] Hunyadi 1995:16,17:"冲突,哪怕是在加剧当中,也是通向规则之规范性的可靠途径之一。"

297)。韦伯认为,除了两个骑自行车的人之间的偶然相撞之外,行为一向都是指向他人的(Weber 1964:113)。这种方法与本章接下来所要表达的观点是一致的,因为指向他人的行为是一种互动。一种行为的社会特征和意义,正是源于它的指向他人这一特征。

正如本章前文所述,社会互动是由自我和语义两者构成的。对行为的意义所做的解释表明,语义并不是先于行为而存在的,行为也不以先在的事物为导向。事实正好相反,语义其实是在互动中产生的。从这里可以得出一个结论,即其实根本没有什么(固定的*)语义。语义在某一时刻可以是相对确定的,但在本质上它绝对不是固定不变的。假如语义在某一时刻突然确定下来了,那它必然会变成进一步互动所指向的客体。然而,从本体论意义上来讲,这样的语义是没办法存在的。我们认为,语义的"存在"是一个因参与者持续不断的互动过程而逐步构建的结果,是一种创造,这种创造的发生地并非"就在那儿"的现实。这是由本章前面几节的论述得出的一个结论。

语义一旦确定,就会暂时固定下来,然后就可以像"客体"一样发挥作用,这是由米德的观点得出的结论。语义是主体互动中的参照物,但它并非永远固定,它会发生变化,这正是产生冲突的原因。产生冲突的原因绝不可能源自固定不变的语义。

从以上观点可以得出一个结论,即围绕着冲突问题,至少有两点需要予以说明。首先,冲突的存在表明,在语义上其实有不一致这一问题存在。其次,也是更为重要的一点,那就是一旦发生冲突,人们就会开始援引规则。对于第一点,我们不再讨论;这里需要进行更多讨论的是第二点。

---

* 括号内词语为译者所加。

第二章 语境中的个体

当冲突出现时,它首先会在那些双方对语义理解不一致的地方援引规则。为了描述这个问题,我将举两个例子。

第一个例子就是,在"2,4,6,8……"这个数字序列结束时是否可以再加上一个数字这个问题,大家意见不一。假如建议说在序列中必须加"2",那么我们就要遵循规则"加 2"。假如必须在每到第四个数时就加"4",那么数字序列就变成了"2,4,6,8,12,14,16,18,20,24……"。"加 2"或者"加 2 的同时,在每到第四个数字时就加 4"这两个规则都会使序列数看起来不一样(Wintgens 1969: nr. 185; Kripke 1982: 18 ff.)。假如规则不够明确,那就会产生分歧。

第二个例子所表现的则是规则的不同类型。如果一名钢琴演奏者在比赛中没有获胜,作为失败者(L),他可以批判评委会所依据的那些适用于独立表演的规则。评委会对此可能持有不同意见,他们会认为 L 的表演使用的是旧乐器,而且演奏时所遵循的是作曲时(比如 18 世纪)的惯例,但是如今这些都已经过时了。评委们可能还会认为,音乐在演奏时应该更有节奏感、更快,同时应该更多地强调贝斯低音。对于 L 的演奏,评委会援引了一条规则或者一系列规则。正是根据这些规则,他们认为 L 的现场音乐表演应该更具节奏感,从而让现场观众能够更好地理解音乐。根据评委会的意见,他们认为自己所援引的规则可以更好地展现艺术水准,也可以更好地将音乐表演准则示范给观赏者看(Hunyadi 1995:47)。

此处援引规则的这种做法跟哈特提到的规则的功能相当接近。他认为,规则是将某种行为正当化的理由,并且也是在出现不遵守规则的行为时提出批评的依据,也就是说可以将规则看作裁判的前提(Halt 1994:84,90)。尽管音乐表演规则并非法律规则,但这并不会改变它们作为对 L 的表演进行批评的理由这一功能。与此同时,对那些在表演时遵守规则的人来说,评委们可以正当地将他们归类为获胜者(W)。失败者与获胜者之间在表演问题方面必定存在着一些分歧。

L和W之间出现的这种冲突或者不一致,需要援引与音乐表演有关的规则,以根据这些规则评估表演者的表演,此外也需要根据"好"的含义来评估表演。假如"好"对评委会来说意味着"目前来说最合理的",而且还意味着是"原创的",那么,L会做出回应,称"原创的"意味着"回到源头",所以他要求援引与音乐表演有关的另一类准则,即尼古劳斯·哈农库特(Nikolaus Harnancourt)20世纪80年代开始表演时所使用的那些规则。W以及评委会的意见则认为,"原创的"指的就是W表演时所采用的规则。

第二个例子至少说明了三件事。首先,评委会的决定是以某类规则为基础的,这类规则就是音乐表演准则。其次,L、评委会以及W在这些规则是否是对的,或者赋予这些规则的语义是不是对的这些问题上存在着分歧。最后,与上一问题有关的问题则是,当援引"原创性"这一标准当作音乐表演条件时,就如何解释"原创的"这一问题可能存在两套竞争性的准则或者规则,他们之间就赋予"原创的"以何种意义存在分歧。当L说"原创的"时,指的是"回到源头";而W与评委会则认为"原创的"指的是"新的"或者"目前来说最合理的"。

在竞争开始之前,L或W对因"原创的"的意义而产生的分歧或许还不那么了解,至少没么清晰。也就是说,他们可能根本不了解与这个词有关的冲突或者歧义。如果L是在比赛中第一个进行这种音乐表演的人,也就是说他是哈农库特本人,那他对"原创的"所做的解释或许就会被认为是最有价值的。

假如这个比赛是个教区级的比赛,那么与这些规则有关的分歧,包括规则及其意义,就有可能会消失得很快。你在酒吧饮下一杯啤酒之后,这些分歧或许就已经烟消云散了。然而,假如这个比赛是国际伊丽莎白女王比赛的话,这个分歧就将产生难以估量的后果。评委会所采用的关于音乐表演的规则或者准则,之后或许也会被国家音乐学院或者国际音乐学院采用;L尽管输掉了比赛,却可能会因此而获得掌声,因为他引入了一种演奏比如说柴可夫斯基(Tchaikovsky)音乐的新方法,而且这种新方法还会被后来人欣赏与效仿。因此,与钢琴表演规则的存在与意义有关的分歧,将会对这些规则的存在及(或)意义产生深远影响。

无论音乐表演未来的结果如何,冲突还是明确了一件事,即要将规则——不仅仅是音乐表演规则——引入到演出中。假如没有发生任何冲突,那么就没有理由去讨论规则。因此正是冲突向我们表明世上是有规则存在的。这些规则可以用来决定谁将取得胜利,也可以用来解决那些最初的"冲突",即使这些冲突表面上看起来并不十分明显。

然而,当听到评委会宣布说"L*的表演是错误的"而"W的表演是正确的"时,我们还是会很吃惊。这表明表演规则还有另外一个侧面,也就是说这些规则不是"真实的"(true)。L的批评不仅仅表明规则是存在的;他的不同意见还显示出他们双方所援引的规则的规范性渊源也有可能是彼此冲突的。

冲突是一种互动形式;因此,它具有语境化特征,它需要他人的存在,因为在他人缺席时是不可能发生冲突的。很难想象一个人可以跟自己发生冲突,假如发生了这种情况,那应该属于维特根斯坦所说的私人语言吧(Wittgenstein 1969:nrs. 243 ff.)。冲突是一种互动形式,这一定位突出了规范的事实性基础;也就是说,正是在互动情境中,规则的

---

* 原文写作 U,疑似有误。根据上下文,应为 L。

规范性将受到挑战。

洪雅迪在理论上追随的是维特根斯坦。他采纳了维特根斯坦关于规则的内在观点,即规则根本不需要以任何形式的公布来予以表达;然而,它们还是要以某种方式生效,不是这种,就是那种。① 遵守规则是一种实践,而实践不可能是完全透明的。我们可以从很多方面对实践加以描述,比如描述我们正在遵守的规则就是这样一种实践。实践的透明性是有限的。同时,实践又是多方面的,假如要对其中的某些方面予以表述——比如,指出那些应用于钢琴比赛的规则——那势必会将其他方面留在背景中。这种背景当然也可以反过来变成焦点;假如这样,那么那些更远的背景就会变成新的背景,以此类推。

毫无疑问,只要遇到冲突,我们所遵守的规则就会浮出水面。因为只要有冲突,就会有可以援引的规则。这些规则可能会在实践的背景中安静地运行,就像我们之前提到的钢琴表演的例子。在没有冲突时,规则可能会不那么明朗,但它们或许会遇到挑战。遇到挑战时,规则的规范性就需要接受检验或者被激活。换言之,当 L 和 W 两者根据某些规则评估自己的表演时,很难相信他们是在用有目的的意识"遵守"规则。也就是说,规则和它们的规范性只有在冲突发生的那一刻才会浮出水面。

以稍稍有点不同的方式来看,语义、规则和冲突现在搅在一起了。语义与规则有关,而两者之间的中介是冲突。也就是说,冲突激活了规则的语义,即它们的规范性效力。这儿我们要把握好一个思想,即互动其实是发生在一个由规则构成的语境中的,语义也是如此。现在我要展示的是语义、规则与冲突之间的关系:冲突塑造了规则,规则表达了

---

① Hunyadi 1995:50—52. 作者将对规则的分析限定在了规则有效性的实际效果上。

语义；而语义反过来又说明存在着需要遵守的规则。

这一方法与霍布斯的理论相似，尽管两者在某种程度上还是有所不同。对霍布斯来说，冲突之所以产生，乃是因为主体没有按照规则行事；他所说的规则指的是自然法。因此，他的理论主要聚焦在建立一整套规则上，以为社会互动和自然法提供两者之间早就已经缺失的联系。从规则的本质来看，主权者制定的规则赋予了自然法以意义。因此，霍布斯甚至说，在政治领域形成之前没有什么社会领域。我们知道，冲突其实与规则有关，因此规则的语义与其约束力之间其实存在着一种竞争关系。

上面的分析证实了之前一章提到过的霍布斯的解释。在那部分内容中我们曾经说过，霍布斯认为自然法是没有内容的；他所持的观点是一种唯名论形而上学，也就是说他认为自然法是上帝的命令；假如没有主权者的介入，这些自然法在语义上就将是空洞的。正是由于主权者的介入，自然法才拥有了意义。也就是说，正是因为有了主权者的干预，才在规则、冲突和意义三者之间建立起了一种关系。

一旦自然法的内容由主权者界定清楚了，他所制定的规则就将享有自然法的本体性地位。也就是说，这些规则现在是真实的了。主权者的规则弥补了自然法与冲突之间缺失的联系，即语义。因此，由主权者制定的规则所表达出来的内容正是自然法。

在语义王国中，正是冲突揭示出了语义的存在，同时被揭示出来的还有规则。语义和冲突并非"就在那儿"，这是一个事实。两者都与冲突中作为行动者的主体有关。要记住，我们这里所了解的"冲突"只是互动的一种形式，它并不是一种互相理解，至少当前还不是。在"冲突"这种互动方式中，与互动有关的是语义。也就是说，语义只能被认为是具有社会性的，因为它具有可共享性。语义并不是"就在那儿"的，就这一点我们可以达成共识;正是在这种情况下,语义才是"真实的"。这势必会产生四个结果。

第一个结果是,冲突的产生并非一定跟法律规则的语义有关;当然也不是说只有法律规则才能解决这些冲突。

第二个结果是,规则深潜于主体参与其间的社会实践中。这种参与理念认为,即使规则是实现某一目标、目的或者价值的工具,这种实现也必定不会发生在社会实践之外,这是显而易见的。

第三个结果是,有一种理念认为,规则是在社会语境中通过互动创立起来的。由此可以看出,通过规则所表现出来的并非"就在那儿"的语义;这里的"就在那儿"指的是意义独立于社会实践而存在。因此,语义具有规范性,它与规则有关。从定义上来看,语境是不稳定的,具有时间性;规则也是如此。任何规则首先都是具有社会性的社会规则,因此它有很强的时间性。

第四个结果是,自然状态中的互动——就像霍布斯和卢梭理论中所说的,所谓的自然状态是指当主权者的规则完全缺失时——既有可能发生,也是有意义的。假如这种互动具有冲突性,那么冲突性就是它的本质。这种主张内含着一种思想,即语义并非"就在那儿"。而且只有在主权者发声时,人们才开始考虑语义问题。然后,意义就在规则中确定下来了。这些规则并非像前面提到的那样是在互动中产生的,它其实是由主权者颁布的。主权者的规则固定了语义,同时被固定的还包括主体的含义。因此将主体看作"不变的人类学"(fixed anthropologicum)还是比较恰当的(Broekman 1979:77,82)。

霍布斯希望将冲突压制下去;卢梭则希望把冲突制度化。无论如何,在两个人的理论中,冲突并不会因为受到干预而消失。尽管不会消失,但这个时候的冲突从社会契约开始的"那一刻"起就已经采取了一种不同的形式。也就是说,冲突会被主权者规定的规则吸收。这些冲突将会被转变成法律冲突,而法律规则就是为这些冲突提供的解决方案。法律解决方案的特征是裁判性。使用适当的法律规则解决这些冲突的人是法官。因此冲突变成了一种可以激活这些规则之规范性的契机,规则的语义以及它们的约束力也就因此受到了挑战。基于法律规则产生的互动不会消除冲突。①

随着社会冲突转变为法律冲突,一些新的问题产生了。虽然社会冲突转变成了法律冲突,但这并不会影响社会互动的本质。而且,它至少在两个方面是有问题的。首先,将社会冲突转换为法律冲突这一行为是正当的吗?其次,这种转换将会对自由产生什么影响呢?

就像我们将要在第五章看到的,强法律主义认为这些问题都不是问题。不过,法律思维的影响还是蛮大的,其影响的大小取决于如何回答这些问题。如果将社会冲突转变为法律冲突这种行为是正当的,那么社会互动的任何形式就都可以依照这种模式来予以塑造。

霍布斯清楚地表达了他的观点:主体可以在缺乏法律规则时自由行事。然而主权者可以在任何时间,就任何话题,对任何社会关系及时予以干预。霍布斯所认为的"不禁止即为允许"这一判断虽不至于无效,但起码也是极端脆弱的。②

卢梭采取了一种类似的立场。因为主权者的任何规则都是公正的,没有规则是不公正的。只要主权者保持沉默,公民就可以自由行事。然而,他的这种法律干预没有任何限制。因此我们在这里再次重

---

① 于连·弗罗因德(Julien Freund)则从自己的立场出发为相反的观点辩护,因为法律规则根本不可能解决冲突,它们只会创造新的冲突(Freund 1974,1983:330)。

② Hobbes 1966c:198-9,206:"至于其他自由,它们取决于法律的沉默。在主权者未制定任何规则时,主体拥有根据自己的裁量权去为或者不为某种行为的自由。"参见 Kelsen 1967:245 ff.,1934。

申,"不禁止即为允许"这一原则在本质上是脆弱的。

事实证明,根据这个观点,主体可以很简单地就"被否决掉",因为他组织社会互动的能力并没有得到承认。主体是根据自我观念来塑造的。我曾经在本章提到过,主体是"交互式主体",因为他们自己也是在社会语境中产生出来的。这些语境所采用的形式是自我组织(self-organisation),而非霍布斯和卢梭所说的自我的组织(organisations of selves)。他们将自我看作是"自我的观念"。我在本章也曾经说过,自我是拥有自我-观念的行动者;至于由这个问题带来的影响,本书将在后面部分加以研究讨论。

他们没能解决的问题是要阐明规则创立的正当性,关于这一点我将进一步予以集中探讨。这个问题和规则本身的正当性不同。霍布斯、卢梭、康德以及其他社会契约论者一直将注意力集中在第二个问题,即规则本身的正当性上,从而忽略了第一个问题,即规则创立行为的正当性对他们来说似乎是不证自明的。他们认为,规则是由主权者颁布的,因此其正当性与法律有效性相一致。

之前提到过一个问题,即有些作者在自己的著作中忽略了规则创立行为的正当性这一问题;除此之外,规则的创立行为或者立法行为也没有得到法律理论应有的重视。换句话说,尽管目前的法律理论已经为克服规则的解释和适用等尖锐问题做出了巨大的努力,但对规则的正当创立这一问题所给予的关注还是太少了。到目前为止,本书全部的注意力一直都集中在正当规则的创立这一问题上。

第三章　语境中的理性

一、亚里士多德与笛卡尔

现代哲学研究中,主体和理性都具有实体性;作为实体性存在,它们所拥有的共同特征是两者都不会随着时间的变化而变化,这原本就是它们的题中之义。变化着的实体这种说法本身就是自相矛盾的;不一致的理性不可能带来真理。根据对现代性的权威解释来看,理性的产生其实很简单。在现代理论中,作为实体的主体带有某种逻辑意味。

现代理性的主要特征是它的二元性。理性的二元性意味着某些东西或者是理性的,或者是非理性的。理性的二元论性质,与真理拥有普遍本质这一信仰有关。真理是普遍性的,因为它具有单一性(unity)。其单一性意味着,无论何时何地,真理都是相同的,而且也是普遍的。

真理的普遍性意味着它对每个人来说都是相同的。这样的理性将会使主体本体化,从而变成一种思维实体。从定义来看,实体与它本身是一致的。而理性是被发现的(现代哲学版本的故事),它将"体现在主体上"。理性决定了主体的本体性身份,而这正是知识产生的缘起。虽然主体是知识的起点,但这并不是在暗示理性具有决定性。理性的定位在于实在,因为正是在实在中发现了理性。理性与确定性相伴而生。

（一）亚里士多德

这一立场与亚里士多德的观点明显不同。对亚里士多德来说，有些命题必然为真，另一些则仅具可行性，因此是不确定的（Aristotle 1984d:1112a,18-1113a,14）。经典的亚里士多德理性形式就是我们处理实在的一种方式。实在是一种有秩序的宇宙，而生命就是通过这种宇宙秩序来展现自己的。

世界的存在与秩序均不可以从理性上予以质疑，因此，会做这种事的也只有傻子和疯子。实在的存在与哲学无关，它的秩序属于永恒世界。世界的这种本体论地位，使得它不可能获得完美而又纯粹的人类知识。亚里士多德认为，科学并不是一套与存在物有关、具有终极性且固定不变的命题。他反对那种柏拉图式的纯粹而又完美的理论，但他对先验的各种形式所持的态度又并不总是否定的（Aristotle 1984c:997b 6 ff.; Aubenque 1972:313-4）。

先验指的是天体运行的一种完美状态。天体运行的形式是环形的，也就是说，它无始无终。因此这种运行具有完美性（Aristotle 1984c: 1071 b 28,1072 a,21-5）。假如这种运行也有开端的话，那么这个开端必然来自那个第一或者不动的动者（mover）。后者的动因即是它自身，他同时也是自己的终极因。他是完美的终极形式。尽管我们可以通过观察感知到这种完美，但却没办法通过语词的现代意义来认识它。

亚里士多德所做的这种具有强烈柏拉图风格的解释，可以借助于皮埃尔·奥本克（Pierre Aubenque）"分离主义的形而上学"来予以平衡（1972:407 ff.）。分离主义的形而上学可以用来缓解世外（superlunary）与尘世（sublunary）之间的本体性差异。这种阐释足以说明完美的世外状态和不完美的尘世之间的分离是具有本体性的。

人类对宇宙秩序的接受能力,可以通过一种理性命题来予以阐释,而这种命题的真理性则需要通过它与实在之间的一致性来加以确认。实在的存在先于人类对它的理性说明。换句话说,存在物之秩序是先于知识秩序而存在的。从世外和尘世之间具有本体性的分离来看,知识既是可能的,也是有限的。知识的有限性将会导致一种结果,即原则上看它不太可能将实在完全理性地展示出来。

这种理论产生了一个结果,即我们会满足于在那些不具有确定性的领域获得一些具有推论性质的知识。对亚里士多德来说,发现真理的方法取决于所面对问题的类型;在据以发现真理的这些方法中,一部分指向辩证法或论证,另一部分则指向证明(Aristotle 1984d:1112a,17-1113a,12)。但笛卡尔的观点不同,他认为,发现真理的方法并不取决于问题的类型,因为理性是具有普遍性的。

(二) 笛卡尔

亚里士多德的理性支持对真理进行近似性阐述;笛卡尔所持的观点则与此不同。推论性知识(conjectural knowledge)可能是知识的一个开端,但是,只要知识是不确定的,那么就无法认识真理。[①] 要想认识真理,只能借助于确定的知识。确定性是知识的标准,而知识则是获得真理的钥匙。

当我们开始从哲学问题的历史这一视角进行思考时,或许可以将笛卡尔的立场看作亚里士多德认识论的一个说明书。这个说明书可以用来说明确定性标准,而它本身就是真理的标准。不过,这种解释很有

[①] 就像笛卡尔(1996j:nr.44)所说,我们对真理的发现其实是很偶然的,而且当时我们也并不能确定自己是否已经发现了它。

可能会引发严重误读。

由笛卡尔主要的哲学观点所表现出来的是一种二元本体论。任何本体论在其初始水平上都是二元的,因为它在是什么和不是什么之间划下了一条分割线。在第二层级上,本体论可能是非二元的,因为它允许程度的存在。亚里士多德的本体论在第二层级上就是非二元的,因为在这一层次中他允许事物保有程度问题。在亚里士多德的本体论中,假如说一匹马是一匹"真正的马",这说得通,因为与草原上的普通马相比,它具有更多的"马性"(horness)。

在笛卡尔的本体论中,这就不太说得通了。假如说一个存在物不仅是一个存在物,因为它想得更多或者更好,这当然很荒谬。从这个角度来看,笛卡尔的本体论首先可以称得上是二元论,无论从第一层级还是第二层级来看均如此。他的理论根本不允许存在物中留有什么程度问题。

还记得之前一章的论证吗?这非常重要。与笛卡尔的理论不同,当时的观点认为,意识不具有原发性。基于同样的原因,理性也不具有原发性。也就是说,理性不能向正确思维的主体显示自己。在对现代哲学开端所做的权威解释之外,还有另外一种替代性解读。而上述主张与该替代性解读之间具有一致性。该权威解释的变式认为,理性"就在那儿",或者说,理性与发现有关。根据该替代性解读,我们可以知道,权威解释是以主体为支撑的。根据这种解读,主体知道自己正在寻找的是什么。真理的确定性是对主体而言的确定性。

第一章曾经说过,个人在哲学上的表达被看作由唯名论神学所产生的一个结果。笛卡尔将这种观点与奥古斯丁传统结合起来,为主体的个体性提供了一个更为深厚的形而上基础。个体性是所有受造物的本体性身份。主体身上最明显的本体论标志就是思维。思考对存在来说是一个必要条件,存在对思考来说也同样如此。无思维则是客体的特征。这就厘清了笛卡尔本体论的二元本质:成为主体,就意味着要成为一个个体性思维实体。

假如我们要对理性做进一步阐述,那么上述厘清必定会为这种阐述开辟出一条路。主体的本体性定位取决于他的理性能力。这种定位可以让主体将自己看作一个思维实体。假如"我思"是一个结论,那么主体借助于理性所做的自我认同将导致产生一种无限倒推。同理,假如思考被认为是人的特征,而且人本身也将被认为是一种思维条件的话,那么这就变成了一种循环论证。这个定义仅仅将思维与存在联系在了一起;但就人类的思维本质这一问题而言,它并没有做出任何实质性说明。

但"我思"既不是一个结论,也不是一个定义。它是与理性有关的真理(*vérité de raison*),它远比数学强大(stronger)。① 将第一真理以形而上学的方式加以展开,反过来也可以说明它在本体上具有二元论特征,而这一点之前被遮蔽住了。在这种本体论之下,主体站在了客体的对立面,而理性的突出标志是确定性。确定性是知识的基础,知识则是认识真理的条件。

二元本体性的主要特征就在于主体与客体之间的相互对立,这是一方面;另一方面,它还说明确定性是认识真理的条件。这是同一枚硬币的两面。与亚里士多德的本体论相比,笛卡尔的本体论不允许出现第二层级。这应该归因于确定性的二元特征。某事可能是确定的,也可能不是。确定性通向真理,而不确定性或者不一致则是错误的标志

---

① Descartes 1996j:26-7,因为我们可以怀疑数学的证明能力,却不能怀疑我们的存在所具有的确定性。

(Descartes 1996l:6-7)。

对真理或者实在的认识,是建立在知识的确定性这一基础上的,这清楚地说明了一件事,即真理或者实在是可以独立存在的,而确定性则不能。确定性是以判断的形式表现出来的,能够做出判断的人就是行为主体。寻求确定性是现代哲学研究的主要目标,其具体方法就是要确定确定性的标准。因为思想确定性的标准必须是清晰且明确的。然而,这些标准的确定需要独立于所有思想,因为在笛卡尔看来,确定性是不证自明的。一旦以这种方式将确定性标准确定下来,就可以把它适用于某种思想。假如某种思想满足了上面这一标准,那么它在本体上就是真的。

确定性标准的独立性是现代哲学权威阐释的另一个明证。理性可以通过这些标准来显示自我,这跟说真理是通过自己的标准来显示自己是一个道理(真理指数[*veritas index sui*]),这一点是笛卡尔经院哲学的另一个遗产,它意味着真理与确定性是相伴而生的。真理与确定性之间的这种共生关系,使得不证自明性成了真理这种完美理念(*Perfektionsbegriff*)的一个标志,这是卢曼(Luhmann)(1981:378-9)给它贴的标签。然而,这种判断取决于一种信念,即实在是可以直接认识的。从这个角度来看,为了获得绝对真理,三段论推理(syllogistic reasoning)就是一个充分必要条件。

通过这里的解释可以看出,真理与确定性之间在概念上其实并没有什么关系。这意味着即使没有考虑到本体性真理这一问题,也是有可能将确定性加以概念化的;反之亦然,即使不了解确定性,我们依然可以思考真理问题。根据这种解释,本体论允许第二层级的存在。因为本体论允许出现第二层级,使用诸如"可以更了解"或者"可以更确定地了解"这种表达方式就说得通了。但这些表达对笛卡尔来说没有意义,因为对他来说,知识是一条通向绝对真理的路,其方式就是直接认识实在。

这种解释将确定性定位在了主体而非实在上。与真理相比,确定性需要主体,因为只有这样才说得通。确定性是指某事对某人来说所具有的确定性。这种解释和哲学的权威解释是不同的。在权威解释中,确定性标准会被本体化,这种本体化的结果就是假设我们可以直接认识实在,我将这种假设称为"理性谬误"。

二、理性谬误和认识论哲学

(一)理性谬误

理性谬误是经院主义谬误的一个变式,皮埃尔·布尔迪厄就是这样描述这一哲学问题的。布尔迪厄认为,经院主义谬误就是要说明学者们尤其是社会学家或者伦理学家们的立场,并通过"就在那儿"的意义来观察"实在"。换言之,学者们通过观察主体的实践,认为这些主体思考时的方式跟自己相同。他们在主体身上看到了自己的影子,因此根本没有考虑自己观察到的实践所具有的意义(Bourdieu 1990,2003;Winch 1990:87-91)。经院主义谬误认为,社会科学家会在研究的客体中认识实在,这就是学者理解事物的方式(Bourdieu 1994:225)。

经院主义谬误的一个例子是,理性选择理论家确信,人们是依照理性决策来做出某种行为的。这意味着每个人都可以和理性选择理论家一样,坚信每个人都可以认识理性。① 在认识理性的过程中——大多数

---

① 这个例子是布尔迪厄提出的(1994:228)。

情况下是无意识的——社会科学家理所当然地支持与行动者、主体或者行为人有关的特定观点。不过,这种观点忽略了一个事实,即行动者据以行动的意义可能源自意义创立的过程,这与科学家们提出的方法有所不同。

由上述分析可以得出一个结论,即在了解客体的方式与明白客体对主体来说的意义这两者之间其实没什么区别。学者们以参与者与观察者这两种视角来看待问题时会产生一些困惑;正是由于这些困惑,学者们混淆了"真理"与"语义"之间的区别(Winch 1990:46,51)。这种区别被忽略之处,也是观察者的观察与正在发生的事情之间的差异容易被混淆的地方。因此意义被认为是具有普遍性的。这种普遍性假设取决于一种方法论上的前提条件,即经院主义谬误。

理性谬误是认识中心主义的一种典型变式——人们对它真是太熟悉了,因为它在现代哲学研究中有着深厚的基础——我将它称为"理性谬误"。在理性谬误中,哲学家在工作时所依靠的主要是一个前提,即他认为自己所使用的概念是普遍有效的。因为认为普遍性是不证自明的,他就假定这种普遍性对每个人来说都适用;同时,他还认为,理性对所有的理性主体来说都是相同的。

实在理论和与实在有关的理论两者之间存在着一些区别,而理性谬误忽略了这种区别。像经院主义谬误一样,它没有在"一种方法的结果"和"有什么存在"之间做出区分。经院主义谬误和理性谬误之间的相似性,可以用笛卡尔建立"我思"这一主张的跳跃性来加以说明。通过"思考"这一行为可以得出一个结论,即思考时的主体是确定的。从思考的确定性中也可以得出一个结论,即主体是存在的。而从这种存在中还可以得出一个结论,即主体是以思考实体这种方式存在着的。从以上这些分析中又可以得出一个结论,即主体是一个思考实体。也就是说,"我思"这一主张,在主体怎么样(思维者[cogitans])与主体是什么(思维实体[res cogitans])之间实现了一次跳跃。①

现代哲学所使用的理性研究方法认为,无论如何,还是有可能产生与实在有关的知识的。这就排除了自我反驳式的极端怀疑主义。"我思"的真理性将主体设定成了一个"思维实体"。这一真理性使主体对他自己来说都变成了透明的。"我思"的确定性是他所能了解的与自身有关的全部内容。它是主体提出的一个与自身有关的命题,而且也正是这一命题将它定位在了本体性上。

实体或者本质从本体上来看与它自身是一致的。假如主体是实体,那么他与他自身也将是一致的。主体的本质是"思维",而"思维"必须与他自身相一致。假如不一致,本质就将发生变化,那显然是矛盾的,因为"思维"属于主体的绝对本质,它具有普遍性。

现在,理性谬误出现了。主体的本体性定位与理性的普遍性相伴而生。将主体定位为本体这一方法将会带来真理,因此,这一方法本身必须为真。该方法将导致产生一种与实在有关的理论。本体论烙印是由上帝打下的,因此正好可以运用上面这种方法来证明上帝的存在。既然理性证据具有正确性,那么这个理论就是与实在有关的理论。

理性谬误的一个重要结果是理性或者理智的去语境化。理性具有普遍性,因此对任何人来说它都是一样的,而且它在任何人身上的表现也都一样。

正是经院主义谬误促使布尔迪厄提出了一个主张,即有"一个机器里的学者"(a scholar in the machine)(Bourdieu 1994:228)。笛卡尔的二

---

① Hintikka 1962,也见黑格尔(1955:220-6)的批评,他认为笛卡尔的主张只对他本人有效。

元论也促使吉尔伯特·莱乐（Gilbert Ryle）（1988：17 ff.，32-3）做出过类似的表述，他说有"一个机器里的灵魂"（a ghost in the machine）。理性谬误则可能会导致另外一个认识，即有一个"机器里的笛卡尔"。

（二）理性谬误和认识论哲学

对理性谬误所做的一个很重要的描述是海德格尔（Heidegger）的"世界观"（world-view）这一概念。海德格尔之所以提出此概念，乃是为了给现代哲学研究制定出一个战略。在世界观这一概念下，实在是通过图像来表现的；在这个图像里，主客体之间相互对立。认识事物的主体和被认识的客体是相对的两极。尽管如此，主体依然被认为是可以直接认识实在的。"世界观"是一种理性建构，因此具有唯名论色彩，它为直接认识实在提供了一种幻象。这是一个古老的哲学梦，一个源自实在论的哲学梦。

实在论者的梦，是希望自己可以直接认识实在；这种梦与唯名论者的本体论相结合，产生了一种思想，这种思想就体现在世界观这一概念中。这导致产生了一种本体性幻觉，因为人们把实在的图像当作了实在本身；我将其称为理性谬误。这种世界观带来的一个结果就是，它将亚里士多德的定性物理学（qualitative physics）变成了定量理论。数量被看成了实在的唯一品质，并由此得出了一个被认为是实在的理论。

海德格尔认为，所谓的现代科学，其实就是将那些清晰可辨的思想以数学的方式展示出来。思想或者表象的定位或建构乃在于思考的主体。思想的清晰性和明确性，以及可以将它们转变为知识的能力，为认识实在与绝对真理开辟了一条道路；而这种清晰性、明确性以及能力，都取决于主体的纯粹判断。在新近出现的这些自然科学理论中，海德格尔理论的形成系统与欧几里得（Euclidean）方法中的独特性之间就是同源的(Heidegger 1988:59)。海德格尔说,"系统"是"此在"(*Dasin*)的基础法则,而系统的本质则在于它是一种理性的数学系统。

因此,将理性领域展开之后所产生的就是系统性,它所表达的是人类来自外部领域的理性、尊严和自由。然而,理性领域也是一种数学式的理性系统,它对实践理性有着非常具体的启示作用。此外,它还为我们提供了一种"推导性测试"(derivation test),以将理性限制在可以以数学或者逻辑来证明的范围内。因此,那些不能被证明的也就是不理性的,不理性的内容不会成为系统的组成部分。这一论证的逻辑看起来相当吸引人。然而,它实际上还是将那些不能被证明的事物从理性王国中排除出去了,同时还指责说,假如它们不是不合理的,那么就一定是非理性的;价值判断就属于其中的典型范例。由此可以证明,理性领域的展开,同时也就意味着理论理性有着优于实践理性的支配地位。这就是认识论哲学的本质。

在理论思维中,认识论哲学的方法将本质从神学领域中解放了出来,之后还把它理念化了。本质的数学化(Husserl 1970a:23 *et seq*.)——或者说数学的本质化(Heidegger 1962:50-83)——是将本质概念当作一种形而上的理念来看待的;17世纪中叶以来一直如此。将新近发展起来的形而上学理念与数学方法相结合,可以赋予自然科学一种新鲜且强大的推动力,这是实践理性发挥作用的一种模式。

认识论哲学产生了一个结果,即在整个现代哲学研究中,实践问题被转换成了理论问题。在处理两类问题时所使用的工具其实是一样的,即一方面要借助逻辑和数学来解决理论问题,另一方面则要借助经验来进行检验与验证。这种处理问题的方法在17世纪的自然科学中被证明是成功的,因此,实践问题也希望借助于同一方法来获得自己的解决方案(Tayler 1995b)。

笛卡尔版本的认识论哲学认为,我们必须借助于临时道德(provisional morality),直至所有的科学分支都已经开始逐渐发展。哲学家认为,只有这样,终极道德才将是生长在科学之树上的硕果,即完美道德。而这个"完美道德",需要借助于之前曾用于科学发展上的方法来予以建构(Cumming 1995;Boutroux 1896)。

霍布斯的研究采用的是一种相似的路线。他对欧几里得的发现强化了自己的判断。他认为,可以使用与欧几里得相同的方法来发现政治事务中的真理;也就是说,他认为,为了解决实践问题,可以运用理性计算。霍布斯关于国家的理论就是运用这种方式的一个典型例证。根据理性计算,进入国家并将我们的自由交付给主权者,这种选择要远远优于因面临暴力死亡而带来的危险。

根据康德的道德方法,假如行为是理性的,那么它就是道德的。行为的理性指的是行为准则的普遍化。行为准则的普遍化,并没有表现出与行为的道德性有关的任何实质性内容。它只是为内容提供了一种形式,以使内容理性化(Kant 1997:2-3,46)。普遍化规则使道德标准变得非常明晰,然而它却把实践理性放在了通向科学知识的路上,以在与先在理论相同的基础上建构先在实践。

但是,上面描述的认识论哲学暴露出了一个悖论。本质的数学化或者数学的本质化是自然科学的典型方法,它几乎是不证自明的。海德格尔从这个角度提出,"数学的"是我们在接受既定事物时的一种基本立场;而且这些既定事物必须且应该是既定的。这也就意味着"数学的"是对与事物有关的知识的一个基本预设(Heidegger 1962:50-83)。这一预设提出了一个与数学本体性身份有关的问题(Wintgens 2010),即数学究竟属于实在还是说它仅仅是一个可以适用于实在的方法。按照海德格尔的观点,构成现代哲学研究特征的,是在知识与数学之间所建立的联系。这种联系说明现代哲学希望在主体和真理之间建立起一种新的关系。对于这种想法，我们可以从海德格尔的著作中读到下面这些相关内容(1962:75):"正如我们对研究所做的描述，在数学的本质上存在着一种非常明确的希望，那就是希望它能够重新形成新的知识形式；不仅如此，我们还希望这种知识形式能够自我培育并自我发展。"①

笛卡尔的主张中有一个悖论，即他认为，在第一确定性和科学的推导性命题之间的联系是自我显示或者不证自明的；而且这种联系有它自己的方式。海德格尔强调的则有所不同，他认为，科学客体的本质与数学这种解释方法之间的联系具有意志性。这一判断也为笛卡尔的研究提供了不同的视角；他一直在寻求确定性，因此确定性就是他想获得的。② 海德格尔(1962:75-6)继续说道：

与神启的分离曾经是真理的第一源泉，对传统的拒绝则是知识的一种强有力的方式——所有这些否定都只是数学研究的消极后果。那些敢于筹备数学研究的人，无疑是将自己放在了该研究奠基者的位置上，因为这是第一次筹备该研究。在数学研究中不仅存在着一种解放，还存在着一种与自由本身有关的新的经验与形式，比如向自己施加义务的那种约束力即是如此。在数学研究中发展出了一种数学本身所要求的义务性原则。它有一种内在的驱动力，一种奔向新自由、解放的冲动；在这种内驱力之下，数学努力从自身中挣脱出来，以确立自己的本质，并将这种本质看作它

---

① 译自海德格尔的引述(1993:295-6)。
② 这个解释是图尔曼(Toulmin)的主张(1990:Chapter 1)。

自己以及所有知识的基础。①

这段话解释了17世纪和启蒙时代数学研究方法无所不在的影响。人们相信数学可以导向真理,这本身就是基础主义的部分内容;但这是一个具有实践性的立场,因为它最终将取决于数学上的选择。我们将有机会在讨论法律主义的第五章中看到认识论哲学在法律中的作用。

后面一节将把焦点集中在与笛卡尔理性概念有关的两个关键问题上,这两个问题分别出现在了胡塞尔和佩雷尔曼(Perelman)的作品中。我们将要讨论的内容就包括这两位研究者所做的批判,批判的对象就是现代哲学中的理性所具有的纯粹证明性。他们试图将理性概念扩展至语境中。接下来的一节将讨论两位学者的观点,同时还会对"有限理性"(bounded rationality)做些评论。"有限理性"这一概念看起来是个可以用来替换实践理性概念的有趣的备选项。

三、对笛卡尔理性的批判

(一)胡塞尔

我们在第二章讨论过胡塞尔对笛卡尔所做的批判。除此之外,胡塞尔还为理性研究提供了一种新的观点;对于我们当前的研究目的来说,这种新的观点相当有趣。在现代哲学研究中培育出了一种植根于

---

① 参见 Husserl 1970a:8:"众所周知,文艺复兴时,由欧洲的人文主义带来了一种革命性变化。它反对之前的生存方式——中世纪的——并且摒弃了它,同时它还希望能够在自由中重塑自己。"(着重号是后加的)

历史的理性概念,对这一概念所进行的分析有一种回归意味。胡塞尔的观点就与这种回归式分析有关。

胡塞尔认为,这种一般性和几何学式证明理性是一种可以理解的形式,它在传统中有着很深的历史根源。然而,这不是理解的唯一形式,而且它也并不必然是占据主导地位的理解形式。胡塞尔把几何学作为证明理性的标准范例,并且说几何学的开端具有历史性。几何学洞见一开始仅仅是一种个人洞见。这个洞见对于某个人来说是一个显而易见或不证自明的观点。但是洞见一旦成功完成,它也就成为显而易见或不证自明的了(Husserl 1970b:356)。在这一点上,胡塞尔与笛卡尔是不同的,他认为导致洞见去人格化的并非它的不证自明性。

自明的洞见是去人格化的,这不是唯我论哲学家们的研究内容;它属于其他的研究者。就像这个术语的字面含义一样,去人格化是一个过程。这种洞见根植于主体,而洞见的去人格化使得主体具有了客观性。但这并不意味着最初的洞见会从主体中脱离出去,因为对主体来说这是不证自明的。事实正好相反,为了使研究具有客观性,必须在交互式主体的世界即生命世界或者"我们-世界"中留下这种洞见;因为只有在这种条件下,洞见才有可能被客观化。

这种去人格化过程有一个前提,那就是其他主体可以重复最初的情绪操作。这逐渐导致产生了一种思想,即洞见的自明性其实是建立在适当的内部结构这一基础上的;而且正是因为有了这种结构,才能让其他人得出相同的结论(Husserl 1970a:§9a,24 ff.)。

对这一内部结构获得相同洞见的其他人,在理解它时是很积极的。可以这么说,从他们的理解就可以知道,洞见的存在方式是客观化的(impersonal),或者"就在那儿"。比如,这些洞见的外化都是通过符号来实现的,其他任何人都可以观察到这一点,尽管他们的观察方式可能是被动的。原初洞见的外化,将其推到了个人内部领域之外,这是它实现客观化的第一步。

通过语言的外化、书写的固化或者数学的表达,洞见获得了独立性(Husserl 1970b:358 ff.)。自明的洞见通过外化将其定位在了语言上。随着时间的流逝,人们可能会以实质或者理性的形式通过上述沉淀再次认识这种洞见并重新激活它。因为他人可以重新激活这种洞见并且重复它,这意味着他人也能够积极地理解它。原初洞见就是通过这一过程获得了自己的客观性意义。

这种客观意义可以从两个角度加以考虑。第一研究视角是,即使没有人积极地琢磨它,洞见依然存在。也就是说,几何学的洞见在它们去人格化这种条件下可以"独自"存在。然而,去人格化还是不能否认一个事实,即它们是通过人类活动建立起来的,是一种由文化赋予的建构(Husserl 1970a:§9a,24 ff.)。

第二研究视角确认了第一研究视角。它认为,即便不考虑历史性开端,几何学研究也是有意义的。没有必要一直记得或者重复几何学的整个历史,因为只有这样才有机会产生新的洞见。从逻辑上来讲,任何新洞见都可以附加于原初洞见之上,因为原初洞见会沉淀。即使最初的洞见可以被重复,也没有必要这样做,因为之后的思想在逻辑上也都可以附加于之前的洞见上。沿着这条附加链回过头来再进行研究的可能性,即使有,也没有太大的必要,因为这种方式过于理想化了。这种理想化的结果是原初洞见并没有失去它原本锚定于前科学实在中的主体间性,因为洞见正是从实在中被抽象出来的(Husserl 1970a:§9h,48 ff.)。

原初洞见的普遍可及性、它的传播以及通过语言对它所做的解释,使得几何学家可以以中介者的身份面对它。几何学家以中介者身份处理原初洞见的方法,意味着对前科学原初起点的"如何"和"什么"的认识,虽然不是不可能的,但也已经没有太大必要了。

因此,不再回到前科学的原点这件事不会引发什么严重问题。然而,胡塞尔的问题是要说明通向原初洞见的路是有障碍的,或者是不可能的。毕竟原初洞见的起点早就已经被遗忘了。几何学是一种方法论设置,它与缘起无关。对行动主体来说,不证自明是研究得以成功的一个特征,它已经远离了人类存在的地平线(horizon)*,并以自己的方式独立存在着(Husserl 1970b:358)。这就是笛卡尔将不证自明性当作真理标志的原因。

数学中,几何学的表达方式很容易沦为一种不恰当的数学外推法(extrapolation),这滋生了一种信仰,即认为实在在本质上其实是数学化的。数学外推法与本质的数学化是同步进行的,同时进行的或许还有数学的本质化(naturalisation)或者本体化(hypostatisation),这是现代哲学研究不可分割的一部分。

每个人都可以重复原初洞见,这是胡塞尔提出的问题,这一问题与几何学的普遍性有关;对于这个问题,数学是一种有用的工具。这种洞见对每个人来说都具有相同的意义,人们在重复它时无须在本体论上做任何说明。胡塞尔对正义概念的这种回归式分析,与佩雷尔曼对正义概念的回归式分析有相似之处。对于佩雷尔曼的研究,现在我将集中予以简要论述。

(二) 佩雷尔曼

20世纪中期,沙伊姆·佩雷尔曼(Chaïm Perelman)开始对笛卡尔

---

* 这里是指人类的早期,或者说人类洞见产生之初。

的理性与合理性观念进行批判。他挑战的恰好就是哲学认识论,因为这种方法将理性限定在了纯粹的理论理性上;在他之前的胡塞尔(1970a：§3,7 ff.)所挑战的也是哲学认识论。从这个角度看,主体的本体论定位潜藏于认识论哲学中,而这种定位与普遍性恰好是相对的(Perelman 1972d,1972f)。①

概括一点来说,佩雷尔曼批评任何形式的二元理性,二元理性指的是可以通过经验或者逻辑的方式证明什么是理性的。通过这种方式不能加以证实的就不是理性的,因为逻辑或者经验的证据是理性的唯一(二元论)标准。

佩雷尔曼由此得出结论说,主体的理性能力会在两个方面受到约束(Perelman and Olbrechts-Tyteca 1976：4)。逻辑的或者经验的证明对理性来说是一种必要条件,正是这两者使得理性具有了不容置疑性和客观性。之后他试图将理性重新语境化或者将理性重置于语境中,因此他重新定义了理性的客观性或者普遍性。

理性谬误认为,理性理所当然地具有普遍性。普遍性被认为是理性的题中之义,据此可以认为,普遍性本身就是理性的。这种信念符合现代哲学的权威解释;因为根据这种解释,理性是不证自明的。

佩雷尔曼的观点与海德格尔的自然科学思想一脉相承。根据海德格尔的思想,客体(自然)与它的研究方法(数学)之间存在着一种意志性(willed)关系,而这种关系正是自然科学建立的基础。自然科学中的

---

① 参见 Hampshire 2001：13:"为了对抗那些臆想,制度赋予了理性的传统概念以意义。比较一下这些制度就会发现:它们首先是理论研究,即数学以及逻辑研究;其次是自然科学研究;最后才是实践研究,比如对法律或者法律体系的发展所进行的研究就属于这一类。柏拉图式的学科顺序使得数学证明变成了理性与合理性的典型范式。这种柏拉图式的理性概念并非唯一可能的概念,出于某种目的而对正义和道德本质所进行的理解似乎也可以以这种方式来分析,因此,柏拉图式的理性概念具有极大的误导性。"

数学方法主要与选择或者决策有关，它不是一个真理问题。而这种选择又是一个实践问题，它不是理论问题。通过这一方法，可以在主客体的对立中得出一个完整的结论。不过，根据这种方法，客体永远是未知的。① 但这仅仅是由主体的自我主张(self-assertion)所带来的影响。由此可以看出，主体已经退出了威权主义的争论；与此同时，他还表达了自己在选择世界里的立场，这里的选择世界与自我主张有关。

从佩雷尔曼的立场可以看出，形式理性或者证明理性是唯一可能的理性形式，它的首要地位是没办法以和理论理性完全相同的模式来单独建构的。普遍性和理性之间也并非必然会产生某种联系，它需要论证。因此，理性潜藏于受语境约束的论辩之中。

对亚里士多德来说，探究的方法是由当前所面对问题的类型来决定的。佩雷尔曼的理论有一种创新性，即他的理论是一种与论辩有关的理论；但这种论辩与问题类型无关，而与出席的观众有关。这里的观众可能会支持也可能会反对论辩者所主张的内容。因此，佩雷尔曼通过论辩将理性与主体联系在了一起。对他来说，主体可以被认为是合理的，但没有理性，就像笛卡尔所说，主体只与实体或者"思维实体"有关。第二章就曾经讨论过，主体潜藏于社会语境中，语境对于主体成为自己来说是一个必要条件。无论主体还是理性都不是"自在"(*an sich*)的，不能独立于语境而存在。至于理性，我们可以追问：我们常常说某事是合理的，那么这种合理究竟是对谁而言的呢？假如不是对主体而言的，那么又是对谁来说的呢？为了彻底成为一个主体，他势必要依赖社会语境。作为自身的主体是一个语义主体，而不单单是一个先验本

---

① Kant 1997:56,1929:82:"客体本身究竟是什么，离开我们的感知之后，我们对客体将一无所知。"

体论上的真理主体。

我们可以将主体从本体上定位为思维实体，或者真理主体，以及可以自我显示的理性主体，这种定位就像同一枚硬币的两面。可以自我显示的理性表明它是不证自明的。证明理性的不证自明性是本体论真理的标准。由此可以得出一个结论，即不证自明的就是理性的，或者相反，理性的就是不证自明的；这正是笛卡尔想要的。

佩雷尔曼反对这一观点；他坚持认为，对于那些内容，只要它们没办法不证自明就可以断定它们并非源自理性（Perelman and Olbrechts-Tyteca 1976:4）。根据这一观点，证明理性是一种理解的方式，它的标志就是"不证自明"。"可以理解"这一判断标准具有主体相关性。也就是说，不证自明性作为一种理解形式是对主体来说的。相反，作为确定性的不证自明性是一种某物的确定性。从这种特点来看，证明理性仅仅是理性的其中一种形式，它指的是某事对某人来说所具有的确定性。

对证明理性的批判需要用扩大了的理性来加以补充。佩雷尔曼用证明理性来理解主体，他同时还提出了论辩式理性或者合理性这一思想。论辩式理性或者合理性是在法律论辩的实践中被发现的。而法律论辩是根据论证的辩证陈述来进行的，并通过这一过程得出一个结论；这一结论——比如司法判决——将因此得到论辩的支持。

论证的这种辩证模式与现代哲学研究中占主导地位的几何模式之间相差甚远。它是亚里士多德式理性辩证法的一种新的表现方式。但笛卡尔对论证的这种辩证模式持批判态度，因为他认为这依旧属于哲学研究中的传统范式。

做出决策的人，尤其是法官，其正在做的事情包括两件。首先，他正在进行选择。其次，他要为自己的选择提供理由。为选择提供的论

第三章 语境中的理性

辩性支持必然会产生一种结果,即我们必定会将决策定性为"合理的"。对一种决策的论辩性支持,势必要呈现给观众。当演讲者仅仅想要说服观众时,观众就是具体的,这有点类似于发布信息。而当演讲者认为观众是他想要去说服的人性的代表时,观众就具有普遍性。观众对某一论辩结论的同意或者支持,使得前面所说的第二种情况具有了合理性,这时的观众是由那些理性的人组成的。正是这些理性的人组成了普遍观众(universal audience);普遍观众仅仅对那些合理的论辩表示同意或者支持,这与哲学论辩中的情形是一样的。

在进行游说性辩论时,演讲者只想要获得观众的同意。观众或者演讲者可能是由物理上存在的主体组成的集体,当然,观众组成也未必就是这样。假如观众不是一种物理存在的话,就可以认为他们是"虚拟的"(virtual)。当演讲者面对的是普遍观众时,这里的观众就是虚拟的。普遍观众是由主体构成的;按照演讲者的理性观念,这些观众所代表的是理性的人性。演讲者和观众之间的辩证关系,尤其是和普遍观众之间的辩证关系,与演讲者的理性观念密切相关。这就是我们将其称为虚拟观众的原因。

当主体与自己进行商谈时,我们特别需要关注普遍观众的变式。与自己商谈的主体,一定会为自己的选择或者决策提供理由。在商谈过程中,主体会与自身内的他者进行论辩。主体内的他者就像是处在一个外化的论辩中,他为主体内进行的论辩提供了听众。就像外部论辩一样,内部商讨中的观众所表达的是演讲者的理性思想。依据这种思想,理性主体应该同意或者支持这种论辩。不过,无论是外在论辩还是内在商讨,它们在结构上都是相似的(Perelman and Olbrechts-Tyteca 1976:19,53 ff.)。

在佩雷尔曼的论辩理论中,"什么是理性"这一问题,其回答方式并非先在的,它并没有借助于标准来使用理性定义。根据佩雷尔曼的理论,理性应该为这个问题提供理由。当为论辩提供理由时,就需要提及他人。因此,给出这些理由是一种行为,他人则为此提供了一种社会语境。行为属于主体。接下来的问题就是"什么是理性?",它是一种潜藏于论辩中的实践。这使得理性表达本身变成了一个可以论辩的议题。需要在论辩理论中回答"什么是理性?"这一问题。其答案是开放性的,因为理性无须证明。根据佩雷尔曼的观点,论辩是一种恰当的哲学方法,可以通过论辩这种实践来对理性进行哲学阐述(Perelman 1972g,1976d;Toulmin 1990:34 ff.)。

佩雷尔曼的理性理论和米德的主体理论,我们曾经在上一章讨论过,现在我将就它们在结构上的相似性做一个说明。米德的理论阐述了一个在互动中产生的自我,即一个通过与他人的互动而产生的自我。因此我们看到,这种互动说明主体既是个人化的("主我"),也是社会性的("客我"),两者本质上都与他所参与的实践有关。米德注重的是自我的出现,而佩雷尔曼的理论关注的则是互动形式,即论辩。演讲者对观众有一种特定的想法,而且这些观众会自动出现在他的脑海中。不过,"真正的"观众是由个体组成的,他们就像演讲者一样是社会性自我,他们与演讲者互动的方式是论辩。

不过,观众中的一些人会在彼此商讨之后再对演讲者的演讲内容做出回应。会考虑接纳自己与演讲者演讲内容之间临界距离(critical distance)的正是观众自己的"主我",而这可以被看作"观众"自己"客我"的一部分。因此,论辩实践可以被解释为米德社会互动理论的一个变体,在这一理论中,"角色扮演"是其基本内容。因此,米德理论中的"一般化他人"(generalised other)是社会互动的一个规范性实例,这个一般化他人与佩雷尔曼理论中的普遍观众理念在结构上具有相似性,主体在内心与自己进行的商谈则是普遍观众的一个具体实例,这种商谈与米德所提出的自我的"主我"与"客我"这两极之间进行的互动具有相似性(Wintgens 1993;Perelman and Olbrechts-Tyteca 1976:18-9)。

四、语境中的理性:观众

"观众"这一概念是"新修辞学"的创新标志。这个概念让我们得以通过论辩来面对或处理很多不同的问题,而不只是将它与那些特定类型的问题联系起来。这是亚里士多德式的例子;对他来说,论辩很适合用来处理那些不能以证明方式来解决的问题。[①] 笛卡尔拓展了这一特征,并将其剥离了出来,这源于他的二元论形而上学。由于是二元论,因此它不会允许出现第二层级,我们之前曾经提到过这个问题。这一观点带来一个结果:理性是一种全有或者全无的问题,它跟程度无关,也跟语境无关。笛卡尔的主体是一个唯我论个体,而且还是一个拥有普遍的、非语境化的理性的个体。

与上述观点不同,"观众"这一观点允许对"理性"本身进行论辩性阐释。佩雷尔曼向笛卡尔的思想提出了挑战;与笛卡尔不同,他正好认为"什么是理性?"这一问题的解决离不开论辩性语境。论辩理论的理性标准是开放的。理性不能自我显示,因此它也不能显示自己的标准。对理性的阐释潜藏于论辩之中,通过这种论辩,理性建构起了合理性;因此,可以这么说,理性其实并没有什么固定标准。

借助于"观众"这一观点,我们可以知道理性是在他们参与的语境中

[①] 根据亚里士多德的理论,这其实已经涉及问题的本质;从本质上来讲,这其实还是一个实在本体论问题。根据这一理论,决定了问题本质的其实还是实在。

产生出来的。佩雷尔曼将理性与普遍观众的支持联系在了一起。他采用的是哈贝马斯式的思想,即要将理性放回它置身其间的语境中。佩雷尔曼版本的理性语境是普遍观众,而且这些观众是由合理的存在组成的。

在将"什么是理性?"这一哲学问题与论辩联系起来时,理性可以被认为是一个程度问题。"观众"这一观点同时提出了证明理性和论辩理性,而这两点是一个连续体的两个端点。在这一连续体不包括端点的一端所表现出来的,是一种纯粹的情感上的支持。在连续体包括端点在内的另一端的内容则是不证自明性。不证自明是这种支持的最高水平,因此它也是理性的最高程度,但这并不是属于它的一种专门表达。纯粹的感情上的支持肯定不含有任何理性成分。

我们从笛卡尔的理论中可以看到,理性是一个程度问题,不一致也并非仅仅是理性的缺失。考虑到证明理性和论辩理性的共生(conjugation*)基础是"支持"这一通用分母,因此两者都可以被认为是"理性的"。由于这种共生,笛卡尔提出的那种自明的理性必然要求得到人们的支持,因此那些理性证明不了的东西也可能会被证明为合理的。但人们未必能就合理的事情达成一致,因为不一致跟不理性或者非理性并不相同。不过,假如那些理性的人并不理性的话,那么他们之间就有可能产生分歧(Perelman 1976c,1976d;Winch 1965)。

不过,无论对这一观点的批评有多么强烈,他们也不能将证明理性与论辩理性对立起来。正相反,他们可能会重读笛卡尔的《沉思录》(*Méditations*),以尝试说服那些普遍观众。笛卡尔的普遍观众是由思维实体组成的,这些观众认为,只有那些"清晰且明确的"(*clair et distincte*)才是理性的。根据这种解读,我们可以知道《沉思录》所依赖

---

* 也可以称之为共轭。

的是一种特殊的论辩规则;这种规则认为,不言自明性是不可能予以反驳的(Perelman and Olbrechts-Tyteca 1976:42-3)。

依据笛卡尔的理论,只有当某种思想符合这一标准时,它才有可能是真实的。因此,那些拥有清晰且明确思想的观众,是"不需要参加论辩"的。因为还没经过论辩,他们就已经获知了真理。在对笛卡尔理论进行论辩性解读这一问题上,无须论辩与认为真理并不存在或者不可能显然并不是一回事。

这正是佩雷尔曼提出的问题。与不证自明不同,现在的立场是不可能进行论辩。论辩的可行性取决于将理性一般化了的观众。不证自明可能是真理的标志,而真理无疑将得到普遍观众的支持。不过,普遍观众的支持并非真理的标准。假如是,那么普遍观众的支持本来也可以是理性的标准,但这个标准将使论辩理论崩塌为一种语境依赖理论。普遍观众的支持是合理性的一个标志,这儿提到的合理性指的就是语境中的理性。理性的语境化标志着它已经从普遍性中脱身出来,因此这是一种理性谬误。

五、 谁在害怕实践理性?

对理性谬误的批驳促使哲学的认识论这一方式重新进入了人们的视野。哲学认识论的结果就是实践理性在运行时需要借助于理论理性的帮助。根据笛卡尔的"我思",自我显示的理性是不能处理分歧问题的。因为实践理性这一领域充满了歧义,因此理性根本不可能是实践性的。

佩雷尔曼和胡塞尔切断了真理与理性之间的联系,却将理性与主体联系在了一起。在这种重新连接下,理性被带入了一种主体间性的语境。从此,几何学洞见的历史定位开始后撤,而普遍观众中的理性开始语境化。正是由于存在着这种后撤和语境化,理性才免受理性谬误之害。

本体论真理与理性的剥离,首先是从两个对纯粹理性证据非常敏感的领域开始的。对佩雷尔曼来说,这个领域就是形式逻辑;而对胡塞尔来说,这个领域则是数学。胡塞尔扩展了理性,方法就是将最初的几何学洞见与主体联系在一起;这种理性是与奉行唯心主义的他人共享的。佩雷尔曼则将理性扩展成了普遍观众的理性可接受性;当然,这里的普遍观众是由理性主体构成的。他们对理性的这种扩张使得理性变成了一种与主体间性有关的问题,而不再仅仅是向唯我论主体自我显示的理性。

就像第二章已经讨论过的,意识并非一个原初事实。从上述分析中可以清晰地看出,理性也一样不是个原初事实。第二章中我们就曾经讨论过,胡塞尔的"第五沉思"开启了对他人的"我思"。将"自我"与"他我"联系起来之后,将会产生一种理论上的连接,这种连接的一端是韦伯的社会学和米德的社会哲学,另一端则是哲学。

从哲学问题的历史这一角度来看,哲学、社会学与社会哲学之间的关系,给主体和理性都带来了不同的影响。贯穿于整个现代哲学研究中的问题,是主体的去语境化与理性,这一问题试图避免对作为主体的主体在意义上进行阐述。对理性的先在结构的理性展开,也并没有给作为主体的主体,也就是意义主体,留下任何空间。

笛卡尔认识论化的主体,浅显(disembeded)而又非实在化(disembodied),它开始朝着康德的先验自我演变。对处于真空状态中的知识与行动*来说,先验自我是一个浅显而又非实在化的可能性条件。作为一个先验的自我(康德)或者"我思"(笛卡尔),主体的存在独立于他人。因为

---

*　是说这里的它们是脱离了语境而存在的。

是独立的,所以他们的存在也脱离了经验条件,从而被"净化"了*。

胡塞尔和佩雷尔曼是理性非语境化理论的批判者,他们很有代表性,其他人紧随其后(Toulmin 2001:Chapter 2;Tayler 1995b:12)。他们的批判也结合了米德的主体理论及其对理性的批判。米德认为,普遍性与扮演他人这一角色有关,因为语境是与他人共享的(Mead 1962:90)。

互动和论辩都需要他人的参与。正是通过互动和论辩,主体接纳了彼此的立场。而在这种互动与论辩的过程中,主体们共享了意义语境,无论是对理性还是对他们自己来说,这种共享都是持续性的(formative)。胡塞尔建立了一个类似的主体间性的语境。通过将主体看作一个严肃的行动者,可以清晰地说明理性是怎么被重新语境化的。在这个问题上,语境化的理性将理性与社会主体联系在了一起,并因此使理性像社会主体一样具有了丰富的语境意味。

为了代替笛卡尔的理性,胡塞尔和佩雷尔曼着重强调了理性的主体间性。与米德的社会哲学一样,他们都极力主张理性与主体及主体置身其间的语境有关。根据米德的这一观点,主体和理性主要跟语义有关,不过与两者具有终极相关性的其实还是真理。真理是客观的,它独立于主体而存在。而意义只是对某人来讲的。一个没有主体参与的意义是讲不通的。

更概括一点说,现代哲学研究中的认识论哲学提出了一个问题,即理性到底是否具有实践性。现代哲学研究认为,理性"就在那儿"。它来自实在。既然要面对实在,那就要理解它。实在的知识是真理产生的基础。而真理正是哲学家孜孜以求的。

---

* 指的是脱离了实践。

留给实践理性的空间相当有限。首先需要做的就是明白我们必须做什么。其结论就是,规范性行为是应用知识的结果,这是笛卡尔终极道德的含义所在。

我们前面说过,对现代哲学研究起始问题有一种替代性解读。从这种解读可以看出,现代哲学研究所要揭示的其实是起源问题。但起源问题的基础仅仅是理论上的。对确定性的探求是一种自由行为。我们知道自己想要什么,现代哲学研究要解决的其实也是对自由的追求,它始于自由,并以自由为目的。因此,现代哲学研究的定位永远在于实践,而非理论。

然而,在现代哲学研究中,这种实践性定位被遮蔽在了哲学的进一步发展中。笛卡尔在《谈谈方法》(*Discours*)和《沉思录》中指出,现代哲学研究可以依赖临时道德,直至建立起终极道德。终极道德的建立,是实在理性不断展开的结果。把实在从理性上进行解读与说明这一过程,意味着这是一种自由,不过这种解读与说明所采用的方式并没那么重要。即使思想并不清晰也并不明确,主体依然可以得出他的结论。不过,假如能够正确运用主体的判断,那就一定能够带来确定性,而且凭借着这种确定性,我们必定会发现真理。当我们以一种系统性方式获得真理时,终极道德就会被临时道德所取代。哲学的认识论将自由这一哲学问题变成了一个理论问题。

因此,行动的领域只能是理性的;在思考这一领域时,我们需要运用理性的术语。康德在界定绝对命令时,曾经对这种方法进行过全面阐述。根据他的观点,行为只有在被普遍化时,才能被认为是道德的。然而绝对命令并非知识的来源,因为对于什么行为具有道德性这一问题,该观点并没有为我们提供任何实质性答案(Kant 1997:3)。它仅仅说明了促使人类行为变得理性的是什么,其答案就是要使行为接受普遍化检验。

绝对命令不是知识的来源，因此需要主体的积极干预。行为的道德性并非取决于道德内容本身。它其实是将普遍性予以形式化操作的结果；假如缺少了这种形式化操作，行为根本就不可能获得道德性。换言之，假如主体意欲获得什么内容，那么行为道德性的获得主要不是由于这种意志，而是由于意志内容所具有的普遍性。经过普遍化，道德的内容就获得了法律的形式，而将道德与理性联系在一起的正是法律。

从这个角度说，理性决定了主体。他完全就是一个真理主体。他的身份特征在于他属于普遍王国或者理性王国。这意味着主体在行动时要以真实的规范为依据。感觉、信仰或者信念都不可能拥有这种理性地位。它们是"经验的"，不具有普遍性。除非它们是普遍的或者可普遍化的，否则它们不可能拥有那种值得哲学关注的尊贵地位。

本章对理性的分析，和之前一章对主体所做的总结是有联系的。理性的非语境版本抹杀了作为主体的主体。在实践中，先验自我的存在并不是为了将经验与规范联系起来。我们所了解的知识和将要做的事情是以一种先在的方式来决定的，它与经验主义没有任何关系。笛卡尔将主体定位为本体性的，其方法就是通过唯心主义将其拓展到最远处。利科用了一个很恰当的短语来描述这种拓展所带来的结果（1986e:316），即"没有主体的对话"。按照利科所说，这种做法会导致产生一种实践科学，或者说一种可以应用于实践领域的科学。利科对此持反对意见，他说：

> 如今，很少有思想能够比实践理性更健康、更具解放性了，但科学不一样。行动领域是从本体论的角度来看的，即在合理和可能的意义上，行动需要做出改变。毫无疑问，一个人不可能因为康

德没有期望或者没有预见到这一点而指责他。我只能说,通过以先在理论模式建构先在实践这一概念,康德将对实践理性的研究转移到了知识领域,而在该领域中,根本没有什么实践理性这一存在。(Ricoeur 1986c:250)

理论理性与实践理性的结合,导致出现了一种以理论模式来进行的规范性建构。佩雷尔曼和胡塞尔的理论表明,事情不需要这样,即使是在理论理性中也未必需要如此。在处理实在问题时,他们用主体间性替换了理论事务中的实在理论。主体间性是"可以理解的",它不必非得与普遍性相一致。两位学者的研究不仅打破了理性谬误,而且还为取消哲学的认识论开辟了一条新路。这里提到的哲学的认识论将彻底排除理性具有实践性这一可能性。

将现代性开端解释为起源问题,说明在这一研究中存在着一个实践性议题。现代性研究对确定性的追求,被认为是在逃离理论研究中的权威。对新自然科学所做的阐述可以被解释为是对自由的一种新的表达方式(Heidegger 1962:77,1961:141-8;Hegel 1955:223-5)。泰勒认为,这种自由形式塑造了与主体有关的一种新的道德理念或者一个自负责任的(self-responsibility)的实例(Tayler 1995b:6)。泰勒的主张与佩雷尔曼和胡塞尔之间是一致的;他认为,即使采用了理论性立场,我们依然是行动者(同上:11)。

根据对现代性开端的权威阐述,我们只能得出一个结论,即自我显示的理性会将主体抽象化。从逻辑上来看,理性可以自我显示,同时它还可以借助于普遍化来定义(determines)主体。

就像主体的重新语境化一样,由对现代哲学开端进行新的解读所带来的帮助是相当大的。这种新的替代性解读主要聚焦于寻找确定性这一实践问题上。寻找确定性是一个实践性议题。现代哲学研究认为，主体是一个行动者，同时也是一个客体。主体是一个行动者，他一直在寻找确定性；与此同时，他将自己当作思维的人质，从而将自己变成了客体。为了具有理性，主体计划沿着获得科学知识的道路继续前行。与理论问题有关的权威是基督教权威，主体将从这种权威中解放出来，不过这种解放没能为他在行为领域中提供另一种选择。

在哲学的认识论中，行为科学将行为理性推出了自己的领地。更准确一点儿说，行为理性是用行为之外的理论标准来进行检验的。与利科一样，胡塞尔所批判的也正是由"科学生活"这种形式所带来的危险（Husserl 1970b:367）。

六、理性、合理性与有限理性

可以回忆一下第一章，唯名论曾经提到过上帝根本上的单一性。这意味着在他的理性与意志之间其实根本没什么区别。这一表述带来一个结果，即上帝的行为不再取决于他的理性，因此他的意志享有绝对的自由。举例来说，在阿奎纳的方法中，上帝的意志可以表述为含有创世计划的永恒法。根据这种观点，上帝并不像唯名论者对他的本性进行解释时所说的那样自由。

与阿奎纳的方法相比，在唯名论的解释中，上帝的理性与意志之间关系的形而上问题正好被颠覆了。这种颠覆极大地改变了实在的面貌，因为上帝的绝对自由也可以使他的受造物自由，除非他们受到了上帝命令的约束。第一章曾经说过，这种绝对自由将导致法律主义。根据法律主义，所谓的规范性其实就是遵守规则。

理性与意志的颠倒是一个形而上问题，不过，这似乎只适用于上帝。事实上,在思想不清或者不够明确时,自由指的是拒绝某人判断的可能性,不过这只适用于笛卡尔的权威解读。而根据这种解读,理性只会将自我显示给主体。我们在前面讨论过,通过对笛卡尔进行新的替代性解读可以知道,他对确定性的追求是一种行为。确定性是任何一位哲学家都试图想要去发现的。根据这种观点,以及根据确定性只是对某人来说的确定性这一附加事实,我们可以得出一个结论:将实在在理性上予以展开所要依靠的其实是行为,而非理性的自我显示。

根植于唯名论形而上学中的法律主义,将规范性理解为需要遵守外部施加的规则。这样的话,行动者的自由将受到限制,他只能做正确的事,他的理性也只能采用一种受约束的方式。这也就意味着倒置了的理性与意志并不适用于行动者,它只适用于上帝。在佩雷尔曼的研究中,我们发现他正在用令人信服的努力去履行现代性承诺,因为对他来说,实践理性优先于理论理性,语义优先于真理,论辩优先于证明。有的哲学家试图通过合理性来建构理性,后面的几页我将对这一思想做些简要评论。

佩雷尔曼对笛卡尔的理性进行了批判,他认为笛卡尔的理性是对行动者理性能力的非正当约束(Perelman and Olbrechts-Tyteca 1976: 4; Perelman 1970c; Aristotle 1984d: 1139a, 10-5)。当利科批判实践理性的科学理念时,佩雷尔曼将他的批判向前推进了一步,其方式就是重新思考理论理性与实践理性之间的关系。这个论辩策略的第一步就是将之前提到的理性概念重新语境化,这意味着要将理性与主体经由"观众"这一概念联系在一起。因为已经把理性与可接受性联系在了一起,因此佩雷尔曼的观点澄清了一点,那就是理性并不是全然有或者全然无的。也就是说,理性并不像笛卡尔所说的那样是一个二元论概念。

第二步时,佩雷尔曼将焦点集中在了科学家使用的"理论理性"上。

根据佩雷尔曼的观点,科学家这一角色不应该仅仅将自己局限在不证自明这一点上。他们需要拥有自己的立场,也就是说,在面对障碍、困难和尚未解决的问题时将会如何反应这一点对他们来说是很重要的。在做出这种反应时,对于目前已经获得的知识领域,他们要努力对其秩序予以重新安置,同时,他们还要在这种秩序中努力引入之前的新发现,尽管这些发现曾经被证明与当前的秩序很不相合。科学家要做出选择;他们不再是只能接受自然提供的解决方案的籍籍无名者。一个拥有创新能力的科学家是一个完美的人,他投入地工作,他要权衡与平衡,还要做出选择与决策(Perelman 1950:137;1970e;1972e)。根据科学家的这种行为方式,理性被认为与实践有关,因为它潜藏在那些有能力的科学家的实践活动中。

佩雷尔曼论辩的第三步,就是对决策和选择优先于知识这一模式进行说明。当知识不再与必要性及先在主义(同上:138)相关时,理性就可以被扩展到涵括"合理性"这一点上。从这儿可以看出,在获取知识的过程中,实践理性、做出决策与选择占据了上风。缺少不证自明性在科学实践中是很常见的,科学家要在观众们的众目睽睽之下证明自己决策的正确性。因此,可接受性就成了有效性的一部分,用来描述科学研究的新发现。经过判断以后再接受,可以为科学的持续发展获得一种正当性,这样的话,其结果也将不再是固定不变的(*ne varietur*)(Perelman 1972e:130;1970d)。我认为,佩雷尔曼就这个观点提出了一个与理性有关的原创性思想,这将令后辈们受益良多。该思想的要点表述如下:

> 假如三个世纪以来,哲学传统都是以理性这一特定概念为其特征的话,那么,证明性证据和计算就是仅有的证明。每个人在对

某一态度进行商讨、讨论、辩论或者判断时,都认为自己是在进行推理。那些将理性能力限定在知识形式上的人清楚无误地认识到了这一事实,因为假如要让自己的思想在某场争论中胜出,计算和形式证明是没办法提供什么帮助的;因此他们只能求助于论辩,因为它是这种情况下可能运用理性的唯一方式。(Perelman 1972d:98)

作为理性的唯一可能形式,形式(笛卡尔式的)理性的重要性不可能通过与理性相同的模式来建立。① 如果形式理性是普遍的,那么普遍性本身也并非意味着它必然有一个理性的——也就是说,普遍性的——基础。在佩雷尔曼看来,受语境制约的论辩中隐藏着理性。而语境是由社会主体构成的。

就像我们在上面讨论过的,尽管主体可以被认为是理性的,但他们的理性与某一实质没有关系,而且他们也不能被认为是笛卡尔所说的"思维实体"。为了促进自我的产生,主体自我必须与社会语境紧密相连,因为这对他们成为自己来说是一个必要条件。这意味着主体和理性均不是"以这种方式"存在着的,或者说它们的存在并不能独立于任何语境。至于理性,我们可以问:假如某事对主体来说是不理性的,那么对谁来说是理性的呢?做为一个主体,他的存在之所以要依赖社会语境,从根本上来讲就是因为他想要成为一个主体。

假如作为自我的主体也是一个语义主体,而不仅仅是与真理有关的先在本体论上的主体的话,那么我们也可以这样来看待理性。假如以这种方式来解释理性,即假如理性被认为是一种有意义的方式,而不仅仅是一种真理符号的话,那么这两种解释路径我们都可以接受。因

---

① Simon 1983:6(对论证逻辑所做的判断将导致逻辑的无限循环)。

此,不证自明的就是理性的,笛卡尔想要的就是这个;不能不证自明的也因此就不是理性的。正因为如此,不能不证自明的也就被褫夺了理性这一性质,这是佩雷尔曼的主张(Perelman and Olbrechts-Tyteca 1976:4-5)。根据这一观点,我们保留了笛卡尔意义上的理性的"不证自明"这一可能性,只要它是与主体有关的就可以。不证自明性自己无法独立存在,因此只能说某事对主体来说是不证自明的。这是理性的一种形式,但绝不是唯一的形式。

理论理性和实践理性之间的关系,或者知识与行为之间的关系,都因此有了一个新的形式。假如科学家做出决策的基础是他们获得知识,那么理论理性相对于实践理性的优先性就将被克服掉。而且更有甚者,哲学家可能需要向律师学习,以搞明白如何做决策才是合理的,尽管这种决策或许并不完美。律师的特点就在于,他们一定会去支持那些必须做出的决策,而不必非得证明理性论证的必要性。

> 因为我们不能依赖于规则的不证自明性,因此需要"揭示动机"(exposé des motifs),以在既定的政治语境中展现出它想要达到的目标;价值和已经被认为有效的规范为论辩提供了前提条件,以证明颁布新规则这一行为是正确的。(Perelman 1976d:199)

在证明论辩在实践事物中所扮演的角色时,佩雷尔曼为理性的新概念打开了一条路。事实上,实践理性不再依附于理论理性,科学中对论辩模式的偏爱已经说明了这一点。换句话说,佩雷尔曼在批判笛卡尔的理性时,所采取的立场就是认知中心主义,或者是理性在本质上与知识(episteme)有关这一观点。

除了那些可以理性证明的内容,理性中还包含了一个"合理的"领域。也正因为这一点,逻辑或者经验的不证自明不可能与什么是合理的这一问题截然分开,但是这两者又都是理性人的"理解方式"。这种方法摒弃了所有的"直通理论";因为直通理论认为,实在"就在那儿",它正等着我们运用正确的理性去发现。

有人认为当哲学不再是由第一真理(就像"我思")、第一价值或者规范所统治的唯一领域时——简而言之就是哲学的基础版本——理性就将从必要性中脱身出来。"理性的"与"合理的"因此成了一个中轴的两极。据此,理性这个一般性概念可以被认为是与程度有关的。因此"理性的"可以用证明或者不容置疑的方式予以证实。从这个意义上来讲,逻辑或者数学就正好可以被认为是"合理的"。不过,什么是"合理的"却不能以这种不容置疑的方式来加以证明,它实际上要取决于为主张或者决策提供的论辩性支持。这种论辩支持是由语境提供的。因此,合理性为理性这一概念开辟了一条路;这里的理性具有语境敏感性,它是一个具有决定性意义的(dispositive)概念。

佩雷尔曼的批判具有指导意义,因为他在"语境中的理性"这一问题上开启了一条更为宽广的路。证明理性认为,普遍性是完美的。不过,这种理论建立的基础是认为普遍性是普遍的这一信念;而且,这一信念还认为,可以将理性简化为一种具体的表现形式,从而排除其他的语境变体。赫伯特·西蒙(Herbert Simon)则将自己的研究聚焦在了经济决策问题上,这和我们目前研究的问题之间存在着一种有趣的联系。新自由主义经济观主张财富最大化,因此行动者要在此前提下对稀缺资源进行理性分配。西蒙对这种经济观持批判态度。根据新古典主义经济学的狭义观点,理性选择的结果比选择过程本身更重要。① 但在笛

---

① Simon 1978:2:"……经济学大多是理性选择的结果,而非理性选择的过程。"

卡尔的理论中,经济人(homo economicus)与理性人(homo rationalis)则是双胞胎。

上面提到的研究方法的基础是一个基本原则,即行动者是财富最大化者。不过,财富最大化者仅仅是"理性人"的类型之一。一种与此相同但却并非不相关的类型是"满足主义者"(satisficer),这个词是由西蒙首创的。优化主义者(optimiser)会依照利益最大化这一主题行事,同时无论在何种情形下都会以经济上最为明智的方式做出决定。"满足主义者"则从自己的立场出发,一旦确信已经探索过所有的选择之后,他们就会停止寻求利益(Simon 1997:295-8)。迄今为止使用的所有词语表明,优化主义者的行为方式是理性的,而满足主义者的行为方式则是合理的。①

按照西蒙的研究方法,优化主义者根据理论以一种最优方式做出自己的行动,而不需要信息成本、交易成本以及商议成本。满足主义者则从自己的角度出发,根据某些前提条件来行事,比如他们作为稀缺资源的知识就可以充作这种前提;再比如决策,以及需要考虑的其他所有事情等。所有这些条件都可以为他们带来满足感。优化主义者对他们的能力和知识抱有乐观态度;他们的理性是不受约束的。满足主义者从自己的角度出发,只会在某种语境中做出某种行为;这里的语境指的是,需要将额外的信息成本、商议成本和交易成本与他们的需要或者预期进行比较与衡量,同时还要考虑到另外一点,那就是做出决策的时间也要受到约束这一问题。在某个时间点,他们关闭电脑,合上经济手册,然后根据自己拥有的所有信息或者资源做出决策。也就是说,在某

---

① Korobkin and Ulen 2000:1076:"……我们可以说,令人满意的行为在'全球'意义上都是理性的。"

一时间点，某个决策的做出其实是建立在直觉这一基础上的（Conlisk 1996:687）。

觉得满意的行动者不再专注于完美、实体性或者证明理性，因为他们的能力受到了"约束"。受约束的理性通常会将理性与语境联系在一起。更具体一点儿说，行动者是在语境中做出决策的。假如他们是极其理性的，并且正在努力做出最佳决策的话，那么他们就可能会变成接受理性实体性理论的笛卡尔主义者。不过，一旦我们将理性放回到它的语境中，语境在影响决策的同时也会影响理性这一信念就不再掺杂任何迷信成分了。

佩雷尔曼已经表明，科学家在没有充分考虑他们所面对的这个世界（或它的一部分）时就会做出决策，并为这种决策进行论证。他们做出决策时所运用的理性取决于他们对普遍观众的接受度，而普遍观众则可能被认为是在不完美（因为它与时间相关）条件下出现的理性化身（incarnation）。对于西蒙所说的令人满意的决策，佩雷尔曼则给了它另外一个标签："合理的"决策。"合理的"从这个角度来说其实是指，"所有事情到目前为止看上去都是理性的"。理性因此受到了约束，这些约束条件包括思维能力、有限时间（寻求额外信息的代价昂贵到如指数形式一般递增）、行动者有限的注意力、情势的复杂性或者做出决策的环境、与替代性选择有关的有限信息，还有"目前为止能够考虑的所有事情"、当下和未来情况的不确定性、对过去事物了解的有限性、认知的复杂度、环境的改变等等。不受约束的（笛卡尔式的）理性从不受这种种界限或者限制的约束。

第八章中，我们将会回到对语境比较敏感的理性这一问题上。到那时，我们的焦点将会是立法者的决策。该章将会探讨另一个问题，即按照立法法理学的标准对制定规范的理性予以评估这一做法是否是可能的。

第四章 语境中的自由

一、自由和唯名论

就像我们在第一章中所讨论的,由唯名论的哲学与神学版本产生了一种形而上理论;这种理论的主要内容就是理性主义、个人主义和自由。上述这些内容一起构成了始自 17 世纪初期的现代哲学研究的概念性框架。这一框架源自对上帝全能所做的逻辑阐释;而这种阐释否认思维之外存在着共相(理性主义)。因此,只有个体可以因上帝的漠不关心(自由)而自由存在(个人主义)。

上帝对价值的漠不关心,是由他根本上的单一性这一本质带来的一种结果。正是由于这种单一性,他的意志和理性才是一体的。所以,他的理性不能命令他的意志,上帝只能创造个体,而不能创造共相。对上帝创造力和全能的这种解释挽救了他的自由。由神圣的漠不关心可以推断出一个结果,即本质中并不存在规范性。因此,一种行为的道德性只能根据施加于人类意志的规范来予以评判。规范起初是由上帝施加给他的受造物的,比如十诫。

对神圣全能所做的唯名论阐释促使产生了唯名论形而上学。在这种形而上学思想中,规范性行为意味着务必遵守由上位者施加的含有义务的规则。统治者的优越性是约束主体意志的权威得以形成的基础。这种形而上学为规范性思维提供了一种概念性框架；而且正是这一框架构成了现代哲学研究和规范性的法律本质。

在唯名论形而上学的三个支柱即理性主义、个人主义和自由中，最后一个尤其值得关注。由于对自由的哲学表述与理性主义及个人主义有关，因此自由呈现出了一种新的形式。在神学语境中不会产生罪恶，因为没有犯罪的自由。犯罪意味着违背上帝的规范，这就是不服从。从逻辑上来讲，逾越上帝的规范可以为自由提供一种前提条件；因此，按照上帝的秩序，救赎是对生命的一种补偿。也就是说，假如没有自由，无论是罪恶还是救赎就都失去了意义。

不过，在对上帝全能进行唯名论解释时，自由获得了一种不同的意义。一方面，实在在认知及实践上的不确定性，将哲学从神学束缚中解放了出来。另一方面，它开始促使哲学面对自由问题。根据对上帝全能的唯名论解释可以知道，救赎不再是法律生活所期待的结果。也就是说，上帝可以改变自己的思想，拯救谋杀耶稣的刽子手，同时谴责好心的撒玛利亚人。

现代哲学的特点在于，我们在思考时所采用的视角将是自由这一问题。从笛卡尔到康德，哲学家们的研究都是在同一平台上进行的，但不同的哲学家由于主张的理论不同，所采用的视角也会有所不同。从概念上来讲，对自由的普遍关注与独立于神启的哲学方法有关。个人在本体论上的优先性表明，他们的哲学从特征上来看其实都是唯名论的遗产。这一遗产给了形而上学一个新的方向，而且正是这个新的方向将形而上学带入了哲学研究的现代时期。

就像我们在第一章所说的，唯名论的哲学和神学版本，在知识与（个人或者集体的）行为中强调的是人这一极。第二章的批评所针对的主要是主体的笛卡尔版本以及它的替代性选择。根据这种替代性选择,行动者被认为是社会性的行动者,或者是"交互式主体";交互式主体的自我意识并非自然天赋的。关于这一点我曾经说过,自我意识产生于与他人的互动。而互动是由作为社会存在的行动者共同完成的。社会行动者兼具社会性与个人性(按照米德的说法,指的就是"主我"与"客我")。第二章中我曾经提到过一个事实,即个人的"主我"与他的自由密切相关。本章将就这一点进一步展开论述。

二、笛卡尔的观点:自由、知识、道德与政治

笛卡尔欠了前现代哲学的债,意思是说他的思想与唯名论的主要内容之间存在着某种联系。在道德影响上,笛卡尔将他的观点限定在了临时道德上;但是,只要实在可以彻底而且理性地展示出来,那么终极道德势必会取代临时道德。[①] 尽管他的理论本想涵括道德理论,但道德理论始终没有能够得到发展。[②] 至于因他的思想而产生的政治影响,笛卡尔是谨慎的;因为他认为政治缺乏可敬的品质,因此不宜于进行哲学沉思。所以,他的研究内容仅限于用来表达一种新的认识论,以确保获得知识的过程不会受到由唯名论导致的怀疑主义的影响。

不过,自由在笛卡尔的认识论中扮演着重要的角色;因为,假如没有自由,就不会有知识。自由是获得知识与真理的必要条件。笛卡尔确立了"我思"的确定性,并将其作为知识的基础,对他来说,其他的知识都必须像"我思"一样具有确定性方可。只有当行动者像"我思"一

---

① 对笛卡尔"临时道德"进行系统性论述的还有其他人,比如 Cumming 1955 and Boutroux 1896。
② 对科学整体包括道德的论述,请参见 Gouhier 1937:169:"哲学不区分科学和道德,因为它既不科学也不道德。这种直觉只是一种非常简单的观点:任何行动都只是一种行动中的思想。"

样确定时,也就是说,只有当思想像"我思"本身一样确定时,他才有可能对此表示同意。当然他也可以拒绝表示同意。对某种不清晰或者不明确的思想拒绝表示同意是他的自由。

从自由视角以及意愿能力来看,人与他的创造者最为相像(Descartes 1996i:41-50)。因此我们意志的自由人人皆知,无须证明(Descartes 1996j:39),这是不证自明的,也是人类最重要的完美所在(同上:no.37)。因为在怀有疑虑时我们会搁置自己的判断,所以我们是自由的。也就是说,知识可以防止我们做错事。知识必须先于行动;否则,人就没有办法正确行使自己的自由意志(*liberum arbitrium*)(Descartes 1996i:47)。

对神圣自由的这种表述是唯名论的标志。上帝的全能使他不能创造共相;因此,人类"本质"这个说法就有些说不通。本质是一个概念,它缺少本体性价值,因而也缺少规范性价值。留给主体的唯一规范性是由上帝直接施加于受造物自由之上的命令。这些命令既可以被解释为意志的武断行为,也可以被认为是"合理的",因为它们源于上帝之善。第一种解释是说,世界是彻底偶然的,神圣的规范会发生变化。第二种解释则在说,世界在本体上的偶然性可以因神圣的善而得到缓解。

对笛卡尔来说,尽管自由的理念起初源于认识论,也尽管他的终极道德从来没有能够问世,笛卡尔依然运用道德哲学围绕着自由问题确立了一些思想。自由即自由意志。这意味着它可以按照理性所知,选择有所为有所不为。正是应该做什么这一理性知识为终极道德提供了基础。

笛卡尔对自由所做的阐述是通过对知识的建构这一过程来实现的,因此真理与一种形而上学的区分有关。这里的区分指的是知识与意志之间的区分。这种区分是笛卡尔从经院主义那里学来的。上帝在

第四章 语境中的自由

创造人类时既运用了他的理性，也运用了他的意志。人的素质与神圣知识是相同的，因为真理独一无二。然而，虽然神圣知识是无限的，而人类知识在某种程度上却是有限的。① 不过，人的自由也与上帝的自由相似，因为无论是神圣意志还是人类意志，都不是由客体决定的。也就是说，两者对他们的本质都漠不关心。正是在自由这一问题上，人类与上帝最为相像。② 对上帝来说，没有什么东西可以优先于创造，因为正是创造决定了他的意志；不过，人类却需要服从于神圣的戒律，以决定自己做什么（"要做什么"[ce qu'il faut faire]）。上帝意志的极端漠不关心，是他全能的最佳证明，这一观点与奥卡姆的思想很是契合。③

知识与行为之间的这种关系，源自对理性和意志的形而上表达，笛卡尔的规范性理论是认知主义的。因此，该做什么最终是个知识问题（一个清晰且明确的思想）。主权者的善是由上帝的绝对权力创造出来的（因此是个永恒真理），行动者后来在自己身上就发现了这一点。尽管这个善是由外部施加的，但却是在内部借由理性才发现的。这一点所借由建立的基础是上帝之爱和邻人之爱，这是十诫中的两条。

因此，没有必要再对政治事务做进一步讨论了，因为政治是规范性行为的次级类别。这再次说明笛卡尔更多的是在继承经院主义的哲学思想，他并非新哲学研究的初创者。与自由意志有关的自由，将道德行为归类为神学问题，它使得政治自由这一哲学问题得以被提到研究日

---

① Descartes 1996i:45:"……我在自己身上看不到任何渺小而狭隘的人，在上帝那里则看不到什么伟大而无限的人。"

② 同上:45:"只有一种意志[自由意志]，我在自己身上经历的是如此伟大，所以我不能想象任何其他更加阔大的意志：它主要让我意识到我身上承载着上帝的形象和相似性……，不过，按照我的观点，假如我从形式上准确地审视[上帝意志]的话，那可以说没有比它更伟大的了。"

③ 同上:233:"因此，上帝全然的漠不关心，是他全能的有力证明。"

程上来。在与政治有关的问题中,我们不可能看不到那些确定的基础法律,而制定这些法律的是那个唯一且具有远见卓识的、对世俗事物拥有权力的立法者(Comarnescu 1943:501)。

不过,作为个体,我们在理性上是自由的。我们的自由之所以是理性的,是因为它建立在洞见基础上,而洞见赋予了我们的行为以清晰且明确的理念。人的力量不可能超越我们的思想,因为我们的理性与上帝的理性不一样,它是有限的。然而,这些思想绝对属于我们自己,因为它们仅仅取决于我们的意志。因此,自由是理性的。

我们需要将笛卡尔对理论事物的批判观点,与他面对实践事物时的观点区别开来,尽管两者实际上没办法完全切割。① 他对理论思维所持的批判性立场就是"我思"的本质。通向真理的路是需要媒介的,也就是说只有借由知识才可以认识真理。但由于用理性取代了权威,所以只有在认为思想像"我思"一样清晰且明确时才有可能获得知识。以这种方式认识的思想在本体上是真实的,这是上帝的保证。

尽管知识和意志彼此不能分离,但对知识的寻求却可以与意志区分开来。② 然而,假如没有意志介入的话,思想的理性表象是不可能产生知识的。在整个思考过程中,行动者可能只会接受那些清晰且明确的思想。这种接受是一种意志行为。假如他接受了一种不清晰或者不明确的思想,那么行动者就有可能犯错。错误产生的原因就在于他同

---

① Descartes 1996h:28:"更重要的是,我们的意志不会追随或者逃避任何事情;因为根据我们对它的理解,无论事情是好是坏,我们只需要审慎判断,做好事情,判断时倾尽了自己所有的能力就足够了。也就是说,为了获得所有美德和所有其他的善,我们可以……"

② 笛卡尔描述了互动行为的原则,也描述了理性(理解[entendement])和意志两者的被动性,它们不仅仅是"先验的"。这是拉弗莱什(La Flèche)传授给他的学院派哲学,见Gilson 1987:250。相反,理性对善的"发现"必须借助于意志,因为只有借由意志,人才可以有所行动(同上:248)。

意了不够清晰或者不够明确的思想,或者是他拒绝了一个清晰且明确的思想。① 因此,错误的产生是因为没能恰当地运用我们的能力。② 在事情不够确定时,行动者是有可能收回自己的判断的,这是他在行动上的自由,也是他获得真理的一种必要条件(Descartes 1996i:45)。从认识论角度来看,在获取真理时,自由意志具有工具性。

从这个角度来说,笛卡尔的认识论其实是经院哲学原罪论的一种世俗版本。经院哲学下的自由是一种意志上的自由,这是救赎的必要条件。救赎是对不体面生活的补偿,也是遵守神法的一个条件。因此,人类自由是用来超越这些规范的一种自由。这里的选择指的是是否要做那些要做的。而"要做什么"则与此不同,它属于认知的客体。从经院主义角度来看,假如一个人知道要做什么,那么这个人这样做必定是出于上帝之爱;而对笛卡尔来说,要做什么其实更像是一个义务性词汇(a deontic vocabulary)。

对实在进行理性解读可以滋养科学之树,包括知识之树上的所有分支;科学之树上最重要的就是医药、机械和伦理。③ 一方面,通过科学及其发明、发现和判断这些方式,可以赋予人类以道德上的良善。也就是说,道德是一种只有在科学之树成熟之后才能收获的果实。换句话说就是,道德是知识之树上将要伸展开来的最后的树枝。与此同时,我们必须

---

① Caton 1975:100:"错误源于他拒绝将明确的思想作为真理的唯一标准。"
② 这不再是笛卡尔的神学维度。笛卡尔采纳的是关于原罪的世俗版本,而原罪的神学版本则属于阿奎纳,见 Gilson 1987:274。也见 Descartes 1996i:43:"因此,我知道错误本身并非取决于上帝的真理,它是一种缺陷……然而,我并不完全满意;因为错误不是纯粹的否定,也就是说,它不仅仅是一个不属于我的完美缺陷或者失败,而且是对我所拥有知识的一种剥夺。"错误有两个来源——一个是实践性的,与产生了自然偏见的生命需求有关;另一个则与忽略了数学的倾向有关,而数学是支持某些模糊的形而上学思考方式的。见上书,第18—28页,第61—65页。
③ Descartes 1996j:14(Preface):"假如对其他科学做过充分了解,那么我们就可以假设最高和最完美的道德是智慧的最后一级。"

对当前的道德规范(morale par provision)表示满意。① 道德规范的准则所阐述的当然是道德,但它同时也是对灵魂与身体所做的哲学阐述。

至于临时道德,它的第一条同时也是最重要的准则就是要遵守国家法。② 这种规定是临时性的,因此不需要进行理性论证。假如这种基础是理性的,行动者就会遵守它;至于遵守的理由,则是他通过自己的——理性的——判断得出的。而且,任何有关道德规范的理性论证都是一种循环论证。然而,实践中,对社会规则的遵守——包括某些坚忍的顺从——并不意味着这种顺从是经过了深思熟虑的。这可以使它们的真理问题保持完整。③

假如要用终极道德取代临时道德,那就需要一套理性规范。也就是说,这些规范即便没有经过严格审查也应得到遵守,因为它们已经经过了理性的检验。由于规范具有理性这一性质,因此它们也是构成人类行为的真正基础。也就是说,只要经过了理性检验,它们跟临时道德就是一致的。只要它们没能证明自己是理性的,它们就是不理性的,即便后来证明它们是理性的也无济于事。然而,只有在哲学研究临近结束时,我们才能发现这一点。

笛卡尔在讨论政治时也像平常一样审慎。他的理由之一就是统治"其他人的道德"(les mœurs des autres)属于主权者,而非哲学家(Descartes 1996f:86-8)。像霍布斯一样,他了解宗教的冲突,也了解政

---

① Descartes 1966h:22 ff. 关于临时道德的必要性,见 Descartes 1996j:15(Preface):"当不知道什么是更好的道德时,我们就可以提供一个不那么完美的道德并遵守它。"
② Descartes 1996h:22-3:"遵守我们国家的法律和习俗,保留童年教育中提到的上帝的恩典,根据最谦卑也最荒唐的观点在所有其他事情上控制我,这些都是信仰,也是在实践上已经被与我一起生活的那些最聪明的人接受了的信仰。"
③ 这是一种主张,它认为临时道德是终极道德的一部分。笛卡尔(1996c:265-6)曾经这样表达过他的这一观点。

治上的分歧,这些都是现今社会的秩序现状(Toulmin 1990:Chapter 1)。主权者掌控了国内秩序,他对被统治者的统治是通过经验而非理性来实现的;因为该秩序中的大多数人并不理性(Descartes 1996d:412)。终极道德可能含有解决这些冲突问题的方案,虽然它从来没有创造过这些方案。

三、霍布斯:政治唯名论

唯名论在政治上的影响相当重要。我已经说过,在唯名论的哲学版本和神学版本中,自由和个人主义在概念上相互关联。对上帝全能进行唯名论解释将导致产生一个结论,即上帝能够创造的只能是个人。正是在这些自由的个体身上,上帝施加了自己的命令。这些命令决定了个体行为的道德性,因为行为的道德性必须与命令相一致。

对于政治社会,唯名论的一个主要影响就是,即便是在亚里士多德的城邦中,也不再存有什么自然模式或者共相。思维之外的共相不具有本体论价值,因此必须以不同的方式来思考具有普遍性的"社会"。社会是由本体上相互分离的自由个体结合而成的,而这些自由个体必须服从神圣的命令。

这是霍布斯的立场。由于缺失了具有约束性的规范,所以个人有权做任何事,这是他拥有自由的一种表现。也就是说,一旦那些阻止他行为的外在限制消失了,他就会获得自由。除此之外,人类还应该通过寻求和平来保护自己的生命。寻求和平是由自然法施加的义务。① 一个命题必须经过命令才能成为法律。因此自然法就是上帝的命令

---

① Hobbes 1966c:117:"……每一个人只要有获得和平的希望,都会竭尽所能寻求和平;当他不能获得这种和平时,他就应该寻求以及利用战争能够带来的所有好处。"

(Hobbes 1966b:49)。它们是仅有的真正的道德(Hobbes 1966c:147)。为了遵守这些命令,个体必须将自己的自由转交给主权者。主权者的地位有点像处于两种意志行为之间的中介:上帝的命令位于这一侧,基础性的人类意志则位于另一侧。

卢梭的理论从政治角度对自由表达了类似的兴趣,但他在这个时候的分析没有任何神学意味。卢梭将自然法推出了自己的研究视野。他认为,政治领域的创建不是因上帝命令而产生的结果,它是由理性发展而来的。也就是说,社会契约是在社会之外的政治领域中所进行的一种理性建构。从前在霍布斯的研究中所看到的神学影响,在卢梭的理论中几乎完全看不见了,取而代之的是出自人类意志的理性行为。

不光是卢梭,把自由变成政治领域适宜目标的还有康德。政治自由既是实现这种目标的目的,也是工具。也就是说,自由变得具有自反性了。政治领域的基础不再是由神圣命令来规定的,一般来讲它也不是理性进化的结果。对康德来说,政治领域的建构是以道德义务为基础的,是"应该去做"(ought to will)。道德义务被建构成了绝对命令,它赋予了义务一种普遍形式;不过,它并不是知识或者义务的来源(Kant 1996: §§ 44,42,49)。

意志和知识的形而上逆转就这样达到了它们的巅峰。在形式上决定了意志的是道德法,它与内容无关。换句话说,意志不是由任何先在的或者既定的规范来决定的。作为义务纯粹形式的绝对命令是空洞的。一个人想要怎样,仅仅是因为意志本身。也就是说,意志在将自己作为意志客体时变得具有了自反性。

四、自由：概念和观念

第一章简要讨论了前现代哲学时期概念在唯名论传统中的地位。事实表明，概念是人为制定的，它并非来自上帝，它是自发产生的（笛卡尔），它存在于实在中（亚里士多德），它是上帝制造并存在于实在中的（阿奎纳）。本节将简要描述概念是人为制定的这一观点；因为概念不是形而上的材料，而是智力或者心理的建构。

撇开概念的本体论地位不谈，现在我们试着以不同的方式来看待概念。有些概念可以具体化，尽管这对他人来说没有什么意义。不过有些概念要求具体化，其他一些则不需要。像"圆"这种概念就不需要进一步具体化，也不允许将它具体化。圆是从同一个中心出发的等距点的集合。拥有一个"圆的观念"是很荒谬的。

其他的概念，就像"正义"一样，需要考虑不同的观念。事实上，"正义"是一个模糊的概念，它要求具体化以便于运行。观念是对概念的具体化，两者之间并没有什么可以分析的或者必然性的联系。所谓的分析性关系，简要地说，是指它是以概念分析来予以表述的，而且这种表述方式往往会表现为一个命题，比如"圆是从一个点出发的所有等距点的集合体"。

"概念"与"观念"之间的区别，在维特根斯坦关于语言的游戏理论中得到了很好的示范。根据游戏理论，我们倾向于认为，用同一个词来描述的事物一定拥有相当数量的共同特征（common traits）（Wittgenstein 1969：17）。这意味着我们每次使用"游戏"这个词时，所指向的客体或者状况都会具备一些共同特征。根据维特根斯坦的语言游戏理论，这似乎不是事实，也与他的唯名论观点相悖。

那些被称为"游戏"的东西也可以指向一系列活动,而这些活动并不一定共享某些本质。有些语义是彼此相关的,但这些语义却未必会出现在其他形式的"游戏"中。足球和棋类之间有一些相似的地方,因为两者都是竞争性的。在两种游戏中,棋这类游戏所要求的智力成分会比足球多一些。两者之间是有区别的,因为足球肯定比下棋需要更多的体力(Wittgenstein 1976:nr. 66)。

这些不同的活动都可以被称为"游戏",因为它们都表现出了某些"家族相似性",因此相似性的复杂网络是相互交叉或者相互重叠的,这里表现出来的可能是基本相似性,那里表现出来的则可能是表面相似性。它们之所以被称为"游戏",并不是因为它们共享相同的实质或者本质,而是由于它们在特征上存在着一些重叠。因此,"游戏"这个概念需要考虑到与这些项目有关的不同观念。

与维特根斯坦类似,罗纳德·德沃金(Robert Dworkin)也区分了"概念"与"观念"。德沃金说,概念是一个抽象理念,可以用它来连接不同且更具体的观念(Dworkin 1986:70-1;MacCormick 1978:73;Rawls 1971:7)。不存在什么可以作为对概念的正确翻译而产生的观念之类的东西,比如"真实的"观念就是如此。一个观念越具体,就它的意义达成一致就越不容易。观念越抽象,它就越会走到概念这个方向上去。

德沃金将"概念"与"观念"之间的关系描绘成类似一棵树的结构。树干由不同的树枝或者观念所共有。① 这个思想可以通过"礼貌"这一概念来加以描述。对于"礼貌",每个人的观念都是不同的。一些人认为应该要求男人为女人开门;其他的人则认为人们应该脱帽。还有一

---

① Dworkin 1986:71:"……树的主要枝干……,无论是在公开的论辩中还是在私人场合,都是一种平台,人们可以在这个平台上进行进一步的思考和论辩。这样的话,人们自然会把这种关系看作特定的、观念式的,比如,尊重必然会是礼貌的'题中之义'。"

些人则主张,在进入某个地方时,男人应该先进,因为从来没有女人去过那里。尽管观念不同,但每个人都同意一个事实,那就是礼貌与尊重有关。假如你不同意,那么你讨论的就不是礼貌,而是其他的什么事情。按照德沃金的说法,假如你不同意这一判断,那你就已经将自己置于该社团之外了;而这些社团中正在进行着与制度有关的有益商讨,或者至少也是普通商讨,那么这就意味着你将被排除在这些商讨之外。

沙伊姆·佩雷尔曼站在自己的立场上表达了一个类似的理念。在他的正义理论中,他总结了相当数量与概念有关的观念,包括:给予每个人相同的对待,根据每个人的优点给予相应的对待,根据每个人的需要给予同样相应的对待,诸如此类(Perelman 1972b:15;Ross 1974:268 ff.)。这些观念彼此之间不一定是相容的,因为有些人相信正义要求必须给予每个人相同的对待,其他人则可能主张必须根据人们的需要来予以对待。大多数情况下,不同的人会持有不同的观念。

在观念这一层次上,尽管存在这么多的不一致,但是按照佩雷尔曼的说法,每个人还是会就一点达成一致,即无论采用了什么样的正义观念,都应该记得要相同情况相同对待。在这一点上,A 可能相信正义意味着"给予每个人相同的对待",而 B 则认为要根据每个人的需要给予相应的对待。两者在观念上是不一致的,可是根据佩雷尔曼的观点,所有的 A 和 B 应该都会同意一点,即公平其实意味着相同事项相同对待。依据某一观念,只有相同对待才会被认为是正义的。正义概念的任何具体化都会带来一个观念,即在正义概念中扮演主要角色的一定是平等。[1]

---

[1] Perelman 1972b:26:"因此,不管在其他议题上存在着什么分歧,他们都同意一点,即公平是以相同的方式在某一点上给平等的人以平等对待。在某一方面,他们拥有相同的特征,这是司法中需要考虑的唯一一个问题。"

像礼貌或正义这样的实践也可以适用于调整行动者的行为（mutatis mutandis）这一实践。观念是行动者思想的具体化。拥有一种正义的观念，指的是什么样的正义对行动者来说是有意义的，以及什么样的正义被认为是可以从概念中获得的多重观念之一。

当将一个"正义的观念"（a conception of justice）赋予你时，它并不属于你。它仅仅是"与正义有关的观念"（a conception about justice）。更具体一点说，两者是不同的，因为我们可以就我们同意的事情建立一个"正义的观念"。这跟某人将自己"正义的观念"强加给（作为集体的）我们是不同的，因为这种强加的观念对于我们来说是"与正义有关的观念"。概括来说，"对概念的观念"（a conception *of* a concept）是概念的具体化，每个人都拥有自己不同于他人的观念。"与概念有关的观念"（a conception *about* a concept）则是对那个不属于行动者自己的概念的具体化。

在对观念进行分析时可以看出，它与概念之间并不具有相关性；那么问题来了：这些观念到底是如何运行的呢？为了使观念得以运行，只进行概念分析是不够的，佩雷尔曼和德沃金在自己的分析中就表达过这种态度。概念分析要从独立的角度来阐明概念之间必要的内在联系。

在关注不同语义时，德沃金认为一个人可能是有礼貌的，而且会将这种礼貌付诸实践。对于实践问题，德沃金采用了一种解释学观点。这一观点是外在的，因为在观察礼貌这件事时是没有观察者参加或者参与其中的。除此之外，还有一种有实践参与者的内在观点，以在这一描述中说明"礼貌"对他们来说究竟意味着什么。佩雷尔曼的诊断结果阐明了正义概念的一些抽象含义。而德沃金的做法则与此相反，他在实践中为我们建立起了概念的意义，也就是说，他不要求表达概念的真实含义。

现在总结一下,有些概念不会考虑将观念具体化(比如,圆的概念),而另一些则会。"对概念的观念"是相关概念的具体化,行动者会将这种观念看作自己的观念;"与概念有关的观念"则不会被具体化,也不会被行动者看作自己的观念。

五、语境化的自由

(一)自由原理:起源和原则

前面几页简要描绘的理论,有助于让我以下面这种方式来概括自己的观点。自由概念是没办法付诸实践的,除非将它与观念相连。也就是说,自由不仅使某些行为变得可能,而且还会使这种行为变得具有必要性。为了发展这一洞见,我将继续探讨与自由概念相适应的可能性观念。对这些可能性观念的阐述将会打开立法法理学的大门,而理性立法理论正是我们现在所要探讨的。

根据契约哲学家们的理论,可以说,在国家制度产生之前,自由就一直存在。假如我们沿着这条时间线从"现在"即国家的一员,回到"那时"即没有国家时,但存在着有点类似于国家的"自然状态"这一国家变式,我们就要擦除掉所有的建构、规则,还有那些与组织我们的生活有关的所有事物。

我们可以管这叫作分析的终点。规范不存在时,任何人都是自由的。这意味着,自由从最初就一直存在着。从这个视角来看,自由是我们进行哲学追问的缘起。"缘起"是一个可以自我指涉的(self-referential)开端。作为一个开端或者终极,自由是一个基本原则。既然是基本原则,那么自由就既是行动的起点也是行动的原则(参见

Aristotle 1984d:1139a,31-4)。假如没有自由作为开端或者原则,行动就是不可能的;那这样的行动也就只能被看作纯粹的行为而已。行动要求进行自我反思式的或者理性的选择。

作为基本原则的自由,是一个兼具抽象性与自反性的概念。说它是抽象的,是因为它没有什么先在的内容,不过,它也不可能拥有什么武断性的内容。说它是自反式的,是因为只有在自由中行使的自由才有意义。所以,"脱离了自由的自由"(freedom from freedom)这个表述毫无意义。

在回答"什么是自由?"这一问题时,哲学理论可以用概念词汇来为自由勾勒出理论的轮廓。依据勾勒出来的理论不同,给出的答案也会有所不同。但这些理论有一个共同特征,即很有必要在概念上对其加以限制。假如没有这种限制或者确定,自由就将是无限的,那么这样的自由就只适用于上帝。限制的必要性使得自由成了概念的基本原则。因为自由是一个抽象概念,因此它不含有任何先在的内容。只要它的内容没有被限定,那么自由就是不确定的。

现在来思考一下下面这个悖论。因为自由是不确定的,因此它所包含的可能性的范围也将是无限的。行动者每时每刻都可以按照某一自由观念做出自己的行动。假如没有做出选择,自由就会一直处于不确定或者不能确定的状态。假如自由没有被确定的话,那么就不可能采取行动,因为行动者必须在众多的可能性中做出选择,即便对那些最简单的行动来说亦是如此。我们可以用以下悖论来解释这个问题,即自由的不确定意味着没有办法做出任何行动。[1]

---

[1] 我想要保留的自由"越多",行动就"越少"。你可以计算一下自己的钱,当你拥有很多钱时,你就是富有的。你可以想象一下计算自己所拥有的全部自由这件事,你会发现自己是"非常"自由的。但你不能像一个自由人一样行动,因为你根本无法行动。

只要自由还没有被确定下来,那它就是"彻底的"(complete),或是"完整的"(intact)。从其本质上来讲,任何行动都是一种限制,因为不是每件事都能同时被完成。A 可以拥有走出房间或者待在房间内的最为彻底的自由。然而,在对"非矛盾"这一原则在实践中予以解释时就会发现,他不可能同时做到上述两件事。做出行动 X 就意味着不能同时做出行动[¬ X]。

假如没有把自由的外延确定下来的话,那就意味着我们可以做能够想象到的所有行动。尽管是"能够想象到的所有行动",但它与行动本身还是不一样的。为了使可以想象到的可能性变为现实,就必须将这些内容付诸实践;也就是说,大多数情况下这些内容都必须加以外化。付诸行动这种做法就包括将不确定的自由确定下来。对自由的确定就是自由的具体化。假如没有将自由确定下来,也就不会有行动。没有确定下来的自由本身仅仅是一种非行动。① 从这个角度来讲,自由其实构成了人类行动的外在环境,这一点我们将在下文进行讨论。

为了使行动变得可能,有必要对自由施加限制或者将其确定下来,但这种必要性本身并非自由的具体化。也就是说,这种限制或者确定是自由概念的题中之义,这源自对自由所做的概念式分析。为了使自由可以被理解,行动者必须以观念这种方式将其具体化。自由的具体化将自由与行动联系在了一起。只有将自由具体化,才有可能触发行动。

为了使行动彻底具有可行性,有必要对自由施加限制或者将其确定下来,其结果就是产生了下面这些可能的替代性选择。第一种可能

---

① Taylor 1985b:213;Spinoza 1965c:274-5:"自由的名义……他不需要这样做,但是他做了。"Dauenhauer 1982:"对自由的反对……与它的表现密不可分。"

的选择是行动者可以按照自己的洞见做出某种行动；第二种则是他要按照别人的洞见做出某种行动。在第一种情形下，具体化是指由行动者自己将不确定的自由确定下来；在第二种情形下，具体化则与其他人对自由的确定有关。

第一种选择中被确定下来的是"自由的观念"，因为它属于行动者自己的选择。自由观念是行动者对不确定自由的具体化。这说明主体在做出选择时拥有自主性。

第二种选择的确定指向的是"与自由有关的观念"。从行动者的角度来说，"与自由有关的观念"与他的自主并不一致。由这种观念所表现出来的是一个行动者对另一个行动者的依赖性。这意味着行动者在行动时所持有的并非自己对自由的观念，而是其他人与自由有关的观念。当这个其他行动者是主权者时，这种具体化所表现出来的就是与自由有关的政治观念。

上面所说的替代性选择是霍布斯理论的延续。为了解释这一主张，我将谈一下他的理论。行动者对自然法的具体化促使他按照自由的观念采取行动。从行动者的观点来看，具体化后的自然法假如表现在主权者的国内法中，那就是与自由有关的观念。就像我之前所说，霍布斯认为，当行动者按照自由的观念行动时，他就已经背离了基本自然法所蕴含的义务。因为这些行动将会危及他的生命，因此需要被禁止。因此任何行动都是一种虚拟扳机，它可以触发"一切人对一切人的战争"。因为战争会危及行动者的生命，所以这些行动也应该被禁止。

霍布斯为行动者提供了一种工具，以避开这些由战争引发的危险。这个工具就是可以建立国内权力的契约。只有那些有效的契约才有可能终结这种自然状态，它同时也就变成了这种终结的标志。可以将行动者进入契约这一行为解释为一种基于某种自由的观念的行为。这种观念就是每个行动者的理性洞见,这也是他们的最佳选择,这一点我们在第一章已经讨论过了。

关于这个问题,重要的是要记住,自然状态的人类学维度只是霍布斯唯名认识论这一磨坊内额外的事实面粉,因此根本不是他理论的核心。这种认识论告诉人们,我们不可能依赖自由的观念,因为我们并不清楚他们想要将什么概念具体化。人类学维度也并没能为这一主张增加多少补充性的理性分量。如果它证实了前面所说的人类学维度的作用,那么这种证实也可能仅仅是在事实基础上做出的,因此没有多大意义。

根据霍布斯的理论,自然法则确实存在,但它本身并不包含什么有意义的概念。它们规定了如何将自由看作对上帝的义务。在自然状态中,根据自由的观念来行事这种方式,对前面所说的认识论理性来说是不可能的。因此,霍布斯认为,有必要根据与自由有关的观念来行事。霍布斯的唯名论排除掉了前面提到的确定自由的第一种方式,因此就这个理论来说,我们需要面对的就只剩下了第二种方式。

因此,霍布斯理论中的认识论特征特别重要。他竭力让我们相信,他提出的是一种与实在有关的理论。在提到自由问题时,这一理论主张,应该禁止行动者按照自由的观念来做出某种行动。之所以要禁止,乃是因为按照自由的观念来行动将会危及人的生命。

假如行动者采取行动的基础仅仅是一种自由的观念的话,这就意味着他放弃了自己依据自由的观念行事的能力。进入国家状态后,他会根据与自由有关的观念来行动,这就是霍布斯理论中所说的自由的观念。代表(representation)技术将这些与自由有关的观念在规范上同行动者联系在了一起,而且行动者还必须认为这些观念其实是自由的观念。由于需要放弃依据自由的观念行事的能力,因此,霍布斯的理论其实是一种与自由有关的理论,而非自由的理论。①

因此,主权者有权将那些尚未确定的自由确定下来。这种权力是借由语词来表现其力量的,这种力量来自利维坦或者永恒的上帝。也就是说,自然法语词的含义是由主权者来界定的,而且这些含义需要跟他的实证法完美契合。从行动者的角度来看,自由的观念取代了自然法的具体化。而且,他们在道德上有义务遵守主权者制定的法律(Wintgens 1991)。假如行动者在做出某种行动时所遵循的不是与自由有关的观念的话,利维坦就会回击;因为它不仅拥有语词的力量,还拥有利剑。

(二) 从起源到基本原则：平等是自由的第一规范性维度

按照我的表述,自由是一个起源或者终极问题,现在我们开始探究自由的规范性维度及其含义。假如没有任何障碍的话,②每个人都将享有"无限的"自由。这意味着,每个人都需要处理与自由具体化有关的范围的无限性这一问题。作为终极问题的自由变成了一个基本原则,但它同时又是一个起点。从上面的讨论来看,假如我们都是自由的,那么我们一定平等地享有自由。也就是说,我们之所以享有平等的自由,并不是因为我们是平等的,事实其实是正由于我们是自由的,所以我们才是平等的。

---

① Spinoza 1965b:228-9:"……(国家的)终极目的是……将每个人都从恐惧中解放出来,从而可以让他在尽可能安全的状态下生活,比如,他可以借此保有自己的自然权利以维持生存,比如尽可能以最好的方式做出某种行动,而无须伤害自己或者邻居。"这预告了约翰·斯图尔特·密尔(John Stuart Mill)的观点和主张。从后面一节将要对霍布斯所做的解释中可以看到,行动者自己将会按照自由的观念来行事,即他将按照自由的观念做出选择并把自己这种将选择外化的能力移交给主权者。

② 人生下来就能够像鸟儿一样飞翔这件事,在生理上是不可能的,这与对他们自由的限制无关。

（三）作为基本原则的自由：社会维度

接下来的内容将对自由的语境化做一个简单描述。自由的语境化揭示的是自由的规范性维度，这与它的概念性维度不同。接下来的几页，论证将集中在自由的社会维度上，即我们将会把自由放在语境中予以讨论，之后的章节里我们还会把主体与理性也放在语境中加以讨论。

我们行为的语境是一种（自然）环境，这一语境同时也具有社会性。我们在自己人生的路上将与他人相遇；如前一章所述，正是与他人的互动构成了我们自身，与他人的互动也是意义存在的先决条件。

自由的社会性维度指向的是他人。在自由的规范性维度中，禁止他人向我们施加他们自己与自由有关的观念。只要没有进行过理性论证，A 就不能阻止任何 B 依照自由的观念做出行动。自由这一基本原则的结果是平等，平等可以使他人与行动者保持一定的距离。因为他人没有任何的初始权利（initial right）（向他人）向行动者施加自己与自由有关的观念，因此行动者有权与他们保持距离。与他人保持一定距离的权利，意味着他人在向我们施加他们自己与自由有关的观念时，并没有从他们的角度进行理性论证。作为基本原则的自由因此也是一种与他人保持一定距离的权利。

作为基本原则的自由并不指向任何终极价值。它当然也不认为平等是一种基础价值。作为起点的自由，其外延是不确定的，而平等就是由这种不确定所产生的一种结果。因此平等来自自由，而非相反。作为基本原则的自由也不是一个具体的自由观念。作为基本原则的自由是行动的起点，因为它使按照自由的观念做出行动这种做法变得具有了可能性，虽然它自己本身并不属于自由观念。

（三）自由的含义

作为基本原则的自由是抽象的，因为它没有什么先在的内容或者意义。因此，上面的讨论并不包含任何实质性的观点或者内容。就像我们从米德那里所了解到的，假如离开互动，概念本身也就不存在了，而且它也不会拥有什么内容。因此在这个问题上回忆一下霍布斯的意义理论是很重要的。他否定了概念的本体论价值，也否定了自然意义理论，同时他也（错误地）否定了传统意义理论的可能性，因此他的自由理论被证明是一种与自由有关的理论。就像前面所讨论的，行动者所依据的仅有的"自由观念"，乃在于转交自己按照自由观念行事的能力。他通过签订契约将自己按照自由观念行事的能力转交了出去。从"那时"起，主权者就通过国内法来确定自然法的意义。

我已经说过，概念本身并没有什么意义，因为意义是对某人而言的。意义具有行动者相关性。而行动者是交互性的主体或者是社会性的行动者，这一点我们在第二章已经讨论过。因此，自由这一概念的意义是对社会语境中的行动者而言的。

自由的语境化包括两个步骤。第一步是将自由作为一个终极问题来看待，也就是说，它是所有行动的起点。而行动指的是作为起点的自由的实践与运行。这是第二步。自由既是一个终极问题，也是一个起点问题；作为起点的自由，其外延与作为终点的自由的外延是相同的。

自由之后就是平等问题。它是自由原则的规范性维度，具有语境相关性。平等与作为终极问题的自由无关，尽管自由的外延对所有人来说都是平等的，但平等是在作为起点的自由之后才产生的。从这种联系就可以看出，作为自由规范性维度的平等是具有语境相关性的。正是由于它的语境关涉性，平等才具有了关系性；它指向他人。因此这使得自由的社会性维度变成了作为原则的自由的一个必要元素,而非仅仅是它的一个偶然性特征。

从此处开始,它离阐明自由的意义就只剩很小的一步了。假如没有行动者,自由就将毫无意义,因为自由仅对行动者有意义。① 自由的意义具有行动者相关性。因此就这个问题我们应该记住,行动者一定是社会的行动者,这一点我们在之前一章就曾经讨论过。无论是成为自己还是成为行动者,最关键的问题在于两者都要依靠互动来完成。这厘清了行动者的社会本质,同时也厘清了意义的社会本质。意义的社会本质和作为交互式主体的行动者的社会本体性,证明了自由的意义必然是社会性的这一结论是正确的。这与自由的社会性维度正好契合。

(四) 自反性是自由的第二个规范性维度

从行动者和源自互动的主体间性这一互动性观点可以得出一个结论,即行动者是意义的行动者,而非真理的行动者,这一点在之前一章已经表达过了。意义的行动者是在与他人的互动中产生的。行动者自己也处在他的"主我"与"客我"的动态互动中。正是这种互动使得行动者成了一个社会存在或者交互主体性的行动者。无论是行动者还是其他人,都不能直接了解这个"主我"。对行动者来说,"主我"永远藏在"他身后",而他人对它的了解最多只能是间接性的。基于这个原因,

---

① Spinoza 1965b:226-7:"……假如有人认为一个行动者会受到他人的彻底控制,那显然是不可能的,因为没有人会放弃自己的自然权利并把它交给理性,在面对世上万物时他也不可能都会形成自己的判断,而且他也不可能被迫这样做。"同时,斯宾诺莎(同上:152-3)还提到了统治者,这段文章可以被解释为具有更一般化的含义,因为它说"统治者和被统治者一样,都是人"。参见 Berlin 1969:126:"假如我们不想'贬斥或者拒绝我们的本性的话',那我们就必须保有最小限度的个人自由。"

主体可以被认为是"难以捉摸的"。

然而,按照米德的说法,行动者的"主我"本身即是以他的身份出现的作为行动者的基本要素。它是笛卡尔"我思"中的实体性之"我"或康德"我想"中的先验之"我"的非思辨性(non-speculative)版本*。两位哲学家对主体所做的非形而上的表述,使得主体成了一个概念性的行动者。我们在第二章探讨过主体元理论的基本轮廓。根据这一理论,概念性的行动者是不存在的。能够存在的只有真实的行动者。

不过,行动者"主我"的难以捉摸性,要求他人保持一定的距离。因为只有在这种情况下,一个不同但是又不能与他人分离的自我才会产生。作为行动者的行动者的含义——自己本身——意味着他与他人是不一样的。成为自己就是要与他人不同。与他人的互动正是自己之所以成为自己这一身份的意义所在。

依据上面所说的观点,自由的自反性本质需要进一步予以厘清。纯粹概念性的分析,对自由的自反性本质来说具有指导意义。假如自由不能在自由中行使,那么我们所面对的也将不再是自由。当对自由的分析止步于概念水平时,它将会销蚀掉作为行动者的行动者或者是作为自我的行动者。也就是说,它忽略了一件事,那就是具有行动者相关性的自由所具有的意义。为了赋予自由以意义,需要把它与作为社会存在的行动者联系在一起。

自由的语境化版本,将自由看成与规范性维度相关的起点。从这个角度来看,自由的语境化版本是结合了与行动者有关的元理论而形成的。行动者"主我"的难以捉摸性,以将自由的含义看作自反性概念

---

* 在笛卡尔的论著中,speculative 意谓"思辨的",比如 speculative truth 指的就是"思辨的真理";这种真理更多时候指的是一种形而上真理。

第四章 语境中的自由

为条件。这也就意味着只有行动者才可以通过其主体间性来决定自由的意义,而主体间性是由行动者自身的"客我"构成的。"一般化的他人"参与了确定行动者自由含义的过程,因为对行动者的行为来说,这一过程就像一个认知性的实践平台。

因此,从这个角度来说,很容易就可以看出霍布斯理论中的行动者纯粹是他为自己的理论提供的一个客体。霍布斯理论中的行动者是作为主权权力的客体而存在的。作为主权权力的客体,他可以免于暴力死亡的恐惧。而行动者所要保护的正是这种消极自由,获得这种自由的代价就是成为主权者权力的客体。①

不过,只有在与行动者相关时,自由才有意义。要使自由有意义,这种关系就是一个必要条件。为了使自由有意义,自由和行动者之间关系的必要性特征就必须表达出自由的自反性本质。假如没有自反性,自由就显得不够合理。而之所以不合理,是因为它没有意义。简言之,自由之所以需要自由,乃是因为只有这样才能将自由付诸实践。

自由这一基本原则共有六个特征,它们以下面这六种方式进行互动。自由是(1)缘起(终点),也是(2)起点。在第(1)种情况下,自由是非语境化的,而在第(2)种情况下,它是一种语境化了的版本。在第(1)种和第(2)种这两种情况下,自由拥有(3)不确定的外延。然而为了使行动变得可能,必须进行选择,因为只有这样,自由的外延才不再是不确定的。在第(1)种、第(2)种和第(3)种这三种情况下,自由是基本原则,即自由是开端,它有一个(4)规范性维度。作为基本原则的自由,其

---

① Hobbes 1966c:32-3:"从话语中我们感知到的只有声音,因为我们认为这些话语是荒唐的、无意义的,是胡说八道。所以,假如一个人跟我谈……自由的行动者、自由意志或任何自由,但是它们又都没有受到过对立意见的影响,那么在这种情况下,我可能不会说他是错的,不过他的话确实没有任何意义,也就是说,这些话其实都是荒谬的。"

规范性源于涵括在(2)中的平等。从平等的关系本质来看,(5)自由的社会性维度,是和(4)缠绕在一起的。自由的含义最终和行动者自身的"主我"联系在了一起,这可以解释(6)语境中的自由这一概念的自反性本质。

六、自由和法律框架

(一) 作为距离的自由

我建议把自由看作一个抽象概念,即"作为距离的自由"。"作为距离的自由"是抽象的,因为它既允许存在不同的自由观念,同时也要求具备这些观念。为了便于将自由这一概念付诸实践,我们必须把它与一个更为具体的观念联系起来。作为距离的自由,其本身并不是一个足够具体的观念,因为它没有考虑到任何具体行为。因此,"作为距离的自由"要求将自由具体化。对于这个概念,我将在下面的内容中予以阐述。

在面对面的亲密社会中,我们可以设想一个相对较小的集体。在这个小集体中,人们相互认识、友好相处,从表面上看这个集体似乎没有表现出什么规则。但这并不意味着真的没有规则,它只能说明这里的人所遵守的规则并没有从互动本身剥离出来。不过,即便没有那些被遵守且表达清晰的规则,行为依然是有意义的。

想象一下,在这个小集体里有一个行动者 A,他拥有无限的权力。假如 A 的权力是无限的,那我们就面临着霍布斯式的"所有人都拥有的自然权利",包括对他人生命的权力。基于这种设想,A 的权力包括了决定 B 的整个人生计划的权力。B 因此成了他的奴隶。这种情况下,B

基于自由观念做出的行为都被 A 的权力吸收掉了。除了这里出现的合法性问题,假设 B 一直处于 A 的权力之下,那么 B 就失去了自己。也就是说,B 从来就没有按照"自由的观念"做出过什么行为。根据这一假设,他甚至连选择成为 A 的奴隶的权利都没有。

因此 A 与 B 之间的"互动"是一种斗争,这种斗争与他人将要做什么无关,而与他会成为什么样子有关。危险的是,至少有一个自我 A 和其他可能是自我但实际上并不是自我的 B 之间进行了融合。A 和 B 是"一样的"。因此没有什么两个个体之说,我们所看到的只是融合后的整体。假如将研究定位在一个更大的集体上,这个集体中有一个 A 和很多个 B,那么这将是一个神秘的集体(corpus mysticum),而 A 就是这个神秘集体中的权威(guru)。

成为一个行动者,意味着至少要拥有自由的观念,这是个体行为的根据。像行动者一样自由并非天赋的;它不是既定的。像行动者一样自由意味着要根据自由的观念限制不确定的自由。应该记住,不确定的自由是不具有实践性的,除非它被具体化为一个观念。换言之,自由的概念(concept)需要一个最小却很重要的说明书,这就是观念(conception)。

假如将自由与社会行为联系起来,那就必须将自由外化。通过这种外化,我们将在自己人生的路上遇到他人,即我们将遇到持有自己自由观念的其他行动者,而且这种相遇会将这种自由观念外在化。外在化的自由观念彼此之间可能会相互冲突,这种情况下,潜在的自由观念相互之间也会发生冲突。对韦伯来说,正是后者使得行为有了意义。[①] 因此,自由观念——还有它们的外在化——可能互相矛盾,不过这难以预料;霍

---

① Weber 1964:132 ff(和平的冲突)。

布斯,某种程度上还有卢梭,就是这样理解这个问题的。

康德之后,霍布斯以及后来的罗尔斯,他们三人邀请我们探讨的都是行动者的具体理念。根据霍布斯的理论,行动者是邪恶的、怒不可遏的、对他人抱有疑忌之心的。对康德来说,行动者是一个先验的自我,它拥有先在的理性和意志,他的观念将会产生一些实质性结果。最终还是罗尔斯继承了康德的衣钵;他将先在的能力赋予了行动者,而且对这种能力的内容没有做任何遮掩。无知之幕之后的行动者被认为对外界事物一无所知,这样他们就可以以一种毫无偏见的方式进行选择。不过,这些行动者还是了解与经济、心理以及政治有关的基本内容的。①

写了《正义论》的罗尔斯,以及拥有相似观点的霍布斯和康德,都试图让我们相信行动者与理性及概念化版本的自我之间是有关系的。因此,基于理性,行动者将按照政治组织中具有先在普遍性的计划来行事,而这个政治组织恰好就是某种版本的自由国家。因此,他们的理论关注的是人类本质,而非作为自决行动者的行动者。这里我所说的自决行动者,是一个可以依照自由的观念行事的行动者。这个行动者是先在的,因此是共相,是理念,是概念,他们不是"作为行动者的行动者"。因此自由的行动者拥有自我-观念。霍布斯、卢梭或者康德的理论所关注的内容都与自我的观念有关,这一点我们在第二章已经做过说明。

---

① Rawls 1971:137:"然而,理所当然地,他们了解与人类社会有关的基本事实。他们了解政治事件和经济理论原则;他们了解社会组织的基础和人类心理的法则。确实,当事人被假定为已经了解那些影响正义选择的所有一般事实。"因为认为了解这些经济、政治、社会和心理上的知识是理所当然的,因此,罗尔斯认为,认识这些知识的方式其实是非常自然的。这一理论还认为,无知之幕后的人们没有进行进一步的判断,也就是说,他们没能形成实在的理论。

（二）自由和法律

就法律而言，与政治领域相伴而生的法律，并不必是霍布斯或者某种程度上还有康德心中那种类型的法律。他们两位将法律看成建立在与自由有关的观念之上的规则，认为它们是由构成政治领域的政治制度从外部施加给被统治者并予以强制实施的。

自由的这种开明(liberal)版本的问题在于，它希望我们能同意一个行动者的先在概念，或者是自我的观念。正如我们在前面所讨论的，不存在什么概念性的行动者。就像抽象的关系一样，概念性的行动者这一说法是没有意义的。行动者都是具体的，他通过与他人的互动而拥有了自我，换句话说，行动者是拥有自我-观念的。比如我们从查尔斯·泰勒(Charles Taylor)的研究中就可以看到，行动者被认为是可以进行自我定义的(Taylor 1985c)，也就是说，行动者在行为时所依据的是自由的观念。行动者自身是难以捉摸的，他的自我定义依赖于他的"主我"；自我定义跟先在、先验以及其他任何因素都没有关系，这在第二章已经讨论过。

无论霍布斯还是康德，某种程度上还有罗尔斯，他们都将行动者的概念性观点与法律联系在了一起。对霍布斯来说，在讨论政治领域的基础时，存在着神学和理性两种主张；而对康德来说，这些理性都具有道德性。

我们稍作停留来讨论一下康德的理论；依照绝对命令，我们可以将自由的语言翻译成法律的语言。"各得其所"是法律的一条古老规则(Aquinas 1910:II-II, q.58)，康德将它表述为一种命令形式："诚实生活，不伤害他人，各得其所。"(Kant 1996:29)然后，这一命令形式被转换成了另一个命令。根据后面这个命令，一个人应该进入国家，因为只有在国家中才能确保每个人都拥有属于自己的东西,以对抗自己之外的每一个人(同上:29)。

这个国家是一个法律国家(同上:90-1)。命令与法律本身的理念有关。假如一个人不打算拒绝法律的任何概念,那他就必须离开自然状态并进入法律状态(同上:89-90)。这是由绝对命令施加的义务,是理性的先在规范。就像第一章所说的,康德从概念上将自由与法律联系在了一起,法律有一种普遍形式,它本身也表现出了绝对命令的普遍性。因此,作为基本原则的自由也是普遍的,或者是概念性的。从康德的理论可以看出,根据法律,自由是个体的"独立"(independence)①或者自治。

我想举出一个与上面总结的理论相反的观点,即根据立法法理学,自由与法律之间没有直接关系。假如有的话,那么政治意义上的自由(基于与自由有关的观念而采取的行动)与道德意义上的自由(基于自由的观念而采取的行动)两者之间的平衡,将会因为对政治自由的支持而遭到破坏。这可以用来解释一种主张:社会契约的结果是形成国家,国家一旦成立,那么依据与自由有关的观念而采取的行动,将先在地比依据自由的观念而采取的行动更重要。

霍布斯之所以援引这条定律,正是因为"自然法"中行动者之间没有任何距离。自然状态中的道德并没有任何意义指向,因为任何人对任何事情都拥有权利,而且这种权利没有任何限制,除非自然法不再发挥作用,否则这一点就将是无法改变的。在自然状态中,没有设置任何

---

① Kant 1996:30. 然而,看起来康德将"自由"与"平等"混淆了。尽管两者之间理所当然地是有联系的,但他依然主张"平等"是内生的,而自由意味着在平等的基础上独立于他人。在我的观点中,自由是基础,而且它也只受平等基础的制约,因为无限制的自由对每个人来说都是平等的。

相应的义务来保护自由行动者之间的距离,也没有设置相应的义务来平衡自然状态下的自然法。为了给自然法施加限制,法律将会提供必要的约束。从那一刻开始,霍布斯理论中作为自由元概念的"作为距离的自由"就都讲得通了。

然而,事实证明,社会契约机制的权重超过了按照自由观念行事的可能性。就像德沃金所说(Dworkin 1986:vii),一旦我们生活在法律中,并且依据法律来生活,那么依据法律而做出的某种行为,或者依据与自由有关的观念而采取的行动,其权重就会大于依据自由观念而做出的行动,这是一条原则。假如这样的话,我们就不再需要立法理论。法律可以为我们提供行动的理由。这些理由被证明是有排他性的,因为它们排除掉了借以行动的其他任何理由,比如,依据自由观念来行动就作为这种理由被排除掉了。

第六章中我们将继续讨论"作为距离的自由"是立法法理学第一原则的基础这一问题。然而与霍布斯不同,接下来我将要说明,法律和自由之间的关系仅仅是中介性的。社会冲突或者不同自由观念之间的冲突,没有必要通过司法或者立法来解决。也就是说,对实现自由来讲,法律未必是最好的方式,这大致就是立法法理学第一原则所要表达的主要内容。

寻找一种不必具有司法或者立法性质的替代性解决方案这一要求,可能会使部分立法法理学成为立法的理性理论。这一要求取决于"作为距离的自由"。我将把对立法法理学可操作化原则的分析细节留到本书的后面部分予以讨论。

(三) 对"作为距离的自由"的进一步探讨

概括来讲,可以将"作为距离的自由"划分为四个层次,每个层次所表达的都是不同的内容。

第一层次主要与行动者之间需要的距离有关,这是为了使行动者都能成为自己。这些行动者可能具有社会性,因此需要对他们加以区分,这就需要距离;保持距离的目的就是使他们最终都能够成为行动者。这个层次有四个重要内容。

第一个内容是,继米德之后,我认为个体不是一个概念性的、非语境化的或者先在的主体,他是一个社会性的个人行动者,正是由于这个原因,他的自我才得以产生;也就是说,自我是在社会互动中成长起来的,它植根于社会互动。假如行动者被赋予了意志和理性,那么这将被认为是一种潜力或者是一种能力,而不是具有先在决定性的整体。作为一种潜力或者能力,理性和意志只能扎根于社会语境,也就是说,两者均存在于与他人的互动中。这一观点见于第二章。

假如行动者被认为是在按照"自由的观念"做出自己的行为,这就说明他是在社会语境中定义自己的,也就是说他要在与他人互动这一语境中来定义自我。这样做时,行动者并不是在确认自己与他人是多么地相同,这一点在笛卡尔、霍布斯,一定程度上还包括罗尔斯,以及接下来将要讨论的卢梭的理论中都能看到。它其实是要说明,一个行动者基于自由的观念来做出自我决策,意味着他跟其他人是不同的。这里我们不会就这一点继续展开讨论。如果可以这么说的话,那么,拥有一种身份和与他人相同这两者之间就正好是相对的。也就是说,这种意义上的身份与距离正好可以互相成就、互为表里。

"作为距离的自由"的第一层次的第二个内容,是行动者据以行动的自由观念要求外在化,这一点我们在上面曾经提到过。外在化是与他人相遇的一种方式,当然,这种相遇也包括产生冲突的可能性。冲突的可能性在先在道德上虽然并不必然是坏的,但也必须予以避免,无论付出什么代价都必须做到这一点。互动的任何形式都是一种"暴力"形式,因此也是冲突或者不一致的表现形式,除非相互之间达成了谅解;但这种谅解不一定会出现。

当然,立法法理学并没有否定互动中出现的冲突。然而,以我的观点来看,冲突未必只有消极的一面。互动的任何形式都有冲突的一面;互动双方之所以要精准互动,正是因为他们彼此之间不能相互理解,也因为他们在意见上存在分歧,而且他们据以行动的利益或许也是相对的。假如预设认为冲突总是残酷无情的,就像霍布斯所理解的那样,那么这一点简单来说就是现代哲学研究的另一个缺陷,这一点在第二章已经提到过。

第一层面的第三个内容是互动与冲突之间其实彼此接近,卢梭已经注意到了这个问题。① 不过,为了不使互动演变为一个过于严重的冲突,其他人应当保持一定的距离。行动者是一个在自由的观念上拥有自决能力的主体,保持一定的距离正是这一事实的逻辑结果。为了使自由的观念保持它原来的样子,也就是说,保持它作为自由的观念的原本的性质,他人必须保持在一定的距离,以免他们将自己与自由有关的观念强加给行动者。

假如 A 赞同 B,那么就可以说他们共同拥有一套与此有关的自由观念。假如他们开始时并没能共享一种自由观念,那么他们就可以尝试着说服对方去这样做。然而,假如这种不一致继续下去,而且假如 A 将自己的自由观念强加给 B,那么 A 的自由观念就变成了对 B 来说的与自由有关的观念。B 对这种观念的反抗,意味着存在着一种可能性

---

① 冲突是社会关系的一种形式,正如马克斯·韦伯(1964:132 ff.)和弗罗因德(1983:20 ff.)所言。

和真实的必要性,即务必使 A 保持在一定的距离,并使 A 按照 B 的自由观念来行事。

最后,亦即第一层次的第四个内容是,将他人保持在一定的距离是一种自我定义(self-definition),这同时也是冲突产生的可能原因。因为自我定义发生在社会语境中,所以可能会与他人的自由观念及其外化产生冲突。但是这种可能性是一定存在的;假如不存在,互动就将被先在地排除掉。正是通过这种互动,关系才得以建立——因为互动是关系性的——行动者正是围绕着这种自由观念塑造了自己的身份。假如可以用一种比较概括的方式来描述的话,那就是,他人必须在那儿,但他们一定不能靠得太近。

根据霍布斯的观点——某种程度上来讲,这也是卢梭的观点,我们很快就会看到这一点——政治领域之外并不存在与之相关的社会互动。只有冲突才需要召唤法律并以司法这种方式来解决。每个人都以自己的方式坚持了某种版本的唯名论。正是基于唯名论思想,他们被迫通过法律来理性地建构社会关系,因为这种关系原本并不存在(霍布斯)或者是有缺陷的(卢梭)。

我的主张是,这些关系的确是存在的,而且这种关系源自产生了主体间性的行动者之间的互动。就像第二章所说的,互动从其本质上来讲是有缺陷的,因为它蕴含着产生冲突的可能性。冲突反过来至少也具有一种性质,即它会塑造互动,而且还会将社会意义带入我们的视野(Hunyadi 1995)。不过,在互动过程中他人必须保持在一定的距离。这就是"作为距离的自由"的第一层次。

"作为距离的自由"的第二个层次也可以通过以上内容予以简要阐述。它从另一个角度向霍布斯展示了法律与"作为距离的自由"之间的关系。

第四章 语境中的自由

这里所表达的实际上是与利益有关的两个问题。

第一个问题是：假如与他人的距离构成了行动者的身份，并且有必要保持这种距离，那就意味着"作为距离的自由"与身份有关。因此，行动者自己首先必须掌控好这种距离；假如做不到这一点的话，行动者就没办法按照自由的观念来行事。因此他从一开始就是在按照与自由有关的观念在行事。也就是说，没有理由从概念上将社会领域与政治领域联系在一起，而这恰恰也是霍布斯的主张。同时也没有必要将政治领域的建立跟法律联系在一起，这是霍布斯和康德两个人的共同主张。假如这是事实，那么我们就必须面对强大的法律主义更深的根基，这一点我们将在第五章进行讨论。

因此，法律并不像我们所说的那样，先在地就是用来组织自由的，或者说，它不是先在地用来与他人保持一定距离的。根据他的自我-观念，这仅是一件与社会个体或者行动者自己有关的事。然而，当互动出现冲突，行动者不能控制自己时，他们就可以召唤法律的介入。对始于自由的法律可以组织自由这一功能的描述仍然是模糊的。这个议题将在第七章进行更为深入的描述，那时我们还会对立法法理学的原则进行更长篇幅的探讨。在这儿，我们仅把它看成"作为距离的自由"的第二个问题，只要简单提及就够了。

"作为距离的自由"的第二个层次的第二个内容，是法律可以被看作一个子程序（sub-routine）。我之所以将它称为子程序，意思是说，法律不可能以破坏社会互动为代价来先在地决定社会关系，不能变成代价的还有行动者身份的建立与维护。实际上正好相反，当互动过程崩溃时，也就是说，当行动者之间的距离冒着越来越小的风险以使他们按照自由的观念来行事时，作为子程序的法律就会介入。当社会互动崩溃时，可以召唤作为子程序或者替代性选择的法律来介入，以使行动者之间再次保持一定的距离。这一点将在第七章再次加以讨论,该章将会提出与该层次内容有关的替代性选择中的原则问题。

"作为距离的自由"的第三层次,指的是法律和社会行动者自身之间的关系。这可以说是对第一层次和第二层次的一种微调(a fine-tuning)。在这个第三层次中,法律本身必须与社会互动保持一定的距离,直到社会召唤法律的介入;事情一直以来都是这样发展的。本书中存在两个与此相关的有趣问题。在此我只简单地提一下,对它们的进一步探讨将放在后面部分来进行。

这一层次的第一个问题的定位在于立法,或者说是在于法律规则本身的建立。这意味着在"作为距离的自由"中,应该以某种方式来建立规则,即要将解决互动中产生的冲突的优先权留给行动者自己。实现这一目的的方式有很多。其中一种方式就是当行动者之间发生冲突时,在法律系统介入之前应该优先考虑对行动者之间的冲突进行调解的必要性;从更广泛的意义上来讲就是如此。另一种方式则假定可以建立一些规则,以为行动者之间的互动提供一种应对方案,而不仅仅是将带有惩罚或者惩罚危险的互动具体化(fleshing-out),实际上我们常常会采用后者。从技术角度来讲,这是对公共秩序规则技术的审慎运用,是对私人交易机制的支持。这个方面涉及的内容主要是立法者对干预的约束,我们将会在后面提到这一点。

"作为距离的自由"的这一个问题是立法法理学最突出的特征。它将"作为距离的自由"这一理念转换成了立法法理学的原则,这种原则是国家权力介入社会互动时的一种智慧。我们在第七章将会再次回到这一问题上来。

与第一个问题密切相关的是立法机关,这一层次的第二个问题则与司法机关有关,而司法的位置和功能是由立法者塑造的。在"作为距

第四章 语境中的自由

离的自由"中，司法机关的制度设计不会允许法律自动地建构行动者之间冲突性的互动。

在要求法官介入时，要激活的互动模式必须尽可能接近横向互动或者说社会互动。理由很明确。正是通过横向社会互动，行动者才建构起了意义，他也因此才形成了主体间性这一身份。假如依据法律规则而让法庭介入双方的互动，那么就会将这种横向社会互动重塑为纵向互动，这很可能不会带来什么好处。事实上，在法律规则基础上产生的法律互动的最后阶段，司法机关可能会对其中一个互动伙伴或者行动者施加威胁；至于理由，则需要进一步予以解释。前面提到的这种限制，就包括用自由的观念取代与自由有关的观念。

在以这种方式建构外部限制时，需要考虑到法院的功能。规则不应该自动适用，因为它们仅仅考虑到了产生法律冲突的可能性，规则在建构时还应该考虑到"反馈"机制。这样的话，虽然规则依然不能自动适用，但却可以为解决法律冲突开辟新的空间；而这种空间中的新背景就是可以权威性强制实施的规则。换言之，在没有尝试替代性解决方案时，法律不应该自动出现在社会冲突中，并以裁决这种方式来解决冲突。这一要求无疑可以妥善地处理行动者依据自由观念行事的能力。

由此产生了"作为距离的自由"的第四个也是最后一个层次，即"平等"，这是自由的第一规范性维度。所有的法律系统，似乎都包括主权者对一般性规则的自我判断式适用。假如规则是一般性的，那么它就会尊重平等。而且，假如一般性规则"在形式上是有效的"，那么规则的运用就是公正的。也就是说，从这个角度来看，用"与自由有关的观念"取代"自由的观念"这种做法不应该受到人们的批评。

前面我们讲过"作为距离的自由"。从这种自由的角度来看，上面提到的这种替代并非可以自我判断的。假如它是，那么自由的第二规范性维度,即它的自反性特点就有可能会被废止,因为行动者不可能按照自由的观念来行事。前面已经提到过这种替代性的正当理由,那就是它必须与作为原则的自由保持一致。这里提到的作为原则的自由,指的就是作为出发点的自由,以及作为政治和法律组织主旋律的自由。对自由的限制并不总是合法的,即使法律系统的制度设计允许主权者设定这样的法律限制,也并不意味着这种限制总是法律允许的。也就是说,它需要补充一些正当理由。我将在第七章对这些内容进行更为详细的分析。

第五章　强法律主义或者立法缺席理论*

一、引言

第一章中我们讨论说,法律主义仰赖唯名论的形而上学。法律主义所仰赖的唯名论的形而上学,展现的是理性主义、个人主义和自由之间的概念性联系。一般来讲,规范性的行为被认为与遵守规则有关。

而且根据第二章所讨论的唯名论形而上学理论可知,笛卡尔的哲学试图克服这种形而上理论中所包含的理论怀疑主义。这说明了一个更具普遍性的观点,即笛卡尔的哲学并非现代性的开端,或者说,至少在把他的哲学前辈们认真考虑进来后,他的哲学并非现代性的开端。

接下来的章节讨论了笛卡尔"我思"的一个替代性主张,即主体是存在于语境中的个体,理性会发展为合理性,而自由反过来必须被重新语境化以使他人被涵括在该语境中。

本章将更进一步探讨法律主义的特征。首先我将探讨"强法律主义"的大致框架。一般来讲,在强法律主义下,法律及法律建构所表现的是实在。在建构过程中,它将某种特殊视角转换成了具有普遍性的视角。这是第三章所说的"理性主义谬误"。换言之,强法律主义非常

---

* 本书第五章至第八章由陈一宏翻译。

强势地利用了普遍性之正当化的结果（legitimating effects of universality）。强法律主义所主张的普遍性是,法律表现的是实在,而这就使得立法理论变成多余的、没有存在意义的。国家决定了什么是法律,因此任何立法理论最后都会变成一种证成国家权威的理论。如马克斯·韦伯所言,①经过这一证成过程,说规则合法其实意味着规则还是正当的。

强法律主义提供的是应用而非建构规则或者原则的框架。然而,正是因为强法律主义使法律思维局限于规则适用,所以人们对规则的创制才关注甚少。强法律主义关注的是法官,而不是立法者,它错误地将立法者认为同法官一样都"适用"规则,尽管他们处理规则的方式存在较大的（但不是本质的）差异,这一点将在之后的论述中展开。

强法律主义者认为,法官应当证成其裁判。他们要找到能够构成封闭系统的"就在那儿"的一整套法律规则。在这个体系内,判决是要被发现的,也即是要被证成的。换句话说,首先要做出一个判决,尔后要证明该判决和法律体系有关,这就是司法裁判的内容（Friedman 1966:150-1）。立法者的工作则有所不同,由于没有被明确地要求说理,且说理也不依赖了一套严密的规则体系,因此他们在颁布法律时似乎不需要提供什么正当理由（同上:158 ff.）。

不过,我的观点是,立法者像法官一样也需要遵守规范,即需要遵守规则和原则。这些规范具有宪法性质,因此必须被遵守。至少在这一点上,立法活动跟守法行为相似,两者均属于法律主义范畴。根据这种观点,立法者应当证成其所立之法。但倘若要求立法者遵守规则,我

---

① Weber 1964:131:"如今,正当性最通常的基础是对合法性的信念,即对遵守形式正确的、经公认程序施加的规则之意愿。"

们就会对要求遵守规则的强立法模式感到不那么满意。出于一些本章将阐述清楚的理由,为了证明立法者也像法律行动者一样需要遵守规则,法律主义需要一个前提条件。从这个角度来讲,立法者的角色就不纯粹是一个只会做出决策的政治活动家了。

在讨论更多细节之前,先考虑一下强法律主义的两个相互关联的基础特征是非常重要的。广义上说,正是这两个特征将法律主义变成了一种哲学策略。第一个特征是哲学的认识论化,它可以很好地服务于强法律主义的目的。第二个特征是法律和政治之间的分离命题,这有助于将政治决断隐藏于法律之中,也有助于使法律看起来"就在那儿"(just there)。

二、强法律主义是一种策略

(一) 认识论化的哲学

我们将会看到,强法律主义是在表象主义形而上学伪装之下运作的。根据表象主义理论,主体对实在拥有具备真理价值的"理念"(ideas)或者"表象"(representation)。居于其中心位置的正好就是笛卡尔的"我思"。不过,就像我们在下面将要讨论的,这只是真理的一部分。真理的其他部分则是,表象主义会直接导致工具主义。而工具主义声称,规范是达到目的的一种手段,但目的本身却没办法理性地加以讨论。

因此看起来,强法律主义一旦遇到价值及其政治中的讨论时,就将面临一个问题,即政治根本不可能有什么选择,它只能排除一些选择。也就是说,根据强法律主义理论,政治的操作模式就像是一种动物园管理形式,这是本杰明·巴伯(Benjamin Barber)明确提出来的观点

(1984:20 ff.)。

从上面这种状况可以看出,强法律主义起初像极了一种策略,一种将注意力集中在特定目的上的思维方式,而这种目的早在这之前就已经确定。我们可以给这个所追求的特定目的贴个标签,即"确定性"。从认识论视角来看,我们可以从笛卡尔的论著中找到这种确定性;霍布斯则将这个概念引入了他的政治哲学,并给它冠以"安全"之名。

当然,17世纪自然科学最举世瞩目的成就就是确定性和可预测性,这早已为人所知,也不再是秘密。从某种意义上讲,用数学来表达和阐释自然现象是一种模式;根据这个模式,人类科学或者社会科学可以达到相同或至少相当程度的确定性。抛开别的不说,自然科学的成功应该归功于它将自然现象简化为可以计算的事物这一思维模式。考虑到某些因素与人类的关系,它们最后还是被排除在了考虑范围之外,比如像温度和颜色这些次要品质就是如此。因为人们认为它们具有主观性,虽然事实上并非如此,但迄今为止人们在经验中就是以这样的态度来看待它们的。①

只要社会生活的经验可以与主观评价标准分开,有些人就会相信"人类科学"也可以获得类似的确定性。换言之,假如在自然科学中可以通过减少人类的主观经验来获得确定性的话,那么在人类行为领域中也可以采用相同的方法。据此,强法律主义已经欣然接受将该科学方法作为自己的前提。

这预告了一种特定方法的产生,这种方法就是"哲学的认识论化";我们在第三章已经讨论过这个问题。哲学的认识论化的意义在于它可

---

① 见 Taylor 1985c:58。第二性质的"经验",比如温度,当能够测量时当然就更具客观性;但是这种测量并不意味着第二性质完全不再具有主观性,因为只有通过主体才能"经验"这些第二性质。见 Husserl 1970a:32。

以将实践问题转变为理论问题。在这个问题上，就像我在其他地方提到的（Wintgens 2006a），笛卡尔一直在寻找的其实是确定性；而确定性最终把理性领域描绘成了可以用逻辑方式加以证明的东西。实践问题只在很少时候才是不具有争议性的。

按照这种常规的叙事，理性在某天会向哲学家自我显示。然而，在这种叙事之外，对笛卡尔哲学的另外一种解读就是认为他在寻找某种东西，即确定性。在确立了"我思"的确定性和真理性之后，他的研究还在继续探索种种新的确定性之间的关联。其根据就是他认为清晰和具有区分度的理念是真实的，而且来自上帝的真确性。他相信，即使是道德，也是由一系列我们应该做什么的命题组成的。因此哲学的认识论化意味着所有的实践问题都可以（也应当）被转变为认识论问题，这样就可以把它们抽离原来的语境并将其置于自然科学方法之下进行研究。

强法律主义有一种策略性特征，这种特征可由一种内在张力做最好的阐释；这种张力是在两个东西之间显示出来的，一方面是"就在那儿"的法律，另一方面则是"人造"的法律。这种张力表现了强法律主义内部的一种特性，即模糊性。这种模糊性是两种信念交织而成的结果。这两种信念，一方面是法律的自然性，另一方面则是法律的人为性或者人造性。正是这种模糊性使法律主义看起来更像是一种策略而不是理论。

如果说在政治层面上，这一策略导致的结果是就像在管理动物园，那么在道德层面上，它则是维持和平策略的标志。霍布斯是第一个直接而清晰地提到冲突的人，我们可以在他的著作中读到，冲突是如此糟糕。从语词的道德意义上来讲，"冲突"是坏的，因为它们与基督的邻人之爱命令相悖。然而，人类既是邪恶的，又是理性的。幸运的是，人的理性能力为他提供了一种洞见,使其可以为了组织自己的生活而让道德能力降尊纡贵。也就是说,他把自己按照上帝律法生活的能力交给有朽的上帝,而无须像自然法第二条所说的那样受到惨遭横死的威胁(Hobbes 1966c:118)。民约法(civil law)就是这种妥协的结果,它可以为人类提供安全,除此之外,它还为人们提供了享受劳动果实的可能性。①

在霍布斯的理论中,对死亡的恐惧代替了自然法(Strauss 1974:180-1),这是签订契约的合理理由。我想在此阐明的是,霍布斯和卢梭的主张非常不同——我们将在适当的时候再回来探讨卢梭的观点——霍布斯则认为我们实际上没有任何选择。签订契约的选择是完全理性的,所以在事实上这是一个没有选择的选择。人们所能做的唯一选择就是订立契约。

从行动者的视角而言,遵守主权者的法律是最具理性的一种行为。任何人遵守规则都是出于自己的利益,而且他希望将这种利益最大化。假如这是一个选择问题,那么这就是所有可能的选择中最具理性的一种。强法律主义看起来对策略的层次也有影响,因为它将主体本身变成了策略家。根据哲学的认识化的观点,人被认为是理性的,他的计算能力必然会促使自己订立契约。这就是霍布斯思想中的理性。

政治领域和民约法的契约性建构,是为了解决社会互动中出现的冲突。然而,和霍布斯的信仰不同,社会冲突并不具有必然的道德性,而且大多数情况下根本不具有道德性品格——远不及它的政治性品格。冲突并非总和价值有关。然而,霍布斯似乎认为,每一个冲突都可

---

① Hobbes 1966c:116:"……对舒适生活所必需的事物的欲望,以及通过自己的勤劳取得这一切的希望。"

以被看作能够展露深层社会矛盾的政治冲突,这一点跟罗伯托·昂格尔(Roberto Unger)的观点一样。这些假定的紧张,实际上在每一个普通冲突中都会出现,它们可能会引发与社会领域或者政治领域有关的重要根基的内爆。也就是说,任何日常的冲突总是有可能演变为革命(Unger 1987:151 ff.)。因此,昂格尔的理论仅仅只是新版的"一切人对一切人的战争"而已。

除了解决矛盾这一潜在功能,法律还有一个功能,那就是维护和平。强法律主义要求只遵守法律,这一设置为成功实现上述功能提供了支持。维护和平是预防冲突发生的最佳方法。在本章后面的部分,我将重点讲述19世纪初的法国法典编纂运动以阐明这一观点。

在此之前,我们需要着重关注法律与冲突性的选择或政治之间的关系。就像我们将会看到的,强法律主义与价值之间有一种紧张关系。强法律主义策略导致法律和政治之间产生了一种关系,而强法律主义遵循的是哲学的认识论化观念,这一点我们之前已经探讨过了。记住了这一点,我们就可以继续探讨强法律主义的主要内容。

(二) 法律与政治的分离

与哲学的认识论化一致,法律主义的目标是将法律与政治分开。法律与政治之间的关系是很复杂的,当从强法律主义角度思考这个问题时尤其如此。就像前一小节所探讨的,哲学研究已经开始转向现代哲学。这也就意味着,在笛卡尔"我思"的反思性和自反性运作之后,哲学变成了一种认识论实践。合理性和证明之间被认为具有同一性。假如从这个角度来分析,就会明白价值是不易证明的,因此,它们是非理性的(Wintgens 2006a)。

尽管与事实和规范二分命题最常联系在一起的是休谟哲学,但是笛卡尔哲学的前提也与此相同。之所以出现这种分离的状况,是因为价值本身不够清晰,不具有可区分性,因此它没办法成为一种理念。从不同的角度来看,都可以明白笛卡尔的主张其实预告了休谟的立场。两种命题之间具有相似性,假如在实践中对这种相似性进行描述,能够做的最佳描述就是它们的非认知主义(non-cognitivism)特性。

第二章中主要的焦点是对"我思"进行批判分析,本章将会进一步探究几个与之相关的结论。简言之,因为价值不能转换为清晰且具有区分度的理念,而且也不能得到理性的证明,这就意味着它们可能是不真实的。理性证据的缺失使得价值天生就具有争议性。这就是麻烦产生的原因。

伴随着唯名论对个体所做的哲学阐释,哲学的认识论化产生了一个虽不足为奇却值得注意的结果,即政治领域尤其是实践问题被带入了理论理性领域。这是因哲学的认识论化的引入而产生的结果。

为了建立一个理论模型,哲学上做出了很多努力;根据这个模型,价值判断上的冲突——能够导致"一切人对一切人的战争"——可以得到解决。面对这个问题,霍布斯的建议是使这些潜在的冲突中立化,而卢梭的解决方案则更倾向于在不拒绝这些冲突的前提下将它们制度化。两者都提出了一种程序化的形式,一种可以在20世纪得以实现的技术,卢曼就持有这一观点(Luhmann 1983)。

从这个角度说,以亚里士多德式的政治学方法关注这一差异是很重要的。在亚里士多德的封闭社会当中,政治所关注的问题在于善的生活和城邦的组织,这些都是典型的伦理问题,而辩证法最适宜于研究这类问题(Aristotle 1984d:1094b,12-1095a,13;1112a,1-1113a,14)。然而,现代哲学研究方法导致的结果是,在处理实践问题时,首先应该将它们转换为理论问题。

第五章 强法律主义或者立法缺席理论

将实践问题认识论化——最典型的是政治领域的组织问题——是一种将政治领域理性化的方式。因为政治领域已经不再被认为是自然的,所以这是一件有关人类理性创造的事情。无论是社会领域或者说社会,还是政治领域或者说国家,都不能以一种自然的方式相互调整和适应,因此必须在两者之间构建一种关系。

就此我们认识到了在强法律主义中起作用的策略性特质。无法做出理性的价值判断,只会使得政治论争变得无休无止。上帝恩典、自然启示或者理性帮助的缺失,将以策略的方法予以解决。这种策略指的是为终极的或者基础性的意志行为提供一种认知外衣,即社会契约。就这个问题,罗蒂(Rorty)说:"认识论中居于主导地位的观点是:为了成为理性的、完全人性的,为了能做我们应当做的事情,我们必须能够与其他人达成一致意见。"(Rorty 1979:316)

在这一策略问题上,霍布斯与卢梭无疑是策划者和最重要的理论家。这种策略将个人变成了公民。就像我们在卢梭理论中读到的那样(1997a:50):"我们每个人都以其自身及其全部的力量共同置于公意的最高指导之下,并且我们在共同体中接纳每一个成员作为全体之不可分割的一部分。"

这种转换发生在一个假设的时间点,本章稍后部分将对这个问题展开分析。自签订社会契约的"那一刻"起,主体就通过订约进入了一套新的互动系统,在这个系统中,公民身份就是他的一切(Miaille 1976:53)。不用说,订立契约不是真实的事件。这是一个假定的历史时刻,是理性已经得到充分发展的(如果说不是已经到达终点的话)时刻,是用假设的"意志行为"来为政治领域提供基本原理的时刻。

毋庸置疑,通过上述转变,一种新的人类和新的社会将被组织运作起来;在这里,焦点在于作为最重要的目标的清晰性、可预测性和确定性(Foqué and 't Hart 1990:44 ff.；Arnaud 1975)。人被变成了公民。作为公民,他被认为是一个可以自主、具有理性而且可预测的实体。

随之产生的新的社会和政治理想,欣然接纳了基于规则的法律秩序的原型。这一理念(理想)带我们回到了法治理论的根基,因为这种法治理论保证,正是通过这种规则理念本身,才有了透明性。同时,18世纪末期法国社会中的革命激进主义和不确定性也将因此而被遏止。

这种法治理论或者法治国家的基本理念是,无论统治者还是被统治者都要遵守规则,这可以从两个方面予以解释。第一种解释采取的是强法律主义解释路径。根据这种路径,统治者遵守规则等同于"不违背"法律。这对法律的有效性和正当性来说是充分必要条件。立法法理学提出了第二种解释路径,在这种解释中,统治者遵守规则仅是使得规则有效的必要但不充分的条件。根据这个观点,法律的有效性跟正当性是有区别的。只有通过正当化才能获得正当性。这个观点将在第六章来讨论。

按照立法法理学的观点,对主权者需遵守规则的第二种解释支持某种形式的宪制,因为这能回答统治者遵守规则这个问题究竟意味着什么。对这个问题的回答可以被概括为,"不违反规则"仅是法律有效性的必要条件。这意味着,统治者不仅要按照法律进行统治,而且要为其统治行为所涉及的决策提供正当理由。

规则概念本身的正当化力量,远远不足以实现法国大革命中提出来的自由和平等的民主理想。由规则组成的法律秩序的原型,证明需要依赖这样一种信念,即政治激进主义,与它在18世纪末带来的所有革命因素一起,可因把既作为权力主体也作为其客体的个人转变成公民而得以终结。根据这个观点,政治权力具有了法律的形态;也就是说,为了将政治权力进一步纳入规则的轨道,政治权力必须被铸造成宪法。

除了将个人转化为公民,以及赋予政治权力一种法律形式外,社会互动也会受到这种运行过程转变的影响。每一个社会问题都被认为是一种冲突,而这些问题也将以法律的形式表现出来。政治领域被认为是一种通过法律规则调节冲突的恰当领域。总结一下就是,规则数量越多,冲突就会越少。然而这个命题并非为真,我们将在后面对此予以讨论。

规则的内容无可置疑地表达了一种价值判断,这是一个事实;除此之外,规则概念本身也是一种价值判断。它所表达的要么是一种安全价值,要么是一种与自由、平等和博爱相关的理念。不过,法律的规则特性在于它表达了一种价值判断,这是毫无悬念的。因此社会契约理论也是一种强有力的工具,它把价值判断隐藏在了观点之后。迄今为止,这种采纳强法律主义的做法是很成功的,我们正处于强法律主义的核心。强法律主义拒绝价值判断本身就是一种价值判断。

后一种说法可以变得更有说服力。基于上述分析,我们可以总结说,将主体转换为公民、赋予政治权力以法律形式、将社会问题法律化等行为的基本动机本身就是一种价值判断。换句话说,将实践问题转换为社会契约的理论框架是实践理性本身带来的一种结果,而实践理性跟隐藏于其后的理论理性是"双胞胎"。因此这样看起来,现代科学的开端,不正是植根于神学土壤的实践理性和理论理性的逆转吗?不正是意志驱使笛卡尔和伽利略超越了真理的启示吗?我们此时揭示出这种逆转将产生一个结果,即作为一种实在理论的社会契约其实是一种把实践问题转换为理论框架的途径和方式。这种方案本身隐藏了实践理性一直在发挥作用的事实。和其他地方一样,这里所讨论的其实也是在第三章提到过的一种认识论化的哲学。

如果霍布斯所称的国家哲学(*philosophia civilis*)与自然科学之间的模仿和被模仿关系,并没有受到自然科学理论成功的启发,那么它就说明了一个论点,即正是在国家哲学努力模仿自然科学的过程中才形成了当前的价值判断。根据对强法律主义的研究分析,这种价值判断是隐藏在某些理论立场背后的。换言之,经由社会契约建立政治领域这一做法,对政治或者实践动机具有依赖性,而且建立政治领域这一行为本身已经构成了实践理性的一部分。不过,它也表现出了一些理论色彩;正是通过理论理性中的表象主义观点,我们才得以对强法律主义进行更为深入的分析。

因此,法律是由规则构成的,这一事实依赖于价值判断。那么为什么进行价值判断的途径是规则,而不是其他东西?答案似乎很简单。首先,根据17世纪以来占据主导地位的机械论世界观的观点,冲突是由人类本性引起的。假如社会可以以规则的形式组织起来,就像宇宙也遵守规则一样,那就意味着冲突是可以控制的。宇宙中的行星"遵守规则",因此它们既不彼此相斗,也不相互冲突。

其次,规则是一种以理论的方式控制和解决冲突的恰当方式,就像在自然科学里规则是以一种认知方式发挥着作用一样。因此当存在冲突时,遵守规则、适用规则等行为,仅仅被当成只需要了解规则的过程。作为一种认知活动,这些行为本身并不包括价值判断。因此,在哲学的认识论化这一宏大运作中,以规则之名将法律结合起来,深刻地影响了作为实践问题的法律。这种做法还把法律变成了一种理论结构。

把实践或政治问题转换成理论问题的结果是,强法律主义坚持主张法律"就在那儿";施克莱就很明白晓畅地表达过这个观点(Shklar 1986:9)。强法律主义要求法官严格地适用法律,而且在缺少相反证据时须认为法律的含义是明白清晰的。这个"证据"或多或少总是存在可疑之处,因为它允许法官将自己的价值判断带入法律。就像所有的价值判断一样,没有办法仅仅用一种理性方式来解决价值争议,因此又怎么可能指望用某种方法来缓和立法领域和司法领域的价值判断之间的紧张关系呢？

假如"作为规则的法律"这一选择是个实践问题，进而认为被忽略的价值判断是一个策略问题，那么法律和政治之间的关系将会因此受到巨大影响。不仅"作为规则的法律"这个选择是一种策略，规则的内容本身也是。规则的内容是由人制定的，它也是一种价值判断。由于法律的"此在性"（thereness）是强法律主义最引人注目的表达，"作为规则的法律"这个选择以及规则的内容本身也都被法律"在那儿"这种看似客观的表述给遮蔽了，这也是价值判断被策略性隐藏的重要体现。

依据哲学的认识论化对法律和政治之间关系的阐述，我们现在就可以开始探讨强法律主义的主要内容了。有一些观点之前已经简单谈过，其他一些观点则一直留到现在才开始分析。在我看来，强法律主义包含了如下要素。下文将按照以下摘要展开论述。

我们将面对的问题有：(1)表象主义；(2)永恒性；(3)工具主义；(4)国家主义；(5)法律科学。无须多言，和之前一样，进行这些研究的意图不在于提供一个穷尽式分析，而在于说明强法律主义其实包含一系列理论和命题，这些理论和命题的目的就是将制定法和实在联系起来。换言之，在强法律主义的策略下，法律也是一种建构，是实在的一部分。法律所表现的就是实在。

三、强法律主义是一种思维模式

（一）表象主义：通向强法律主义之路

关于表象主义是如何运作的，最初的观点可以通过我们质疑世界的方式来阐述。正如马丁·霍利斯（Martin Hollis）所言，基本上来讲，问题只有两种类型——开放式问题和封闭式问题。

哲学上的追问是用来解决问题的。大家都很熟悉这些问题，也可以通过哲学上的追问来回答它们。这些问题的答案也非常有趣，但这种有趣与内容并没什么关系。问题与答案之间或多或少有些自相矛盾的部分，需要予以进一步的观察和探究。霍利斯就这个问题提出了一个有趣的观点（Hollis 1985:5-10）。这个观点的关键在于区分"开放式"问题和"封闭式"问题。

我们的探讨从封闭式问题开始。封闭式问题是至少在原则上可以得到最终答案的问题。以下两个例子可以更好地说明这一点。

第一个例子是，"单身汉未婚吗？"通过对"单身汉"这个概念加以分析，便可以得到这个问题的答案。只要"单身汉"这个概念存在，答案就是有效的。第二个例子描述的问题是，火星上到底有没有生命。我们直到现在都不知道答案。但是我们至少知道如何获得答案。一旦可以采取必要的技术手段对这颗红色星球展开全面探索，我们就没有任何原则性的理由不能得到该问题的答案。以上两个问题都是"封闭式"的，因为我们可以设计一个——概念性的或者经验性的——框架去回答它们。这些问题的答案都是"封闭式"的，因为问题所采用的形式理所当然都是可以理解的（Winch 1990:102）。

"开放式"问题则与"封闭式"问题不一样。这些问题在提出来时没有类似的可用于分析的框架。和"封闭式"问题相比，我们并不能保证"开放式"问题最起码在原则上都能获得一个答案。这类问题就是"什么是实在"或者"什么是正义"，不过关于这类问题至少有一件事情是清晰的，那就是它们回答起来都相当困难。为什么会这样呢？

和其他问题相比，回答这些问题的困难在于，这些问题事实上是在可供参考的框架之外提出来的。这样的框架至少可以为封闭式问题提供一些原则性的答案。同样,也正是这一框架使之成为一个封闭式问题。很显然,当问题不在框架之内被提出时,它们不可能从框架所提供的有利条件中获益。因此,开放式问题需要像封闭式问题一样被"框定"。这一切都发生在思维之中。开放式问题激发人们思考如何建立起解决问题的框架。

任何老师都知道这样一条经验法则:"好的问题包含着一半的答案。"从这个角度来说,哲学问题实际上不能被认为是"好"的,虽然它们还蛮有趣的。它们的趣味性在于可以延伸出许多新问题,譬如在哪个框架中它们可以被回答或者必须被回答之类的问题。这些答案,包括生成答案的框架本身,反过来又可以引发更多的新问题,如此种种。因此哲学是个游戏,而我们仅仅是玩游戏的人。

从这个角度来说,哲学和理论之间的关系该如何理解就比较清楚了。只要想为哲学问题比如"实在是……"提供答案,问题和答案就会被揉在所谓的理论中。然后我们看起来就可以以某种形式的理论来了解实在是什么。哲学问题因此获得了封闭式的或者是理论上的答案。封闭式答案采用的形式是理解世界,即认为世界是理所当然、毋庸置疑的,只需对其进行理解即可。

这样看来,这种哲学上的问题最终是可以得到答案的;有些哲学家确实就有这样阐述事情的习惯,这真令人恼火。他们通过自己的思考所建立起来的框架,主张提供一种理解实在的直通路径。在这种观点之下,问题、解答问题的框架、答案是杂糅在一起的。通过这种融合,它们共同构筑起一道坚实的哲学桥梁以通往实在。换句话说,我们只要沿着这个王道(*via regis*)走向真理,就能得到实在的知识。

不过,在观察这些答案时,至少还有一种不同的方式。关于这一点,我们不妨回顾一下所提的问题以及提供答案的框架之间的区别。一个哲学——开放式——问题,就像我所说的,不可能和一个非哲学——封闭式——问题使用相同的分析框架。在回答前类问题时,框架和答案缺一不可。答案也不可避免地会依赖框架。答案就是建造一座桥梁或是一个框架,然后借它来抵达实在。因此可以说,无论是答案还是问题,都只有在跟框架相关时才有意义。因此这种框架也被冠以某种名义,比如海德格尔作品中的"世界图像"(*Weltbild*)或者"世界观"(Heidegger 1950)。

假如要对"世界图像"或"世界观"进行批判性评价,就需要驯服现代性的哲学野心,除此之外,还需要切断被认为已实现的直通实在的可能性。无论这些世界观被冠以何种称谓,经由中介形成的与它们相关的哲学洞见,都会被当作与实在有关的知识。它们贯通了被说成是无法直接通达实在的通道。我们只要了解了实在的理论(theory of reality)和与实在有关的理论(theory about reality)之间的区别,就能再次想起第一章提到过的唯实论和唯名论之间的区别。

第一章中讨论的种种唯实论理论认为,在实在实际是什么这个问题上,它们自己都有一种未干扰的性质;而唯名论则与此不同,它们提供的是一种附有中介的通道。种种唯实论理论都提供了一条直通实在的路径,而唯名论只有借助于框架或者理论才能做到这一点。因此前者被称为实在理论,后者则被称为与实在有关的理论。

两种理论之间最重要的区别在于,唯实论理论认为真理存在于事物之中,而唯名论理论则认为真理存在于语句之中。唯实论者告诉我们,我们直接生活在这个世界里,真理指的就是命题和世界之间的对应关系。唯名论则从自己的角度出发,认为真理存在于语句当中,因此不能直接指向实在。即使知识指向的是并不存在的事物,和这些事物相关的知识也是可能的,从这个角度来说,这种知识当然与世界毫无关系。

现代性一旦开启,事情就变得不太一样了。研究现代性,要从笛卡尔开始。为了对抗唯名论留下来的怀疑主义,笛卡尔选择将真理替换为确定性。鉴于上帝的真实性,清晰且具有区分度的理念既是确定的,也是真实的。因此,真理存在于理念或者表象当中。确定性是知识的一个方面,即从笛卡尔的观点来看,确定性是通向真理的钥匙,也是始于笛卡尔的哲学认识论化的一个结果。知识就是通过语言来表现这个世界。也就是说,语言能指那些被表现的、真实的、超语言的东西。因此,表象主义是这样一种信念:我们的知识所表现的正是这个世界的本来面目,而且这个世界建立在一种不可动摇的基础之上。

表象主义对细节很关注,它将思维与某种基础或者起源联系在了一起。从这个角度来说,记住笛卡尔是很重要的,因为是他将确定性变成了真理的认识论标准。除了第一真理("我思"和上帝存在的证明)(Descartes 1996i:18-42)之外,基础也可以是一个真理性规范,比如,霍布斯理论中的那个根本的自然法(1996c:117)、普芬道夫的社会性规范(1994b:70)、康德的进入公民社会的规则(1997:84-5,89-90)。另一个版本的基础是一种能够导出人民主权的建构性意志行为,卢梭备受欢迎的人民主权论就属于这一类(1997a:49-50),这是实证法体系有效性的基础,即"基本规范"(Grundnorm)思想(Kelsen 1967:201-5),或者是法律适用机关所采用的承认规则(Hart 1994:100-23)。无论在何种变体中,表象主义都是一种基础主义的形而上学;在这种形而上学中,主体对真理确立工作的参与是一个必要条件。不过,这种模式是唯心主义的,未必具有实证性。法律主义和表象主义可以跟现代自然法理论共存,尽管这种关系对于双方来说都非必需。

从对表象主义的简单描述中可以看出,有一点是很清晰的,即笛卡尔总体来讲还是一个标准的唯实论者,但他支持唯名论的基本原理。在笛卡尔的理论中,唯名论和唯实论结合在了一起,并将哲学变成了认识论,他的理论也因此将我们的世界观局限在了表象主义上。笛卡尔的理论直接导致了认识论化的哲学之产生,我们在第三章曾经讨论过这个问题。

当我们开始考虑法律问题时,表象主义就稍微变得更复杂了些。第一章中提到,法律主义是唯名论形而上学的衍生品。现在这种洞见可以和表象主义结合在一起,为我们打开一条通往强法律主义的光明大道。深藏于强法律主义背后的是表象主义;而根据表象主义,法律"就在那儿"。

根据表象主义的观点,法律被认为是实在的表现。在表现与被表现的过程中,法律不会借由政治作为中介。所以,法律便从价值判断或政治中抽离出来了。因此,"作为规则的法律"这种形式和法律的内容都是实在理论的产物。我们应该还记得前一节曾提到过的问题,一种实在理论是通过封闭的方式回答哲学问题的产物。问题的答案既为回答设置了一个框架,同时这个答案本身也能回答问题。作为结果的答案被认为是真实的,因为它的基础是对实在的直接接触。如果不考虑建构框架来回答这个哲学问题的话,那么看起来就可以直通实在了。因此在提出或者回答这个问题时,似乎并没有要求提供什么框架。这样做可以获得真理,同时不给分歧留下任何机会。

复杂性就在于:法律的千年传统贯穿着自然法思想与实证主义思想之间的对立。不同的理论对应着不同的侧重点,这些理论间的差异也不能被轻易抹除。从该意义上讲,于哲学认识论化之中产生的表象主义也可以从这个角度上来进行探究。这为研究强法律主义开辟了一个更为广阔的前景。

为了更好地把握强法律主义，我们试图厘清以其为理论背景的表象主义观点。实在理论和与实在有关的理论之间的区分在这里又派上了用场。在这种区分之下，我们还可以进一步将两种不同类型的表象主义加以区分。

第一种是建立在实在结构基础上的表现形式。第二种则相反，它在组织实在时扮演了一个更为积极的角色（Perelman and Olbrechts-Tyteca 1976:471 ff.）。第一种可称为"表现-再现"（representation-reproduction），第二种则可称为"表现-建构"（representation-construction）。

表现-再现跟实在理论相关，而表现-建构则跟与实在有关的理论相关。

这两种类型的表现理论之间的差异，可以被认为是两者各自呈现的动态性的不同。"动态性"所表现的是一种关系的方向，而这种关系的一头是人类思维和人类意志，另一头则是实在。

根据表现-再现理论，实在是被再现的。实在早就表现在存在之中了，表现-再现强调了这种表现。值得一提的是，在古典自然法或现代自然法中也存在这种状况，其表现有两种形式，一种是亚里士多德主义和托马斯主义，另一种则是各种现代变体。表象主义便呈现出一种动态性，这种动态性关系的一头是人类的行为和思维，另一头是实在，关系的方向是从实在到人类的行为和思维。表现-再现理论跟唯实论的联系最为密切。

对这种动态性做进一步描述，可以帮助我们识别出它的一些更具体的形态。这种动态性存在于思维模式当中，而根据这种思维模式，实在中存在的东西与人类活动的结果相比具有较高的价值；后者的价值被认为是较低的。另一种表述方式就是，比较早的东西要优于比较晚的。假如"比较早的"被认为是"存在的",那么后来的东西,就其与之前已经存在的东西的关系来讲,就仅仅具有本体论价值(Perelman and Olbrechts-Tyteca 1976:471 ff.)。

无论表达方式为何,表现-再现的动态性有一个共同特点,那就是都从存在的事物出发,最后再回到已知或被创造的事物。在表现-再现模式下,人类行为或者思想最后都将从属于存在的东西。至于法律,表现-再现的动态性方向是从"超越的-现存的-基础"(transcendent-existing-foundation)到"实证的-人类的-法律"(positive-human-law)。实证的法律使得自然法以其特有的方式表现出来,即实在法所表现出来的已经是本体论意义上"在那儿"的自然法。布鲁门伯格对这一再现过程进行了极其清晰的说明,他说这种法律有一种"模仿力"(Nachahmung)或者是"理解力"(Nachvollziehung)(Blumenberg 1957)。

在表现的第二种变体即表现-建构模式中,思想与实在之间关系的动态性正好相反。这种动态性是从人类行为和思想开始,到实在终止;这与唯名论的主张很是相近。根据唯名论的观点,概念没有本体论价值;而且正好相反,概念是由人类建构起来的。对实在的理解会受到实在和思维之间动态性的影响,因为正是通过对思维的积极影响,实在才得以为人所理解。

最有趣的莫过于表象主义的第二种变体。表现-再现和表现-建构之间存在着差异,这种差异通过霍布斯的主张就可以厘清,因为霍布斯的理论解释了自然法和主权者的民约法之间的关系。

在第一章中,我们讨论过霍布斯的理论。对霍布斯来说,自然法是上帝的命令。它们是对社会状态进行组织的规则。然而,考虑到霍布斯对唯名论的支持,必须将自然法的存在与它们的意义区别开来,即自然法本身是没有什么意义的。唯名论将法律一分为二,一是自然法,二是民约法;民约法是由主权者以赋予自然法意义的形式创制出来的。某种意义上说,霍布斯理论下的主权者所代表的正是自然法,正是他将自己的意义赋予了自然法。基于这种观点,可以说主权者的法律所表现的正是自然法,尽管实际上是主权者自己建构了这些自然法。由此,我们可以说,霍布斯所持的正是表现-建构观点。

不过,与此同时,这种"创造"的意义被认为正好是自然法(如果它存在的话)的含义。假如它们像上帝的命令一样存在,那么它们在语义上就是空洞的;假如没有主权者的定义,那么它们压根就不会有什么意义。正是主权者的介入赋予了自然法以意义,因此说到底,看起来仿佛民约法表现的正是自然法,这跟人法所表现的正是托马斯式自然法的主张有异曲同工之妙。从这种解释中可以得出一个结论,即霍布斯将其中的表现看作了表现-再现。

表现-建构和表现-再现之间的区别,相当于思维与实在之间动态性方向的反转。因此,表现-再现的动态性,跟霍布斯理论中的表现-建构的动态性正好是对立的。事实上,霍布斯将两种表现方式糅合在一起了。看起来,主权者忠实地表现了自然法;事实上,在自然法理论下真正发生的事情恰恰与此判断相反。假如没有主权者对实证法进行定义的行动,自然法根本不会有什么意义。假如将自然法以实证法的形式表现出来,那这就是主权者建构性介入的唯一可能的方式。

实证法是由主权者建构出来的,换句话说,实证法已经被自然化了。自然法思想是从自然法开始的,其结果就是实证法的自然化;至少从表面上看,这种自然化会产生类似的效果。不过,由于两种模式在运行时其动态方向正好是相反的,因此它们的本质也是不同的。

在自然法知识和主权者的意志介入之间的关系上,核心内容是模糊的;这种模糊性可以借助表现-再现和表现-建构之间的区别来加以厘清。更具体地说，我们可以将这种模糊性称为实证法的自然化。法律的实体化、本体化或者实质化等特性，跟自然化是一致的。实证法的自然化，意味着实证法所表现的是实在，因此这种模式可以被称为表象主义。

在区分思维中的表现-再现和表现-建构的基础上，法律主义对实在的表现不是表现-再现，而是表现-建构；认识到这一点仅仅是研究的一小步进展。它被认为是表现实在的一种建构，既是建构，又是再现。换句话说，这种建构被自然化了。这看起来是真实的。自然化将建构与真实的或者"就在那儿"的东西融合在了一起。自然化、本体化或者实体化都意味着隐去了建构，同时也意味着会尽力将表现-建构呈现为表现-再现。因此，霍布斯的表象主义可以被认为是通过"建构"民约法来"再现"自然法而形成的一种集合。

（二）永恒性（timelessness）与法律的有效性

表象主义认为，我们面对实在时的思考方式是正确的，这种思维所表现的就是世界原本的样子。但这并没有从根本上改变表现-再现和表现-建构逐渐融合的趋势。不过，这个命题反过来说也是正确的。这种融合，目的在于掩饰建构者的干预，并将这种融合看作真实的、无条件的。不过，真理是永恒的。本节将探讨这种融合所产生的效果。本节将要提出的主要观点是，两种类型表象主义的融合意味着对时间概念的控制。这种融合可以促进与实在有关的理论转换为实在理论。因此，人类思维被认为在可以理解普遍性、理解真理的同时还能理解实在本身。

为了解决政治社会的建构问题，社会契约论者提出了他们构想中的社会联合理论。他们的方法所揭示的正是时间问题。

因为人类创造这一行为没有本体论地位，现代哲学研究面临的问题就变成了一个困境。人们不再被认为是天生的政治动物。因此，假如政治存在的方式并非出于自然的话，那么人类就需要开辟政治领域了。也就是说，这种被建构出来的政治领域并不会像古代哲学中的城邦一样拥有本体论的地位，那么该如何解决这个问题呢？

答案看起来也相当简单，但实质上却非常复杂，这一点我们在卢梭的理论中就可以看到。关于卢梭的理论，正是我将讨论的重点，后面我也仅仅将重点放在这个问题上。接下来我将主要阐述两方面的内容，一是社会契约的时间结构，二是立法的时间结构。

（三）时间和社会契约

不用说，社会契约标志着人类社会由自然状态向经过理性组织的政治领域的转换。在政治领域内，公民最终将被赋予道德性，"道德性"正是霍布斯（1966c：253 ff.）和卢梭（1997a：53-4）以及其他很多人所论述的自然状态中自始缺乏的东西。社会契约的订立是一种假设，但对将社会转化为政治形式或者国家形式来说，它却是一个必不可少的前提条件。

社会契约标志着人类社会由自然状态向经过理性组织的政治领域的转换。只有政治领域才能赋予其成员以霍布斯和卢梭所描述的自然状态中所缺少的道德性。

社会契约指向人类行为。人类行为充满了历史性，社会契约的内容却不受时间影响。不过，契约内容的永恒性似乎否定了一个事实，那就是契约之前的社会生活都存在于历史之中。卢梭提到了几个时间标志，以便将契约的缔结与历史的流动联系起来。

首先，其中一个时间节点就是"某种致命的意外事件"（Rousseau

1997b:167)。虽然这个词可能很模糊,但它指的是发生过或正在发生的事情。这包括一系列的历史上的巧合,比如冶金学的发明、农业的发展,以及人口的增长(同上:167 ff.;Blumenberg 1983:221 ff.)。这些事件合在一起说明了一个观点,即自然状态不是静止的,恰恰相反,它是进化的,因此会随时间发生改变。

进化的基础是卢梭关注的焦点;这个基础主要带有一定的经济属性。随着人口的增长,物资匮乏变得越来越严重。而人们希望获得相同的物资(Polin 1971:17;Hobbes 1966c:111),因此经济产出的增长需求就变得不可或缺了。经济产出的增长需求,还伴随着对专门化的要求和劳动分工的必要性,对此,亚当·斯密(Adam Smith)提出了一种理论性工具。

最终,劳动分工成为商业贸易的基础,这是人们相互依赖关系逐渐紧密而带来的一种结果(Rousseau 1997b:168 ff.)。相互依赖关系的产生标志着自然状态最终阶段的终结。这个最终阶段正好对应着宣告契约订立的那个"时刻",而这也成了另一个时间节点。①

其次,在签订社会契约的"那一刻",社会生活的历史性维度被消解了。契约吸收了时间定位,同时还建构了一个永恒性的现实。这是契约在空间和时间上的普遍性所带来的结果。② 这种普遍性可以对应如下三种解释。

第一个解释中,契约内容仅仅存在于实在中,我们可以从实在中直

---

① Rousseau 1997a:123:"可是,如果在订立社会公约的时候出现了反对者的话,这些人的反对也并不能使契约无效,那只不过是不许把这些人包括在契约之内罢了……"同上:54:"共同体的每个成员,在共同体形成的那一瞬间,便把他自己献给了共同体……"

② 同上:50:"这一契约的条款乃是这样地被订约的性质所决定,以至于就连最微小的一点修改也会使它们变成空洞无效的;从而,尽管这些条款也许从来就不曾正式被人宣告过,然而它们在普天之下都是同样的,在普天之下都是为人所默认或者公认的……"

接读到社会契约。真正的公法原则的存在因此也成了一个形而上的推论。

卢梭很明确地拒绝了这个解释方案。他认为,社会契约的内容是为人所普遍接受的。它无须存在于实在当中。这种表述意味着社会契约的内容是真实的,因为它具有普遍可接受性。基于这种解释,人们达成一致的所有契约内容都应该是真实的。第二种解释将使他的理论成为一种实用主义的真理理论,而这和卢梭的整体思想是相悖的。

在第三种解释中,那些接受了社会契约内容的都是理性的人类,这是卢梭的观点。理性的进化带来了真正的公法原则,而且这种原则和自然法一致。对政治领域进行理性组织时将会用到这些原则。

为了加强自己的论证,卢梭提出了公法原则可接受度的普遍性问题。他后来主张,"所有理性存在者能够接受的(有效标准 X)是(一个有效标准)"在逻辑上是正确的。假如对 X 进行评价的标准表示不同意见,那就意味着需要援引另一个标准 Y。因为这种不一致,为了使 Y 失效,就需要进行元判断。将 Y 和 X 进行比较,则意味着需要考虑通过规范 X 来援引 Y 这一事实。事实和规范之间的这种对比在涉及普遍共识时是不会发生的。因此,"所有理性存在者将其作为(一个有效标准)来接受的是(一个有效标准)"在逻辑上是正确的。因此,X 是一个有效标准。由于它具有普遍可接受性,所以不会援引替代性标准 Y。考虑到对 X 的普遍可接受性,"X 是一个有效性标准"这一说法从唯实论角度来看是正确的,但却因为和实在存在冲突,所以被排除了。

在任何设想中,政治领域都不是一个自然事实,所以它一定是被建构出来的。而这种建构只能发生在社会范围之内。与此同时,这种建构是有条件的,即只有在与社会契约条款的认知性普遍内容相一致时,它才能实现,这是卢梭的主张。结果就是,政治领域同时也是它本来应是的样子。社会契约条款是真正的公法原则（Rousseau 1997a:152）。尽管社会契约是一种人类行为因而具有暂时性，但它依然是与实在相符的。

上述说法也可以换一种表述。在任何设想下，政治领域都必须是从内部予以建构的。这种建构迄今为止也只有在与社会契约条款的认知性普遍内容相一致时才能存在，这是卢梭的主张。这就产生了一个结果：政治领域同时也是它本来应是的样子。社会契约条款包含着真正的公法原则。基于这个理由，可以说社会契约是在直通实在的产物，因此它是对实在的一种"表现-再现"。它表现了真正的政治权利原则，也表现了它们的普遍性或说不受时间影响的有效性。

（四）时间和立法

从政治领域被建立起来那一刻开始，一种在契约订立背景下良好运行的机制便被启动了。一方面，在契约中发现自己的起源并因之而有效的那套法律规则是偶然的；它们是人为确立的。但另一方面，它们也表现了契约本身的非时间性特点或者永恒性（a temporal charactor or timelessness）。这导致在偶然性和永恒性之间出现了一种紧张关系，这一点早在对社会契约进行分析时就已经被注意到了。对于该问题，我们可以阅读卢梭的作品（1997a:109）："昨日的法律不能约束今天的行为，但沉默便可认为是心照不宣的赞同，如果主权者没有废除原本可以废止的法律，那便是默认这项法律继续有效。"

从理性自然法的角度来看，这种想法是说不通的。规则要么有效，要么无效。当规则有效时，只是因为它们是从自然法中正确推演出来的，因此它们是正确的，任何改变都会削弱其有效性。卢梭将这种悖论推演到了极致：只要规则不改变，它们就永远有效（参见 Luhmann 1981:

374,400)。

尽管实证法有着神圣的本质,但它还是会发生变化,因为它的终极基础是约定俗成(convention)。① 就像我们前面所说的,法律规则具有约定的——因而也是历史的——特性是其与社会契约共有的一个方面。我们应该记得,社会契约可以被正当地打破,因此任何法律都可以被正当地改变。当契约消失时,基于契约产生的规则也将同时消失。

约定性不是法律规则和社会契约条款之间唯一的相似之处,但正是因为这一点,法律规则才得以从社会契约中推演出有效性。因此卢梭强调,社会契约条款要么全部有效,要么全部无效;除非契约无效,否则契约条款不能被更改。

当需要对立法者提出的议案内容进行表决时,公民无权修改提出的法律规则。同时公民也没有创制权(Rousseau 1997b:116-7)。创制权属于立法者。而立法者的任务就是去界定公意的内容并使之具体化,卢梭将这种公意表达为共同之善(bonum commune)。公意是全体公民意志的表现,但这种公意只能由主权者表达出来;全体公民构成主权者。

立法者出于自己的考虑,绝不会扮演执行者的角色。执行权完全属于主权者;多数投票所表达的正是公意。提议的规则内容是否符合公意,正是投票所要解决的问题。这一过程中有两个方面的内容对我们而言比较重要。

第一个方面是,公民并不需要表达自己的判断和意见。投票时根本不会审查公民个人认为这件事应当如何做。对于付诸表决的提案而

---

① Rousseau 1997a:41:"社会秩序乃是为其他一切权利提供了基础的一项神圣权利。然而这项权利绝不是出于自然,而是建立在约定之上的。"

言,公民个人的投票所表达的,只是参与了大多数人针对该提案的意见,也就是说他所表决的只是关于该提案内容是否符合公意。① 严格来讲,投票并非一种意志行为,而是一种认知表达,表达的是一个提案是否符合公意,或者它是否"表现"了公意,因此这种行为是表象主义的。

第二个方面和第一个方面相联系,对于那些碰巧属于少数派的公民,逻辑上来讲人们并不期望他们会改变自己的意见。因为没有人征询他们的意见,他们又哪里有机会改变这些看似无关紧要的事情呢?然而,那些属于多数派的公民仅仅做了一个认知性判断;他们并没有表达自己的任何倾向性。对于少数派来说也是如此,除非他们碰巧错了——他们仅仅做错了一件事(Rousseau 1997a:124)。

对那些碰巧属于少数派的人,人们对他们的唯一期望就是他们修正自己的外在行为以适应多数人认可的提案内容。因为只有多数人通过的议案才被认为是意志行为,也就是说,意志行为指的是按照多数人的标准做出的某种行为。

不管有什么截然不同的外在形式,对立法者提出的提案内容进行投票依然不是意志行为。因为假如少数派是错的,那多数派就一定是对的。然而,这不是一个评价性的陈述;它是一个真理问题。卢梭用认知性术语表达了这个想法:少数派错了。因此,每个公民的投票都是一个认知过程,它以一种机械化和量化的方式展现了多数派和少数派在立法过程中的相对权重。投票过程是一个表现真理命题的认知过程。公意独立于投票而"存在"。主权者的成员只能对此表示认可。假如他们意识到这一点,那就必须按照该公意行事。

---

① Rousseau 1997a:440-1:"当人们在人民大会上提议制定一项法律时,他们向人民所问的,精确地说,并不是人民究竟赞成这个提议还是反对这个提议,而是它是不是符合公意……"

这两个评论和迄今为止的通行论证思路之间是一致的。看起来卢梭的方案带有意志性,即公意是社会契约和法律的共同基础。契约和投票过程中所包含的意志都是人类的,于是意志这个概念本身就充满了历史性和暂时性。如此一来,契约和随后的立法都被认为是一种建构,因为它们都依赖于意志行为。

不过,意志具有偶然性,因此它缺乏正当性,而这种正当性是具有普遍性的事物所必须具备的。所以,卢梭的立场是将普遍的、永恒的理性与偶然的、历史的意志相结合,直到一个人只能"意愿"(will)(即个人通过"公意")做符合普遍理性的行为。然而,这并非意志本身,而是一种认知行为。因此意志行为呈现出一种永恒性的表象。政治领域及其衍生的规则所具有的历史性特点被具有普遍性的理性掩盖了。

四、被掩盖的工具主义

(一)工具主义:科学的和规范的

从理论思维上来讲,工具主义的前提是,理论是手段,是工具,是和观察性命题相关的计算装置(calculating devices)。观察性命题被一套可以导出许多推论或预测的理论给系统化了。不过,理论的真实性或者它与实在的相关性,跟工具主义无关。从实践角度来讲,工具主义意味着一种规范性理论是可以进行理性证成的,只要行为、生活计划或者一系列社会制度安排能被证明是实现主体最终目标的最好方式即可(Piper 1986:373)。这种理论所表现出来的是实现目的的手段,它不会从理性上去质疑这一目的本身。真理和价值跟知识和行为相互分离,这是唯名论形而上学的核心主张。关于这一点,我们在第一章曾经谈到过。

与这种方法相一致,作为法律主义基础的唯名论形而上学的另外一面是,世界在规范意义上是虚无的。这意味着,"正义"是法律的终极目的这一观点尽管曾经在古典哲学中占据主导地位,但是现在却不具有这样的意义。由于对神圣全能进行了逻辑阐释,本质已不复存在,那么价值也就没有了本体性的存在。价值或者终极目的因此必须加以选择,尽管这种选择经不起理性证成的检验。最后的决定被认为是一个选择问题,或者是一个(亚里士多德意义上的)政治问题。因此行为的理性意味着它是实现目的的最佳手段。当将这种理论限制在法律上时,就意味着法律是实现目的的一种手段。通过法律所欲实现的目的是一种选择,因此是政治性的,但不是理性的。概括地说就是,法律因此变成了一种实施社会政策的工具,而社会政策的目标是没有理性基础的选择的结果。简言之,正义因此不再是法律的本质目的。法律的目的是由政治决定的,而这正是法律主义急于掩盖的事实。

这种掩盖是法律主义策略的一种变体,这种策略旨在让法律和政治分离。就像我们在上面提到的,法律主义扎根于唯名论形而上学,这种形而上学是一种哲学的认识论化,那些不能被认识的事物于是就被排除在了哲学范围之外。因此,价值被留在政治领域,同时被隐藏在法律的普遍性或者非时间性之后,这在前一节已经做过说明。法律中掩盖价值判断的另一种设置,是采用一种形式推理的方式,这种方式排斥任何形式的实在关联性,同时也排斥价值选择;因此它是工具主义的。接下来的几页,我将简要阐述强法律主义在这个方面的主要特点。

前面几页我们分析了卢梭的社会契约理论,其中展现出来的现代哲学思维的时间维度,对于本节的主题来说实在是一个绝佳的导论。永恒性和工具主义互为支持,因为非时间性掩盖了目的的选择性。简言之,隐藏政治领域的历史维度有助于掩盖价值是被选择的这一事实。因为价值不再被认为是属于实在的——它们具有偶然性的本质——因此必须做出选择。

在这一点上,记住第一章所讨论的唯名论形而上学的内容是很重要的。在对神圣全能的逻辑阐释下,只有个体是存在的,而且从本体论角度来看,个体彼此之间没什么关系。存在本体论意义上的关系意味着个体都属于相同的物种,这与神圣全能无法实现逻辑自洽。那不是个体的因此就不是真实的,只能用作组织实在的工具(Largeault 1971:154)。这就导致,个体与终极目的不再有任何关系,而终极目的恰恰是连接世间万物与上帝的东西。对上帝全能的逻辑阐释,说明上帝所拥有的自由是全然彻底的,这种全然的自由就使上帝与世界完全分离了。因此,由于世界上没有某种预先存在的秩序,所以人类的活动有其自身的终极目的,此即"利益"(同上:152),这是一种中世纪唯实论不可想象的观念。

因为价值与实在总体上来讲是具有偶然性的,因此对它们的选择也是具有偶然性的,这意味着它们将会受人类利益的影响与控制。这种偶然性本质使得政治领域的组织和运行变得问题重重。假如表达这些问题的价值判断能够被普遍化——比如,在理性范围内对它们予以调整安排——它们就将失去自己的偶然性特征,变得具有确定性,进而成为知识的对象。假如对它们的"选择"被认为是唯一可能的选择,那这就将是依据普遍理性所进行的理性化的或认识论化的选择。

本章开头我就认为强法律主义依赖于策略,甚至它本身就是一种策略。根据上面的论述,这种策略性特点变得越来越清晰。永恒性和工具主义相互支持,使得价值和目的失去了它们的偶然性,因此即便有无处不在的偶然性重压,整个建构也没有因此受到影响而烟消云散。

不过,只要认为在表现-再现和表现-建构的融合中偶然性所代表的是实在,那就可以避免这种偶然性的出现。

在古代宇宙论转换为现代哲学研究之后,现代自然科学从封闭世界的分化中得以产生。无限的空间替代了封闭的空间(Koyré 1970)。在这一过程中,存在者(beings)所处的这个自然场所被搁置一边,取而代之的是无限的空间。就像我说的,现代哲学研究在很大程度上意味着对这种范式转换的形而上学阐述和对随之产生的无限空间的数学式探索。

这种范式转换对数学坐标系中的位置进行了概念化,从而使该位置可以被量化表达。无限的空间可以在形而上的思维层次上被构想,这就让它在数学上能够被认识。然而,普遍性具有强大的正当化力量,它将偶然性和永恒性联系起来,同时它还表明理性"真正"发挥作用的方式是演绎推理。正是在这种联系中,永恒性出现在了现代哲学研究之中。类似的机制也适用于价值问题,这一点将在本节后面的部分加以讨论。

随着现代自然科学的范式转换,实在秩序失去了它发生质"变"(qualitative 'becoming')的动力。动力被简化为"运动",可以用数学语言对其加以定量描述和解释,并可为实验所证实。就像上面所讨论的,真理和确定性是有关系的,因为确定性是真理的标志。价值判断因为缺少确定性而没有被涵括在真理范围之内。然而,即便这样,它们也没有因此而消失。

这个简要的论述正好说明了唯名论是现代哲学的开端。因为世界上缺乏共相,它就变得具有了无限性,因此必须用一种新类型的科学,尤其是数学来弥合这一鸿沟。自然科学中的数学可以描述和解释事物之间的外在关系。① 数学命题被认为具有确定性,这正是价值判断所缺少的性质。

这里将展示的是一些和古典哲学思想相对应的内容。亚里士多德说,有些事情可以用确定性来解释,而另一些却不能。这些不能解释的事情,他称之为"政治",但是此"政治"并不一定只是指"政治"在现代术语中的含义。② 这个词语在当前的词汇表中具有的含义,主要由价值以及与之相关的讨论、争议和探讨性阐述来决定。简言之,这个词语所指向的其实是那些不能用数学、逻辑或经验的准确性加以认识的事物。

随着笛卡尔提出的确定性主张,事情发生了一些变化。我们之前讨论过对确定性的阐释。如果确定性是真理的标志,那么价值论断就不可能是真的。它们颇具争议性的特征就标志着它们不可能成为判断真理的标准。

就像上面所说的,工具主义随着自然科学的产生而产生。工具主义的特点就是,有关价值的论证不遵循与数学、逻辑或是经验推理相同的逻辑。价值没办法确证为真;它们所扮演的角色取决于选择。在整个现代哲学研究当中,价值不再被认为是知识的对象;它们之间也不存在任何位阶关系。这就是唯名论形而上学的结果;强法律主义便根植于这种唯名论形而上学之中。

尔后,工具主义将有关价值的争论简化为有关实现这些价值的最佳可能方法的阐释。价值讨论的合理性,被局限在了对工具的认定上,而工具的意义在于能够更好地获得这些价值。选择哪种价值最好,这

---

① 或者是自然的数学化(Husserl 1970a:20 ff.),或者是海德格尔(1962:50-83)所说的数学的自然化。
② Aristotle 1984d:1094a,19-1095b,12.在这个问题上,我遵循的思路是利科的阐释(1986e:303)。

是一个有争议的问题；它不易受到理性决定的影响。最佳选择是理性的选择，通过这一选择，可以确定实现非理性价值的最佳手段。价值判断被转换成了理论判断，这是哲学的认识论化的另一个版本。关于哲学的认识论化，我们在本章前面部分及第一章中都曾经提到过。

（二）工具主义和法律：规则

在这一小节，我打算将讨论限制在法律中的工具主义上，它的思想基础是，法律规则是实现价值的工具。由于价值问题备受争议，回答这些问题就需要依赖相互冲突的世界观，而解决这一问题的过程本身又具有亚里士多德意义上的政治性。因此，若要实现这些价值，就必须在没有任何理性证成的情况下选择它们。然而，对作为行为基础的意志的这样一种证明，显然是理性哲学思维所不能接受的。理性仅仅就是理性的或经验的证明，在这样一种语境中，人们做出了许多努力，来掩盖现代哲学研究的这种结构性缺陷。

作为现代哲学研究的一个认识论工具，数学并不适于进行价值讨论。一旦哲学研究从实在是数学的这一前提出发，数学就不仅是通向实在的认识论王道，而且还能呈现实在本身的结构。假如数学属于实在，那么数学推理将带来本体论上真实的知识，而这些知识深潜于实在理论之中。基于这种观点，价值没办法通过数学的方式被获知；因此，它们是非理性的。在第二种解释中，数学根本不属于实在结构，但结果是一样的，即价值是非理性的。数学是由人类建构的研究方法，它要对实在进行理性的描述和阐释。和这种描述不符的现象就会偏离理性的基础。既然它们不能用数学术语加以描述，当然也没办法以数学的方式加以解释。因此，这再次说明这些现象是非理性的。

因此从这里开始的研究，仅仅是通向工具主义的一小步。支撑法律主义的唯名论形而上学认为,价值不属于这个世界,因为上帝对善漠不关心。不过,虽然价值或者目的被认为不属于实在,但它们对生活的影响不会全部消失。在基础性的唯名论形而上学之后,随现代哲学研究发生的种种变化,导致了对价值或目的本体论地位的否定。不过,这种否定引发了哲学上的一个具体问题,因为价值在社会组织或个人生活当中都还发挥着作用。

因此,价值渐渐变得不能为人所知,因为它们并不适合进行理性论证。然而,不经理性证明而选择价值或者信奉价值,则是必要的。这种选择是一种意志行为。接下来的几页中将集中讨论这一观点,或者更确切地说是讨论决定的必要性问题。

从古典宇宙论中我们知道,倘若缺少关于实在的充分认识,那么决定对于人类行为来说就是一种必要的补充。人类不是神;他们不是无所不知的,甚至大多数人都不拥有亚里士多德所说的实践智慧（*phronimoi*）:智慧的人模仿诸神。充分和完善的知识会分散我们对行为的注意力,致使我们无法做出某种行为。更清楚一点说,人类行为之所以产生与存在,是因为人类只是人类,他们是不完美的。

假如社会是根据本体论上预先给定的结构组织起来的,那么只需根据古典自然法来认识这种结构,或者根据神学自然法来相信这一结构就行了。但倘若社会结构不在这些意义上存在,那么它就一定是被建构出来的。反过来说,创造是建立在对价值进行相应选择的基础上的。

这就是现代哲学研究的要义所在。社会契约和建立在契约之上的民约法是人为的,这一点在本章早先部分已经讨论过了。不过,这表面上看是意志行为,却未必是随意的。吊诡的是,决定虽然看起来很像是一个意志行为,但其实是一个理性化的或者认识论化的选择。如果它看起来像是一个选择,那么它也不是从选择替代方案开始的;在这些替代方案当中,需要包括至少两种供以最终选择的方案。但也正因为没有这样的备选方案,所以这个选择是一个"理性选择",一个别无选择的选择。理性选择掩盖了真正的选择。

在这方面,霍布斯跟卢梭一样,都竭尽全力去证明社会契约理论是一种实在理论。他们都想证明,签订契约完全是基于理性做出的一种意志行为。换句话说,人们只能签订契约;按照他们的理论,只能签订契约。包含在契约中的程序——比如,卢梭的多数规则——具有作为社会秩序坚实基础所需的一切自然性。

因此可以看出,社会组织这一实践问题表面上是以实践方式解决的;但进行选择的方式却是认识论化的或者理性的,是进行纯粹理性计算的结果。因此选择本身是理性的,是实现诸如安全、和平、秩序、平等或正义等终极目的的最佳手段。对这些价值的"渴望"根植于人性,所以它们不该被真正地选择。一个人只要遵循自己天生的理性,便可以理性地在这些价值中完成自己的"选择"。所以我们理性地"选择"订立社会契约,并将其看作是最有可能实现这些价值的方式。

因此,具备这些特点的,正是在契约基础上产生的法律。因此根本就不存在什么实质性的价值选择,至少表面上看来并不存在。"选择"契约时,人们其实进行了价值判断;在这种价值判断的基础上,蕴含在以社会契约为基础的规则中的所有其他价值判断,也都得到了承认和接受。

霍布斯显然也掩盖了工具主义。根据他的理论,主权者的规则是公正的。因为这些规则建基于自然法之上,而这些自然法构成了真正的道德,因此法律和道德是一体的、相同的。主权者的每一个决定和选择都是公正的。这等于是说,主权者无须做任何选择,或者换言之,主权者所做的选择被隐藏起来了。

从上面的分析可以得知，同时也是古典城邦终极目的的正义这一价值，现在已经嵌入法律规则的概念当中。通过将价值争论转化为一个认知问题，霍布斯和卢梭都认为他们已经为出现于现代性之初的新的社会政治组织问题找到了一个可以接受的解决方案；霍布斯声称自己已经找到了一个新方法，即"国家哲学"（Hobbes 1966c:357-8）。

总结一下，前文对工具主义的特征所做的描述表明，它被掩盖掉了，这是哲学的认识论化的结果。自由是现代哲学研究的三大基础原则之一，实现自由的最佳途径就是实行法治。这是一种"合乎理性的选择"，因为它是一个被理论重塑过的选择。对规则的选择也是由此开始，并被转化成了一个理论问题。因此，作为一种选择或者价值判断，对规则的选择被隐藏在了理论理性背后。最终，规则的内容（这显然是一个选择问题）被转化为一个理论框架，并被隐藏在了理性之后；因为对规则的选择事实上使得规则内容在道德上是真的（霍布斯）或者正义的（卢梭）。

讨论过表象主义、永恒性和被掩盖的工具主义之后，下文将会集中讨论法律唯一的渊源，即国家。

五、 主权、国家和国家主义

强法律主义的一个主要特征是国家主义，它主张国家是法律唯一可能的渊源。为了更好地了解这种主张，国家这个概念所出现的语境当中有一些特征很值得我们关注。首先，我将简要论述神学观点，因为国家主义就是紧随主权在神学观点中找到了自己的根基，这种观点还被称为"政治奥古斯丁主义"；其次，我将对唯名论观点下的主权做一些观察和研究；最后，我会在法律主义的语境下探讨主权问题。

(一) 政治奥古斯丁主义和唯实论的主权

政治奥古斯丁主义是一种神权的主权理论,它的特征表现为自上而下或者下降式的主权权力组织方式。罗马天主教会的组织方式使这种思想变成了现实,它在上帝和教皇之间建立了某种直接的联系。上帝按照他的神圣计划创造了世界,而将在此世具体执行这一计划的权力授予了教皇。继任教皇并不被认为是前任教皇的继承者,而被视为是直接接受上帝任命的。从这一观点来看,继任教皇并不受前任教皇的管制和约束,因此也被认为是一个独立的主权者。

教皇主权还有第二个比较性的意义,即教皇高于皇帝。"主权"一词的现代含义是"至高权威"(supreme authority),在词源上可追溯至"优势"(*superioritas*)一词(Canning 1987:125)。从神学的角度来看,对理解主权理论或至高权威理论具有决定性意义的一件大事是教皇格拉修一世(Pope Gelasius I)写给阿纳斯塔修斯皇帝(Emperor Anastasius)的信。① 这封信

---

① 在教皇格拉修致阿纳斯塔修斯皇帝的信中,论述了灵性权力高于世俗权力的内容。教皇认为灵性权力拥有高于世俗权力的自然优势,这一观点清楚地表达在下述这封格拉修一世的著名信件之中(494):"尊敬的陛下,世上有两种权力,世界主要就是为这两种权力所统治的,这两种权力分别是,牧师的神圣权威(authority)和皇家的权力(power)。在这两种权威(或权力)中,牧师的权威是更重要的,因为在神圣审判之时,他们甚至必须为哪怕尊为人中之王的人报账。我亲爱的儿子,你也明白,尽管你光荣地被允许统治人类,但在神圣的事情上,你应该在教士首领面前谦卑地低下你的头,恭候他们手中使你得到救赎的方法。在接受和妥当安排神圣奥秘之事上,你承认你应服从宗教规程而不是凌驾其上,而且在这些事务上,你应依赖牧师的判断,而不要强迫他们服从你的意志。如果牧师承认上帝在事关公共秩序的问题上赋予了你至高权威,服从你的法律,以免他们否则就可能会以不相关的因素阻碍世俗事务进程,那么请问,您应该以怎样的热忱服从那些负有管理神圣事务之责的人们呢? 因此,正如牧师按照神圣礼仪要求不说话不会有危险一样,当那些负有遵守义务的人蔑视——这是上帝所禁止的——义务时,风险可就甚为不小了。如果信徒的心应服从所有管理神圣事务的牧师,那么,对于圣座,那主教中的主教,岂不是更应怀着至高的顺服之意? 他因上帝授命而获得高于所有其他主教权威的至高权威,因而理当受到整个教会的衷心顺从和荣耀。"译自 Robinson 1905:72-3。

旨在警告皇帝,他的权力是被包括在基督的王国之内的,至少在灵性事务上是如此。在这些事务上,皇帝应当服从教皇;尽管在世俗事务上,教皇和教会权威要服从皇帝的权力(Arquillière 2006:117-53;Watt 1993)。

这就意味着,世俗事务实际上有一个更高的秩序;因此可以从该立场得出结论说,皇帝和教皇之间的关系可以被归类为"服从"(submission)(Ullman 1955:20 ff.;Gerard 1986:321 ff.),或者是"相关"(correlation)(Morrison 1960:101-5)。路易斯·杜蒙(Louis Dumont)(1983:64-5)则将这种关系称为"科层式互补"(hierarchical complementarity)。毋庸讳言,科层指向的是某种服从形式,而互补至多是指向某种重叠,而非相同;也就是说,皇权并不来自教会权力。教皇在"权威"和"权力"之间做了区分,但教皇在信中却只谈到了权威。换句话说,它关注的并非皇帝的权力,而是他作为人的权威性(同上:66)。也即,只要涉及的是世俗事务,教会就应该处于帝国之中,而假如涉及的是灵性事务的话,那么皇权就应该服从教权(同上:66;Congar 1968)。

至少从教皇的角度来看,这个原则是行得通的。对教皇职位来说,基督教的统一是教皇工作的基本准则。信仰的统一,就像真理的统一一样,在也应该在教皇所掌握的权力的统一中表现出来。在区分权威和权力的基础上,我们又发现了灵性事务和世俗事务之间的区别。

不过这里少了某种很重要的东西,这就是我们今天所说的"国家"。和"教会"缠绕在一起的只有"帝国"。然而在17世纪之前还没有一个非常明确的"国家"概念,到了17世纪末期,国家这个哲学词汇才作为一个完全成熟的概念出现。

当我们对这个词汇的用法进行近距离审视时,可以谨慎地得出一个结论,那就是,皇帝的职能是用剑(武力)来保护基督教会,而教会能够运用的只有言语(Ullman 1979:89,110)。神职人员没有权利佩剑,因此他们必须寻求皇帝的保护。不过,一旦教皇拥有了权威,他在等级上就高于皇帝。

这一原则原本可以解决皇帝和教皇之间的争端,只要灵性事务和世俗事务之间的区别是绝对清晰的,那就没有问题。毫无疑问,一个基督徒在世上所做的一切事情都跟救赎有关,因此"科层式互补"(杜蒙)很容易就可以解释为皇帝应服从教皇,这是教皇权威具有优先性的一种标志。分别于751年和800年举行的矮子丕平加冕礼和查理曼大帝加冕礼从侧面证实了这一点。然而,通过对查理曼大帝在加冕礼上所宣告的使命的解读,我们可以清晰地看到,皇帝对教会来说不光应尽保护责任,还应尽指导义务(Dumont 1983:67)。

皇帝和教皇之间的争端还存在政治性,也即,当国王或者皇帝自认为赋有神恩时,政治就会干涉神学。从神学的角度来看,世俗统治者没有"权利"获得权力;他所获得的权力都是一种恩赐,为此教皇的干预在程序上是必要的(由此发展出了皇帝服从教皇的理论)。教皇和皇帝都自认为与对方处于同一个主权层级上。但是,这种服从却使得教皇即使是在世俗事务中也拥有了优越性。

当主权指向既限制在教皇也限制在皇帝手中——至少根据他们自己的阐释是这样的——的世俗事务和灵性事务时,我们可能就会面临权力层面的争议。这是世俗事务,而且教皇可以利用其灵性权威来控制世俗权力(这可以从11世纪末开始的"十字军"东征运动中窥见一斑)(Villey 1942)。因此教会权威就可以利用包括武力在内的世俗权力,就像精神对身体的指挥一样。

此外,世俗国家的概念没有得到充分论述,这一点很关键。只要坚持政府权力是自上至下而来的,也就是说只要认为政府权力来自上帝,那么世俗国家概念得到发展的机会就微乎其微。① 这一概念的发展有迹可循,它是随着教皇国(the Papal State)概念的出现而慢慢发展起来的。教皇国概念的出现可以追溯至公元 750 年,那时教皇的权威既存在于灵性事务中,也存在于世俗事务中。不过,这一点并不是通过一个表达皇帝观点的类似概念反映出来的,甚至最终来看也不是。然而,我们却有理由认为这是帝国野心的一部分;尽管从概念上来讲,在皇帝逐渐把自身的野心塑造成一种融贯的理论来证明其主张的正当性时,他自己一直是深深隐藏在教皇制背后的;这一点我们在前面提到过。

这一神学纠纷与某种政治事务紧密相关,可以说,这种政治事务的高潮就是皇帝任命神职人员和主教的权力。这种所谓的自有教会制度认为,土地的主人可以在某处建造一座教堂,他还可以任命为这座教堂服务的工作人员。这可以被描述为某种形式的附加权利,尽管这一"权利"事实上构成了对教皇特权的直接干预,因为土地的主人任命了他"自己的"教会班子。这种神学纠纷现在呈现为一种法律形式,因为它的术语是从法律词汇表中借来的。

(二) 主权和唯名论

13 世纪末唯名论的兴起对国家概念的出现至关重要。按照唯名论的原则,教会不再被认为是实在,相反,它只被认为是一个概念(Zukerman 1975)。

就像在本书第一章讨论的,唯名论对个体的哲学阐述引发了西方哲学思想的两个重要运动,即新教和基于意志的自主的政治哲学

---

① 也就是说,只要主权国家的理念不与其领土特性联系在一起,见 Maine 1834:99 ff.。关于主权与领土之间的联系,见 Hansen 2001。关于权力源于上帝这一理论,见 Zukerman 1975:277 ff. and 302 ff.;Zukerman 1979:195-9。

(Dumont 1983:74)。当教会在政治战场上和皇帝打得不可开交时,它还必须面对一个新的概念,即个体。路德派甚至更加强硬的加尔文派都认为,良心自由所表达的是个体与上帝之间的关系,这种关系不再像以往那样依靠教会来充当中介。良心命令意志,而意志又反过来指向上帝。由于与上帝之间关系的这种私人属性,信徒的良心应当是自由的。因此,国家不能采用诸如惩罚的手段来强迫国民信仰某种宗教。神学唯意志论意味着教会应该是自愿结合的组织,这一点正是之后的约翰·洛克(John Locke)所主张的。① 换句话说,世俗国家在这种形式的唯意志论里找到了其神学根基。

尽管路德(Luther)一开始接受的是唯名论教育,他后来还是对其进行了批判,然而,他并没有抛弃唯名论的个人主义化的本体论(Paquier 1927:1184-8)。后来的加尔文派持续削弱着天主教会的地位。这最终导致了中世纪天主教会地位的衰弱(Villey 2003:294 ff. and 303 ff.)。

如果说路德对天主教会买卖神职行为的批判不是更重要的,至少也是同等重要的;加尔文(Calvin)后来也批评了教会这一行为。买卖神职是他们直接抨击天主教会制度的主要原因之一。对路德来说,判断人能否得救是基于信仰,而不是基于教会的教阶制度。预定论因此成为加尔文派的核心内容,这一理论认为人类必须凭世上的善工也即获得救赎的理由才能获得永生,但这善工是因为信仰,而不是因为它是教

---

① 洛克(1963b)认为,宗教是一个个人良心问题。由于教会是一个自愿性的组织(13),因此任何人都不应该违背自己的意志,被迫加入某一教会。教会不能行使劝勉、告诫或者建议之外的任何其他权力对其教徒施加惩罚(16)。教会只能将教徒逐出教会(17)。国家更没有理由干涉宗教。教会、国家或个人均不能假借宗教的名义,而享有"任何权力去侵犯公民权利和每个人的世俗利益"(20)。也见 G. de Lagarde 1926。为了防止混淆,我们应该指出,此处的神学唯意志论跟第一章所表达的神学唯意志论,二者的含义是不同的。在第一章,神学唯意志论指的是全能上帝的绝对自由意志,而这里的意思则是说,教会是信徒自愿结成的联合体。

会所要求的义务。

在社会生活中,这是对天主教会地位的直接打击,而且毫不夸张地说,它直接导致了教会权力的瓦解。对加尔文来说,教会应该是不可见的,因此,主张皇帝没有权利染指权力——因为权力是上帝的恩赐或礼物——的天主教教义,现在看起来就与教会权力本身南辕北辙了。教会权力必须始终是不可见的,这样国家才是唯一需要服从的权威,不仅天主教徒,同时新教徒都应基于这样的宗教原因而服从国家的权威。

毫无疑问,我们可以总结说,加尔文派新教和唯名论联合起来共同促成了我们所说的国家的诞生。在主教续任权之争——亨利四世(Henri IV)不得不去卡诺莎(Canossa)城堡再次向教会交出世俗权力——之后,教会权力最初得到了加强,但在此之后,教皇在整个17世纪都驻跸阿维尼翁(Avignon),这严重削弱了教会权力。事实上,教皇制已经被从具有大量证据文件的行政档案中清除出去了。与此同时,皇帝的行政官员慷慨地扶持了12世纪中期以后新发展起来的博洛尼亚大学和拉文纳大学。

英格兰小兄弟会(*Fratri Minores*)是奥卡姆所属的修会,它和教皇约翰二十二世(Pope John XXII)之间在该修会的财产权问题上发生了冲突,这一冲突于是变成了神学家和唯名论者交锋的众多阵地之一。这一冲突虽然不是直接诱因,但至少也是教皇在教会内部的地位遭到削弱的原因之一。

对新教徒来说,上帝和人类之间的关系具有私人性质,不需要经过教会机构这种中介,这至少在一定程度上解释了新教中圣礼数量减少这一状况出现的原因。这一教义性立场,某种程度上可以说导致了据以组织教皇和皇帝之间的权力主张的概念性框架的裂痕。

人类可以重生,不是因为天主教教义所主张的洗礼,而是因为他自己的理性能力;正是这种理性能力将他自己从信仰权威中解放了出来。新教改革和反新教改革严重削弱了教会作为完美共同体的地位,要知道,这种地位一直都是其他不那么完美的组织应该效法而且必须服从的榜样。霍布斯试图填补宗教战争所导致的权力真空,这并不令人惊讶;他同时还进一步利用和发展了由马基雅维里(Machiavelli)和马西利乌斯(Marsilius)提出的国家概念。这两个人都认为教会即使不被国家主权所吸收(absorbed),也可以被国家主权所吞没(incorporated)。

世俗国家至少部分建基于新教对天主教会的批判之上;霍布斯对新教著作非常熟悉。然而,作为一个谨慎的人,他在与新教打交道时比较低调。除了个人原因之外,他的目标在于精确地建立一个权力体系,以使诸多国民能够团结在一起,无论其宗教信仰为何。与此同时,他在利用欧几里得几何学建构他的国家理论时,也对哲学的认识论化贡献良多。

在霍布斯建构的理论中,主权仍然笼罩着一层神圣权利的光环——主权者被称为有朽的上帝——但是它与宗教之间的关联却在逐渐淡化。对卢梭来说,宗教可以被化约成公民宗教,国家依然可以单独获得其全部的理性基础,从而与其政治版图相连接(Rousseau 1997a:54-6)。也就是说,是理性塑造了那些订立社会契约的人的意志,而正是社会契约将这些人变成了公民。他们选择了国家这种形式,这是一种理性的选择。国家观念在 19 世纪达到顶峰,被认为是对绝对精神的一种表达,而对国家的服从,按照黑格尔的理论,被认为是自由的最高形式。①

然而,在现代哲学研究中,主体通过缔结社会契约从而创造一个新的

---

① Hegel 1956:39:"……国家是现实存在着的、实现了的道德生活。因为它是那个普遍的、本质的意志与个人意志的联合体;而这就是'道德'。生活在这个联合体中的个人实现了一种道德的生活;他们拥有一种只存在于这个实体中的价值。"

实体,作为主体意志的建构而出现的就是国家这一概念。尽管国家是被建构出来的,但国家这种形式依然被认为是不可避免的,是必需的。它是理性思维的结果,虽然带有一些自然色彩,但这并没什么妨碍。

简要勾勒出现于 17 世纪的国家概念之神学背景的几个问题之后,我将接着讨论,作为唯一的法律渊源的国家概念——和国家主义相同——跟现代哲学基本原则之一的个人主义也紧密相关。个人主义是现代哲学的一项基本原则,这一论点在本书第一章已有详细论述。在接下来的几页,我将对这个现代哲学基本原则对于立法活动的影响进行说明和阐释。

（三）国家主义

现代哲学研究将哲学和神学分割开了。当古典神学的影响逐渐消失时,宗教对人类生活依然保有强大的控制力。17 世纪以来,宗教改革和反宗教改革不仅仅削弱了天主教会的地位,同时也带来了很严重的宗教冲突。

洛克和后来的约翰·斯图亚特·密尔呼吁宽容和宗教自由,这意味着良心自由必须成为所有人的自然权利。① 霍布斯和斯宾诺莎因此提出了一种国家管理宗教的模式。② 国家主义③出现于皇帝和教皇的

---

① Locke 1963a:10:"真宗教的全部生命和力量是由精神内在的、彻底的服膺构成的;已经不再为人们所相信的信仰就不再是信仰了。"同上:23:"……照管灵魂不属于治安法官之事……"然而,就像任何其他人一样,治安法官也可以尽力说服别人相信他自己所相信的真理。类似观点可以见于 Mill 1989:16-17,55 and 85-7。

② Hobbes 1966c:164,335. 霍布斯在这里的意思是,决定如何公开敬拜上帝,可被视为公共行政事务。然而,他的主张还不止这个意思,因为,假如在敬拜上帝之事上没有统一性,"那就不能说有什么公共信仰,也不能说整个共同体有什么宗教"。

③ 同义词是"国家至上论"(Erastianism)或者"高卢主义"(Gallicanism),见 Wood 1967:262 ff.。

争斗之中,意味着教会服从于国家的管理。马西利乌斯和马基雅维里是先驱者,他们的理论先于霍布斯。两人都对自己的国家理论的实践问题非常关心,但是此时仍然缺乏一种理论性的国家概念。而这正是霍布斯的理论能够提供给我们的东西。

上面的内容重点讨论了霍布斯的认识论问题,接下来我们将思考由其理论所产生的政治影响。

之前的章节对霍布斯理论的解读是这样的:国家将会为自然法提供意义。因为上帝命令的形而上学框架在语义上是空的,主权者就将自己的法律与这种框架联系起来。不过相当确定的是,自然法也约束主权者(Hobbes 1966b:166-7)。

国家是有朽的上帝,具有上帝的某些特质:它无所不在,然而却不可见。霍布斯说,这种特质让人产生的焦虑就是宗教自身的起源(Hobbes 1966c:93)。国家对上帝的同化与霍布斯在宗教问题上的谨慎立场是一致的。这样一来,他既可以避免无神论的质疑,也可以抵挡自然神论的批评,因为国家和上帝本质上关注的是同一事物,即自然法。从这个视角来看,下述事情就无关紧要了:在霍布斯的学说中,如果确有必要,主权者可以定义什么是正确的宗教,以使其圆满完成自己的任务,也就是为公民提供安全保障(同上:355-6)。

根据这个分析,我们在本章开始时就已经提到过的表现-再现和表现-创造之间的紧张关系再次出现。在第一哲学(*philosoohia prima*)和神学最初分离之时,国家是一个定义问题,也即,是一个建构或创造的问题。霍布斯认为,民约法和自然法的联系在于,民约法是对自然法的再现,虽然自然法本身没有什么意义,但自然法仍具有本体论价值。国家法赋予自然法以意义,从而使得一国之法律能够再现真正的道德。

霍布斯认为,民约法和自然法是相辅相成的。① 因此,只有国家才能激活自然法,进而赋予它以意义,并使它可以约束作为国家建构基础的个人。结果就是,国家成了具有约束力的法律之唯一渊源。

作为强法律主义特征之一的这种国家主义观念,还可以从另一个角度加以阐释,这种阐释可见于卢梭的理论。

法律主义的一个特征是永恒性,当讨论这个问题时,我们可以清楚地看到,一方面,契约条款具有普遍性,而另一方面,契约的履行又要求做出某些意志行为。意志行为从其本质上来讲具有历史性,因此国家的建构终究是个历史"事件",或者至少是要承认,国家的缔造者也即那些自然状态中的人类生活在特定的历史场景之中,他是自然状态中的主体。不过,就像我们上面讨论过的,公民通过合意建立一个国家在逻辑上是正确的。那么国家成为法律规范的唯一渊源也必定是正确的。

从这个角度讲,可以认为卢梭理论中的多数规则,跟哈特法律理论中的"改变规则"和"承认规则"是相似的。当从政治角度来看时,卢梭的社会契约不仅建立了不同于社会领域的政治领域,而且它建立的这个政治领域也是一个独立的、自主的法律规范的渊源,因此它还是一套法律制度。换句话说,政治领域或者国家变成了另一个个体,它自身被赋予了一种意志。

依照上面的理论,公意,也即主权者的意志,因此就是法律的唯一和最终来源。它既是法律产生的渊源,同时也是法律知识的来源。它之所以是法律产生的渊源,是因为公意使立法者的提案以多数投票通过,从而转变成了法律规则。因此多数规则就是国家法律有效性的承

---

① Hobbes 1966c:253:"自然法和民约法彼此包含,其内容范围相同。"同上:254:"民约法和自然法并非不同种类的法律,它们只不过是同一种法律的不同部分而已。"

认规则。除此之外,多数规则还是一种改变规则;如前所述,假如没有多数投票通过的话,就不会产生新的规则,而且也没有办法改变现有规则。

这一理论的结果是,只有国家意志才可以让法律有效且受到承认,而政治领域,由于它是按照契约条款得以制度化的,因此就成为法律规则的唯一渊源。政治领域的制度化也使法律制度化了。法律变成了一个包含一整套次级规则和初级规则的制度。虽然多数规则最初是该制度的唯一次级规则,但基于这项规则,可以产生诸多由多数投票通过的新的次级规则。这是不证自明的事情。

按照正常逻辑,多数规则只有通过合意才能加以改变。但如我们所知,这需要对契约条款进行更改,而除非契约无效,否则其条款不能变更(Rousseau 1997a:49-50)。多数规则是社会契约本身的基本组成部分,同时也是一种最终的承认规则。考虑到多数规则和承认规则都具有法律属性,我们可以得出结论说,法律制度和国家是相辅相成的。因此,国家之外无法律,而所有的法律都来自国家。

按照霍布斯和卢梭的传统,国家作为唯一的法律渊源的观念催生了国家主义,而其本身又是个人主义的结果。出于理性的理由,人们的意志集合形成了社会契约,而契约导致了国家的出现。也就是说,个体理性地选择了国家,将其作为自己权利和义务的唯一渊源,也将其当作组织政治领域的唯一可能的方式。依据这种方式建立起来的国家和自然城邦是相对的,它是个人集合体在政治上进行自我组织的一种形式。

为了支持个人签订契约,霍布斯和卢梭都主张其必要性应该是理性的、精心计算的、历史的,而康德则提出了一套新的道德论证。就像第一章中已经讨论过的,离开自然状态或公民社会而建构国家是一种道德义务(Kant 1996:84-6)。这种道德论证实际上是说,个人有道德义务将自己转变为公民,也有道德义务将其享有的先于法律的权利和义务转变为法律上的权利和义务(同上:89-90)。

黑格尔将这种道德论证向前推进了一步。他认为,就像康德所说,个人所负担的道德义务不仅包括离开自然状态的义务,还包括成为国家成员的义务(Hegel 1991:275)。成为一国公民并不是由社会契约产生的义务,而是理性自然延伸的结论。对霍布斯和卢梭来说,签订社会契约纯粹是理性自利的结果,因此可以对之予以机械论解释。对黑格尔来说,主体的利益——无论是理性还是非理性的——在这种解释中不再有效。国家与主体意志无关,国家的出现或存续都不依赖于主体意志。

对黑格尔来说,国家完全就是实在,是"存在于行动中的"客观道德理念的实在。只有在国家中,个人才能认识到自己的实体自由其实是国家行为的产物(同上:275)。黑格尔评价卢梭时说,国家自己就具有本体性,而远不是想象的产物;国家是绝对精神的现实化(同上:281-3)。

黑格尔用这种国家观念来指代古代城邦。在哲学中,国家不能以其他方式来阐释,它本身就是绝对精神的表达。按照这种观点,我们在霍布斯和卢梭理论中所发现的社会契约理论,只不过是这种精神展开的不同阶段而已。有人可能会说国家并没有完全实现绝对精神现实化这一目标,因为国家的契约性质仍然与个人意志有关。

黑格尔式国家不仅要求个人放弃自己的个体性,以便协调自身意志与国家意志,而且要求个人必须融入国家之中,因为只有成为国家的一员才能实现他真正的自由。换句话说,国家不是由那些只想成为其一员的个人所组成的。如果说卢梭认为公意出于个别意志,那么黑格尔的主张就与此类似但却刚好相反:拥有公意的国家先于个体而存在,它是"道德理念的现实存在"(同上:275)。只有将自己融入国家之中,将国家视为一种能够实现其自由的组织,而不是只把国家当成一种保障其安全的组织,个人才能实现自己真正的本质。

另外,跟霍布斯和卢梭不同,个人宣布放弃自然权利并非出自个人冲动或理性考量,这其实是在向国家屈服。他之所以愿意这么做,是因为国家法律和个人自由不再处于对立位置,而以往通常认为国家法律会限制个人自由。正如杜蒙所言,法律是理性的,是人类自由最深沉的表达(Dumont 1983:129)。在法律渊源问题上,黑格尔与霍布斯和卢梭的观点有着本质上的区别,他的观点是将个人融入国家当中,使得国家成为法律的唯一渊源。

霍布斯、卢梭和黑格尔的观点彼此之间非常接近,因为他们都以国家主义理念而告终。有些人甚至会说,他们的国家观念与极权主义遥相呼应。然而,从强法律主义的观点来看,法律所具有的绝对性的国家主义渊源将法律塑造成了一个封闭的法律规则体系。从这一点来看,法律科学跟法律的国家主义特点是相呼应的,即法律科学决定了法律可以从国家角度来认知。强法律主义是一种居于主导地位的法律思维模式,法律科学强化了这一点。在接下来的段落中,我们将要重点讨论德国19世纪法律科学的兴起这个问题。

六、强法律主义、法律和法律科学

(一)作为系统的科学:数学方法

前面几节我们讨论了根植于现代哲学的强法律主义的主要特征。强法律主义的主要策略在于分离法律与政治,我们已经指出,法律不应当受到"价值判断"的影响。法律作为一种人类的建构物,不难发现它依赖于价值选择。法律"就在那儿",我们所能做的就是遵守规则,这一点在第一章已经讨论过。苏亚雷兹、霍布斯、普芬道夫和康德的理论都从不同侧面展示了法律主义的这一特点。

然而,强法律主义的其他特点,即表象主义、永恒性、被掩盖的工具主义以及国家主义,均有助于规避主观价值判断渗透到法律概念中所带来的危险。只有从强法律主义这个角度来说,我们才能保障平等、自由、安全、确定性或者正义可以战胜冲突。

法律科学和法国大革命后兴起的法典编纂运动密切相关,这一点前面已经解释过。人们经常不当地忽略的一点是,法国大革命并不是唯一孕育这场法典编纂运动的基础。法国法典编纂运动导致产生了一种新类型的法律科学,即为人所知的"注释法学派"(*L'Ecole de l'exégèse*)。① 我不打算对该学派进行详细分析,我的焦点依旧放在法律科学上;法律科学肇始于19世纪出现在德国的历史法学派。

德国的法律科学在一定程度上受到了19世纪发生的不同革命的影响,后文会偶尔提到这些革命。对法律科学的发展具有同等重要性的是启蒙哲学,更具体地说,是启蒙哲学对"系统性"(systematicity)思维的推崇,它认为这种系统性是逐渐展开的理性(*Vernunftherschaft*)的主宰(Heidegger 1988:62)。理性的主宰地位是现代理性思维的特征,也正是理性在理性王国中决定了合理性的标准。此后的思维进行再定位的中心锚定的是主体,这一重新定位表达了作为人类尊严和自主性的理性所具有的权威。

---

① 此处我不再进一步论述这种类型的法律科学了。见布卡特(Bouckaert)在1981年所做的精彩研究。

自主性是现代哲学研究的标志。我们可以发现,现代哲学研究的三大支柱分别是笛卡尔的认识论、以霍布斯和卢梭为代表的政治哲学,以及康德批判理论中的道德哲学。尽管研究偏好各有不同,但他们都明确表达了自主的观念。知识、政治和道德是建立在理性基础之上的,理性是他们所说的人性的终极面向(Wintgens 2006a,2006b)。

理性权威表达的是人类的尊严和自主性,它和现代哲学的形而上学维度相伴而生。在表象主义的这些前提的基础上,理性思维被认为表现着实在。而且就像海德格尔所说的,那存在的能以理性系统术语被思的东西,就是真实的,反之则是不真实的。海德格尔以下面这种方式对现代哲学做了一个有趣的总结。

17世纪以来,"无限"在数学领域的概念化意味着自然哲学转向了数学的自然科学。笛卡尔"我思"中的主体具有本体论基础,这个本体论基础同时也是一种新类型知识的自身基础,这类新知识认为确定性相对于真理而言更具优先性。对笛卡尔而言,主体的确定性是他借以通达实在的通道,他也可以借此通向毋庸置疑的真理。这条通道借由清晰且具有区分度的概念作为中介,而这些概念的纯粹理性的,也即数学般的推演展开,就构成了科学。

这里的关键问题是,表象存在于或者说就是人类思维的建构。思维之外不存在表象。在将主体从外部统治解放出来的过程中,哲学为主体对世界的统治开辟了道路。① 海德格尔认为,存在能被作为理性系统来思的东西,因为该系统本身是一种数学式的理性系统。换句话说,

---

① 海德格尔(Heidegger 1988:59)由此指出,系统的形成和现代科学的出现是同时发生的。这提醒我们应该注意笛卡尔的说法:他的科学方法和因之产生的结果,正在使我们掌控和拥有自然。

这个"系统"就是现代"此在"的本体论法则。① 我们很快就会看到，萨维尼(von Savigny)作为法律科学的奠基人之一，像他那样的学者，也认为"系统"是人类社会的本体(Coing 1989)。

不过，启蒙哲学在现代哲学研究中找到了更深的历史渊源和概念根基。在这一方面，从"系统"的角度进行思考，跟发端于 17 世纪的自然科学方法非常相似。自然科学的基本信念就是，我们可以运用数学方法来解释宇宙。就这个问题，伽利略曾经表示，哲学是运用数学的语言写在宇宙这本大书上的(Galilei 1957:237-8)。数学为科学家提供了一个可靠的方法，因为它给出的结论具有确定性。②

记住上述对于法律的系统性所做的评价是很重要的。系统的本质是数学。17 和 18 世纪的自然科学促进了自然和数学之间的联系。在加强版的自然科学哲学视角之下，数学被认为是属于实在的。而在一种较弱的理论版本中，数学是一种可以应用于客观"自然"的科学方法。自然科学的数学系统性被借鉴到了法律研究中，因为人们深信数学可以提供通向真理的道路。这一信念是基础主义或表象主义本身在理论

---

① Heidegger 1988:58:"系统就是现代的此在之存在的法则……"这个方面的内容见 Berlin 1969:147:"所有真正问题的所有真实解决方案都必定是可以兼容的：非但如此，它们必定还能纳入某个单一的整体；因为这就是称它们为全然理性的和普遍和谐的之所指。"参见 Perelman 1972g:251:"还存在另一种对绝对主义的反驳，这种反驳针对这样一种认识：认为知识是由各种命题集合起来的一个系统。但这种认识与认为存在一种关于知识的绝对标准的观点冲突，因为绝对仅涉及一些孤立的命题，这些命题的要素凭自身即是明确的，不需要其他要素，比如实体就是这样。"

② 关于数学和哲学之间关系的概况，见 Kennedy 1942。我在其他的地方(Wintgens 2011)也说过，在这个问题上主要有两种方法。根据第一种方法，科学方法被认为是客体的一部分。这种定位意味着相信自然内在地具有一种数学的本性。该研究方法带来的结果是，任何将自然作为研究客体的理论都产生了某种实在理论。依据这种方法，数学式自然科学的结论就不仅是确定的，在本体论上也是真实的。根据第二种方法，方法不一定是客体的一部分，而是外在于研究客体的。按照这种看法，数学是一种方法，借助数学，我们可以探究和解释自然实在。因之产生的理论就是一种与实在有关的理论。

和实践版本中的一部分,其原因在此不再赘述。可以说,在整个 17 世纪,数学方法,更具体来说是几何学,已经渗透到了实践哲学当中。它对法律的影响是将法律转化成了一个证明系统(demonstrative system)(Cassirer 1966,1902:425 ff. and 449 ff.)。

比如,格劳秀斯宣称,他坚信借助理性的方法论可以将自然法问题的证明引申到某些不容置疑的基本观念上。法律原则本身就是可以证明的,是清晰的,几乎和我们通过外部感官所感知到的事物一样不证自明(Grotius 2005:§39)。① 数学方法及其证明方式在很多场合都得到了再三强调。②

同样地,霍布斯和卢梭的社会契约理论中也存在理性的限制,这种限制源于他们对契约本质的真知灼见。霍布斯曾在阅读欧几里得的作品时对数学产生痴迷,这让他更加认定数学是内在于事物本质的东西。他通过计算逻辑和对社会中"权力体量"(volumes of power)的比较,更加坚定地认为实在的本质是数学的(Strauss 1974:165 ff.)。卢梭运用了微分方程来计算公意,就像他在《社会契约论》中向我们展示的那样,他所表达的内容和霍布斯的一样,都是方法论问题(Rousseau 1997a:59-60)。毫无疑问,两者在运用数学方法确定法律概念时,都声称自己的理论表现的是实在本身。

普芬道夫在其《普遍法理学原理》(*Elements of Universal Jurisprudence*)(Pufendorf 1994b:31)一书的序言中声明,他坚持用数学方法来推导基本自然法。一旦这个社会性法则被这样推演出来,法律

---

① 因此他被某些学者视为现代的教义式写作之父;见 Simmonds 2001。
② Grotius 2005:§59:"因为我确实说过,数学家从实在的形体中抽象出了数字;而我在处理权利问题时,已经将自己的思维从所有具体事实那里撤开了。"同时还可参考 Cassirer 1966:241。

的所有其他原则就都可以借由它来加以证明(Cassirer 1966:242;Dufour 1991b:100-3[Grotius], 103-6[Hobbes], 106-10[Pufendorf]; Dufour 1994)。

鉴于认识论化的哲学的广泛影响,法律被认为是建立在自然科学模式基础上的一种科学。法律推理最终使用了和科学一样的方法,即演绎推理。莱布尼茨(Leibniz)就是这种方法的坚定拥护者,因为他相信罗马法的方法就是一门属于数学家和几何学家的科学(Grua 1956:239-40)。他们通过坚不可摧的证明而得出的真理,以及对材料的认识,均与罗马法相吻合。根据这种阐释,罗马法在本质上与法律相一致,也正是基于这种本质,真正的法律才得以建立起来,①这就是理念和实在本身的契合,萨维尼后来也指出过这一点。

(二) 19 世纪的法律科学:罗马法的重要性

除了数学方法之外,在整个 20 世纪,罗马法模式都是法律思维的原型,它的持续存在也滋养了理性的法律科学的理念。罗马法的系统性、科学性和逻辑性一旦与新的自然科学方法联系起来,就会催生出一种新型的法律科学。

格劳秀斯在他的一部主要著作的序言中提到了这种新方法。他说,他尽可能将法律简化为一种融贯的系统,就像查士丁尼在《法学阶梯》(Institutes)中建构的法学系统一样。他坚持按照定义的概念来制定法律规则(Wellschmied 1952)。

莱布尼茨一开始就对罗马法进行了批判,因为查士丁尼的《法学阶

---

① 关于这个问题,莱布尼茨在 1670 年 7 月写给霍布斯的一封信里说,他曾努力将罗马法还原为普遍原则,然后他发现,绝对有一半的罗马法都是由"纯粹的自然法"构成的,见登特列夫的《自然法》(d'Entreves 1961:32)。

梯》被特里波尼安(Tribonianus)的事后行为(post factum)给破坏了。不过,莱布尼茨在将《法学阶梯》从这些破坏中复原后,把罗马法方法和数学家以及几何学家的方法做了对比。结果他发现,像数学家和几何学家一样,罗马法学家相互间也是可以"彼此替代"的。他们在法律上的任何发现都可能是由他人做出的,[①]正如数学家和几何学家无须知道自己学科的历史或了解他们的前辈一样(Grua 1956:239-40),罗马法学家也无须前溯追问罗马法的历史及研究罗马法的前辈们。[②] 一位见多识广的罗马研究专家和法哲学家批评了这一立场,认为这只不过是建立在罗马法基础上的一种理想演绎体系的投射,并据此创造了罗马法神话(Villey 1961:101; Pringsheim 1944; Hoeflich 1986:97)。

莱布尼茨在《新方法》(Nova Methodus)一书中为一些基本概念下了定义,比如简单规则、概括规则以及法律科学的准则(Hoeflich 1986:100)等。在做这些研究时,莱布尼茨紧紧跟随其老师普芬道夫,采用他在《法理学原理》(Elements of Jurisprudence)一书中提到的类似的定义和公理方法,并由此得出了很多观察结论(Schneider 1966)。据格鲁阿(Grua)的研究,这些贡献的重要意义在于,莱布尼茨的研究要以"正当理性的匿名语词"(the anonymous words of right reason)为标准将法律系统化。这种研究的重要意义和贡献就在于,它为人们展示的是立法之外的法律究竟是什么样子的(Grua 1956:240,242)。立法者的意志是一个事实问题。这个意志不是完美的,所以我们不应指望法律的系统性从立法者的意志中产生出来。

---

① 给凯斯特纳(Kestner)的信,引自 Dufour 1994:148。
② 胡塞尔表达了自己关于逻辑和几何学的一个类似主张。他写道,假如只是为了能够给它添加某种新的东西,实在是没有必要了解几何学或逻辑学的完整历史。见 Husserl 1970b。

这种研究在 20 世纪的影响力不断扩大,而之前它就已经得到了充分的发展:17 世纪的法学以这样一种可能性为基础,那就是将法律(主要是罗马法)当成一门科学,法学家也期望和自然科学家一样,可以按照数学的方法对自然加以描述和解释。① 罗马法在 17 和 18 世纪时对律师们的吸引力主要在于,与罗马法有关的方法变成了归纳推理和演绎推理,因此律师们就能用几何学的推理方式来解释和适用罗马法(Dufour 1994:157-62;Hoeflich 1986:98)。不过,这个特点在整个 19 世纪都得到了进一步发展,于是形成了法律是一门科学的观点,而法理学一直在为这种观点做辩护(Hoeflich 1986:102)。

七、19 世纪的法律体系和法律科学

19 世纪的法理学继承了在(除英国外的)西欧和中欧地区有效的共同法(ius commune)或罗马法传统,这种传统可以追溯至 15 世纪(Coing 1989:9)。这些法学传统的权威并不在于立法本身,而在于它所具有的法律品质,在于它作为法律素材被理性组织起来的体系性,以及在没有一位共同的欧洲立法者的情况下发展起来的自主性(同上:10)。共同法受到前述哲学体系化思维的影响,在 18 世纪得到了发展完善。19 世纪初以来,体系性在这一方面又前进了一大步。律师不仅要从这种共同法中寻求解决方案和论点论据,还要从法典当中提炼规则,进而促进了私法制度的产生(Freund 1890)。

---

① 这一判断也适用于英国的普通法,17 世纪的弗朗西斯·培根(Francis Bacon)就相信,法律就像天文学和化学一样是一门科学。见 Kocher 1957:4-6;Hoeflich 1986:111。

（一）萨维尼和"民族精神"（Volksgeist）

在这个问题上，安东·蒂博（Anton Thibaut）（1814）和萨维尼（2002）就1814年德国法法典化的必要性进行了一场辩论。这场辩论是一个标志，标志着法律思想和法律渊源的新变化。

蒂博曾经主张，为了与法国、普鲁士和奥地利法律的法典化趋势保持一致，德国不同州所颁布的零散的法律也需要法典化。萨维尼在其《论立法和法理学在当代的使命》（On the Vocation of Our Age）这本书里对这种观点进行了反驳。之所以做这种批驳，原因在于他对历史精神的领会。此外，萨维尼还认为这种对历史精神的信仰，应该通过国家的排他性立法能力来代代相传，法律就是这样创立的，因此作为法律知识的法律科学也可以如此创立（von Savigny 2002:21）。萨维尼认为，在德国，除了局部法典化之外，大规模法典化的时代尚未到来。

从萨维尼的角度来看，他认为法律源自民族精神[1]，同时他也真诚地认为罗马法是很重要的（von Savigny 2002:43-52），而且认为罗马法在德国很受欢迎（同上:53-60）。但他依然反对私法法典化，理由在于，他认为自己所处的时代缺乏进行法典编纂所需的技术手段和语言上的准备（同上:61-9），同时他还着重指出了法国、普鲁士和奥地利在编纂法典过程中暴露的缺陷（同上:69-130）。萨维尼并不反对法典化这个理念，但是他认为没有法典

---

[1] von Savigny 2002:24:"……将人民（也就是人民的语言、人民的道德，以及人民的宪制）结合成一个整体的是人民的共同信念，这是对某种精神必然性的亲缘意识，它拒绝所有起源于偶然性和任意性的观念。"萨维尼所指的这种偶然性和任意性起源的观念，其实是一种立法裁断。对"民族精神"这一概念的起源所做的分析，见 Kantorowicz 1912；Wieacker 1995:283-6。

总比拥有一部坏的法典要好得多。① 法典化是有条件的,那就是应该科学掌握主要的法律原则及其间的相互关系。②

萨维尼认为,对法典化国家和非法典化国家来说,法律科学都是一样的。③ 至于德国,萨维尼说,法律的统一依靠的不是法典化,而是大学里的科学研究。科学研究的方法就是,研究者要从实证法中抽象出原则,无须考虑具有普遍性的理性自然法。事实上,哲学方法在萨维尼的方法中显得并不必要。莱布尼茨、普芬道夫和其他人所说的理性自然法只是一种假设,而且自黑格尔之后,这种假设就已经不再流行了。

就像黎曼(Riemann)所观察到的,理性自然法是非事实的、非历史的,是形而上学的,而实证法在其发展过程中却是相当稳定的(Riemann 1989-90:879-80)。法律是法律科学研究的对象,构成对象的素材即罗马法(同上:879)。当黎曼为实证法大唱颂歌时,萨维尼却站在了莱布尼茨一边,因为莱布尼茨相信罗马法是对自然法最完美的现实反映。萨维尼借鉴了理性自然法的研究方法。几何范式和自然法相得益彰,萨维尼仅仅保留了该学派的渊源(罗马法)和方法(几何学的),但忽略了它的形而上学基础。④

---

① von Savigny 2002:65:"……我不认为我们有能力制定一部好的法典。"von Savigny 2002:66:"……我依然认为,在我们这个时代不可能制定一部好的法典。"von Savigny 2002:66:"所以,有些条件对制定一部好的法典来说非常必要,我们对此却一无所知,即便如此,我们也不应认为,实际进行的立法活动,其结果只能是失望,从最坏处想,失望至多不能催促我们向前罢了。"
② 从这种意义上讲,法典化要求进行非常严肃的学术准备,在他的时代这种准备是不足的,见 von Savigny 2002:66。也见 Gale 1982:132-4。
③ 关于没有法典化的国家,见 von Savigny 2002:130 ff.。至于法典化国家,见 von Savigny 2002:156 ff.。
④ von Savigny 2002:45:"由于这个原因,[罗马法]的整体诉讼形式都有一种确定性,这种确定性只在数学当中才能找到,除此之外的任何地方都没办法找到它;而且罗马人还用他们自己的概念进行精心计算,这样说一点儿都不夸张。"

这里存在一个悖论。萨维尼对之前一个世纪的抽象理性自然法的方法进行了批判,同时被他批判的还有法律渊源的国家主义或立法概念,但是对于法律科学,他却大加推崇。法律有一种"政治"生命,因为它表达的是一个既定社会结构的现实。不过,跟莱布尼茨(以及英国的布莱克斯通[Blackstone]和边沁[Bentham])一样,萨维尼并不提倡对法律"系统"进行立法干预。在萨维尼眼里,实证法并非立法机构制定出来的法律,他认为立法机构制定出来的法律具有任意性(von Savigny 2002:63;1815b;Puchta 1845:§15)。实证法指的是罗马法以及有机生成的习惯法。除了法律被颁布的政治时刻,他还非常强调法律的"技术"生命;这一生命在法学家每一次"科学"阐释法律之时都熠熠生辉(Rückert 2004)。能够证成萨维尼立场的是,他认为罗马法的理论和实践之间没有任何差异,完全一致。①

法律源自民族精神,而法律的研究却必须是科学研究。科学的研究对象是实证法,这种法律被认为是给定的,或者用法律主义的术语说,它"就在那儿"。由此看来,可以说正是历史法学派的方法促成了概念法学(*Begriffsjurisprudenz*)和分析法学的诞生。②

萨维尼所用的方法是二元论,一方面他将民族精神当作法律的历史渊源,另一方面他则将法律当作科学来研究。历史法学派是由萨维尼开创的,起因是他认为理性存在于实在之中。但是,历史法学派对私

---

① von Savigny 2002:47:"因此,公允地说,[罗马律师的]理论和实践是一致的。"参见 d'Entreves 1961:99:"历史法学派始于强调法律的生长和发展,却终于促成了法律的科学性研究。我始于为法律辩护,历史法学派则终于为法理学辩护。"
② 分析法学派的奠基人是约翰·奥斯汀(John Austin),他对德国的历史法学派非常熟悉,注意到这一点是很有趣的。他于1827年获授法理学教席资格,是年他为此而备课,1828年一整年他都在德国(主要是在海德堡和波恩),在那里他受到德国法典编纂运动的影响。见 Hoeflich 1985:38-9;1986:111-12;Gagner 1960:96-107。

法的集中关注致使他们对黑格尔的影响不甚敏感,因为黑格尔主要关注的是公法。该学派也不支持历史主义的本体论前提,因为他们只把历史主义看作一种方法。

萨维尼的方法并没有被搁置。黎曼写道,德国法律科学的"历史"特征因此可能有了各种非常不同的含义。它可以或多或少代表对过去的古典主义或浪漫主义的崇拜、对历史有机发展的信仰,或者说,它也可以构成某种实证主义的科学形式的假设(Reimann 1989-90:880)。最后一种想法在萨维尼的继任者那里变成了现实,也正是这些继任者们开创了概念法学的研究方法。

(二) 概念法学

概念法学肇始于萨维尼,其发展历程中具有决定性的一步是由他的继任者格奥尔格·普赫塔(Georg Puchta)做出的。① 普赫塔认为法律历史是发展式的,即它从最初的简单性发展为成熟期的"科学性"(*Wissenschaftlichkeit*)。② 一旦发展到这一阶段,作为法律渊源的民族精神就将被法律人的科学精神(*Geist*)所取代,因为法律人已经将法律发展成一种严格的概念化和系统化的形式(Puchta 1845:§18)。③ 法律可以在国家之外找到其起源(同上:§11),因为这种起源要么是民族成员

---

① 对萨维尼理论是概念法学的基础这一思想的罕见批判,见 Mollnau 1989:82-3。

② Puchta 1851. 就像萨维尼一样,普赫塔(1845:§§15,19)对立法者在法律发展中的作用进行了批判,因为他认为立法者阻碍了法律的进化,因为制定法与人民的生活之间失去了联系。

③ 用法律人的良知代替"民族精神"是一个悖论。解决这个悖论的方法在于对萨维尼的下述理念进行解释:从精神的角度讲,法律是人民的文化的一部分。黎曼曾经对此做过很好的表述,他说:"'文化'不是一个民族的习惯的全部,而是一个民族精神生活的特征。当这种生活随着时间的推移变得越来越复杂、越来越成熟时,各个领域的思想精英的理念就越是更深刻地塑造这种生活。因此,就法律而言,法学家所代表的正是一个国家的文化。"Reimann 1989-90:854。

的直接信念,要么是科学演绎的结果(同上:§12)。

立法是法律的一种渊源,是一种对公意的表达(同上:§15)。不过,就像萨维尼一样,普赫塔也不是一个真正可以令人信服的立法专家。他们认为只有在立法正式表达公意时才具备有效性。尽管制定法是完美且完整的,在它之外总是有很多想要与制定法并存的大众信念(同上:§14)。由此产生的矛盾主要是由立法不审慎、工作匆忙仓促或临时起意、任意性干预造成的。真正重要的是对法律进行科学阐释,普赫塔将其看作第三种法律渊源(其余两种是大众信念和立法)(同上:§18 ff.)。

法律科学与法律哲学的不同之处在于,法律哲学认为法律是宇宙有机体("世界"[weltorganismus])的一部分(同上:§32)。从这个角度说,哲学家是智者或先知,而科学家则提供法律知识,两者都比较关注法律的历史性与系统性。

然而,在谈及科学的法律知识时,正如普赫塔构想法律科学一样,知识的历史性(法律的时间性维度)在他的方法当中处于相当不明确的位置。下面的论述将能更加清晰地表明,历史在法律科学中的作用正在逐渐减弱;到了19世纪末,历史和法律科学就彻底分道扬镳了。

对于普赫塔来说,法律科学的历史性并不意味着法学家们只能研究法律的历史演进,萨维尼也持同样的观点。历史所呈现的法律是拥有类别众多且连续不断的多样性的。[①] 但是,法律科学是一种系统性知识,也即,它是一种将法律各部分内在地融贯起来的知识,这些法律部

[①] Puchta 1845:§33. 这一理念不仅让人想起萨维尼的观点,此即:"法律的这种既有的多样性……是双重的,即它部分是同时代性的,部分又是具有历史连续性的;这种组成特性必然需要对法律做双重的科学处理。应该用系统的方法将同时代性的多样性还原成内在的统一体……然而,对法律的历史连续性、多样性(变化)所做的处理,才是真正的历史方法。"见 von Savigny 1815a:395。

分被认为是具有多样性的生命体的构成要素。法律科学是按照系统性原则来运行的,所以只有以内部视角进行观测时,法律知识才是完备的,法律本身就是一个系统(一个有机的整体)(同上:§33),它可以自己产生新的法律。[1] 继萨维尼之后,普赫塔也主张,法律科学的基本原则一旦从实证法中脱离出来,就会和法律自身一同进化,这是因为内在于法律的秩序具有自带的有机再生功能(同上:§33)。

普赫塔进一步指出,法律科学所使用的概念并不是简单的定义框架;它们是"活的存在",带有某些与其概念前身显然不同的个性。[2] 这个观点基于如下信念,即法律科学的概念及其系统性的融贯反映了实在的基本结构。普赫塔将这种结构称为"概念谱系"(genealogy of concepts)。[3] 概念谱系的方法使得罗马法成为所有欧洲民族共同的根基;而且正是它才使我们有可能超越国家法律秩序去发现新的内容。罗马法既是一个民族的法律,也是文明国家的普遍性法律(Puchta 1845:§35)。对于本章的目的最为重要的一点是,这样构想的法律科学,就把法律与它的起源也就是与立法者分割开了,并且还将自身封闭起来,屏蔽了来自社会学和经济学等非法律学科的影响(Gale 1982:123),最后还将自己交到训练有素的法律人手中(Dufour 1991c:61;1991d:188-94)。

我刚才指出,历史在普赫塔的法律科学思想中的地位是非常模糊

---

[1] 关于这个问题,普赫塔追随的是耶林(Jhering)(1857:3)。见 Wilhelm 2003:76。然后法律科学变成了法律的第三种渊源,其余两种分别是习惯法和制定法。

[2] Puchta 1845:§33。这个理念也可见于耶林(1857:10)和萨维尼(2002:45)。见 Jouanjan 2005:226。威尔海姆(Wilhelm)(2003:83)将此称为一种"概念实体"(conceptual hypostasis)。

[3] Puchta 1845:§33(概念谱系是通过占有某人财产的权利予以说明的)。"概念谱系"与萨维尼的理念之间又一次如此接近(2002:45)。

的。法律科学应当避免视角片面,不要过分强调它的历史性或者科学性(Puchta 1845:§33)。然而,后来的法律科学偏偏出现了这样的片面性。尽管很多人像伯纳德·温德沙伊特(Bernard Windscheid)(1904:72)在1878年宣称的那样忠实信仰历史法学派,法律科学却逐渐开始支持"法律要从民族精神中逐步生长"的观念。* 法律科学不断追求将法律与其历史发展历程分离,力图抛弃历史法学派的哲学基础(主要是其历史哲学,但也包括其"有机体论"),最终让法律在逻辑上得到持续的净化。

逐步渗入习惯法和制定法当中的民族精神像普赫塔所说的那样被视为法律渊源,尽管如此,他也努力追求将法律科学阐释为一个体系。这个法律科学的体系(概念法学)对法律人来说不仅仅是一件称手的辅助工具,还是一种新型的、更高级的法律渊源。法律科学是有生产能力的,因为它可以生产新的法律——既然法律被认为是一个"体系"。这样发展起来的具有科学性的法律就是"民族法"(Volksrecht)的一个有机组成部分。① 普赫塔将这个概念继续往前推进了一步,他认为,严格意义上的具有科学性的法律既不是普通的大众信念,也不是立法机构的制定法,而是科学推理的产物。② 立法者作为法律渊源的地位比以往任何时候都更受威胁了,因为法律要么在科学上是正当的,要么不是,只能二者择其一。

科学的法律实证主义被"法源实证主义"或者"立法实证主义"取

---

* 原文如此,但作者的意思应该是表达反了。后文还有类似表述,对照即知。
① Wilhelm 2003:75,指的是萨维尼和普赫塔两个人。
② 普赫塔(1845:§15)说,规则只有作为科学演绎的结果才是可见的,正是科学演绎才使法律科学("科学的法"[Recht der Wissenschaft])得以产生。由于这种法律的产生是法律人工作的结果,他称之为"法律人的法"(Juristenrecht)。也见 Jhering 1857:8(法律产品本身创造了新的法律素材)。

代了,因为在后两种实证主义中都是立法者拥有最终决定权。法律科学而非立法者,被越来越多地寄予厚望,去完成使法律正当化的任务。法律真理的标准就在法律体系当中,因此真正的法律就是科学的法律,而非具有民主正当性的法律。① 在这方面,普赫塔及其追随者依靠的是萨维尼倡导的康德式科学观念——科学不仅具备可接受性,而且具有生产能力。②

具有生产能力的法律科学是一种法律渊源,它将法律提升至一个更高的水平,即它变成了一个完整严密的概念体系。③ 我们应该注意到,从这个角度看,19 世纪的法源实证主义者(奥斯汀和边沁)的系统化意识很差,但其德国同行们却正好相反,他们的"法源"意识很差。他们对历史和民族精神进行了广泛的阐述,并将两者当作法源。尽管如此,快到 19 世纪中叶的时候,这种法源理论几乎还是被法律科学彻底取代了:法律科学是一门科学,是一门没有立法者的科学。

(三)"有生产能力的"法律科学和科学实证主义

19 世纪中叶的标志是 1848 年革命。正是在这个时候,格贝尔(Gerber)开始了他的学术活动。格贝尔是个倡导"日耳曼文化"的人,他关注德国法,反对那些主要倡导"罗马文化"的历史法学派学者,他们几乎只研究罗马法。除此之外,格贝尔认为罗马私法曾经是法律科学

---

① 从这个角度看,法律是"真的",真的法律遵循的是科学演绎法,而非民主正当性;见 Wilhelm 2003:77-9。类似的观点也可以参见 Reimann 1989-90:897。
② 就像耶林(1857:3)说过的那样。最近的两项研究,见 Mecke 2008;2009。
③ Reimann 1989-90:856-6:"这种法律更易理解,大大有助于对法律的管理。而且,法律科学作为一个逻辑系统,包含了所有的基本原则,它可以达致无漏洞的、完美无缺的状态。这会让法律推理轻松实现可预测性,也能让法律推理摆脱法律制度之外的任何其他因素的影响。最后,这种概念性的方法甚至可以从法律制度自身当中创造出新的法律。19 世纪后半叶,实现经济性、无漏洞化以及自我繁殖等目标,是法律科学的主要议程。"

研究的重点,德国的私法和公法也应当按照严格的法律科学的方法来处理。

大革命已经破坏了政治的世界观,而当黑格尔在1831年去世之后,德国唯心论的影响也急剧崩塌了。历史法学派的主要倡导者并不擅长黑格尔哲学,但是19世纪中叶之后,已经没有其他学派可以和历史法学派所倡导的科学方法抗衡了。

就像在17世纪一样,科学的世界观通过物理学、化学和生物学取得了重要地位(正如年轻的耶林的理论所证明的那样)。自然主义者的世界观为组织法律提供了驱动力,以让它能沿着这些新的科学的道路往前发展,进而实现整个法律体系的融贯性。① 正如我们从耶林的作品中读到的那样,这种形式上的程序对下述主题产生了实质性影响:将法律准则变成一种比命令和禁令层次更高的规则。也就是说,法律就变成了一门认知范围之内的自然科学。

刚才我已经提到,历史在普赫塔法律科学思想中的地位模糊不清,法律科学应避免片面性,即不应该过分强调其历史性或科学性(Puchta 1845:§33)。不过,后来的法律科学偏偏就出现了这样的片面性。尽管自温德沙伊特以降的许多人宣称忠于历史法学派,法律科学还是逐渐与"法律从民族精神中逐步生长壮大"的看法分道扬镳了。法律科学不断追求分离法律与其历史发展过程,力图抛弃历史法学派的哲学基础(主要是其历史哲学,但也包括其"有机体论"和自然法),最终导向一门纯粹的法律科学。从某种意义上说,这就是历史法学派那颇显讽刺的命运。

---

① von Jhering 1968:vol.2.2,361:"自然历史方法意味着把法律资料提到更高的水平。"也见 Reimann 1989-90:862;Wilhelm 2003:112-6。

首先,在格贝尔和后来的拉班德(Laband)那里,法律科学对法律教义学进行了持续净化,从而清除了法律的历史维度。其次,格贝尔对公法的关注,以及他对统一公法和私法所做的努力,却使公法占据了优势地位,这种趋势早在康德和黑格尔那里便有所提示了。① 再次,对法律教义学的净化,跟积极信仰法律科学的概念具有真实性是相辅相成的。换句话说,学者们相信存在着一个永恒的概念世界。其结果导致了最后一点,历史法学派最初以历史的和科学的方式来处理法律的擘画逐渐遭到抛弃。法律的历史维度正慢慢被自然科学和数学的方法所取代。一开始只是像处理科学问题一样处理法学问题,现在法律本身也变成了一门科学。

我将对最后的两点进行简单论述,以表明法律科学也试图将立法者从法律舞台中清除出去,而且现在这种趋势越来越明显了。我的论述将从最后一点开始。

(四) 超越历史的科学

就像前面提到的,思维的运行需要系统的支持与帮助。这是历史法学派的终极方法(Wilhelm 2003:45),这种思维模式将"有机体论"和"民族精神"提升为纯粹的形式概念。有机体论只是为了阐明法律所固有的系统性,也正是因为这种性质,法律才被提升到了独立科学的水平。所有法律都适用同一种科学方法,这种方法可以将单一原则和那些由单一原则推演出来的所有其他概念进行区分。一般而言,在格贝尔(大致继承了普赫塔的观点)看来,第一原则就是"意志权力",法律

---

① 事实上,康德和黑格尔在建构自己的法律理论时都是从私法开始的,公法在他们的研究中只是最后才添加上去的内容,这说明他们研究的焦点是集中在私法上的。不过,他们的研究暴露出一个事实,即公法要比它的结构看上去具有更重要的地位。

系统在这一原则的基础之上就变成了"权利系统"或者说"意志自由的可能性系统"。

不过,尤其需要强调的是法律方法及其产生的立法方法。尽管19世纪历史法学派学者对17世纪和18世纪的法理学有诸多批评(主要是因为这种法理学坚持理性的自然法),但是他们的方法却与莱布尼茨的"组合艺术"(ars combinatoria)非常相似(Villey 1961:100-1;Grua 1956:246;Schneider 1966;Viehweg 1965:52 ff.)。从法律基本概念的定义,到单一规则和普遍规则,再到法律科学的基本准则,可以说莱布尼茨的方法融入了所有这些元素,从而"组合"成了一个充分发展的法律体系;这个体系表面上看和19世纪下半叶的法律科学存在相似之处。从这些经过科学阐释的概念组合形成的系统中,可以引申出所有法律问题的解决方案。

(五) 法律概念的本质

法律科学——与莱布尼茨的方法不同——主要面对的是立法者提供的材料。这样建立起来的法律科学,其类型属于法律实证主义;它将法律看作立法者的意志。法律科学因此只是对立法机构制定的法律加以描述并使其内容系统化的一门科学。但是这个观点并不能反映出格贝尔的意图。确实,实证法是学者们研究的对象,但是仅有描述和系统化的话,几乎不可能产生什么实用有效的法律知识。就像我们前面所说的,历史法学派的早期学者对制定法并不感兴趣。这一立场一直被延续下来,因为实证法被认为是武断的、轻率的、残缺的、矛盾的,而且往往是仓促完成和即兴发挥的立法工作的产物。

因此,为了科学地将原始素材阐释为一个封闭体系,就有必要从谱系学上将法律回溯为一套高级概念,法律科学要做的就是这个事情。

这种回溯谱系的方法在普赫塔的理论中可以找到,这一点我们之前已经提过;他的追随者们已经系统深入地发展了这个方法。普赫塔——他与萨维尼和早期耶林的思想一致——深信法律科学的概念是"活的存在",是独立于之前的概念而存在的。

为了更好地把握法律科学,对法律科学中法律概念的本体论地位做更细致的观察是很重要的。这些概念独立于它们的词源或产生语境,说明我们应当以逻辑的方式理解概念谱系,而不是采用历史性的理解视角。比如,这种观点就和普赫塔所说的"法律是一个系统"的观念不谋而合(Puchta 1845: §33)。概念谱系意味着体系性是内在于法律的,而不只是一种从外部强加于法律的形式。根据法律科学的观点,法律思维意味着对概念进行了精心的逻辑计算,这种方法优于实证法的机械适用——正是实证法的机械适用让德国的法律科学可被称为法律实证主义。我们此刻所面对的更像是法律科学的实证主义(Wieacker 1995: 341 ff.),或者是作为一种法律科学方法的实证主义。

不过,无论如何分类,这里更应注意的是另外一点,即实证科学或者实证方法论所使用的概念被认为是真实的。它们存在于"就在那儿"的世界里,存在于一个拥有概念性结构和独立于人类思维的秩序的世界里。从这一角度来说,重要的是要记住我们在研究表象主义之初对它做出的评价。表象主义认为,真正的知识所表现出来的正是世界本来就有的样子。

历史法学派的代表人物,尤其是 1850 年以来的代表人物,基本上都是概念论者,因为他们相信科学是建构在数学基础上的。不过他们逐渐脱离了法律科学的历史维度,并将自己的观点往前推进了一些,认为自己所研究的概念是"真实的"。我们从维亚克尔(Wieacker)对历史法学派的评论中可以看到,概念"必须表达永久有效的法律公正命题的实例化,以便适用这些命题;它们的逻辑适用就像物理学上的力学规则或准确公式一样,必然会产生正确的判断,也就是'正义'"(Wieacker 1995:343)。

根据这种观点,科学并不生产描述和解释实在的概念。但事实恰恰相反,在实在中把握概念的正是科学。于是,科学能够"生产的"只是毋庸置疑的真理,而这种真理将科学拔高了,这相当令人惊讶,因为科学希望自己只遵循纯粹的演绎。

其实正是法律概念的实在性,或者毋宁说是它们的实体化或自然化,为法律科学提供了特定的性质。耶林在他与格贝尔联合创办的《民法释义学年鉴》(*Jahrbücher für civilrechtliche Dogmatik*)的导论中说明了这门科学的原理。

法律科学的原始素材是规则和原则。这些规则和原则是由立法者通过立法程序来提供的。但是就像我很久之前说过的,历史法学派的学者们对立法机构制定的法律并不感兴趣。因此,对立法机构制定的法律的描述被认为是法理学的一种低级形式("低级法理学"),而法理学的主要工作是对立法机构制定的法律进行解释(von Jhering 1857:9; Wilhelm 2003:112)。将法理学从低级转变为高级是通过法律建构完成的(von Jhering 1857:9)。根据对法律原始材料所做的这种阐述,法律整体看起来不再是命题和意见的集合体,而是法律存在物、活的存在、"服务于灵魂的事物"的"原型"。法律科学以这种方式运行时,其目的在于将法律关系简化为它们所对应的基本概念,从而建构特定的法律客体。对法律客体进行系统化分类,就会产生法律制度(同上:10-1)。

这样产生的观点是一个悖论。一方面,法律科学家主张,他所研究的概念是"真实的",但另一方面,这些概念是建构出来的,它们所表现的是实在,这样一种主张更为流行。法律思维作为民族精神的继承者,既被认为是反映实在的一面镜子,同时它又从头至尾建构了民族精神。依据第一种主张,法律"表现"了实在;而依据第二种主张,法律则是一种"表现-建构",或者说是科学的法律。法律建构的基础是概念,这些概念被认为是"真实的",但也可以说是"自然化的"或者说是实体化的。虽然自然化更加强调法律科学的建构性本质,但是它可以解决前面提到的悖论问题(Wilhelm 2003:83)。萨维尼的"人造过程"(artificial process)已经从对既存法律的"重新建构"演变成对新法律的纯粹建构(同上:118),因此,法律科学完全具有了康德意义上的"生产"特性,而不只是停留在被动接受的状态。

这个体系脱离了法律的真实样态,再次变成了康德意义上的独立学科。这样做的结果是产生了一门逻辑学科,它是非目的论的、价值中立的,远离政治、经济和社会的影响。逻辑证明变得比实际应用更加重要(同上:122)。随之而来的是,和法律科学相关的法律实践成了论证推理,而不是法律决断(如 Jouanjan 2005:226)。从这个角度说,经民主程序制定的正当化法律可能会得到支持,但也可能被置之不理,这一切都取决于决策者的政治偏好。

在拉班德的研究中,概念的地位变得更加神秘,因为他认为法律科学的目标是建立某些具有法律意义的确定性事实和现象,并根据普遍概念整理这些事实和现象。至于事实和现象的性质,拉班德认为,在没有本体的情况下,除了逻辑学之外,其他任何方法都不能处理这个问题(Laband 1980:616-7)。法律科学概念的有效性具有直觉上的不言自明性,没有任何更深的基础(Schönberger 1997:89)。

这就是德国法律科学在世纪之交的大致图景。它研究的对象主要是罗马私法。在格贝尔的带领下,这个领域出现了很多新动向。第一个动向是,格贝尔是一个"日耳曼文化人",他研究德国法,而不是像"罗马法学家"(包括最著名的萨维尼在内)一样优先关注罗马法。不过,到了19世纪中叶的时候,格贝尔转变了自己的思想,他试图修复与罗马法学者的关系,尤其是与耶林的关系。第二个动向是,格贝尔试图超越私法,并尝试将公法融入法律科学之内,与之相关的学术理论被恰当地称为"现代德意志国家的建构理论"(Jouanjan 2005:196)。下面我将对这两种动向的某些内容进行简要评述。

八、罗马法和德国私法的融合

就像我们在上面提到的,格贝尔设计了一套法律体系,一个"意志自由的可能性系统"。根据他的观点,意志自由是法律体系的基本原则。就像耶林一样,他认为法律分析与化学分析和生物学分析之间具有一致性,这是另外一种依据自然科学来分析法律的方法。概念的自由组合使他开始接受耶林所说的"低级"科学和"高级"科学的方法,因为这种方法可以在没有立法者干预的情况下创造新法(Wilhelm 2003:115-6)。因此,格贝尔相信历史法学派的方法既可以适用于罗马法,也可以适用于德国法。不过,德国所接受的罗马法已经被斩去了它的历史根基(von Gerber 1851:10-1)。对于德国来说,罗马法仍然是外国法。而且,格贝尔认为,正是由于普赫塔和萨维尼的努力,他们的方法才被成功借鉴,用来处理德国法,于是罗马法也实现了重构(von Gerber 1851:19,23)。一个关键的问题是,法律是从所有那些使其远离政治的超法律因素中提炼出来的。事实上,在世纪之交的德国,政治形势并不稳定,对法律的科学处理是保持私法秩序稳定的一个重要因素。

（一）公法

格贝尔法律科学方法的顶峰就是罗马法和德国法的融合，他所依据的是一套科学的方法。不过与此同时，他一直在设想将自己的方法扩展到公法上的可能性。1848年革命之后，政治形势逐渐稳定下来，革命前那段时期的宪法碎片化状况已经改善，实质性的统一现在也已经实现。基于这种统一，有人就开始试图用"低级"法理学和"高级"法理学来建构一种法律上的国家概念。正如私法的概念是要保护权利免受行政权和立法权的侵害一样，科学的国家概念是一种以维护稳定为目标的法律建构。格贝尔用"意志的可能性"（"意志的力量"）来解释私法，他还用这种方法将国家法解释为一种意志的可能性系统，其中的意志指的是统一起来的人民所拥有的拟人化权力的意志（von Gerber 1880:4）。

拉班德最终总结了历史法学派在19世纪70年代的理论，并得出了一些自己的结论。① 法律科学就是欧洲大陆的法律人所理解的"法教义学"（legal dogmatics），这是一种建立在逻辑学基础上的科学建构。这种科学不需要立法者，与社会现实之间也没有直接关系，法律的正当性依赖于科学性而非民主过程。法律推理是概念系统之内的逻辑推理。这种方法与17和18世纪的法律方法与法律推理方法相呼应，只是当时它仍处于概念化阶段。

就像本章开头所说的，法律科学强化了本章前半部分所指出的强法律主义的特征。在本章的剩余部分，我将简要说明法律科学和强法律主义之间关系的基本特征。

---

① 拉班德已经就法律科学表达过自己的观点，见 Laband 1911-14:Introduction。

九、法律科学强化了强法律主义

（一）表象主义

新兴的法律科学的一个核心要素是自然科学的强大影响，这使我们想起了17世纪以科学为中心的学科模式。法律研究被认为要遵循自然科学的研究方法。在莱布尼茨等人那里，罗马法和它的制度已经成为法律科学的研究对象，却丝毫没有涉及自然法。更具体地说，数学方法发展到了最前沿的地步，以至于推动法律科学变成一门实证科学，推动法律方法变成一种实证方法（Wieacker 1995:sect. 23）。

概念法学为这种方法的发展提供了原始动力，因为法律科学是由理性的法律概念集群所组成的。从这个角度说，普赫塔的弟子们，主要是格贝尔和拉班德，将他关于概念本质的认识融入了他们自己的理论中。格贝尔主攻私法，而拉班德钟情公法。但正如我们将要看到的那样，两人都为统一包括公法和私法在内的整个法律体系做出了自己的贡献。普赫塔将这种概念称为"活的存在"，以此来指称概念发展中的历史维度。因此，历史法学派的学者会认为概念是真实存在的。

这也让我们想起了第一章讨论的中世纪唯实论。它让我们直接面对一个问题，这个问题准确一点说就是，概念究竟表现了什么。格贝尔和拉班德，以及耶林与温德沙伊特所说的，并不是超法律或者超系统的实在。恰恰相反，他们想要清除法律概念中那些事实性的、道德性的或者政治性的内容。法律概念只具有"法律上的"含义。然而，如果概念只是理念或者思维的建构，那么它就与下述信念悬殊了：概念，如普赫塔所说,是"活的存在"或者"法律实体"(von Jhering 1857:10)。

这就可以解释历史法学派的态度和法律科学的发展了。假如采用之前的术语来对其进行描述的话,那么就可以说这是一个"表现-再现"和"表现-建构"的结合体。这个结合体最终就是法律概念的实体化和自然化。因此法律科学被认为是实在的科学,尽管它充其量也只不过是一门与法律相关的科学。

研究视角的这种融合,伴随的是对历史法学派的本质特征,也即法律的历史维度的清除。不过,法律科学的这种去历史化过程,让我想起之前提及的对时间的控制和对所发现的真理之普遍性的信念。有一种分类是将法律主义看作一种"策略";依据这种分类,有人认为这是"关闭了时间按钮"。一种类似的简单"策略"在19世纪的法律科学发展中始终发挥着作用;关于这一点,我们将在后面予以讨论。

(二) 永恒性和法律有效性

就像上面已经指出的,从普赫塔以来,历史在历史法学派中的地位始终是含混不清的。在这方面,有三个问题值得一提。首先,萨维尼总结说,历史研究是他自己的研究项目的基本内容。在萨维尼开创的这种历史研究没落之后,作为材料的罗马私法受到了广泛关注。进行这种研究的信念是由一个事件激起的,这就是尼布尔(Niehbuhr)1819年在维罗纳重新发现了盖尤斯(Gaius)那本几近完整的《法学阶梯》(Kelley 1979)。

其次,普赫塔认为"活的概念"是法律体系的基石,尽管受了这种观念的影响,但在普赫塔弟子格贝尔的作品中,对法律概念的历史性质的信念逐渐开始瓦解。逐渐开始占据上风的信念是,无法找到私法最为普遍的基础,在这种信念下,历史被赋予了辅助科学的地位。耶林在这个问题上的观点非常清楚,那就是时间必须被拉回到系统中*。这等于是说,历史在法律中的作用力,即历史学派的关键概念"民族精神",正在发生变化。

正如格贝尔所写的那样,有机体论者对于实在的看法,即法律构成实在的一部分,已经经历了变迁,这种观点可以被认为是一种"升华了的形式,它剥去了生活的所有痕迹"。① 同时它也产生了一个结果,那就是作为历史法学派主要前提之一的事实依赖性,变成了法律科学的事实独立性,这一转变使得法律真理具有了永恒性。因此学者主张,历史偶然性规则在永恒性原则中有相当深厚的基础。在这种法律观之下,普赫塔的追随者的看法与前一个时代理性自然法的传统见解相当接近。不过,他们不认为自然法的超验性是批判实证法的关键标准。

最后,也与上面内容相联系的是,17世纪自然科学方法深刻地影响了法律科学的方法。一方面,萨维尼曾提到,法律科学的发展被认为是大学中的学术法律人的任务。萨维尼的这一立场是其科学研究项目的一部分内容,而在19世纪前叶,德国的大学本打算在其研究项目中移除那些具有实践导向的课程。大多数学术法律人都是学者,为了坚守他们在学术高墙之内的阵地,被迫开始将自己的学科重塑为一门"真正的"科学(Stichweh 1984;1994)。

另一方面,可能但不完全是在这种影响下,自然科学基于自身的优势吸引了许多法律科学家。除了打算将法律转变成科学之外,萨维尼及其追随者们同时还想超越自己的学科和自然科学之间的这种对立。② 因此,他们努力将两种科学统一起来。经过这种努力,自然科学

---

* 也就是说,系统必须被赋予时间性。
① 引自 Jouanjan 2005;220。
② 除了其他人之外,也见 Kiesow 1994。

的普遍性再一次占据了上风。普遍性的科学从本质上讲是非时间性的,正如遭到许多批判的理性自然法理论,因为它们也声称自己是非时间性的、永恒的(普赫塔如此痛恨片面性,这种极具个人化色彩的特点也被带进了法律科学之中)。

(三) 被掩盖的工具主义

一般来讲,在历史法学派的法律科学的发展过程中,可以发现工具主义具有四个方面的内容。

第一个方面如下。萨维尼对待法典化的消极态度跟他对当时政治形势的认知有关,这一点我们在上面已经讨论过。当时的德国政局混乱不堪,国家缺乏统一。这个观点在《论立法和法理学在当代的使命》中也表达过,其中说当时法典化的时机还不成熟;这与当时的法国不同,因为法国已经建立起了适合颁布《法国民法典》的新的政治机构。然而,萨维尼的工具主义产生自其如下愿望:保护法律不受立法及那个时代动荡的政治局势的影响。无论如何,"非政治化"的法律科学的选择并不像它看起来那么中立。中立的面纱之后其实隐藏着一种特定的选择,那就是使法律和政治两相分离,这也是法律主义的主张,因此,法律主义其实有着强烈的工具主义色彩。

第二个方面跟第一个有关,它隐藏在法律科学背后。法律科学的工具主义为1848年以来的资产阶级提供了方便,因为他们可以以法律为工具保护自己的利益。法律在美国也发生了类似的演化。莫顿·霍维茨(Morton Horwitz)(1977b:253-4)报告说:"到19世纪中期,法律制度已经被重新塑造,它保护的是从事商业和工业的人的利益,牺牲的则是农民、工人、消费者和其他在社会中实力较弱群体的利益。"对法律的这种重塑依靠的是灵活的工具性法律概念;而这些概念从19世纪中期开始就已经被转换成了"法律科学"。事实上,上面提到的利益集团可以从法律的工具主义性质中获利;他们的利益会通过经工具主义重塑的法律得到满足,而且这种利益将来还会在新建立起来的法律理论中被掩盖起来(同上:254)。事实上,利益集团忍受着巨大的恐惧并因此痛苦不堪,因为他们担心立法机构授权对财富进行重新分配(同上:260)。然后,霍维茨继续说道,建立一个知识体系可以产生巨大的好处,它使普通法规则看起来像是自给自足的、无关政治的和不容改变的;而且通过使"法律推理看起来像数学论证"一样具备中立性和利益无涉性的特征,这种知识体系要传达"这样一种氛围……即法律决定具有必然性"(同上:254;Holmes 1894-95:7)。

德国法律科学中的工具主义的第三个方面的内容是它的形式主义,这一方面跟前两个方面可以相互印证。形式主义(借助于第一个方面)确实可以保护法律制度不受立法的侵扰,但同时,对保护这些已经包含于法律之内的利益来说,它也是一种非常有用的方法。从这个角度说,形式主义及其中立性会导致工具主义,就像工具主义会带来形式主义一样(Reimann 1989-90:892)。

工具主义第四个方面的内容依然跟之前的几个方面有关。将法律和政治分开这种法律主义的策略,对保持法律的"纯粹性"是有帮助的,不过这其实也是一个具有政治敏感性的立场。而且一旦法律跟政治分开,并像德国法律科学那样高度形式化,法律就越发会变成保护利益集团通过法律能够获得的利益的工具,也越发会变成推动社会变革的工具。无论是对保守性政体还是对激进性政体来说,形式化的法律科学都能发挥工具性的作用。

（四）国家主义

霍布斯、卢梭、康德和黑格尔都把国家当作法律唯一的渊源，由此产生了国家主义。当看到历史学派的法律科学是如何朝着这同一个方向发展时，顿时一种荒诞感油然而生，因为他们彼此之间原本是相互矛盾的。

法律科学最初的研究对象是作为共同法的罗马私法，这是一个有着传统特征的法律秩序，几个世纪以来由学院派法律人精耕细作。

呼吁对法律进行系统整合的声音在整个19世纪不断回响，这一愿望在萨维尼的后一代人那里进一步强化了。因此，法律中的很多非科学因素，比如道德、政治和社会经济条件——所有这些因素都具有内在的时间限制——都被形式化和纯粹化了，法律科学在其倡导者手中又经历了另一种戏剧性的变化。这一变化是由1848年革命失败引发的，当然，除此之外还有其他一些原因共同导致了这一结果。

概念法学对法律的净化，以及后来德国法和罗马法的融合，最终培育出了一种概念性的国家理论。格贝尔曾经不遗余力地努力在科学基础上，而不是在霍布斯、卢梭和康德率先提出的形而上学基础上，建立国家概念。格贝尔希望取代这种形而上基础的是法律科学，因为它可以将国家概念纯粹法律化、科学化，并将这个概念当作法律科学不可分割的一部分。这样国家本身就变成了一个法律概念，不需要任何政治上的支持（尤其是1848年革命事件之后）。

法律概念是在"公意"概念基础上建构起来的。法律概念发生了逐步的进化，这在霍布斯、卢梭、康德和黑格尔的著作中已经有所体现，即从19世纪70年代起，所有的法律都成为国家的法律。从那一刻开始，动荡的政治形势让人们相信，国家必须对"社会问题"进行干预；俾斯麦

（Bismarck）在这一方面一马当先（Haferkamp 2008:680-6）。康德和黑格尔在前一个世纪便隐晦地表示过，应该以国家在公法、私法两个领域都享有最高权威，来代替没有国家干预的私法自治。到了19世纪70年代，他们的这个想法终于变成了现实。

第六章　正当性与正当化
——从强法律主义到立法法理学

一、通过代表获得正当性

在强法律主义的观点之下,规范的形式就是合法性。合法性作为规范的形式要求,决定了规范的本体。当且仅当规范具有合法形式时,它才会存在。而规范的合法性作为它存在的必要条件,其本身就蕴含了正当性。当且仅当一项规范满足其所属法律体系的合法性这一条件时,它才是正当的。这不禁让人想起马克斯·韦伯关于合法性包含正当性的观点。[①]

施克莱认为,法律主义是一种认为规范思维主要是围绕着规则中权利和义务而展开的伦理倾向(Shklar 1986: 1; Bankowski and MacCormick 2000)。[②] 她在这一点上的论证既引人入胜又极具说服力,我们曾试图在本书第一章探寻该观点的哲学基础,这个基础就是已经

[①] Weber 1964:131:"如今,最常见的正当性基础是对合法性的信仰,也就是愿意遵守形式上正确且经正当程序颁布的规则。"哈贝马斯(1992:97-8)批判韦伯对正当性只做了经验性的定义,并没有与真理形成本质关联。对正当性的信仰于是就萎缩成了对合法性的信仰;这导致只要诉诸法律的方式来做出相应的决定便足够了。

[②] 参见法律主义的孪生兄弟法律形式主义的定义,见 Horwitz 1977b:252:"简言之,建立一个知识制度有着许多的好处,它让普通法规则显得独立、政治中立、不易变动,而且通过'像数学推演一样进行法律推理',它为法律判决赋予了'一丝……必然性的气息'。"

提到的根植于唯名论形而上学的表象主义。

在本章中,我们将更为细致地研究正当性概念的内部结构。一般而言,该结构可被描述为一类"表象"。而一旦把这个结构给充分地揭示出来,我们就能进一步探讨其所对应的正当性的某些特征。

在强法律主义的规范框架下,规范"就在那儿"。在神学视角中,上帝将规范强加给他的造物。在苏亚雷兹、霍布斯和普芬道夫的作品里,规范性的基础就是一种神圣规范,它规定人们必须将权力移交给主权者(苏亚雷兹),主体间必须签订社会契约(霍布斯),或者说主体必须具有社会性,因而需要共同生活在一个国家之中(普芬道夫)。这也符合康德作品中的世俗化法律主义,他认为我们有义务成为一个国家的公民,而国家正是建立在绝对命令的基础之上的。

从前几章可以得出,强法律主义认为法律是对实在的表现。在这种表现关系中,规范的形式、本体和合法性都具有不受时间拘束的性质(永恒性)。规范的内容是国家行动的产物。反之,国家是唯一能够赋予命题以合法性的组织。由于国家才是规范的唯一来源,所以国家主义是强法律主义的另一个特征。

在国家主义下,除了合法性的表现性之外,规范的工具性也被隐藏了起来。如果规范形式是规范存在的唯一条件,那么作为实现偶然目的之手段的规范之间的工具性关系也被隐藏起来了。法律的工具性是指将法律当成一种可借之改变实在的工具。这种观点能够延伸出许多不切实际的观点,这些观点都经过了充分讨论并遭到猛烈批判(Summers 1977)。然而,这种观点却很难被根除。

强法律主义导致了法律的表现性,这种表现性作为一种本体在法律科学当中显现出来。如上一章所述,我们可以在德国历史学派中找到法律科学的经典范式,它在20世纪中叶以前对法学发展起着决定性的作用。17、18世纪的国家理论发展出法律主义的方法之后,该方法便被运用到了法律领域当中,因而法律科学也就在19世纪的德国发展起来。

执业律师对法律的看法里就包括了有效之法才是正当之法的内容。对某一命题进行整体上的检验,看它是否属于法律体系,这种检验本身的正当性是毋庸置疑的。它的结论也预先排除了一些关于想要实现或不想实现的任何价值、目标或目的的追问,因为成就规范的是其形式,而不是那些价值、目标或目的。

从政治的角度来看,立法机关代表人民或国家。没有代表,"人民"或"国家"就不存在。在这个角度上,"代表"意味着"概念化",离了它,人民或国家的权力就不可见,也即不具有可操作性。由此,代表是必要的,因为权力在制度中的形式化——它的制度化——使它可以被证明、被看见、被追责。为了代表权力而建构权力,也即创立立法机关等机构,就不仅是一种实践要求,而且具有概念上的必要性。

立法机关等机构的建立,或者更普遍来说,主权者的建构,是一群人的行为。它通常是指一份社会契约,订立这份契约的人通过契约来同意其他人根据契约的内容行事。在此意义上,主权者代表着一群奠基人,前者的行为最终可归因到后者身上。在一些早期的说法里,机构的设立或权力的代表要么像一个转换器(如苏亚雷兹),要么像一份契约,二者要么是一体的(如霍布斯、卢梭和康德),要么是截然分离的(如普芬道夫)。

由此可见,所有有关权力的表述说的都是这样一种权力:它通过社会契约这种原始行为形成,它本身既是原始的,同时又是无形的、破碎的、无序的或低效的。这种代表机制的核心在于,个体与其同伴一齐建立起代表他们所有人的机构。

通过对代表的描述,我们得到了强法律主义视角下关于法律正当性的大致图景。"代表"的这些不同方面为法律体系提供了正当性,而法律体系的产物也被认为是正当的。

国家是主权的理性组织,它的行为代表着社会契约,相应的行为结果也是"建立"在社会契约之上的。国家行为的结果包括使主权规范具体化的执行行为,以及适用了优先和/或更高规则的司法裁判。

这种观点在一定程度上相信规范包含于文本之中,且规范和文本是相同的。规范的文本表达的是立法者的意志。理解规范就意味着正确地理解了相应的文本,而理解本身是可以通过对文本进行评释或训诂来实现的。因此,正确解读规范文本便意味着正确理解规范。法律裁决故而被理解为一种涵摄(subsumption),要么是已有命令的逻辑应用,要么是以文本解释为限的法律应用。

这一观点的基本原理是,现代民主社会是按照各种权力分立理论来运行的。该理论认为,规范的创造和适用是两项独立的功能。因此,立法即是对规范的创造,这一过程创造了将被适用的规范。而规范是通过语言来创造和传播的。进而,文本既包括了规范,又随着时间的推移传播了它。当规范被适用时,三权分立理论认为,只有借助语言学手段才能确定这些规范的含义。这种解释理论被称为平义规则(plain meaning doctrine)。它的特点是要识别"规范"和"文本"。[①] 这还意味着,解释规范就是解释文本的另一种展现形式,不管文本是法律文本还是其他类型的文本。

由于规范等于规范的文本,因而除了适宜解读文本的方法,其他探

---

① 对于这一观点的批判,参见 Müller 1996:175-80;Esser 1972:124;Baden 1977;van de Kerchove 1978b。

索规范含义的方法都有扭曲其含义的风险。更具体地说,由于文本代表了规范,而规范又代表了立法者的意志,所以审判过程就是发现甚至在必要时重构(而非凭空建构)规范意涵的过程。因此,权力分立学说可以被认为是另一种在形而上学领域对理性和意志、判断和决策或者立法和司法之间的区别。司法判决处于赋予正当性的链条的末端。代表则在前一步的基础上使每一步都正当化了。

强法律主义认为,一旦有了一个正当的国家,随之而来的都将是正当的规范。换言之,形式上有效的法律之正当性是不容置疑的。规范的形式就决定了其具有正当性。

在本章中,我想对这种观点发起挑战。更具体地说,我想论证的是,一方面,正当性是正当化过程的结果,而不是每一条规范的"一次性"(one shot)就有的特点。我的主张相当于是说,规范的形式有效性是其正当性的必要条件,但不是充分条件。正当性是立法者、规范制定者、统治者或主权者进行正当化的结果。另一方面,在强法律主义的观点下,法律科学证明了立法者不是法律行动者,而只是政治行动者。基于正当性是某一过程之结果的论点,下文旨在将立法者视为一个法律行动者,他所负责的立法工作必须"获得"正当性。

二、正当性和正当化链条

法律的正当性问题是一个经典的法哲学问题。为了阐明我的观点,我建议先对有关正当化的理论进行初步分类。

大多数时候,法律理论分别被称为"实证主义"(positivist)或"自然主义"(jusnatualist)。两类理论相互对立,长期陷入无尽的争论。为明确起见,对于代表实质内容的模式,我们采用"自然主义的"

(jusnatualistic)和"实体的"这两个标签,而不具实质内容的模式则采用"非自然主义的"(non-jusnatualistic)和"程序的"等标签。我将要论证的是,这两种模式之间在结构上存在着相似之处,而非截然对立。

自然主义模式包括以下三种版本:古典版本(亚里士多德)、神学版本(阿奎纳),以及理性版本。① 在古典版本中,模式存在于实在,而在神学版本中,它是根据先验存在之计划的神圣创造(阿奎纳),或者是强加于理性存在的神圣命令(苏亚雷兹和普芬道夫)。在理性版本中,模式是由上帝创造的人类本性中的理性发现而得到的。

非自然主义模式不依赖于任何实质的内容。因此,产物的正当性必须在模式之中找到。具体来说,该模式是基于人们的初始同意,逐步地生产出正当的规范。因为这些模式并不代表已存在的实质性内容或规范,所以它们必须从一项制度的设立开始。也即,要从人们最初的意志行为开始,人们主动地服从这一模式的最终后果,故而这些模式也一般被贴上"民主"的标签。民主模式是非自然主义的,因为它不包含也不代表任何先验存在的内容。它依赖于内容未予确定的意志行为。也就是说,一种非自然主义模式并不代表先验但不可知的规范内容。

但在自然主义模式下,先验的规范内容却为它们提供了规范性。根据这些模式的内在逻辑,一个规范只要不符合这个内容即失去效力。因此,正当化的非自然主义模式和自然主义模式之间的一个关键区别就是:自然主义模式不需要对其规范进行积极的正当化论证。在实质规范内容为规范制度提供规范性的情况下,遵守规则或无规范冲突是正当性的必要和充分条件;但在非自然主义模式中,规范的正当性显然不能依赖于已经存在或先验给定的实质性内容,因此它必须通过积极

---

① 关于"古典"和"现代"的区别,或者"理性"自然法,参见 Villey 1962。

的正当化论证来获得。也即，正当化指的是产生正当性的行为过程。

如第一章所述，前面简要阐释的正当性问题产生于现代性之初，而现代性则继承了中世纪晚期的唯名论。人是一个个的个体，上帝用一系列戒律限制了他们的自由，这些戒律被称为十诫——更符合实在论的本体论，或十条命令——根据唯名论的解释。唯名论认为，这十条命令直接约束人的自由，而不影响他的"本性""本质"或"理念"，因为这些"事物"不再像实在论者所认为的那样存在于思想之外。

霍布斯是首个提出这一新观点的人，并随之挖掘出另一个新问题：人是自由的，因为"人性"不决定任何东西；因此，就行动而言，未被禁止即为允许(Hobbes 1966c：206-7)。神圣戒律中规定了什么是被禁止的，这些戒律构成唯一的真正道德；因此，自然法是被允许的，因为它在国家中确认了个人的权利，国家是上帝在人类堕落之后允许建立的(Tierney 2002：399-406；Hruschaka 2004)。唯名论有这样一种观点："教会"不作为一个"机构"而"真实"存在，它只是一个"联合体"。上述观点结合在一起，人们就必须重新组织自己(de Lagarde 1926：426 ff.)。因此，新的组织、新的政治哲学以及随即产生的法律正当性问题全都纷至沓来。

霍布斯对人类自由的假设为其追随者所采纳，他们赞成创建社会契约理论——罗马王位法(*lex regia*)的一种变体——以作为政治组织的理性基础(Lloyd 1997：231)。

社会契约是政治组织的第一步或基础，是正当化链条中的第一环。霍布斯认为，人是被拉入契约关系的，但卢梭认为契约与理性的发展有关。洛克则将其和保护财产所带来的生活便利与舒适联系在一起，而康德却认为人们有义务签订社会契约。社会契约被视为对自由所进行的唯一可能的合理组织，在这一前提之下，社会契约还被认为是正当化链条的起点或基础:没有社会契约,便不能正当地行使权力;一旦有了社会契约,一切权力的正当行使都指向这个最初的起点。

社会契约理论便是把社会契约定义为正当性进行自我参照的起点。订约不是真实发生的事件,而是一种假设。鉴于其必然性,它就像自然模式中的实质规范性内容一样,是根据人的理性本性(以及由此产生的"理性自然法")而必然发生的。如第一章所述,契约是一种理性选择。上帝赋予人类的理性,是主体必须据以安排自身行为的唯一"给定的"依据,据此,他应受到理性的驱使而订立契约。①

正当的——因为经过理性选择——契约作为政治社会或法律体系的基础,奠定了规范制定者或主权者的权威,他们的所有命令都是正当的,因为这些命令建立在原始契约的基础之上。这一链条的其他部分,像是从行政命令和司法裁判,到通过警察行使权力没收你的电视机等情形,都基于上述同样的基础。

尽管上文指出了实体模式和程序模式之间的本质区别,即它们是否包含了一条先验的规范,我们仍需要注意其间的相似之处。

两种模式的相似之处在于正当性链条的动态性。在前一种模式中,实体的正当化内容因其先验性而不可获得。它只是存在或是被创建出来的。正当性来自先验存在的,或者是由神创造出来的或做出命令的内容。程序模式中也存在着类似的动态性,因为所有的正当性也都来自社会契约。这种相似性源于契约的唯一性,以及它对政治事务组织的必要性。正因这种必要性,契约似乎是对实在的一种复制或者再现,而不是在实在之外的一种构建。

---

① 根据一种普遍的解释,格劳秀斯的理论(Grotius 2005)是世俗自然法理论的起源。这一解释是对《战争与和平法》(*De Jure Belli as Pacis*)第十一节"假设上帝不存在……"的错误解读。在这一点上,我赞同以下几种解读:Edwards 1970, Novak 2000 和 Sève 1989:36-9。

第六章 正当性与正当化

在实体模式下,启示或形而上学推论使得我们有可能获知先前存在的或给定的内容。立法作为政治领域的具体行为方式,就依赖于这种可能性。在实在论的本体论框架下,立法作为诏令(ordinatio)(阿奎纳)代表着一种被它具体化的现有秩序。对于法律主义所依赖的唯名论形而上学而言,既存的命令规范(苏亚雷兹、霍布斯、普芬道夫)或理性道德规范(康德)都为后来的人类立法提供了基础。

虽然还是不可获得——这种命令具有先验性,或者可以通过理性来揭示——政治事务组织和随后的立法都是一个建构问题,而不是对现有秩序的复制。原因即是,社会契约论是神学唯名论的孪生兄弟,根据神学唯名论,上帝不能创造共相,只能创造个人。由于自然不再告诉人类他们应该做什么,规范性便被局限于服从神的命令,其中就有一条命令告诉他们要进入一个政治组织。这一组织可被称为一种激进的民主政治组织,而这一套推论所对应的模式是一种中间模式,介于实体模式和纯粹的程序模式之间。纯粹的程序模式是一个自愿团体。这一模式中的正当化代表了最初的共识。它的存在基于一种意志行为。

纯粹的程序模式不依赖于任何正当化的实质性内容,而相关的内容则可以提供正当性。自然的、神学的或经理性发现的内容不再能够为人所知。根据该模式,规范的正当性必须是主动产生的,因为规范制定者为了使规范正当化,必须主动从事将规范正当化的行为。

在缺乏任何实质性规范内容的情况下,程序模式的初始阶段就是自由。这些模式的意义在于创造出能够组织或决定自由的规范,所以两种模式都对自由施加了必要的限制。任何决定都是在多种可能之中进行选择的结果,因而任何规范同时也都是对自由的限制。

实体模式则涉及自由意志。自由是指对目的及其达成方式的选择,而自由意志关涉的则是什么存在以及个体可欲或不可欲之事。一个既定的规范或尚未实现的目标是不能被选择的,只能被欲求或不被欲求。在谈及自由时,目的及其实现手段都应当是可选择的。由于自由具有自反性,前述选择本身也是一种自由。自由的自反性意味着必须自由地进行选择。

以上对"正当化的动态性"的必要概述想必已经使其得到了充分阐述。正当化的动态性就是指正当化链条的方向。实体模式的动态性可以被描述为"自上而下",也即从实体内容到执行该内容的具体裁决。实体内容存在或者被给定,通过它便可制定具体规则。

程序模式与此类似。它必然包括几个步骤,其中的首要步骤便是建立模式。模式的建立——如社会契约——创造了使整个机器运转起来的机制。这一机制——如主权者——设立了规范以及对自由的正当限制,因为它们都基于——也即都代表着——最初的组织化行为。在程序模式中,限制自由的正当性来自更早的"根本性"建构行为,该行为在整个规范制定过程中得以再现。

正当化的实体理论与程序理论的相似之处在于,无论在实体模式还是程序模式当中,正当化链条的动态性都是单向的(unidirectional)。在实体模式中,这是由于实体内容的不可得性或先验性。在程序模式中,正当化链条中的初始步骤必须被视为理所当然的,若不如此,任何命题都不能像规范一样获得正当性。譬如,在评估由主权者颁布的规范效力时,社会契约必须被视为理所当然的。当法官基于一项规范做出判决时,该规范必须被假定为有效的。法警执行命令的前提是司法裁决是有效的。链条中更早更高的步骤上的正当性被传递至后续步骤,进而加强了后续步骤的正当性。这一链条之所以是单向的,是因为链条上的角色不能否认其决策所依据的前提(Habermas 1996a:173;参见 Luhmann 1983)。

第六章 正当性与正当化

实体模式中的规范代表了模式的实质内容,而"更低的"(lower)规范代表了更高的(higher)规范,包括这种模式本身的契约基础。这两种模式都具有相似的动态性,实体模式是从真实的或正确的规范到人造的或契约的规范;程序模式则是从规范价值较高的规范到规范价值较低的规范(从立法规范到行政规范,从立法或行政规范到司法规范,等等)。那么从更一般的角度来看,正当性源自这样一个事实:被代表的东西比作为代表的东西更有价值,因为前者能为后者提供正当性。①

这就是一般理念。换言之,正当化链条在一般情况下不能被颠倒,除非是理论中特别规定的一些步骤,如司法审查、上诉和行政复议等等,这将在后文进一步展开。我将进一步阐述霍布斯和卢梭的社会契约理论,分别作为自然主义契约和程序主义契约的例证。

我们在实体理论和程序理论中都可以观察到正当化链条的单向动态性,这种动态性将链条中的先前步骤视为理所当然的。它又增加了一种新的内容——那是对自由的另一种限制。在行政命令、行政决定与司法裁判之前,存在着对自由更为普遍的限制,典型如普遍法律规则,它的具体化将这种普遍限制与更具体的情况联系起来。这种自由限制的具体化需要正当理由。此观点中的正当理由将后者与前者、低者与高者联系在一起。

---

① 卢曼(1983)强调了程序化或逐步正当化的思想。程序(Verfahren)作为一种降低复杂性的方法是正当决策(不论其内容)的模式。只要程序排除了争议,那么它就是正当的。譬如,选举使数量有限的人可以正当地做出决策,但这些决策的内容在选举时是不确定的。他们的决策——立法——天然地对行政部门具有约束力。行政人员不加批判地"接受"所有他们需要适用的规范。而法院判决的正当性在于正确地适用立法机关或行政机关制定的现行规范。在卢曼的理论中,正当化程序产生正当性,正当化链条是单向的。从选举到立法,从立法到行政决策,从行政决策到司法应用,这一正当化链条由这些半隔离的阶段构成。正当化链条是不可逆转的,因为在较早阶段做出的决定不能在较晚阶段被推翻。它们充分正当,具有约束力。也就是说,较晚阶段也代表了较早阶段。

201　　立法是通过法律规则对自由进行限制，这被认为是为社会契约所承认的；社会契约在宪法中得以进一步具体化。反过来，由于选举和立法处于正当化链条的开端，它们则不需要任何具体的正当化。加入社会契约是基于理性的选择：这是一个决定，只不过是不得不做的决定。从此，正当化程序便开始了，而且可能出现的错误只能从内部纠正，即要基于程序本身的纠错机制。但这种机制不能颠覆链条本身。

由此看来，社会契约是一种委托（proxy）。基于此，协议各方都同意接受"之后"对其自由所做的限制。他们的确默默接受了在契约订立时对其自由施加的未知限制。他们进入的是一个不可逆转的正当化程序。他们不知道对其自由进行限制的内容，就像正当化的实体理论中的内容不可知一样。因此，主权者的任何规范，只要是形式上有效的，也都是正当的。

三、强法律主义与正当化的委托理论

社会契约可以被认为是政治领域里的民主组织的开端，即便它本身源自一些先验的内容。然而，现代哲学中的政治领域里的民主组织，据称比其古典形态更为激进。亦即，民主不是一个自然事实。这是因为，民主是一个概念，是一个遵循着霍布斯和卢梭的唯名论观点的理性建构物。

由此看来，社会契约是一种意志行为，可能标志着一个全新的开始。这种观点必然有其前提条件。那就是，社会契约本身是一项理论事业，其中它将正当化与真理联系在一起，而正当化与意志的关联则仅处于次要地位。正当化链条不可逆转的性质——除了放弃契约的假设（Rousseau 1997a：120）——正是从这一前提里产生的。

霍布斯的观点是建立在自然法基础之上的，自然法要求人类脱离自然状态,并接受一系列对自由的外部限制,即主权者的规范。它们对主体具有约束力,这是基于社会契约进行归因的结果。易言之,主体选择了忍受主权者的规范,而不管规范的具体内容为何。

存在逻辑和规范两个层面的原因可以对此做出解释。逻辑层面的原因是,在订立社会契约的"那一刻",他们还不知道主权者将要颁布什么规范,因为当时还不存在市民法。规范层面的原因是,主权者具有对自然法内容进行任意界定的权力。① 在订立契约时,他们承诺要服从未知的法令。也正是由于他们通过契约表达了自身的意志,他们才被认为是规范的制定者。

卢梭则有不同的看法。他认为,法律的规范性并不来源于任何外在的道德规范。规范性的最终来源其实是受规范支配者的意志。既然人们自行组成了主权者,他们便可以自由地决定哪些命题将具有法律效力。这种观点也存在一些前提条件。

卢梭将其理论看作解释了前理性社会向理性国家演化的最后阶段。没有什么比构建政治领域更为理性的了,政治领域最终引入了自然状态中所缺乏的道德(Strauss 1974:274)。

根据卢梭的发现(Rousseau,1997a:152),订立社会契约符合公法的真正原则。这些原则的内容不受历史变动的影响;内容一经确定便不得更改,除非契约"无效且无任何约束力"(同上:49-51)。在霍布斯那里,选择订立契约是基于排他性的理由,是一种意志行为。此外,主权者只能使命题生效。立法者享有创制权(同上:68-72)。他被恰当地称作君主的顾问(Polin 1971:222 ff.),他就是没有意志的理性(同上:227 ff.)。霍布斯指出了只有主权者才能将其转化为法律的命题内容。卢梭表

---

① 劳埃德(Lloyd)将此称为"纯粹地任意立法",参见 Lloyd 1981:131。

明,他并不看好那些服从法律的主体的意图,因为他认为他们没有能力提出或者修改任何法律。正如他所说,人们的确欲求好的事物,但并不总是能看清楚什么是真正的好的事物。因此,他们需要一位领导者(Rousseau 1997a:66-8)。这个领导者就是立法者,他只是正当化链条中的补充环节之一。

从上面可以看出,现代哲学中的民主,正如我们从霍布斯和卢梭那里读到的,并没有那么激进。对霍布斯来说,它建立在一个独立的外部规范之上;根据卢梭的说法,它是历史演变的结果,这一演变提供的是一套认知标准。这不是一种纯粹意志的行为,因为纯粹意志的行为只在民主是完全民主的时候才是必要的。

若是如此,那就是"自由"而非"理性"将成为政治领域里的民主组织以及由此产生的法律的原则。正如第四章所论述的那样,作为原则的自由,具有起点和目的这两重含义。霍布斯和卢梭的民主议题中只有前一种含义的自由,尽管自由在他们理论中只是一个有限的延伸。若是后者,即目的,那么这两位哲学家就可能会冒根本建不成政治领域的风险。事实上,即使主体行使着他们的"自由",也没有能力将政治领域组织起来。

霍布斯和卢梭所提供的是正当化的委托理论,而不是激进的民主理论。他们的委托理论涉及"国家"的组建。这种组建国家的行为需要以一种不可撤销的方式委托若干机构,使限制臣民自由的规范性内容得以正当化。臣民最初的同意与这些规范的内容并不相关,从正当化的角度来看也是不相关的。这就是为什么他们的同意只是一次委托。

他们的正当化理论的委托特征源于其真理基础。霍布斯理论中的真理基础在于自然法。但对于卢梭而言,真理的基础是理性。这个基本框架(即社会契约)的真理,为颁布的规范提供了一个稳定的且实际上不可动摇的根基。这些规范因而分享了这个框架的真理。对霍布斯来说,社会契约基础的真理在于神圣命令。对于卢梭来说,则在于理性的普遍性。

也就是说,理性的优先性和普遍性不是一个自然事实;它是向主体的思想宣告的一种理论建构物。在这方面可以想想笛卡尔的"我思"。这种观点认为所有理性存在者都以相似的方式进行思考。但黑格尔言之凿凿地批评了这一点,他说,"我思故我在"只适用于笛卡尔自己(Hegel 1955:224)。这种解释(*Hineininterpretierung*)导致了一种关于普遍性的错误观念。它抹去了理性的具体语境,而把普遍性本身认为是普遍的。具有普遍性的东西被认为优先于那些不具有普遍性的东西,因为普遍的东西才是正确的。然而,这并不是由于普遍性本身具有这种特点,而是由于这是一个根本不具普遍性的价值判断。因此,若排除了这种错误的观念,那么共相便不可能具有普遍的价值。

因此,那被认为是普遍的从而也是理性的东西,制造了直接通往实在的信念。这种方法所产生的理论是被当成一种实在的理论而提出的,但它至多只是一种与实在有关的理论。

卢梭对此表示赞同,他认为某种具体的理性观念应该存在于每一个主体的思想当中。如果公民要让他们的理性适应集体的"理性",那是因为社会契约表达了理性本身,卢梭对契约的真理性深信不疑。如此,主体就被认为是自由的。然而,正如第四章所讨论的那样,这种对自由的表述等同于一种与自由有关的理论,而不是自由的理论。

对卢梭的观点进行更为深入的仔细观察,我们就会发现它不当地忽视了社会领域中的互动关系,社会领域不仅仅是真理的领域,还是意义的领域。卢梭打算将社会转变为一个由真理支撑的政治领域。然而,社会领域首先并不是真理领域;它是意义领域,而主体本身正是出现在这一意义领域中的。①

在卢梭看来,主体的良善天性受到文化尤其是经济的腐蚀,导致一种依赖关系,而这种依赖关系会危及自由。在缺少卢梭所设想的政治领域的情况下,这就是社会实践中真实发生的事情。这种悲观的看法位于下述选择的根基之处:继续受到自然状态的束缚,或将它转变为一个政治领域。其实没有真正的选择,因为必须以真理的名义选择构建政治领域并将人与人之间的冲突制度化。这个选择基于一个排他性的原因。

社会领域向政治领域的转变,是与用真理代替意义密切相关的。在意义领域中,他人被认为是"我们"的一部分,根据前述解释,如此一来意义的领域就被抛弃了,一起被抛弃的还有社会互动可能产生的语义潜力。易言之,卢梭——与霍布斯观点一致——所认可的唯一一种社会互动就是基于法律规则的互动。这一观点的制度化与正当化的委托理论结合了起来。

四、政治领域的运作:立法

霍布斯和卢梭都不看好主体按照自由观念行动的能力,这促使他们倾向于一种有助于避免因没有任何预定意义而可能产生的冲突的理论。霍布斯为我们提供了最好的起点,使得我们能够发现误解自由意味着什么。

霍布斯和卢梭认为,赋予社会关系以真正道德的唯一途径就是缔结社会契约。政治领域的运作包括了立法。立法就是对自由强加外部限制,这里的自由是与自由有关的观念。根据他们的委托正当化理论,任何外部限制因其本身的存在便是正当的。

---

① 如第二章所解释的。

第六章 正当性与正当化

进而，霍布斯正确地指出，自由是不受任何外部限制的状态。然而，这些限制并不一定具有物理属性，例如可能会阻止人类飞行的重力。也即，必须从规范意义上看待外部限制，将其视为规范性限制的缺乏。因为自然法是所有人享有的权利，所以对任何主体的权利都不存在规范性限制。① 霍布斯非常现实地提出，任何行动都可能引发冲突。然而，我不同意他的整个方法，主要基于如下三个原因。

首先，在实现他所谓的自由的过程中，任何主体都是按照本身带有社会意义的自由观念而行动的。也就是说，主体既没有在自己的脑海中发现自由观念，也没有在"就在那儿"的森林中发现它们。意义具有社会性，因为它们产生于社会互动，这一事实隐含在意义的冲突特性之中。霍布斯认为，任何意义，无论是刚刚生成，还是按照此处的解释，都是带有冲突性的，这种意义可以使潜在的战争随时爆发。

其次，应该记住的是，我曾提及，要说人性本恶，这并不符合霍布斯的理论。人的天性无善无恶，因为"人性"是一个没有自然存在的概念。"一切人对一切人的战争"要归因于人性的原因只能是人非圣贤、自不完满。如果任何主体都享有对抗所有人的权利，那么这种权利必定包括定义自然法之内涵的权利，也就是按照且仅按照自由观念行事的权利。

最后，因为自由从一开始就被设定为一项权利，我们可以预期，A的任何权利都对应着一点，即 B 有义务尊重 A 的权利。A 享有一项普遍权利，一项不产生于人与人之间任何特殊关系或交易的权利，这一事实应当包括一项对应的义务，即任何 B 都不得对其进行干预。从 A 享有权利这一主张来看，任何人在没有正当理由的前提下都不得对其施加干预。换言之，除非人们认识到干涉他人之自由需要正当理由，否则

---

① 自然法只有在与上帝相关时才有规范性。

权利的概念在道德上将无一席之地(Hart 1955)。

霍布斯的伪人类学理论延伸出某种"强权即公理"的命题。从道德的角度来看,因为 B 没有义务对应 A 的权利,所以主权者需要去构建这一义务。这种人类学理论——强权即公理的论点——以及由此产生的"一切人对一切人的战争",就使限制成为必要。霍布斯认为自由的理论行不通,于是就转向所谓的与自由有关的理论。按照这种理论的某种粗略的形式,正是当适用自然法的时候,主权者的权力才对自然法施加了必要的限制。

主权者颁布的法律决定了自然法的语义。在霍布斯的唯名论意义理论下,这些法律中的概念在语义上是无意义的,直到它们的意义被构建出来。在自然状态下,每一个主体都更有可能以最符合自身利益的方式来定义自然法,定义当中也可能包含着他对统治他人这种权力的渴望。根据霍布斯的观点,只有人类愿意放弃他对所有人享有的权利,也就是放弃他自己的自然法,自然法才变得有意义,变得在道德上和法律上都具有约束力。

首先,这种道德义务源于自然法,即使在自然状态下,自然法也具有约束力,因为它们是上帝的命令。然而,这些自然法远没有起到约束作用。其次,由于存在承认服从主权者之法律的臣服契约(*pactum subjectionis*),它们具有约束力。根据霍布斯的说法,承诺服从和事后拒绝服从是相互矛盾的(Goyard-Fabre 1975:133)。服从的承诺就对应着主权者权力的产生。

通过社会契约附加到自然法中的道德义务使整个制度更加完善。然而,这背后的代价却不容小觑。霍布斯认为,由于主体无法按照自由观念生活,所以他们最好放弃这一权利以服从主权者,并由主权者来对自然法进行定义。如果人们没有生活在决定其处境的恐惧之下,服从主权者并由其定义自然法是可行的。自然状态中所缺乏的道德,即尊重他人权利的义务,需要主权者来强制实现。他是根据与自由有关的观念而这么做的。

如第四章所述,自由必然需要一个具体的观念,以使行动成为可能。这被称为人类行为的情形。然而,我们可以更清楚地看到,主体能够据以行动的观念类型有两种,一种是道德观念,另一种是政治观念。道德观念在自然状态中占据主导地位,而政治观念则产生于契约本身。

契约订立后,做出的所有选择,也即对自由观念的所有限制,都是与自由有关的观念,因为它们是由主权者做出的,而不是由臣民自己做出的。这就是霍布斯社会契约论中委托正当化理论的核心主张。

根据霍布斯的观点,民约法似乎根植于作为唯一真正道德的自然法。我们从《利维坦》中可以读到,民约法和自然法是同一的,所以真理和意义看起来是自然地归为一体的。但事实是,民约法所引入的意义是从外部强加于自然法的,而后者却为前者提供了本体论基础。通过民约法的介入,主体最终获得了对自身的本体论定义,从而使其道德生活能在真理、权利和义务的支撑下展开。道德行为被限定为遵循主权者的规则,也就是根据与自由有关的观念行动。

正如主张社会契约论的理论家们所认为的那样,真理与政治领域里的民主组织之间的联系直接导致了强法律主义。第五章已经指出,强法律主义,包括法律的"此在性",都建立在法律表现实在的基础之上。对社会契约的分析,揭示了表现实在观念和社会契约真理是如何转化为法律的"此在性"观念的。法律之所以能表现实在,是因为它源自社会契约,而社会契约的条款是普遍的,因而也是真实的。我们面对的是与表现观点相关的自由问题。可以说,社会契约是以真理的名义发挥作用的。从卢梭的社会契约论中也可以得出类似的结论。

当把政治领域里的组织置于真理的支持之下时,霍布斯和卢梭都误解了自由的自反性。自由的自反性包括主体在限制或决定自由过程中进行的主动干预。在他们的理论中,带有自反性地使用自由观念仅限于订立社会契约这一特定情形。如上所述,社会契约为所有主权者所立之法律提供了"一次性"的正当性。

应该记住的是,对于霍布斯和卢梭来说,冲突将社会和谐置于危险之中。霍布斯关于冲突的想法让我们坚持这一观点,即主体在本性上就是不完美的,这与奥古斯丁的观点也无不关系,毕竟他认为人类的本能冲动本质上都是为了邪恶的目的。就卢梭而言,他更倾向于苏格拉底的观点,即主体的本性是好的,但社会生活对其本性产生了腐蚀的影响。也就是说,二人都从中得出社会契约的必要性,社会契约能赋予社会主体间的互动以真正的道德,这是自然状态中所没有的。

这两位主张社会契约论的理论家至少在一点上是错误的,即主体的历史处境。对社会契约的需要源自他们对时间维度的拒斥,时间维度是我们在第五章中讨论过的强法律主义的一个主要方面。

他们在冲突最为激烈的"一切人对一切人的战争"状态下,通过将主体从社会环境中撤出,并将其置入政治领域,来避免冲突。在他们看来,以真理之名,这一操作是正当的。尽管这听起来逻辑通畅,但其论证的前提却是有问题的。有什么能够证实霍布斯的人类学前提的真实性,或者卢梭对主体在社会中必会堕落的判断呢?前者带有一种可疑的对人类学的痴迷,而后者则是一种关于文化史的虚假叙事。① 我们将在后文论证,他们以真理之名,也即由于自由的认识论化,而误解了自由。由此产生的理论便是一种与自由有关的理论。

---

① 但是康德(1996:89—90)认为,我们还并没有从经验中得知,人类为了进入彼此为敌的状态,将暴力作为行动准则。

我曾多次提到作为原则的自由,亦即自由是政治和法律的(1)起点与(2)指导思想或目的(*Leitmotiv*)。这种区别很重要,霍布斯和卢梭都赞同自由是起点,但不赞同自由同时也是目的,或者至少不完全赞同这种说法。这就导致了对自由的自反性的否定,亦即对自由本身的否定。以否定自由之自反性的观念(即与自由有关的观念)为基础对自由施加的任何限制,都是外在于主体的。只要主体自己不基于自由观念限制自由,那么它就是外在的。

霍布斯和卢梭所寻求的,正是根据与自由有关的观念来限制自由,在此之前的是主体基于社会契约对限制自由所做的原始同意。他们的论点本质上是在说,最佳的自由观念要服从于与自由有关的观念。社会契约的归因机制使得主体成为这些限制的创造者。这就是委托正当化理论的本质。委托是对自由的一种天然限制,因为主体并不知道他的自由将被限定到什么观念上(Luhmann 1983:28;1974:141)。不过,他确实知道的是,不是他自己的自由观念,而是与自由有关的观念,才是限制他的自由的观念。

根据这一观点,主权者能施于自由的限制实际上是无限的。一旦主体对契约表示赞同,他的自由就会受到霍布斯式主权者的限制,无论主权者颁行的规则之内容如何,它们都具有道德上的约束力。而在卢梭看来,只要多数人支持,任何限制都可以变成具有约束力的规范。即使在更小的层面上,如果主体是少数的一员,那么他也必须服从与自由有关的观念。①

---

① 主权者的权力受到一些限制。所有以对自由的限制为基础的约定都必须具有普遍性。并且,公民可以享受自由,即只要自由没有被与自由有关的观念限制,便可以按照自由观念行事的自由,参见 Rousseau 1997a:61-4;Hobbes 1966c:206-7;Kelsen 1967;1934;Wintgens and Lindemans 1986。

如果任何限制迟早会对主体产生约束力,自由的自反性便可能被取消。这是契约论的一个结果,按照契约论,主体根据与自由有关的观念行动比根据自由观念行动更好。在霍布斯和卢梭看来,这似乎是避免冲突的唯一方法。

五、权利

霍布斯和卢梭的理论分别包含了较弱的(thinner)政治权利和较强的(thicker)政治权利,这里的政治权利是指参与国家统治的权利。这些参与权的共同基础正是社会契约。通过加入社会契约,他们将自己转变为公民,尔后成为创造自己所要遵守的规则的人。这一过程由霍布斯的"主权者干预"和卢梭的"先于主权者立法的立法者之行为"来实现。

主权者的决策对公民具有约束力,根据社会契约理论,公民在订立社会契约之时便接受了这一程序。进而,他们的政治参与权便浓缩在了他们对契约的同意之中。因此,主权者的每一项规则,无论其内容如何,都将最终归结为主体的行为结果,如同他们就是规则制定者一样。也就是说,他们的参与权集中在对主权者的委托上。

这导致的后果之一是,他们只遵守他们自己同意的规范,至少是遵守他们自己通过委托而同意的规范,因为这种同意包含了他们对政治领域内制定或变更规范的程序的同意。由于他们对社会契约的同意具有委托性质,这些规范最终可归结为他们自己的行为,因而他们不能在事后批判这些规范不正当。没有人能反对自己的行为。

霍布斯和卢梭的委托几乎都是完全的委托。如果对霍布斯来说,自然法或者对于一切事物所享有的权利,为了实现和平或自卫的目的而应受到限制的话(Hobbes 1966c:118),那么就可以得出这样的结论:并非所有的权利都必须甚或可以交给主权者。

如果放弃了对一件事物的权利,那么对一切事物的权利也就不再具有同样的外延,因此也就不再存在了。如果杀死他人这样的权利被转让给主权者,那么自然法的全部性质都将受到影响。在这一转让过程中置入的限制,可能导出这样的结论:在订立契约之后,主体发现自己依然保有大量的权利,换言之,他们依然保有大量于实现和平和自卫无所必要的权利。

然而,这个结论是不正确的。在订立契约"之后",当国民生活在政治领域中时,就应当由主权者来界定其权利的内容了。主权者才享有对"实现和平和自卫的必要条件"进行定义的权力。根据霍布斯的社会契约理论,主权者可以定义一切有利于促进和平与安全实现的事物。如果这导致了一个在符合国家目的的情况下有权杀死其臣民的由主权者统治的极权国家,那么这个主权者也是根据臣民的初始同意而有权这么做的。

存在一个众所周知的例外情况,那就是抵抗暴力的权利。放弃这一权利,与霍布斯理论构建的整体逻辑是不相符的。如果建立国家的目的是保护生命和确保和平,那么主体就不能将自己的生存权转让给主权者。如若契约中存在着转让生存权的条款,那么该条款将是无效的,因为它违反了自然法(Hobbes 1996c:127)。自己的生命权应当掌握在自己手中,因为当主权者以死相逼时,主体不能承诺不去自保。然而,如上所述,这种抵抗权确实是取消了主权者在认为对和平与安全有必要时杀死你的权利。主权者夺取他人生命的权利比霍布斯理论中的少许自由主义更为重要。除了有点虚假的抵抗权之外,主权者留给主体的只不过是他授予主体的那些权利罢了。

卢梭的情况就不同了。他也提出了一种委托正当化理论,其中,主体将自己置于所有其他人的约束之下,服从于主权者颁布的规范。他们受着这些规范的约束,这就相当于他们约束着自己。这是一种委托,因为从订立社会契约开始,正当化链条就变得不可逆转了。如霍布斯所言,主体被认为是其行为所依据的规范的制定者。

法律的形式使得法律的任何内容都是公正的。因为所有公民都赞同社会契约的程序(多数决定),任何人都不能反对自己的行为。又因为所有的公民都加入了社会契约——使其成为公民——且只存在一个契约,所以主权者与所有公民的私人联合就并无两样(Rousseau 1997a:50)。一旦他们订立了社会契约,他们就成为主权者的一部分。国民与主权者是两个具有对应关系的词,它们的概念内涵都结合在"公民"一词当中(同上:111)。根据主权不可分割的观念,褫夺任何公民的公民身份都是违背其意志的。这为卢梭的方法提供了一种政治权利,这种政治权利所依赖的基础比霍布斯的更为坚实。

然而,权利理论仅限于此。主体在自然状态下可拥有的任何其他权利都通过社会契约本身转让给了主权者,而他们自己也都是主权者的成员。因此,主权者颁布的规则都是公民自己的行为,这是公民最终只服从于自己的结果。他所拥有的权利,就其定义而言,必须源自主权者的权威。若非如此,权利就缺乏规范性了,因为公民所拥有的一切都已移交给国家,且国家之外无法律(Julliard 1985)。

从政治权利的角度来看,霍布斯和卢梭都倾向于通过民主程序将法律正当化。他们认为,在建构对自由的限制时——我认为这是在对法律的适当定义的过程中——公民的参与是必不可少的。他们满足了民主性的要求,因为所有公民都参与了契约,从而最终也都参与了政治社会及其法律制度的构建。

平等参与的政治权利是他们的理论保持前后一致的必要条件。如果其理论的基本前提是没有任何规范性限制的自由，那么对自由所做的任何限制之起点都必须是自由本身。因此，参与契约是必要的。

为此，霍布斯和卢梭都补充了一个对自由观念产生了重要影响的前提。他们在这一补充的前提之上发现了社会契约的必要性，这一前提便是战争的可能性。如霍布斯所言，战争是人类互动的一个重要方面，因为人们有权利和义务为他们的生命而战。如卢梭所言，人们可能会因为经济发展而相互依赖。霍布斯认为战争必须被遏制，而卢梭则认为将冲突程序化才是解决冲突的最佳方式。

他们的这个观点展示出来，就好像是这一具有纯粹事实性质的前提以规范方式影响着自由。他们的观点集中论述了订立契约的必然性，这背后存在一个排他性的理由。也就是没有更好的理由不去加入社会契约。

在不受限制的情况下，每个人都有等"量"的自由。这不是因为每个人都有基本的平等，而是由于自由没有限制。必须记住的是，这是作为我们起源问题的终点的自由。平等在自由的运作过程中发挥着作用，但这里的平等并不是那种基本的平等。在没有任何限制的情况下，没有人天然地享有限制他人自由的权利，也即把自身的自由观念强加给他人的权利(Locke 1963c:339-40)。

霍布斯和卢梭——并非不切实际地——认为，这几乎是行不通的。不过，这并非一个规范性主张。他们的理论是一种理性选择的理论，该理论为缔结社会契约提出了一项排他性的理由。

契约本身的自愿性产生了问题。按照迄今为止的论证思路，社会契约是一种将实践问题转化为理论问题的认识论化的哲学。第五章通过分析强法律主义的时间维度，揭示了这一认识论化的深度。实践的结论是,主体不被认为有能力按照他们自己的自由观念行动,因而他们是要按照外部施加的与自由有关的观念行动的。

事实证明,自由的后果即便不算严酷(draconian),也是重大的(drastic)。主体需要做的只是屈服于假定由他自身的意志所创造的国家权力。这种权力可抵消随时都可能爆发的战争。在霍布斯和卢梭看来,国家决定其权力的内容,因为它可以决定什么是为维持和平所必需的限制。最后,对于这两人而言,这种限制都是全面的,因为国家可以禁止一切被认为有利于实现上述目的的行为。

如本章开头所言,始于订立社会契约的正当化链条是不可逆转的——暂且不论缔结社会契约的原因为何。根据霍布斯和卢梭的分析,造成这种现象的原因如下。由于存在着爆发战争亦即全面冲突的风险,冲突的爆发就必须能够被预估。因此他们相信,只要国家足够强大,就能够驱除冲突这一恶魔。如果正当化链条可以逆转,那么国家对公民自由所施加的某些甚至大部分或者全部限制都会不断地遭受质疑,故而他们所预言的那种大规模冲突也可能会再次出现。

这种不可逆的正当化链条构建了政治领域的组织,它为强法律主义提供了一个直接的理由,而我们在第五章也探讨过强法律主义的主要特征。现在,我们将把以上内容与第五章中的结论做一简要对比。

第一,霍布斯和卢梭声称,作为对实在的表现,其人性观和社会观是正确的。由于他们的观点具有本体论基础,这些理论就被认为是对实在的"表现-再现"。然而,他们对实在的揭示是间接的,因此他们的理论并不能再现实在,而是在实际事实中建构了实在。

政治是产生冲突的典型根源,而构建政治领域又恰是为了缓和这些冲突。法律与政治相对,法律是政治领域构建的副产品,而政治的勇士效应(warrior effect)是要被消除的。当把视角从构建转变为再现时,即在论证对实在的构建仅仅是对实在的再现时,我们看到强法律主义策略在发挥其作用。

第二,对政治领域和法律的建构都是自然化的。这一正当化方案的目的是防止冲突的发生,但这个正当化链条若是可逆的,就会发生冲突,因此这个正当化链条只能是单向的。在这个正当化链条上,时间是静止的。对实在的表现旨在得到真理,而真理是永恒的。

第三,正当化链条的不可逆性同样符合强法律主义的工具主义观点。如果价值需要被选择,那么冲突的风险就会增加。当主体按照某种自由观念来实现自由的时候,问题就越发明显了。

因为价值选择会带来冲突,就得要求主体将其选择能力——也就是他们根据自己的自由观念进行生活的能力——转交给国家。国家将提供塑造主体间关系的真正道德。由于他们在缔结社会契约的"那一刻"还不知道将受到怎样的限制,这暗示着选择建立国家就是使国家的选择取代他们自己的自由观念。既然国家的这些"选择"是正确的,那么它们就不会作为偶然的选择出现在人们面前,尽管偶然性恰是这些选择的本质。

第四,自然科学使人类理性达到了前所未有的高度,法律正是自然科学发展以及政治领域自然化的结果,它本身被认为是实在的一部分,因而可以借助自然科学的方法来加以研究。

第五,同时也是最后一点,由于建立政治组织或国家是订立社会契约的唯一目的,并且只有国家能够任意决定可对自由施加何种限制,因此它就被视为法律的唯一来源,从而导致了国家主义。

下一节将对最后一点做出更为详尽的阐述。从认识论的角度来看,政治的自然化以及随后的法律的自然化,都与主权概念密切相关,并以主权概念为基础。因而我将论证,正是这样一种概念导致了程序正当化理论中的正当化链条具有不可逆性。

六、主权：正当化链条中的黑箱

在博丹（Bodin）之后，政治哲学中出现了一个耳熟能详的概念，那就是"主权"。博丹将主权论述成一种成就（career），这种看法一直持续到 20 世纪。而正是主权概念，固化了正当化链条的不可逆性。可以毫不夸张地说，缠绕在这一概念上的相关疑惑至少和它意欲解决的问题一样多。这个概念原本属于神学领域，指的是对上帝全能的理性解释。根据这种解释，上帝在根本上是单一的，因为他的智慧和意志协调统一、不可分离。这就必然使得世界充满了第一章所证明的彻底偶然性。

据卡尔·施米特（Carl Schmitt）的世俗化理论，政治哲学中的概念都是世俗化了的神学概念（Schmitt 1934:49），而布鲁门伯格对该理论进行了补充，认为世俗化就是一个剥夺或征用神学概念的法律过程，我将其解释为唯名论的副作用（Blumenberg 1983:19 ff.）。在此问题上，重要的是记住关于正当化的自然法式理论所持的观点，根据这种理论，人法是正当的，但参照的却是一种由于无法被改变因而不可得的规范。根据世俗化的主权理论，政治主权是所有法律的最终来源。在奥斯汀看来，主权者在法律上是不受限制的（Austin 1971:254 ff.），其命令就是法律（参见 Bentham 1970:Chapter 10）。

主权概念有助于确认这个正当化链条的不可逆转的方向。在将主权交付给统治者的过程中，参与者为统治者的行为建立了一个不可逆转的正当化链条。可以说，有了社会契约，主权便从神学领域下降至世俗领域了。这样看来，若是要质疑主权者权力的正当性，社会契约的功能便是防止质疑可能导致的正当化链条逆转。这简直就是不可能的；

既然主权不受限制,那么所谓的"主权者"的权力也不能受限制,掌权者及服从权力的人都不能对其进行质疑。霍布斯和卢梭对此均表示赞同:主权是不能让与且不可分割的(Hobbes 1966c:167-8;Rousseau 1997a:57-9)。

　　主权者权力与上帝全能之间的相似之处在于,上帝不欠他的子民任何东西。而那个有朽的上帝或更具体地说是主权者,也不需要对其公民承担任何证成的义务。他的权力是最高的,因此,如奥斯汀所言,主权者的权力从法律的角度来看是不受限制的。哈特对此提出了我们耳熟能详的批判:最高权威之所以被确定为最高权威,总与它所身处的制度环境相关。这意味着没有权力能够不受法律约束,甚至最高权力也并非不受法律约束。

　　因此,主权概念使主权者无须为其统治行为提供任何理由。这是委托正当化理论的逻辑推论。在这种委托理论下,法律是正当的。契约的参与者同意在其建立的政治领域内创造一个掌握最终权力的实例。若是这样做了,他们便没有任何理由来批判这一权力运行的结果。法律上不受限制的权力只会强化这样一种观念,即行使该权力不需要提供任何正当理由。因此,在契约参与者事先给予主权者以委托的情况下,后者的任何主张在事实上都得到了证成。

　　霍布斯和卢梭的强法律主义主权者永远是正确的,这一点并不令人惊讶,但却非常关键。他们的主权者不会犯错,因为根据霍布斯的说法,主权者关于自然法的定义永远是正确的。类似地,卢梭认为主权者表达的是不会犯错的公意;所以主权者制定的法律也是不容置疑的(Hobbes 1966c:163;Rousseau 1997a:59-60)。它们是正当的,因为它们是法律。

　　这种观点的后果并不难理解。一旦主权被置于政治领域,它的运行就像一个黑箱。正如康德后来所宣称的那样,权力的最终来源是高深莫测的(Kant 1996:95 ff.)。霍布斯和卢梭都证实了,主权的任何结果都因主权的定义而获得了正当性。从逻辑上讲,这个黑箱的魔力在于能够防止任何人对主权运行造成的任何结果提出质疑。霍布斯认为,契约的参与者不能发出抱怨,因为他们创造了主权者,并承诺服从于他。而卢梭则认为,他们创造了主权者,并成为其组成部分。对于康德来说,他们具有进入国家的道德义务(Kant 1996: §44),所以他们不能对自己承担的附随义务提出异议。

这一观点下的主权可以用来为君权神授和极权国家辩护。获得神圣授命的君主被认为是上帝在人间的代表,霍布斯的主权者最终离这也不远了。虽然是臣民创造了这种君主,但君主的使命是执行自然法,也即上帝之法。按照君权神授理论,君主行使的是神圣特权,而这些特权是包含在主权之中的,并构成了主权。根据这个观点,主权者没有权力违反上帝的法律。主权者在逻辑上未获许可去违反上帝的法律,尽管根据霍布斯的说法,他有权决定上帝之法的内容。

主权还与极权国家相生相伴,霍布斯和卢梭的学说其实都促进了极权国家的诞生。霍布斯的贡献在于,他同化了法律和道德,因而无论主权者所制定的法律内容如何,都会产生公民遵守法律的道德义务。①

霍布斯所主张的国家几乎就是一个极权国家,因为臣民可以直接任命一个全能的主权者。在这一过程中,他们可以准确地认识到柏拉图的民主悖论。② 多数人可以指定一个人,由这个人决定什么是对、什

---

① 这是一种实证主义,我称之为"司法实证主义",与"法律实证主义"相对,在"法律实证主义"中不存在这样一项义务。参见 Wintgens 1991a;1991b。

② Plato 1946:VIII,562c,305. 这种"民主的悖论"使波普尔(Popper)(1966:123 ff.)得以为有限主权辩护。

么是错,政治领域内的这种指定不可逆转,除非暴君自己有了放弃权力的仁慈之心。和之前一样,这一链条同样是不可逆的。

可以说,卢梭的"贡献"则在于他确立了多数人的暴政。然而,与霍布斯相反,他阻止了民主悖论的发生,因为多数人不能在不分割主权的情况下任命一个暴君。这至少截断了通往极权国家的道路,因为在主权分割的情况下所做的任命是无效的。

将主权视为黑箱,我们就进入了绝对权力的领域,而如奥斯汀所言,绝对权力在本质上不可能受到法律限制。康德认为形而上学仅在理性的范围内是正当的,他甚至也毫不犹豫地把主权者的规则和上帝的命令联系起来,因为人们必须把主权者的规则当成像是上帝的命令一样来据之行事。[①] 绝对权力摆脱了任何事物的束缚。如果它是一个渊源,它必须同时也是一个起点,也就是说,是一个自我指涉的开端。

黑箱隐喻恰如其分地揭示了政治领域中的规范的另一面向,也就是主权其实为统治者的一切行为都披上了完美理性的外衣。在强法律主义的观点下,立法者的理性是解释法律的前提,而从前述视角来看,立法者的理性也得到了主权概念的大力支持。也就是说,主权在正当化链条当中起着决定性的作用,而正当化链条又恰好适合本章所分析的强法律主义。如果不论霍布斯提出的某种抵抗主权者暴力的较弱权利,以及卢梭所说的不能被排除于主权者之外的权利,那么对主权的诉求就可以超越其他所有的"权利"。在强法律主义观点下,立法者的理性,由于反映了其规则的完善性这一不容否认的推定,因此就是法律科学的认识论意义上的主权。

---

① Kant 1996:95("所有的权威都来自于上帝"),108("立法者是神圣的")。参见 Ost and Lenoble 1980:443 ff.。

215 　　上述与本书主题相关的有趣之处在于主权与法律理论之间的联系。更具体地说,我们应该探讨主权与法律有效性之间关系的一些问题,以便更加清楚地了解另一种观点,这种观点即是否可能公正对待主体本身。

　　以下是看待这个问题的一种方式。如果主权者的权力是无限的,那么法律的内容便是一个选择问题。由于政治领域的建构起点是自由,所以在政治领域被成功建构起来之前,自由的具体化是不受任何限制的。

　　自主权者诞生之日起,他的任何选择都是正当的,因为这些都可归结为那些订立社会契约的主体的行为结果。因此,主权者说的话——无论他说什么——都会成为法律。这是否会导致极权主义,是一个政治哲学问题,但这一问题在此处并不重要。然而,重要的是,至多根据一些正式的程序规则,自由的任何一种具体化才能获得与自由有关的观念的形式,而主体被认为已经同意了这种形式。

　　当与自由有关的观念以法律规则的形式出现时,它们就替代了自由观念。这就是政治领域机制所产生的结果:每一种自由观念都可以转变成一种与自由有关的观念。当我们从主体的角度考虑这个问题时,其与自由有关的观念都会自动压倒他自己的任何一种自由观念。换句话说,留给主体的只是没有任何规范性价值的非常笼统的自由观念。不能依赖这些观念来对抗主权者关于自由的观念。①

　　因此,主体——公民一直处于被主权者重新定义的压力之下,因为他的任何一种自由观念都可以在没有更多理由的情况下被一种与自由

---

　　① 这等于是一种反抗行为,这与霍布斯的主张相矛盾。当缔结社会契约之时,人们承诺服从主权者。承诺服从但又不履行这一承诺,这在霍布斯看来是矛盾的(参见前注)。关于不能享有一种对抗主权者规则的权利,以及由此产生的矛盾,也见 Kant 1996:438。

有关的观念所取代。事实上,主要原因其实还是在于,主体在事先不知道主权者意志内容的情况下就加入了社会契约,并且同意了该契约在政治领域内进一步的程序上的发展。

这样的理论并不一定会导致通常意义上的极权主义,但它的确在政治领域中植入了压倒一切国家行为的特洛伊木马之胚,这种行为在如今被冠以"福利国家"的美名。它即便并不必然导致一个对其公民享有生杀大权的极权国家,也不会阻止国家在经济生活中发挥极为重要的作用,这样,国家就既是一个伙伴,又——主要——是一个监管者。这种福利国家可被视为另一种形式的极权主义,即主权者实际上控制着社会生活的方方面面。这种形式的极权主义建立在这样的基础之上:相信不受限制的工具主义,相信法律有能力直接指导和控制社会生活的各个方面。

为经济伙伴和婚姻伙伴确定各自的权利与义务,赋予公民以主张社会保障的权利,通过资助教授"正确"内容的机构或者拒绝承认不教授"正确"内容的机构所颁发的学位来决定教育的内容,(仅举以上几个例子)政治领域以及主权者权力已经渗透到主体定义自身当中:他的所有权利都是由主权者建构的,以致主体只因主权者的荫庇和恩典才成其所是,而主权者,就像我们在卢梭那里读到的,反倒只因存在这一事实就成了其所应是之物。①

那么,主权概念所允许的,除了当今受人权或先于国家的权利(pre-state rights)所保护的范围之外,便是按照规则中的权利与义务对主体进行重新定义。其结果就是,主权者所施加的外部限制的规范强度,正如我们今天所观察到的那样,已经达到了可以否定主体本身之地位的

---

① Rousseau 1997a:52;"主权者,仅仅因为它是主权者,便总是其所应是的一切。"

地步,这里的主体本身是指,主体作为一个负责任的道德主体,能够在没有国家监督——而且主体无须反复查证国家是否会根据自由观念来组织、预先组织或者重新组织他的行为——的情况下开展社会互动。

主权者提出的任何程序上正确的主张都应获得法律的形式。这不仅导致主权者的主张永久性地超越了主体自身的自由观念,而且让主权者对自由的约束在数量上完全不受限制了。根据在政治领域背景下运作的委托正当化理论,社会契约的参与者是愿意接受主权者对其施加的任何限制的。因此,任何具有规则特性的主权者主张都是有效且正当的法律。

我们有充分的理由相信,如今法律体系的指数级膨胀是现代哲学规划的无心之柳。任何达到了所要求的规则形式的主张,仅仅出于这个原因,都是对自由的有效限制。换句话说,任何加盖主权者印章的主张都是一个有效的规则。你可以称之为"印章效力"(stamp validity)。

印章效力高于任何其他的权利。权利只限制规范的可选内容,而不限制其大小、数量或规范强度。因此,如果说权利保留了自由观念主导的行动领域,那么它们并不能阻止突飞猛进的对自由的限制,也不能阻止委托领域里与自由有关的观念之势不可挡的膨胀态势。委托正当化理论引发的强法律主义影响深巨,但只要找不到与之抗衡的东西,那这种近乎倒行逆施的影响只会是有增无减。

七、法律主义与立法

在委托正当化理论下,任何形式上正确的主权者律令都是当然正当的。在这一点上,劳伦斯·弗里德曼(Lawrence Friedman)对韦伯的法律主义的分析具有一定的指导意义。根据弗里德曼的观点,法律主义要求法官有义务为自己的裁决说明理由。法官不能拒绝裁判；除此之外，人们还期望法官说理，法官要被限制在一个——或多或少——封闭的规则系统当中(Friedman 1966:150)。

立法机关却不需要为其决定说明理由。如韦伯所言，它们的决定是非理性的(同上:154)。我们从弗里德曼的观察中得知，立法是非法律主义的，因为它不能从任何现有的规范中推导出来，但司法裁判却可以而且必须如此。然而，这并不等于说制定法律根本就不需要理由。也就是说，立法不包含理由，只是因为它没有将法律制定背后的理由给表达出来。

根据弗里德曼的观点，立法者不像法官那样需要对他们的决定进行说理，这其实是法律主义的主要特点。我们可从韦伯处读到，法律体系本身包含着一种或几种正当性原则。当推导的逻辑是一个封闭逻辑时，它被称为法律主义的逻辑。相反，如果它是开放的，则被称为非法律主义的逻辑(同上:158-60)。

然而，在我看来，这种对法律主义的描述是不尽如人意的。它表明，根据法律体系中的不同角色，法律体系要么是法律主义的，要么是非法律主义的。因此，从法官的角度看，这一制度是法律主义的；但从立法者的角度看，这一制度却是非法律主义的。基于这一观点，弗里德曼在立法决定和司法裁判之间划出了一条巨大的分界线。法官应该为其裁判说理以表明他们是如何遵守规则的。而立法者不受此一限制。与法官不同，他们不受一套封闭规范的约束。

这种观点很容易陷入谬误，因为它意味着法官只通过演绎方法来适用规则就算是遵守规则了。他们遵守规则的方式就是证明他们如何从普遍规范中推导出了具体的判决，这构成了司法推理的本质。由此可知，立法者制定了法官所适用的规范。前者是政治决定问题，因而是一种政治行动;后者是规则适用问题,因而是一种认知活动。如上所述,这种认知活动代表了正当化链条的初始步骤。

这两种立场都需要加以限制,适当的限制可以在立法活动和司法活动之间建立某些相似点。法官和立法者一样也会做出决定,也就是说他们也制定规范。法官制定个别规范(Kelsen 1967:19,72,233 ff.),而立法者制定普遍规范。法官应在立法者制定的普遍规范框架之内做出决定。

这就是权力分立的要求。在做决定时,他们应该展示自己是如何行动的,亦即,他们要给出能够支撑自己的决定之理由。法官在做出判决时,的确遵守了立法者制定的规则;他们不只是适用规则。他们是否遵守了规则,可以从他们用以支撑其判决的理由中清楚获知。如果他们只是以演绎的方法适用规范,就不应该给出理由,因为任何人都可以很容易地知道这一判决的对错,就像任何人都可以根据任何给定的前提检验其结论的正确性一样。这种方法在第五章关于法律科学的作用的讨论中有所论述。

我的看法是,立法者也要像法官一样遵循规则。毫无疑问,立法者要受宪法规范的约束。这是法治的一大核心要义。像对法官的看法那样认为立法者遵守宪法规范就意味着他们适用这些规范,没有多大意义。他们在做决定时才像法官所做的那样是在遵守规则。

这意味着权力分立指向了正当化链条上的不同时刻。立法者在法官前面发言,而法官一旦逆转这个链条就会侵犯立法者的领域;在缺乏具体规定的情况下,国民也不能质疑根据这个链条先前已经做出的立法决定或其他决定。

除了这些明显的差异之外,剩下的就是司法裁判和立法决定之间的相似性了,因为两者都是在遵守规则的情况下做出的。基于这种法治理论观点,如弗里德曼一样认为法官在一套封闭规范中进行推理但立法行动却不受限制,也是完全说不通的。在我看来,这两种观点都是错误的。法官并不是在一套封闭规范中进行推理从而做出判决的。立法者也不是不受限制地做出决定的,因为他们依然受到规范的约束。

在弗里德曼的方法中,立法机构的制定法明显带有决定论的色彩。主权观念,即全能立法者的观念,促进了决定论,而主权观念或全能立法者的观念又与表象主义相生相伴、关系密切。根据表象主义,立法者的决定表现了实在,或者表现了所说的"就在那儿"的东西。因此,我们从弗里德曼那里读到的是对强法律主义的一种经典论述,尽管比第五章中的描述要少。

现在,如果规范的司法"适用"及其立法创造都源于对规范的遵守,那么我们可以集中关注一个结果。这个结果就是,如果法官遵守规则,并必须证明他们是如何做到这一点的,那么立法者对规则的遵守也要求其说明对自由施加外部限制的理由。对于这一观点,将在第七章做进一步的批判性分析。

这一证成要求是正当化链条上的又一个逆转。它挑战了普遍委托观念,而后者则开启了正当化链条的单向推进过程。

八、从强法律主义到立法法理学:权衡正当化理论

在委托正当化理论之下,主体需要通过社会契约向主权者进行总体委托。因此,只要主权者有意,主体无论何时都应根据与自由有关的观念而不是自由观念行事。社会契约本身就是按照自由观念行事的结果。几乎不存在别的可能,因为自由具有自反性,社会契约就必须依赖于在自由中行使的自由。

然而，从那一刻起，在支持以主权者意志为基础的与自由有关的观念这一问题上，自由的自反性发挥了它的作用。因而，契约之本质就涉及行动理由的转变，也就是从依据自由观念行动转向依据与自由有关的观念行动。这种转变影响了自由的核心，即第四章所讲的自由的自反性。也就是说，除了给予主权者的总体委托之外，与自由有关的观念并不是在自由内部挑选出来的。我已经反复讲过，这个委托是一个排他性的理由，因此算不上一个真正的选择。

根据这个总体委托，主权者可以规定任何他认为合适的内容。霍布斯式的主权者可以决定自然法的本质。尽管主权者不能许可自然法所禁止的内容，但他可以禁止的内容比自然法所许可的内容更多，无论当说自然法存在但它语义空泛时到底意味着什么。卢梭的主权者可以规定一切内容，只要这些命题性的内容是经由多数投票通过的。

即使他们理论中的专制特性可以通过引入保护公民免受国家侵害的权利来加以缓和，也并不能阻止一种新形式的暴政。这种新形式的暴政就是，监管一切事物的主权者过度活跃，因而自由的自反性最终即使没有被摧毁，也会受到严重影响。此外，这样行事时，主权者并不真正信任臣民按照自由观念行事的能力，因而在道德上就不会对其给予充分的重视。毕竟，基于社会契约中的委托关系，主权者的行为天然就是正当的。他对自由的限制越来越多，但在这种委托关系下，却不要求进一步对这些限制进行正当化论证。

与遵循强法律主义的委托正当化理论相反，我将在接下来的几页探讨权衡正当化模式（trade-off model of legitimation）的轮廓，从而为立法开辟一条立法法理学的路径。正如我们将要讨论的那样，权衡模式理论公正对待了自由这一政治领域组织的基本原则。

应当记住的是，作为一项基本原则，自由不仅仅是政治领域组织的起点。更重要的是,它还是政治领域组织的目的,因为它统领着有关整个政治领域的阐述。权衡正当化理论中权衡的正是自由观念。因此,在情形 S 下,任何 A 都要根据某种与自由有关的观念 C 行事,因为主权者已经证明用与自由有关的观念替代自由观念是正当的。这种替代不再是对主权者裁断所做的"一次性"正当化。在权衡模式下,对自由的每一次限制都必须得到证成。这就是立法法理学的核心要义:必须正当地限制自由。

就像在委托理论中一样,主体可能无法按照他们自己的自由观念行事。他们可能无法组织企业、教育或任何其他事情。然而,不能按照其自由观念行事,并不像委托理论所称的那样是一种先验的假定。这种失败只是可能发生的,而且不能排除冲突的存在。按照自由观念行事并不总是能保证出现成功的结果。

然而,如第二章所述,冲突并不一定是失败的标志,它也是意义的来源,因为首先,"冲突"和"非冲突"从一开始就没有二元对立的区别。其次,不是所有的冲突都是"坏的",也不是所有的冲突都会升级为战争。有些冲突确实是"坏的",而另一些冲突则相反,是"好的"甚或是高尚的。事实上,买卖双方在货物方面存在利益冲突,但这种冲突会升级为战争吗?在不把经济学变为一派胡言的情况下,就能"阻止"这种冲突吗?

在委托理论中,主体放弃了他们根据自己的自由观念进行生活或行动的能力,但与此不同的是,在权衡理论中,主体只有(2)出于主权者所讲的理由(1)才会放弃某种自由观念。

权衡理论不应被视为对法律之规则性的挑战,也不应被视为对法律之制度性的挑战。该理论批判了法律在社会契约所包含的总体委托关系下的先验正当化。基于权衡模式的立法裁断并不具有它在委托理论中所具有的那种先验的正当性。根据权衡模式,正当化其实包含了一整套论证,意欲讲明为什么按照与自由有关的观念行动比按照自由观念行动更为可取。简言之,权衡理论下的法律的正当化,就是在对自由施加每一项外部限制时要给出正当理由,尽管这种限制在委托理论下被先验地假定为正当的或得到了证成的。

根据对自由施加外部限制需要证成这一要求,正当化链条被逆转了,原本是从臣民到主权者的委托,结果这种单向性还得补充,用证成主权者对臣民自由施加的外部限制之正当性来补充。

因此,霍布斯和卢梭的民主观念存在着某种内在矛盾。如果民主的起点是自由,那么通过民主的运作,自由将被别的东西所取代。这相当于说,根据自由观念行动的能力是有限的,直到这种能力完全消失。因此,尽管自由是民主事业的起点,但它已不再构成其目的。

在委托理论下,行为人并不只是因为放弃了他的一部分自由,所以其自由的总"量"就数量而言变少了。这里的关键在于,根据与自由有关的观念对自由所做的任何限制都将危及行为人的道德自主权,这等同于是否定了自由的自反性。对行为人的道德自主权所做的任何限制,都会削减他作为主体本身的行动能力。

对作为主体本身的阐述,读者或许还有些印象,这是第二章就探讨过的主题。如果在霍布斯和卢梭的理论之后,强法律主义导致了上述主体性的消失,那么现在就有可能更好地理解造成这一后果的基本原因之一。根据强法律主义,主体性的消失是因为主体在委托主权者之后便丧失了相对于后者的道德自主权。

如第二章所述,恢复主体本身的地位,或者说恢复主体的道德自主,不应被认为与如下主张相同:完全自治,废除政治领域,或简言之,回归无政府状态。然而,它确实要求协调和平衡道德自主与道德他律,也就是平衡按照自由观念行事的可能性和所谓根据与自由有关的观念行事的必要性。

根据目前的观点，在实质正当化模式下，将自由局限于依据与自由有关的观念的一种行动，事实上不可能是正当的。实际上，实质正当化模式中的正当性依赖于一种不可获得的内容或实质，而与之对应的则既是主权者限制自由的必要条件，又是其充分条件。

然而，政治领域的民主组织方式及其产生的程序正当化理论，本质上是对这些实质正当化模式的批判，因为它拒绝承认任何一种提供正当性的先验内容。这种批判位于世俗化的根基之处。应该记住，按照布鲁门伯格的理论，这是对神圣性的剥夺。剥夺（dispossession）或是韦伯所说的"祛魅"（disenchantment），其对象是正当化权力中所有带有先验性的内容。而不具有任何先验正当化内容，构成了以自由为基础的非实质正当化模式的核心。

因此，委托正当化理论存在如下基本的错误。委托是一种总体性的授权，因为它包含了这样的内容：主体要服从可能加诸其身的任何与自由有关的观念。因此，在这种总体委托观点下，当任何与自由有关的观念和自由观念相互竞争或相互冲突时，前者在没有更多理由的情况下，自动优先于后者。反过来，任何与自由有关的观念都是正当的，也就是说，它不需要被进一步正当化。原则上，自由观念被委托理论吸收了。可以说，委托的目的就是要从总体上解除这样一种论证负担：为什么与自由有关的观念比自由观念更为可取。

与自由有关的观念可能要比自由观念更为可取；然而，我们在这里却不能做这样的假设。一旦有了这样的假设，它将危及主体本身的道德自主权。换言之，为了使自由所受外部限制具有正当性，它必须被正当化。某种与自由有关的观念必须得到证成，并得与道德自主权比较权衡。自由本身不需要被证成;只有对自由的限制才需要被证成。

主体本身天生就有能力按照自由观念行事,这就是自由。主体可以通过他据以行动的自由观念来将其自由具体化。如果它先验地受到一个外部机构(如主权者)的限制,又由于这一外部机构具有无限的权力,那么主体本身就没有机会按照自己的自由观念来组织行动了。也就是说,主权者施加的外部限制将解决主体如何将其自由具体化的难题。社会契约论上的总体委托涵盖了这种解决方案。从而,委托就可以被视为在总体上权衡按照自由观念行事的能力。自由的自反性是指按照自由观念行动的能力,它要求在享受自由的同时限制自由。这种限制自由的可能性和必要性被称为人类行为的现实情形。① 道德自主所表达的正是自由的这种自反性。

主权者以全能上帝的形象出现,拥有无限权力。从前述角度来看,这种不受限制的权力是委托关系的反映,而且它有着霍布斯在分析自然权利时诊断出来的相同缺陷。为了使自由拥有某种道德尊严,要将它视为一种权利,一种负有尊重他人权利的对应义务的权利。但霍布斯对自然权利的解释并不包括这一义务。虽然这一义务在原则上得到了承认,但它在很大程度上被霍布斯的人类学理论给抵消了(Hobbes 1966c:110 ff.)。鉴于自然权利的这种"权利"属性,就可以期望有一种义务与之相对应。而正是这种义务要求他人应与我保持一定距离。然而,如霍布斯所言,这是行不通的。

因此,需要有社会契约的存在,如此所有臣民才都会服从主权者。在霍布斯看来,主权者不是契约的参与方,所以没有任何理由对其自然权利施加任何限制。这即是说,主权者依然处于自然状态之中,这确保

---

① 正如第四章所述。

了他的权利不受限制。① 理所当然的是,正如我们将会看到的那样,由于主权者不受自然状态中的主体相同的固有缺陷之影响,所以人们就会期待,他在行事时不会展露出自然状态中的主体在行事时所具有的相同缺陷。

霍布斯还引入了一项抵抗主权者侵入私人生活的权利,作为一项较弱的规范性保证。任何人都不应忍受主权者危及其生命的暴力行为,也不应指望任何人按照主权者的命令去结束自己的生命。虽然主权者没有权利要求主体这样做,但他仍然有权力去亲自实现这一结果。因此,他的权力超过了他的义务,故而他的权力是无限大的。

同样的论点稍作修改之后也适用于卢梭。正如前一章所述,臣民——公民享有参与统治的政治权利。虽然多数人不能放弃这项权利,但没有对主权者权力的进一步限制。就像霍布斯那样,卢梭要求主体放弃按照他自己的自由观念行动的能力。为此,他必须放弃自身作为主体的全部人格,即便他以公民身份重获主体地位(Rousseau 1997a:50),此后仍如以前一般自由。然而,在订立契约"之后",逝而不返的是,无论主权者在何时限制了他的自由,主体再也不能像以前一样可以按照自己的自由观念行事了。

从经验层面来看,情况可能是,自主权者掌权的"那一刻"起,对自由的限制之内容,恰好与所有主体自认为是最好的内容相同。然而,这可能会是一个使契约在整体上显得多余的形而上学奇迹。但若排除了这种理论上的可能性,按照自由观念行事的能力也就被消除了。每当主权者发布某种与自由有关的观念时,都意味着缔约人对社会契约内

---

① 正如洛克(1963c:392)论述的那样。根据这一假设,对于那些不缔结社会契约的人来说,所有人都停留在自然状态当中(同上:393)。

容的服从。易言之,就像霍布斯认为的那样,每一个被公认为主权者的主张,都取消了主体的所有不同的自由观念。

霍布斯和卢梭都希望我们能够有意识地去实践这一具有"道德"意义的自由悖论。自由可以受到任意限制,并被交到那些从此要行使自由的其他人手中。选择不自由本身也是一种自由的选择。换句话说,签订契约就是按照自由观念行事。这个悖论的核心既不在于限制自由本身,也不在于限制的内容,而在于按照自由观念行事的能力发生了转移。如第四章所述,自由概念必须受到限制,只有这样才能真正发挥其作用。然而,这不同于霍布斯和卢梭所说的,按照自由观念行动的能力本身必须被转移。

九、对权衡正当化理论的进一步探讨

在这一节中,我将简要地指出委托正当化理论和权衡正当化理论之间的另外两个重要的区别。

第一个区别可以阐述如下。反对权衡模式的理由可能是,它批判了委托模式,并认为将总体委托与保护道德自主的权利相结合就可以消除委托模式的缺陷。在这一方面,我们可以尝试从权利的角度使得委托模式更为坚实。也就是说,权利可以被视为惯用的道德说辞(*topoi*),用以作为反对主权者干预的论据。① 换句话说,权利可以缓和道德自主权的转移,因为主体可以借此为自己保留一部分自由。对他们自己来说就是,他们可以按照自由观念行事。

从表面上看,权利是一个严肃的备选方案,有了它,主体便不用整

---

① 关于作为论据的权利,参见 Perelman 1984c。

体地转移他们根据自由观念行事的能力了。为此,霍布斯提出了反抗主权者暴力的权利。卢梭至少是含蓄地排除了限制公民参与统治的可能性,因为多数人不能投票剥夺少数人群的公民权。

关于这些权利的地位问题,存有两种假设。一方面,如果权利是主权者授予主体的,主权者本身又同时要确保这些权利受到尊重,因为主权者自己决定与权利相对的权力之范围,这仅仅是主权自身的一项标志。这种权利论证是不充分的。另一方面,如果权利本身包括了对主权的限制,但这些权利却不是由主权者授予的,那它们就和主权的性质相悖。这就再次显示权利不应如此。

在第一种假设中,权利屈从于总体委托;在第二种假设中,权利消解了主权的无限性。在第一种假设中,权利没有任何意义。如果按照第二种假设,权利能够说得通,那么无限主权也就没有了意义。第二种假设代表了洛克等人所倡导的自由主义的基本前提。在大多数时候,洛克都在小心翼翼地避免使用"主权"这个词语,他始终认为权利优于"主权",因此后者不能被认为是无限的。主权受到这些权利的制约,因为主权本身不能决定权利的范围,因此也不能决定它自己的权力之范围。①

只有尊重先于国家的权利的有限主权,才符合这样一种自由理念,即自由并未明确被确定为就是政治组织的起点和目的。

根据作为论据的权利理念,权衡理论与委托正当化理论还存在第二个区别。委托模式不仅使得有必要转移按照自由观念行动的能力,还诉诸某种特定的限制自由的形式,即法律(*la loi*)。主权者除了行动

---

① Locke 1963c:§121。既然所有人都从自然中获得了财产权、生命权和自由权(同上:§4-5),它们就不是由主权者创造出来的。由于这些权利具有自然性,它们既不能被收回,也不能被转让,因为自然状态不是放任的状态(同上:§6)。

范围不受限制外，其行动手段无疑也是普遍规则。

规则总是且毫无疑问是正当的，就像我们从霍布斯和卢梭的著作中读到的那样。既然规则因其形式而获得正义的品质，哲学家们似乎也想不到其他的替代方案了。在他们看来，正义并不像亚里士多德所认为的那样主要关涉的是物品的分配。正义首先是一个平等问题。我曾经主张，平等寄生在自由之上，而限制自由只能以对每个人都平等地施加限制的方式进行。因而，法律的规则特性被认为是正义事业的最佳实现方式。

霍布斯和卢梭都认为，法律的规则特性具有双重优势。不仅规则因其形式而是正义的——因为形式实现了平等，而且不再需要讨论规则所欲实现的目的。任何以普遍规则形式形成的目的，在事实上都是正当的。这就引出了被隐藏起来的工具主义的观念，这种工具主义是我们在上一章讨论的强法律主义的特征。与此同时，这种方法也将法律从政治中分离出来，因为政治关乎价值。一旦目的、目标或价值被限定在规则之中，就没有必要再去讨论它们了。规则作为实在的表象，本质上是以实现特定目的为目标的。更重要的是，正是为了缓和关于目的的争论，才需要把社会契约确定为政治领域的真正基础。这个问题在上一章中也做过更详细的讨论。

当法律通过普遍规则来表达时，它似乎就有一种先验的正当性，这使法律走上了强法律主义的轨道。这种权衡模式本身并不是要批判法律的规则特性。不过它确实质疑了自身在委托模式下的主要特征——先验的正当性。换言之，权衡模式批判的是先验正当的目的或意欲实现的那种对自由的具体化，以及（平等、安全等）目的与其实现手段之间的先验正当的关系。

手段和在委托模式中被边缘化的目的之间的区别，让我们更好地理解了权衡模式的主要特征。在委托模式下,统治者确定目的,规则表达目的;而在权衡模式下,目的之选择以及达到目的的适当手段是受限制的。更准确地说,这就是权衡的内容之所在,因为目的和达到目的的适当手段都被装进了一个与自由有关的观念当中。目的及其实现方式都是自由具体化的不同方面。

在权衡模式之下,与自由有关的观念替代了自由的观念。这两种观念都包括了对手段和目的的选择。为了尽可能保持自由的自反性——这是作为原则的自由所要求的,不同于委托模式——限制自由需要正当理由。在委托模式中,这一理由就是委托关系;而在权衡模式中,却不存在总体性委托的关系。由此,任何对自由的外部限制都必须得到证成。

在回应一些批判时——主要是那些像哈特一样认为法律存在是一种社会事实的人——朗·富勒在这个问题上提出了一个非常深刻的见解。在富勒看来,法律是一项目标明确的事业,那就是使人类的行为服从普遍规则的引导和控制。规则也有一个目的,且富勒认为这个目的是具有普遍性的。这个目的总体上说与法律制度的目的并不一致,这等于是一种委托模式。

在为整个制度体系设定某种普遍的(尽管也是适度的)目标时,富勒的批评让人想起了英国和德国唯心论的无度(excesses),相关的哲学家就包括黑格尔。如果我正确地理解了富勒的话,这意味着他为整个法律制度赋予了一个适度的普遍目的,即将人类行为置于普遍规则的约束之下,但同时却并不反对为特定法律设定特定目的(Fuller 1969:145-6)。

在区分法律制度的普遍目的和法律的特定目的时,富勒提出了一个绝妙的观点。在他的理论中,法律制度的普遍目的本身就与某种道德有关。法律的"内在道德"主要表现为法律的规则性,服务于行为主体的道德自主性,因为主体的行为受到法律规则的引导和控制。这些原则和内在道德包括:法律的普遍性和明确性,法不溯及既往,官员不矛盾地适用法律,不得频繁修改,不要求不可能之事;法律必须正当公布,且相互之间不得矛盾(同上:39 ff.)。

如果法律制度中庄重地规定了某种普遍目的,那就不应过分解释为这意味着整个法律制度整体上所服务的道德目的可使任何规则只要存在就不会受到批评。哈特对富勒的观点提出了类似的反对意见,他认为,法律制度内部的这种普遍道德要求并不能阻止这一制度产生不道德的规则。① 我同意这一观点,但我也相信,根据富勒的观点,理想的法律制度中出现不道德规则的概率,要比一个没有普遍目的的法律制度中出现不道德规则的概率低得多。尽管法律规则事实上可能是不道德的,但减小这种可能性会使法律制度变得更好。

富勒区分法律制度适度的普遍目的和法律的特定目的之重要性在于,这有助于突出我们刚才讨论的委托模式和权衡模式之间的关键差异。如果法律制度的普遍目的足以使法律正当化,那就不需要进一步证明为什么人类行为要服从法律了。这正是委托模式的本质。

法律制度试图建立的是整个法律制度的普遍权威,这也是它的普遍目的。可以说,它证成了作为限制自由的正当权威的整个制度设计的正当性,而且,这个由普遍规则构成的制度,作为一种愿望,也保证了某种形式的道德自主性。

然而,这并不是故事的全貌。这不是说整体制度的权威之正当性

---

① Hart 1994:207;Rawls 1971:59-60(法治确实不能为规则的公正提供切实的保障,但它至少提供了一种承认他人权利和自由的意愿,以及对社会负担和利益的公平分配)。

涵盖了一切目的。事实上,规则想要实现的目的、目标和价值的正当性根本没有被这种权威所覆盖。如果是这样的话,那么我们将会根据委托模式行事,根据这一模式,总体委托涵盖了目的、目标和价值的确定。

在区分法律制度适度的普遍目的和法律的特定目的时,富勒揭示的观点开辟了一条中间路线,它与我所说的权衡模式正相对应。由于目的、目标和价值并不像委托模式所希望的那样可以自动得到证成,因此权衡模式要求对法律的特定目的进行证成。这意味着,由于不受限制的自由是起点,因此起点是不需要证成的。主体可以根据自由的观念来行动,这一事实不需要对作为原则的自由做进一步论证。

这指向了两个不同的方向。一方面,如果法律制度具有一个普遍目的,这就与实质正当化模式最为相似,根据该模式,法律一般是与某种规范性方案联系在一起的。无论这一方案"就在那儿"还是被给定的,它的执行即可证成带有适当制裁的主权者干预的正当性。法律制度的任务是维护现有的规范性秩序,而为了完成这项任务,制裁在事实上是正当的。

另一方面,如果法律制度的普遍目的是较为适度的,那么法律与道德之间的关系就会具有不同的性质。在实质模式下,法律不应违背道德,因为道德是它的普遍目的。在富勒看来,内在道德原则是使法律成为可能的那种道德。①

然而,在我看来,法律的普遍目的是作为原则的自由。这意味着,法律从一开始就是通过普遍规则来为自由服务的,因为自由当中包含着平等的要求。然而,自由不仅要被理解为政治意义上的自由,还要被

---

① 这些原则还被称为:程序性或制度性的自然法;法律的专门道德;合法性原则;专门的角色道德;法律上的卓越品质。参见 Wintgens 1991b:161 ff. 。

理解为政治领域内的自由。如果是这样，那么主权者便会拥有委托权限。作为这一委托的结果，如上所述，主体本身就会消失。

我们可以说，这也是主权者过度活跃的结果，主权者一旦过于活跃，那么除了权利所覆盖的某些保留领域外，他就能在任何其他领域随心所欲地施加外部限制，其规范强度足以让任何权利话语相形见绌。换言之，只要主权者不侵犯权利所保护的领域，他就可以随心所欲地施加各种外部限制。这种现象被称为立法膨胀（legislative inflation）。第四章讨论了这个问题的某些方面，"作为距离的自由"应该被解释为"与主权者的距离"（distance from the sovereign），这里的主权者是监管过度的规范制定者。

与这种观点相反，我主张任何针对自由的外部限制都必须得到证成，不是在一般意义上，而是在特定意义上。这就是权衡理论所要求的。作为原则的自由是法律制度的普遍目的，根据上述观点，法律制度推进了这种自由，因为自由让道德成为可能。这意味着主体本身的优先选择是根据自由的观念行动，而法律制度（通常由与自由有关的观念组成）作为社会互动失灵的替代措施，仅当外部限制得到证成时，它自身才是正当的。下一章将对此展开更为详尽的讨论。

委托模式下法律的总体证成导向的是这样一种法律观，即法律是行动的排他性理由，也就是约瑟夫·拉兹（Joseph Raz）所说的，法律是不按法律自身以外的其他理由行事的理由（Raz 1990）。

拉兹的方法胜在表明了法律不仅仅是一个社会事实。他和富勒都急于对法律只是一个社会事实这一观点加以反驳。拉兹对法律概念进行了概念性和分析性的审查，由此推断出法律的规范性。在这一过程中，和富勒一样，拉兹也为法律增添了一个普遍目的，那就是法律要为行动提供排他性理由，尽管两人的论证存在一些显著的差异。

第六章 正当性与正当化

然而,如果我对拉兹的观点理解正确的话,他采用的视角是主体遵守规则,而不是立法者创造规则。将法律视为行动的排他性理由,这已经使得法律脱离了主体遵守规则和法官适用规则的视角。这一理论旨在证明,法律本身(任何法律)为行动提供了排他性理由,这意味着这种理论通过提供一种复杂的内部视角,将重点集中在遵守规则和适用规则上面,哈特正是因为提供了这样一个内部视角而名声大噪的。

当从委托模式和权衡模式的区别角度来考虑法律作为行动的排他性理由时,结论就是每条规则本身都是行动的排他性理由。然而,在我看来,一个理由具有"排他性",并不只是因为它是一项法律。如果是这种情况的话,那么我们就是在根据委托模式进行推理了。

之所以法律被认为是行动的排他性理由,是因为它比其他的行动理由更为可取。根据权衡模式,作为排他性理由,这意味着一条规则或外部规范是作为社会交往失灵的替代措施而具有正当性,这一点将在下一章展开论证。

根据上面所讨论的内容,我们现在可以说,规则的目的或目标就是要将自由的观念具体化。不过,被委托模式排除在外的一种基本考量是,如何平衡自由的观念和与自由有关的观念。委托模式之下,与自由有关的观念总是且先验地优于自由的观念。根据委托理论,与自由有关的观念总是且本身就是行动的排他性理由。但在权衡模式中,一项外部限制只在得到证成时才能被视为行动的排他性理由。只有成功地完成外部限制的正当化论证,法律才能获得正当性。

委托正当化理论和权衡理论的第二个区别说明了权衡模式的原创性。对自由的限制不能被假定为已经得到证成,也不能将其视为先验正当的。对于后者来说,委托模式接近于实质模式,在实质模式下,若对自由的限制遵守了超验性规范,那么它就是正当的。委托模式的结果也具有同样的性质,除了由社会契约组成的初始委托外,它们不需要任何补充性的正当理由。如前所述,委托提供了正当性,因为它与最初的"意志行为"相关联。

这与权衡模式的情况不同。每一项对自由的限制,都是权衡自由观念和与自由有关的观念的分量的结果。根据未定的自由这个一般前提,即在委托模式和权衡模式的共同基础之上,委托就是一种总体上的权衡。而在权衡模式中,每一项限制都包含着一项具体的权衡。

考虑到权衡模式的这些特点,下一章将探讨四个立法法理学原则。接下来我将会论证,这四个原则都是对作为原则的自由的具体化。它们都以自己的方式阐发了作为原则的自由。

由于这些原则的共同渊源是作为原则的自由,因此在运作过程中它们就构成了彼此的语境。也即,它们要被放在彼此的意义中互相参照着来解读。这意味着,由于它们是原则,所以必须得到相互权衡。当我们读下一章的内容时,必须记住这一点。

第七章　从委托到权衡：立法法理学的原则

一、术语的澄清

我所提出的"立法法理学"一词，在本质上是对"法理学"一词的重塑。法理学通常被认为是指法律理论或法律哲学。法理学的基本问题是为法官适用法律提供见解，探究法律科学的可能性及局限性等问题。有关法律科学的部分也主要被认为是法教义学。广义上的法理学还包括"法律的性质"、法律与道德的关系等哲学问题。

虽然我最初认为"立法法理学"（legisprudence）一词是"立法"（legislation）和"法理学"（jurisprudence）的缩写，但事实证明，它本身就有着悠久的历史。亚里士多德则提到了"实践智慧"（phronesis）这一政治行动原则，它包含了引导具体行动的立法功能。应用于城邦全体公民的"审慎"（prudentia），由此变成了"立法上的审慎"（Aristotle 1984d：Ⅵ,8）。就此而言，在强调审慎的前瞻性的同时，它还被认为具有指导人类行为的功能。西塞罗（Cicero）在其《论法律》中指出，"神意"（providentia）的上述方面被认为是适宜立法的（Cicero 1999：Ⅰ,XXⅡ），而阿奎纳则将审慎和"神意"联系在一起，这里的"神意"是一种立足于现在而对未来进行的敏锐且有预见性的处理（Aquinas 1910：Ⅱ-Ⅱ,q.49,a.6）。

然而,就现代阶段而言,据我所知,弗朗茨·冯·弗雷德(Franz von Wrede)在其 1622 年出版的《论立法审慎》(*De Prudentia Legislatoria*)中,第一次使用了"立法审慎"一词。审慎理论在 17 世纪和 18 世纪开始流行起来。仅举一例,康宁(Conring)便提出了自己的审慎理论。他强调了法律对于实现公共善的重要性,以及立法活动对实证研究的需要(Conring 2003)。到了 18 世纪中期,法学及其科学定位引起了越来越多的关注,对立法所做的科学阐释正是在此背景下初露端倪的(Stichweh 1994;Mohnhaupt 2003:459-95;2003b)。更具体地说,这个问题是在问,立法者是否可以随意做出决策,或者相反,他是否受制于限制或取消其选择的原则或标准。

这些问题对澄清术语非常必要,但在没有深入讨论它们之前,我们需要特别提及一位学者:约翰·大卫·米夏埃利斯(Johann David Michaelis),一位从审慎角度分析立法问题的学者。他所研究的主要问题是:法律科学是一门立法科学吗? 又或者,法律科学家应该深入挖掘社会事实,即关注制定法之外的东西吗?

米夏埃利斯关心的是,要在大学里给那些年轻的法律人教授法律,而这些知识将使他们在未来的职业生涯中受用。若非他教授的是一批特定的听众,或者从事特殊职业的听众(不像是今天的许多学生那样),这种高尚的关注也不会被人注意到。由于他们中的大多数人都打算从政,成为立法机构或其他与法律制定有关的机构的成员,米夏埃利斯强调了一个新的法律科学分支的重要性。这个分支位于哲学和法理学的交汇处。他称其为立法法理学(*prudentia legislatoria*)(Michaelis 1973:234-5)。然而,克里斯蒂安·托马西乌斯(Christian Thomasius)(2003)比他早了几十年,而海因里希·恩斯特·凯斯特纳(Heinrich Ernst Kestner)(2003)也比他早了半个世纪。

尽管米夏埃利斯没有明确地关注立法的语境性质，其术语的优点却在于很好地表达了我自己的想法。拉丁文单词"神意"翻译为"审慎"，它的意思是"智慧"（Ernoud and Meillet 1994: v 'prudens'）。使用这一术语阐明的是一种态度，而不是一种方法，更谈不上科学方法了。由于后者指向一种演绎或逻辑推理的模型，我们很容易就能看出审慎是如何与之相反的。它指的是一种权衡利弊的方法，会考虑到当时的社会环境以及立法干预将产生的后果，也就是背景，而不是演绎或逻辑推理的方法。

虽然米夏埃利斯提出的术语不同于这里所采用的术语，但它很好地说明了"立法法理学"作为一种理性立法理论的含义。我将在下一节中对此做出解释。

在整个19世纪，作为科学或理论研究的对象，立法在很大程度上仍未得到充分重视，尽管边沁是一个备受争议的例外。边沁所在意的是一个清晰、连贯、人道和简明的法律体系，因此主要倡导民法和刑法的法典化。在法理学层面，他的研究主线是，在功利原则的基础上阐明立法在理论上的正当性（Bentham 1948）。

在20世纪，对立法理论研究的兴趣因两部开创性的著作而复兴，它们分别是施滕·加格纳（Sten Gagner）在1960年出版的《立法思想史研究》（*Studien zur Ideengeschichte der Gesetzgebung*），以及彼得·诺尔（Peter Noll）于1973年出版的《立法理论》（*Gesetzgebungslehre*）。加格纳的著作主要是对立法理论的根源做出了历史性的探索。而诺尔的《立法理论》无疑是20世纪立法理论的奠基之作。

诺尔的观点是，立法不再专属于哲学、道德或者其他任何领域，它本身就是一门法律学科。作为一名刑事律师，诺尔认为犯罪学是一门关于刑事立法的科学，立法者在创制规范的活动中便诉之于此。诺尔的犯罪学就是立法理论的一个典例,它可以扩展到立法干预的其他领域。因此,他采用了一种方法(他称之为"判例科学"),与此相关的法学理论重在司法裁判,而几乎完全忽略了立法(Noll 1972;1973:29)。作为法律理论的判决模式的另一种选择,诺尔概述了一个逐步立法模式的轮廓,该模式包括发现事实、确定问题、阐明立法目的及其手段、对立法进行前瞻性或回顾性评估,以及最后的法律修改(Noll 1973:63-193)。

这一理论框架随后补充了试图改进立法的原则和标准(Noll 1972:164-282)。立法法理学与诺尔的立法理论有关,因为前者接受了后者的基本观点,即法官和立法者在许多方面都做着同样的事情——制定规范。立法者制定的普遍规范,由法官通过司法裁判将其转化为个人规范。不过,立法和审判在功能上的区别并不等同于权力分立的简化形式(Noll 1973:48)。这即是说,审判具有创造性的一面,而立法也不是"纯粹的"创造活动。

在探讨这个问题之前,需要提及如下两点。第一个还是术语性的;第二个问题是关于该领域的大致划分,这是为了避免从一开始就造成混淆。

"立法法理学"一词一直见于学术文献之中,主要是在荷兰,指的是国务委员会、部长和国会议员对具体立法建议的所有官方判断(Waaldijk 1994:22,36)。从这个角度来看,立法法理学是立法过程的参与者对具体建议的判断的集合。在此观点下,立法法理学并不一定是系统的,因为一组判断可以处理一项建议,而另一组则可能处理不同的建议。它也不是理论性的,因为它只是收集与具体建议有关的判断;这样,它就不包括任何批判性的反思。从这个角度来看,一个没有正式参与立法过程的学者所做出的非官方评论便不是"立法法理学"。

同样——尽管使用方式略有不同——"立法法理学"一词也包括后者。评述这些评论的学术作品,譬如评论国务委员会关于欧洲指令执行情况报告的作品,也被称为"立法法理学"(Bonnes and Florijn 1995)。它最类似于经典教义学的法律著作,在这一点上,它描述了对具体立法建议所做的判断,并将其系统化。它可以包括对改进立法程序的批评和/或建议。

在大多数时候,此类学术写作并不具有对其科学性(即理论性)进行批判性反思的态度。正是因为在这一点上缺乏理论清晰度,才产生了本章的内容。本章旨在探索立法理论的概况,这种理论不单单是描述随新规则一齐出现的官方行为。可以直截了当地说,制定新规则本身是以某种理论为基础的。这一理论是关于理性立法的理论,而为了使一系列命题在最低程度上具有"理论性",该理论还包括了与之相关的批判性理论反思。

第二条意见旨在强调一种可能的混淆。立法法理学,或理性立法理论,有别于法律起草、立法技术或"立法学"(legistics)。

法律起草、立法技术或立法学都涉及规则形式。一般来说,关涉规则形式的规则可以分为两种,至少从立法角度来看是这样的。第一种规则具有法律性。这些规则构成了法律体系的一部分,规定了法律规则必须具有的形式。很明显,这类规则包含了宪法中涉及立法的程序规则。除此之外,该类规则还可能包括以法律规则为对象的其他法律规则。虽然后者主要涉及的是行政法律规则,但也可规定立法法律规则的形式。以立法为目的的第二种规则是非官方规则。它们被称为"立法规范"(Viandier 1988)、起草原则(Xanthaki 2010)、指南(aanwijzingen)(Borman 1993)、立法指南(legistische Richtlinien)(Lachmayer 1981)等等,如果未经正式公布,这些规则即使可能是合法的,通常也没有权威性的约束力。如果它们能够约束立法机关,那么理论上可能会出现一个问题,那就是任何形式上的要求都可以对主权构成挑战。在此观点下,立法机关自己约束着自己——尽管只遵守一种形式的东西——这将与它的主权地位相矛盾。

尽管这些立法指南具有高质量的标准和或多或少的合法性,但它们都缺乏约束力。这即是说,规则的制定或结构即便违反了上述标准之一,也不能仅因这一理由而在法律上受到挑战。然而,像比利时的国务委员会这样的顾问委员会可能会批评这些缺陷。但这个批评意见不能约束立法者。只有统治机构才能决定形式,尤其是当它拥有主权权力的时候。

但是,立法学不同于立法法理学,因为前者只关注规则颁布的形式,而后者则主要关注规则颁布的合理性,关注本书最后一章所要探讨的那些条件。两者之间可能存在着事实联系。显然,指南包含了以明确的方式制定规则的建议,以避免矛盾并连贯统一地使用概念。毫无疑问,这些指南将提升根据指南颁布的法律的合理性。规则越清晰,就越容易被理解和遵循。这就是合理性的一个方面。那些复杂到只有该领域的专家才能看懂的规则,可能会因此缺乏合理性,甚至是正当性。

然而,在合理性方面,立法法理学不仅仅关注单纯的形式。它关系到法律制定整体上的合理性,而不仅仅是一些形式上的要求,这些要求通常关乎这些规则在语言上的或者广义上的形式表达。

有了这些术语上的澄清和评述,我们现在便可以开始研究立法法理学的概况了。我建议采用下面的论证路径。我们所熟悉的法学理论主要阐述了法官的立场。当前司法决策理论的发展具有将实践理性纳入法律推理的优点(MacCormick 1983)。这些理论大多关注法律推理的融贯性,而忽视了立法中的实践理性。下一节将对此进行讨论。

二、立法中的实践理性：作为立法法理学第一原则的融贯性原则

（一）引言

随着在法律推理中融入实践理性，法官不止要做出判决这一事实变得越发清晰。判决就是一种认知行为。此外，法官也会做出具有实践性的判决。在这一点上，实践理性扮演着重要的角色。

然而，从表面上看，似乎没有什么比创造立法规范更能与适用司法规范形成对比的了。在从事有关规范性的活动时，立法者远比法官自由。作为对立法者具有约束力的规范，宪法并没有像法律影响法官那样影响立法者。立法者是政治角色，他们将社会、道德或经济政策制定为法律。

为了使这种对比更加明显，与司法判决不同的是，立法行为不需要"在体系中"有任何认知基础，因为只有立法者才能定义"体系"是什么；他们的决策只是一种意志行为。按照这种观点，宪法更多的是一个政治纲领，而不是一套具有约束力的规范，这与立法者是一个政治角色而不是一个法律角色的观点是一致的。作为一个政治纲领，在没有司法审查制度的前提下，最糟糕的情况是，立法者可能会把"体系"弄得一团糟，然后把它留给司法部门来收拾，并维持合理性、融贯性和法律确定性的表象。

法官秉持着这样的信念做出行为，即仿佛法律是一个以多少可以预测的方式来保护法律利益的合理系统，虽然他们眼里的这个系统实际上或许只是具有共同特性的许多立法命令；这些命令都是同一权威

发出的。

在本章中,我将要探究立法者立场的几个方面,其中,立法者被视为法律角色,他的行为被系统内的规范(主要是关于权力的宪法规范或次级规范)所界定。不过,遵守宪法规范是系统制定有效法律的必要但不充分条件。形式上有效的立法规范实际上的确具有追溯力,否则在各方面都说不通了。是否说得通与规范的可理解性和可适用性有关。

一方面,有效的法律规范可能缺乏可理解性,且正是因为这一点,它们就会很难或者不可能被适用。就此而言,它们对法官来说就是说不通的。但另一方面,有效的法律规范之意义又必须能让那些其生活受到规范的人理解。立法规范的可理解性不仅是个别或者每一个规范的问题,也取决于它们发挥作用的环境,即整个法律体系。因此,适当的社会规范应包含法律主体将规则当成规范加以接受的理由。正是在这里,实践理性进入了立法领域。

第五章阐明了法律主义及其主要特征。最重要的一个特征是表象主义,或称基础主义。基础主义或表象主义认为,我们看待世界的方式可以告诉我们世界到底是什么。它认为,之所以我们的正当信念是正当的,是因为它们源于一种坚定的信仰(Rescher 1974)。基础主义或表象主义将思维局限于认识,而认识的确定性使我们能够了解现实。这引发了关于知识(笛卡尔)、政治(霍布斯)和道德(康德)的先验起源的阐述。各种类型的表象主义都依赖于某种基础主义的形而上学。特别是在启蒙哲学中,它将系统性视为理性的影响力不断扩张的产物。

作为自主和人类尊严的理性权威具有现代哲学研究的形而上学维度,在这一维度下,"存有"(what there is)可以通过理性体系的思考而被认为是实在的,反之亦然。换句话说,真理具有系统性。海德格尔关于这个问题的观点对于本章的主题有一些有趣的启示。

第七章 从委托到权衡:立法法理学的原则

小结之,笛卡尔"我思"中的主体的本体论基础是一种新知识的自我奠基(self-foundation),这种知识在逻辑上优先考虑确定性而不是真理。换言之,确定性是不容辩驳的真理的关键,是了解实在的关键。这种了解是通过清楚明确的概念来实现的,概念自身独有的理性——即数学——展示推演构成了科学。关键点在于,表象要么在思维主体之中,要么是思维主体的构建物。它们不存在于意识之外。因而,通过将主体从外部支配中解放出来,哲学开辟了主体支配世界的道路;笛卡尔曾说过,按照他的方法,我们将成为"自然的主人和所有者"(Descartes 1996h:62)。存有可以被认为是一个理性系统,因为该系统是一个理性的数学系统。海德格尔总结道,"系统"就是现代"存在"的本体论法则。

除了导向一个真知体系的第一真理("我思"以及上帝存在的证明)之外,在规范性问题上,这些体系是建立在一个真正的规范之上的,例如,霍布斯的那个基本的自然法(1966c:117);康德的要求进入公民国家的规范(1996:§41,44)。或者,它也可以是导致卢梭式大众主权的构成性意志行为(1997a:49-51),建立在某个超验规范基础上的制定法体系的效力基础,或者是凯尔森所说的"基础规范"(1967:205-8),或者是哈特所倡导的适用法律的官员所实行的承认规则(Hart 1994:100-23)。

基础主义的知识论认为,基本信念具有特权地位,因为它们被认为可以不经任何证明而由其他信念所证成(BonJour 1985:17)。法律和道德中的基础主义认为,像法律或道德这样的规范性体系的基础,是由它们与某个规范(或价值)的先验有效性的联系而被证成的,这个规范或价值是这个体系的全部基础的唯一来源。

因此,基础主义阐明了法律制度存在的主要前提。霍布斯、康德、卢梭,以及奥斯汀、凯尔森和哈特提供了一种独特的规范或原则,以使该制度的规范获得有效性以及存在。因此,一个法律体系可以被描述为一组规范性命题,它们的根源就在这个法律体系当中,而出自这个体系的任何东西之所以都是有效的法律,是因为它源自这一法律体系。这个体系的各个要素连贯起来了,因而这个体系就是融贯的了,其原因在于,这些要素都来自单一的构成原理或者"单一的渊源"。这被称为"渊源实证主义"(source positivism)。在它的背后,我们发现了一元论的融贯概念,并认为它将引出一个法律体系。但事实果真如此吗?恐怕答案是否定的。

然而,"渊源实证主义"在创造大量法律的同时,也可能导引出具有系统性的法律。例如,任何满足"由主权者做出"或"由法官判决"等标准的命题,都是有效的规范,因而属于该系统。然而,在没有其他更多条件的情况下,毫无疑问的是,仅仅根据这些标准,这个"系统"也可能变成一堆扔在一起的规范。这种系统性的观点依赖于笛卡尔的合理性观念,在这一观念下,合理性本身就是理性的。它被认为是主体对其自身存在的认知确定性的基础。结合了上帝存在的证明,那些与"我思"一样明确的后续观念催生了现代科学。在后现代的意义上,这一观念被认为是对人类理性能力的过度限制(Perelman and Olbrechts-Tyteca 1976:4)。沿着这种批判思路,合理性被认为是比如说与主体相关的(Taylor 1995c)、内嵌于论证之中的(Perelman 1972d);被认为是理性的可接受性(Aarnio 1987:Chapter 4),或者不受限制的讨论(Habermas 1973:esp. 255 ff.)。这些合理性的观念都有"语境性"(contextuality),进而都支持理性的普遍性,并以可论证性和确定性作为理性独有的——认识性的——表达方式。我在第三章提到了理性的这种"再语境化"特征,我希望在本章进一步探讨这个问题。

除此之外,还应该记住,正如我们一再强调的那样,确定性就是"某种事物的确定性"、某种信念的确定性。"纯粹的"确定性和"确定性中的确定性"都是荒谬的。此外,真理可以独立于人的思想而存在,而确定性则不能。并且,确定性因此才是"对某人而言的确定性"。正如我们将进一步讨论的,关于理性和合理性的语境相关性,一致性(consistency)是一种特殊的融贯性(coherence)。换言之,命题可能存在多种融贯情形,其中之一便是一致性。在后一种假设下,融贯性是一种"全有或全无"的模式,或者说是裁示性模式。如果命题不是这种融贯情形,那么它们仍然可以是不同的、非裁示性的融贯情形。裁示性或非裁示性地使用融贯性这一概念,取决于理性或合理性是否被置于语境当中来解释,语境是由那些对其有意义的事物所组成的。基于这种观点,融贯性是一个解释性概念,而一致性则不是。当一个理论的所有命题以一种互不矛盾的方式融贯起来时,由于这就达到了一种最高的特定融贯性,融贯性就可以这样来解释。按照这种观点,确定性和一致性都是讲明道理的有意义的形式。

我们或许还记得,第三章提到过,将理性重置于语境之中,需要对非语境的或无限的合理性加以批判。这就是在主张(1)所有主体都同样理性,或者说合理性是普遍的,并且(2)只有认知信念是重要的。然而,除了数学之外,其他能帮助了解世界的框架还包括诗歌、宗教或美学。

(二) 堆与墙:不同视角下的理性与融贯性

说到艺术,安德烈·布勒东(André Breton)的《超现实主义宣言》(*Manifestes du surréalisme*)有何局限?至少可以说,这些关于现代艺术的论述在逻辑上是不一致的。然而,它们确实很有意义——至少对我们中的一些人来说——因此它们可以被称为理论,也就是说,它们是一组"以某种方式或多或少"融贯起来的命题。我是故意这么说的,这种联系因此就足够松散,可以让人明白一致性是融贯性的一种特殊情况:一组逻辑命题或数学命题在极大意义上是融贯的,直至可以达到完全一致的程度;《超现实主义宣言》中的命题以它们自己的方式相互融贯,但没有达到一致性的程度。然而,它们并没有因此变成完全的无稽之谈。易言之,融贯性在艺术中是有价值的,但它并没有变成模糊性。因此,艺术理论在没有一致性的情况下也能讲得通。过度强调一致性可能还会让该理论彻底消失。

这为下文的进一步研究开辟了道路。虽然逻辑学家认为一致性就等同于融贯性,但我将挑战这种观点,认为法律体系中的"一致性不是融贯性的必要条件"。上述内容展示了这一观点的起源的一些方面,在接下来的几页中,我将针对一致性和融贯性之间的关系提出不同的观点。

一致性涉及一组命题的逻辑方面。这意味着命题与命题之间是不存在矛盾的。融贯性也意味着一组命题"结合在一起"或"有意义"。一致性与融贯性的关系通常是另一种逻辑联系,即一致性是融贯性的必要联系。然而,一组命题中的所有命题都可能以一种非一致的方式融贯在一起。

为了澄清这一关于融贯性的观点,我想请读者思考下面的比较。当我们看到一堵砖墙时,我们可以说它是一组融贯的砖块。砖块确实是在一个时空环境中粘在一起的。与砖墙相比,一堆砖块是紧密相连的,因为它们以一种直接或间接的方式与堆中的其他砖块联系在一起。但遇到一堆乱糟糟的砖块时,我们可以说它们是"完全不融贯的"吗?对此,我依然认为答案是否定的。

在这一观点下,一堆砖是一个聚合在一起的一些砖块的特定集合。

如果一块砖在一堆砖中的位置发生了改变,那么我们面对的就是另外一堆砖了。因为这一位移将会影响这一堆砖中所有其他砖块的位置。因而,这一堆中的砖块还是聚在一起的,虽然它们的凝聚程度不至于变成一堵墙。它们可能是一堵在地震中被摧毁的墙,也可能只是为了建造墙而留下的散乱砖块。现在,它们只是一堆砖。因而,砖要成为墙,缺少的是砖块之间的不同排列方式。也即,砌成墙的砖块的排列方式是根据某种结构而定的。应当记住的是,实证主义者更易相信,一堆有效的规范也可以算作一个"系统"(参见 Heidegger 1988:44 ff.)。

说句简短的题外话,墙是砖的融贯结构这种说法可能听起来很奇怪,但并不愚蠢。然而,如果说墙的融贯结构以"逻辑一致性"为前提,这便是愚蠢的。墙并没有"逻辑结构",尽管我们判断它是具有融贯性的。在这样的关于融贯性的判断中,涉及的是逻辑结构之外的其他结构。因而,在墙体建造过程中,对某一模式的一致应用可以导出墙体具有融贯性的结论。当我们将一致性视为符号系统(如法律)的融贯性的必要条件时,类似情况依然会发生。这表明系统各要素之间的关系是一种排他的逻辑性,但我们将会看到,这种说法是值得怀疑的。

在比砖和墙更为抽象的层面上,融贯性问题是指悬挂于更大整体中的单元或元素的问题。融贯性是一种关系。重要的是以下三个方面,即元素或单位与其自身的关系、元素或单位之间的关系,以及元素或单位之间的后续关系。

在第一个方面,根据 a=a 的同一性逻辑原则,我们识别出了更大集合中的个别元素。在一堵墙中,个别元素就是砖块。如果是法律系统,那么个别要素就是规范,即普遍规范(通常是立法规范)和个别规范(通常是司法规范)。为清楚起见,我暂时不考虑规范的应用,无论是普遍规范的应用还是特殊规范的应用。对于这些单一元素,只有同一性原则在起作用。当且仅当单一元素一致或不存在矛盾时,它才有意义或是具有融贯性。一个司法判决认为 X 是杀害 Y 的凶手,却宣告他无罪,这是前后矛盾的,因此也是不融贯的。一项既要求汽车在红灯时停车又要求它继续行驶的规定,很容易受到同样的质疑。此时,一致性是融贯性的必要条件。

然而,一个法律体系不仅仅是一套逻辑命题。此外,"法律"不一定要与法律体系相同,或者说,一个法律体系本身不一定要保持逻辑上的一致才能有意义。因此,一个法律体系可以被认为是一组临时的普遍规范和特殊规范,而不会因此失去其同一性(Raz 1980:Chapter 8)。新规范可以被制定,而旧规范可以被修改或废除。在这方面,法律秩序不仅仅是"一个"集合,除非从共时性的角度来看待它,也即从历史存在的特定时间点来看待它。而从历时性的角度来看,系统不是一套规范,而是一套集合或临时集合的历时性的非临时序列(Guastini 2000:264)。我们之后在讨论融贯性与时间维度的关系时还会回到这一点来。

这使我们认识到作为一种关系的融贯性的第二个方面。正如一堆砖中的砖块之间是相互关联的那样,一堵墙中的砖块也是相互关联的。正是这种特殊的关系构成了墙体的组成部分。那么一堆砖中砖块间的关系是难以描述的(如果可以描述的话),因为我们还不了解它们之间的关系。然而,一块砖的任何位移都将使整堆砖变成与之前不同的一堆砖。建墙的砖块之间存在着相关关系,尽管这并不是建墙的砖块唯一可能的相关关系。再将视野延展一下,砖块之间的距离可能会因泥瓦匠的技术而有所不同,又或者可能是出于审美的考虑而故意有所不同。但这并不妨碍它们作为一堵墙的融贯性。然而,其间联系之相关性的降低可能会使它们成为匹克威克(Pickwick)意义上的一堵墙,而砖的同一性却不会受到影响。

更抽象地说，对于法律体系这样的符号系统，在"毫不融贯"（很难想象）和逻辑一致之间，存在着单一元素之间的各种相关关系。一旦法律体系被认为是由相互间有意义关联的基本单元组成，那么逻辑一致性便只是众多要素之一。

一个整体中单个要素之间关系的第三个方面是连续性（succession）。如果这种关系是纯逻辑性的，那么元素之间的连续性就不会影响到它们之间的关系。一致性不受时间的影响。然而，当涉及一个法律体系时，如果只保留基本单位之间的这种静态关系，那么这将是一种简化的观点。立法者和法官不断地创造新的规范，这些规范的自我身份由其法律效力和互不矛盾的地位所决定。立法规范可以被废除或修改，司法判决可以与先例不同，但不会随着时间的推移导致法律体系变得不融贯。立法者可能有很好的理由废除或修改一项规范，法官也可能有很好的理由不遵循先例。这些理由可能会影响法律体系中单一元素之间的逻辑关系，但不会损害整个体系的融贯性。

（三）融贯性的层次理论

融贯性和一致性包含了多种含义。有些学者没有区分融贯性和一致性。例如，拉兰德（Lalande）认为，如果一种理论内部没有矛盾，那么它就是一致的。此外，他将法语术语"consistence"翻译为"consistency"和"coherence"（Lalande 1983：146-7，177-8）。然而，这两个概念的可互换性却无法解释为什么需要用两个概念来描述同一现象。这两个术语的存在似乎只能被理解为，它们忠实地反映了日常语言的细微差别（MacCormick 1984：38）。

康豪瑟（Kornhauser）和萨格尔（Sager）（1986：106）认为，"一致性是融贯性的必要条件，因此完全融贯的法律体系一定是完全一致的。但在不完全融贯的体系中,融贯性和连续一致性就可能会发生冲突了"。

布劳威尔(Brouwer)将融贯性定义为一组规矩(Brouwer 1990:25),其中,一致性只是众多规矩之一(同上:5)。与后者一致,吉安夫玛吉奥(Gianformaggio)将一致性视为更具普遍性的"融贯的"之属当中的一种(Gianformaggio 1990:404-5)。克雷斯(Kress)最终认同融贯性的集群观,在这种观点下,若一个理论具有一致性、全面性、完整性、一元性、统一性、清晰性和合理性,那么它就可以被说成是融贯的。有趣的是,他补充说,这些特性中的每一个都可以被认为是融贯性的必要条件或充分条件,而另一种说法则是,一个理论表现出来的上述特性越多,它就越融贯(Kress 1996:533-6 ff.)。

根据布劳威尔、吉安夫玛吉奥和克雷斯的一般方法,我将探索一致性、融贯性以及二者与法律体系的关系,并提出如下四项主张:(1)一致性不是融贯性的必要条件(它只适用于临时性系统,而不适用于随着时间变化的系统)(Kress 1993:650),因而(2)一组命题不需要完全一致才能变得融贯,因为(3)不一致可以使系统作为一个整体更说得通,故而(4)一致性和融贯性只是程度不同而已。因此,(5)"完全融贯"和"完全一致"只不过是相当狭隘的理想而已。

在讨论这些主张时,我将区分法律体系中的各个单元。为简单起见,我认为一个法律体系应由下列单一单元组成的:普遍规范(典型如立法机构的制定法),以及特殊规范(典型如司法判决)。我不考虑其他类型的规范,如行政规范、国际规范等等。

在三权分立学说之下,法理学理论的大部分时间都在研究这两种规范之间的关系。然而,一旦我们将立法规范的创造也纳入其中,法理学理论将拓展到更大的范围。这种研究范围的扩展对于作为理性立法理论的立法法理学来说是具体的(Wintgens 2006)。我将从一致性和融贯性的关系出发,探讨法律体系中各个单元之间的关系,并进一步描述融贯性和一致性之间的关系。在融贯性的"层次理论"中,对这种关系的解释集中在法律推理和法律体系这两个层面上的融贯。前者通常指的是法官,而后者通常指的是立法者。根据上述观点,这两种行动者分别是在创造普遍规范和特别规范。这两类规范互不相同,但并非截然对立。

根据支持融贯性"层次理论"的主张,我认为存在四个层次的融贯性。这些层次是:融贯性$_0$(内部融贯性或共时融贯性)、融贯性$_1$(历时融贯性或规则融贯性)、融贯性$_2$(共存融贯性或系统融贯性),以及融贯性$_3$(内在融贯性)。从融贯性$_0$到融贯性$_3$,这一理论为解释法律体系的语境性而变得更为复杂。如我们即将讨论的那样,语境性为法律的体系性和确定性提供了新的线索。

1. 融贯性$_0$这一层次或共时融贯性

融贯性$_0$这一层次指的是整个理论中最基本的融贯性。请想象一个观察者正在参加一场由醉酒诗人协会所举办的会议。其中一名成员在嘟囔着听众不能理解的话语。尽管他的同伴为他鼓掌,但外部的观察者却认为他的话语是不融贯的,因为诗人的喃喃自语不能对应到观察者所熟悉的语言(缺乏语义同一性)。然而,即使这些词发音清楚,并且具有语义同一性,但当醉汉说"天空中诗意的蓝去银行购物"(poetry blue in the sky shopping bank to go)时,观察者可能就有理由得出结论说,我们的诗人喝啤酒喝多了。不过,尽管这些单词在语义上具有同一性,他却不能理解诗人所说的内容。因此,诗人此时的话语是不融贯的,因为它不具备观察者所熟悉的语言的句法结构。由于观察者没能掌握其所熟悉的语言的相关语义和句法结构,因而缺乏语义和句法的融贯性。因此,融贯性取决于可理解性。

就法律而言,这些要素就是规范,即普遍规范或特殊规范。规范只有根据系统规范而有效,才能构成法律体系的一部分。然而,规范的同一性不仅是它是否根据法律体系的次级规则正确制定的问题。它必须同时满足语义同一性和句法同一性的要求,没有这种同一性,规范便可能只是在形式上有效但不融贯,因为它不能作为行动或裁判的依据。

在这个层次上的矛盾通常会影响命题体系(法律体系或非法律体系)的更大的部分,这一元素就是在这个命题体系中运作的。因而,对于任何形式的交流而言,融贯性$_0$都是其完整或有意义的必要条件。同一性原则决定了交流的基本成分和融贯性$_0$的层次。不管我们是否相信法律的生命不仅在于逻辑,也即,不管法律是否不只是一套有效规范的静态集合,都并不影响融贯性$_0$的层次。

对于体系中的任何基本单元来说,不管该体系是静态的还是动态的,基本单元之间是断然不能相互矛盾的。没有矛盾是融贯性$_0$这一层次的融贯性所必需的,它让我们将法律体系视为一堆互不矛盾的有效单元,这些单元除了具有法律效力之外,相互之间没有任何其他的关系。在这方面,记得砖堆中的砖块及其间的融贯关系是非常重要的。因此主权者所颁布的在同一时间内有法律效力的命令,就形成了一个体系。我们可以将这种融贯性$_0$层次的融贯性称为"共时融贯性"。

我们很容易得出这样的结论:作为单一元素与其自身关系(即它们的同一性)的共时融贯性,与基本单元之间的融贯关系具有相同的性质。但是,将一致性视为"作为整体"的法律体系的融贯性的前提条件,这就误解了基本单元之间的关系。这种关系可以是逻辑关系,因为在某些情况下,司法规范可以是运用逻辑从普遍法律规范中推导出来的。如果是这样,这种关系便是一种逻辑关系;如果不是这样,它的性质就会不同,但不会失去它的相关性。但若说这种关系只与逻辑有关,那就太草率了。

如果一个法律体系中的基本单位之间的关系必须是逻辑关系,那么观点就发生了隐蔽的转向。被认为是"基本单元"的,不再是曾经以为的立法规范和司法规范,而是"作为整体"的法律体系。

将一致性视为"作为整体"的法律体系的融贯性的前提条件,是误解了两种关系的不同性质。在这方面,必须记住的是,一致性是确定性在认识论层面的孪生兄弟,而确定性是现代哲学研究中的真理向导。如果真理的确是具有体系性的,那么作为一个整体的体系必须是一致的,只有这样才能获得绝对真理。这可以被认为是认识论哲学的另一种表达,因此就忽略了理论的形式命题体系和一套实践命题(如法律)之间的区别。法律这样的系统可以实现演绎闭合(deductive closure),这可能会提高如法律确定性这样的实践价值。然而,将演绎闭合作为法律确定性的先决条件是认识论化的哲学的具体体现,因为,正如第三章所讨论的那样,一个理论解决方案被强加到了一个实践问题上。

一旦我们在不同的意义上把法律体系作为一个整体来考虑,这一点就变得更加清楚了。法律体系并不是在真空中运转的。它们是在特定的时空背景下运转的,在此背景下,时间维度对于本章目的而言更为重要。如上所述,体系各要素之间的融贯性要求掌握其间的相关结构。在这方面,融贯性比单纯的融贯性。要求更高。当我们突破了融贯性。这一层次,开始探索基本单元之间的关系时,就会注意到认为事物是融贯的行为主体的重要性,对主体而言,事物是融贯的。同一性的逻辑原则不需要行为主体来确保正确。把整个法律体系看作是由融贯性。所决定的,这就相当于声称行为主体与体系之间的关系并不重要,或者行为主体若想要以一种实践理性的方式行动,就必须按照融贯性原则来组织自己的行为。这又让人想起了我们在第三章批判过的获得合理性的非语境方法。

2. 融贯性₁这一层次或历时融贯性

当考虑到基本单位之间的后续关系时，情况就不同了。法律体系通常不是一成不变的。法官会往体系中添加个别规范，立法者则会增加新的普遍规范，并且修改或废除旧的规范。在这一方面，记起那堆砖块是非常重要的。尽管我们或许无法了解它们结合在一起的相关结构，但它们在某种意义上是融贯的。对此，如果有可能的话，我们很难想象"完全混乱"（如"完全不融贯"）的情形。一块砖的位移将影响整堆砖，而如果它们本来是完全混乱的，那就不存在前面这种说法（尽管我们暂时无法掌握相关结构）。在讨论融贯性₁这个层次以及更复杂的融贯性层次时，我将在集中探讨立法者立场之前，简要谈谈针对这一问题的司法观点。

一般来说，司法判决是某一普遍立法规范的具体化。并非所有的司法判决都是由同一名法官在同一天做出的，适用普遍规范的所有事实也并不都是相同的。然而，基本单元或司法判决的延续交给了平等待遇规范或形式正义规范，它们要求对本质上类似的案件平等地适用普遍规范（Aristotle 1984d：1131a－1131b；Perelman 1972b；Hart 1994：157－67；Coons 1987；Dworkin 1977c：113）。形式正义或平等原则，指的是平等待遇，它反映了法律的规则特性，而这就是融贯性₁、历时融贯性或水平连续性的含义。有鉴于此，融贯性₁层次的单一要素，如司法判决，与之前的司法判决之间就具有了线性关联。这种联系可以（但不需要）具有逻辑性，以便能够保存下来。

如果规范并未平等适用到本质上相似的案例上面，那么它们就在规范适用过程中发生了改变。这就需要制定司法规范，且这种规范不仅仅反映法官自身的政治道德假设(Dworkin 1984c:86)。此外,司法立法具有溯及力,因为"败诉一方将受到惩罚,不是因为他违反了他所负有的某些义务,而是因为在事件发生后产生了一种新的义务"(同上;Kress 1984)。司法机关变更规范相当于篡夺了立法权,从而违反了三权分立原则。与此相反,严格的遵循先例完全实现了形式正义的理念,在这种理念下,相同案件应当得到相同处理。在逻辑上,这要求案件是相同的,尽管案件最多只会是相似的。

在司法机关创制普遍规范和严格遵循先例之间,司法规范的制定可能会背离先例或法律规范,甚至可能会偏离一项长期实践着的规范解释。如果司法规范要从普遍法律规范中推导出来,那么所有之后的司法规范就都必须是相同的。制定推导性的司法规范不需要具体的理由。演绎推理的规则本身就提供了必要和充分的理由。然而,这些规则具有认知性,而形式正义则具有突出的实践性。尽管如此,它们表面上彼此相似,这也是认识论化的哲学的另一个方面:实践价值(正义)以理论方式(平等地适用规则)重建。至于我们在此所关注的问题,认识论化将抹去时间维度,这一维度存在于系统中的一系列基本单位之间。

不遵循普遍规范、先例或既定的实践解释,可能危及融贯性。层次的融贯性。融贯性。层次涉及系统内单一实体的同一性。根据同一性原则,单一实体必须是不矛盾的。在这方面,历史解释和文义解释都具有保守性,因为它们接近于筹备文件材料(*travaux préparatoires*)中所揭示的立法者的"原始意图"或者法律文本的"平义"。普遍规范的司法解释或法定解释可能会偏离文本的平义或其原始意图,从而影响单一实体的融贯性。层次。

不遵循普遍规范或先例,需要特定的理由,这说明了连续的基本单元之间不同的相关关系。如果要求司法判决之间的关系是先例或普遍规范(逻辑或非逻辑)推断出来的关系,那么偏离就仅是不一致的。然而,这种不一致也可以被认为是连续的基本单元(包括可适用的普遍规范)之间的连接过于松散。然而,这种连接的松散可以通过提供论证支持来补救,论证方式包括证明、类比、概率计算和证据间的比较联系。

出于我将指出的一些原因,这类判决降低了融贯性₁的程度,但是它也可以提升不同层次的融贯性。事实上,法官很少在这种时候只适用一种规范,因为事实情况是复杂的。

那立法者呢？他有权创制和修改规范,除了授权他这样做的规范外,他不用承担任何随之而来的论证义务(Friedman 1966)。当今大多数法律体系的立法规范都在呈指数级增长。只要这些规范具有法律效力,它们中的每一个都属于法律体系。

20世纪60年代初,比利时出现了开偷车(joyriding)的问题。年轻人偷了一辆车来开,直至油箱空空,尔后弃车而去。当时的法律规定,(1)违背所有者意志而夺走财物,并且(2)具有支配意图(*animus domini*)即成为所有者的意图(《比利时刑法典》第461条),即为犯罪,但根据这个规定,上述行为并不能被认定为盗窃。由于案中车辆在使用后被抛弃,所以并不能证实行为人具有支配意图,从而行为人不能被判处盗窃罪。罗马法将这种盗窃行为称为"使用盗"(*furtum usus*)。但是,行为人可以被判犯有盗窃燃料罪,因为消耗燃料是该行为人怀有支配意图的有力证据。然而,仅仅是使用汽车的盗窃行为不会受到惩罚。1964年,比利时立法者为了能涵盖这种盗窃使用行为而扩大了盗窃罪的范围,从而使禁止盗窃的普遍规范更加融贯了。

虽然这个例子表明,制定立法规范可以增强法律体系的融贯性,但随着立法者对自己角色的认识发生变化,情况已经有所不同。在这种不同的角色认知下,立法者可以编纂法典、修改法律、指导政策

(Koopmans 1970)。上述使用盗的例子便是一种法典化立法。惩罚杀人犯则是另一个例子。一方面,如果立法者只是通过编纂法典来规范社会——例如惩罚杀人犯——那么对杀人犯的量刑标准之高低其实并不重要。

另一方面,如果一名立法者成为一个指导行动者,并正在制定一项住房政策——例如,通过减免住房贷款利息的税收——他就是在引导社会,并提高了那些受该政策影响的人们的正当的长期预期。

纯粹的形式不正义或者融贯性$_1$的缺乏,从不影响所需物品分配的立法编纂角度来看,可以被称为纯粹的形式不正义。融贯性$_1$的程度降低,通过立法修正案的方式(立法者参与指导立法之时)反过来产生了预期的形式不正义,因为它降低了正当预期,从而可能与平等待遇原则发生冲突(Campbell 1973:116)。

在融贯性$_1$层次的大背景下,立法视角赞成这样一个观点,即任何规范的改变都有其溯及力的一面——尽管很小——因而至少在表面上看是不道德的。当追溯力清楚明确时,这是不言而喻的,比如具有溯及力的税法。

规范变化中暗藏着不明显的或"隐性"的溯及力,而规范变化会导致预期的形式不正义或"连锁反应"(参见 Kress 1984:377 ff.)。任何规范改变所导致的表面上不正义的结果都是,立法者有义务提供比规范的改变更为重要的融贯性$_1$层次的论证(实用主义论证;环境的改变,等等)。

当立法规范的制定变得更加具有指导性时,历时融贯性将受到相应的影响。简言之,立法机构很少一次性制定一种规范(比如惩罚使用盗的规范或改变权利时效的规范)。

由于福利国家的出现,指导性立法的重要性日益增加,这使创制立法规范在很大程度上取决于政策项目(Zamboni 2007:130 ff.)。住房、健康、教育和体育已成为一个过于复杂的问题,不是只靠几条简单的普遍立法规则(例如,Meijer and MacFarlane 1996)就能解决的了。

由于大多数政策方案的时间跨度很长,这可能会导致最初由政策产生的规范发生变化。不过,我将举几个简单例证来说明该问题的复杂性,这一问题还影响着历时融贯性。

如今,大多数立法者都致力于我所粗略描述的平等政策。例如,他们努力实现婚姻伴侣的平等权利(世袭的、个人的),允许同性婚姻,将各种形式的同居等同于婚姻,给予单亲家庭与已婚或同居伴侣以同样的权利,逐步消除体力劳动者和雇员之间的歧视,颁布同工同酬的规定,实现婚生子女与非婚生子女之间的平等。简言之,立法者为实现平等的努力,有利于废除现有的歧视性规定和待遇。

再来谈谈最后一个例子,通过废除合法血缘与父母间婚姻关系的关联,实现所谓的婚生子女和非婚生子女之间的平等,立法者在其间所追求的也是人与人之间相互平等的理想。虽然立法者是唯一有权颁布这些新规范的机构,但他是否真的能随心所欲地改变这些规范,这是令人怀疑的。这是一个影响深远的预期形式不正义的例子,可以说,这远远超出了改变抵押贷款偿还期限所带来的影响。它们直接影响着主体本身,而不仅仅是作为一束可以被任意创造和废止的权利与义务的主体。虽然只有立法者有权利制定和改变这些规范,但他在这样做时也可能受他自己所创造的法律体系的限制。

根据上述内容,我们可以更进一步。在砖堆理论之下,没有必要创建一个"体系",它的融贯性已经超出了融贯性。的层次。这即是说,基本单位的形式有效性,是它们存在并"结合在一起"的充分必要条件。这一点上要记住的是,海德格尔认为砖堆也是"体系"。

规范的形式有效性同时也是一组规范中所有规范之间的一种相关关系,以便它们具有一种可以被称为"法律体系"的结构。从这个角度来看,形式有效性,换言之,保证了个别构成要素的同一性以及它们作为一个法律体系的统一性。

然而,与砖堆理论不同的是,在缺乏系统立法的义务的情况下,现有的规范可以防止立法者将系统搞得一团糟。既有法律体系可能要求立法者避免变更规范。这把我们带到了另一个更复杂的融贯性层次。

3. 融贯性$_2$这一层次:系统融贯性和共存性

如上所述,司法活动中的法律推理很少一次性只适用一种规范。除此之外,规范不是自行实施的,也不是自行解释的。即使是这种情况,我们也应当假设,这些被适用的规范是在考虑了整个系统中的所有规范之后择选出来的。被适用的规范不会自行从法典当中跳到法官的办公桌上;它们必须是被选出来的。因而,规范选择就是将所有的规范划分为可适用的和不可适用的两类规范。如果只适用一种规范,那么它就被选择出来了。在大多数情况下,司法判决涉及一些程序规范,如审判流程、证据规则以及相关事实证明规则,而解释规则则为如何确定其他规范之含义提供了指引。如果涉及惩罚,那么可将其列入单独的刑法典。

除此之外,即使只适用一条规范,它本身也不一定像平义理论那样明确。不存在任何明确的规范,因为规范的明确性取决于对它的解释。因此,平义理论则将事实颠倒过来。它认为,明确的规范不需要解释。易言之,规范的明确性是一种无意识的解释或者持续稳定的解释带来的结果。现在很明确的规范,在将来可能变得不明确。对这一现象的最佳描述就是"无须解释"(*in claris cessat interpretatio*)(将平义解释作为解释的起点)。

融贯性₁层次的司法论证通常涉及关于规范的文义解释和历史解释。这些解释方法"近于文本",近于"原始意图",或者近于规范的"平义"——如果有的话——还具有更多的保守性。目的解释和体系解释让法官有机会从事更具创造力的活动。与文义解释和历史解释不同,体系解释区分了规范和规范文本,并且不把立法者视为唯一有权定义规范内涵的人(Müller 1996:177-80)。因此,在融贯性₂层次上进行论证的典型方法是重构规范的目的,或者将不同背景下的规范进行组合。这些解释方法将法律从过去的死亡之手中解放出来,并提高了法律对当代问题的回应度(Kress 1996:536;Raz 1992:292)。我在集中探讨体系解释时会详细阐述这一点,这表明在目的解释中存在着类似的方法。

体系解释意味着,一个规范是要同时参照一个或多个其他规范来解读的,并且体系解释还假定考虑到了系统中的所有其他规范。根据这一主张,所有的司法判决都依赖于体系解释,因为任何诉讼——在理想情况下——都关乎整个法律体系。

下面的例子说明了这一点。被告建造了一所房子,但房子的一面墙是他善意地建造于原告所有的土地之上的。墙体宽6厘米,长20米,共计1.2平方米。多年以后,原告发现了这一事实,并要求被告拆除墙体。然而,拆除这堵墙就会损坏这所房子的其余部分。根据比利时的财产规范的相关经典解释(《比利时民法典》第544条),在理论上,财产权是绝对权利,只能由法律来限制该权利的行使。原告诉称,被告在其土地上建造的墙体妨碍了他对财产的所有权。根据这种经典解释,当一个人行使自身权利时便不会侵权,因为行使法律权利的任何人都不得被视为作恶(Justinian 1962:book L,17,55[Gaius])。

在该案中,比利时最高法院自1971年起改变了上述原则。在其裁决中,法院认为行使权利也可能构成侵权——即使是在法律允许的范围内行使权利——只要任何理性人都不认为这样行使权利是合理的。在这种情况下,根据侵权规范(《比利时民法典》第1382条),这是权利的滥用,可以被认定为侵权。原告要求拆除围墙,就是在滥用他的权利,因为与被告可能承受的损害相比,他可能获得的利益微乎其微,这是不合理的。不过,法院还是判决被告赔偿原告在这一小块土地上的损失。

在这种经典解释之下,财产权被认为是一种绝对权利。此外,在平义理论下,财产规范和侵权规范都是明确的,因此不需要对其进行解释。联系到这一学说,法国的理论家普拉尼奥尔(Planiol)把这种引起权利滥用观念的规范解释成为"词义之争"(*logomachie*)(Planiol 1909: 286)。他的观点是,你要么有权利,要么没有权利。如果你有权利,你就可以行使权利。如果你没有权利,而你因过失对第三方造成了损害,那么你就要承担侵权责任。相反,如果你享有一项权利,那么你所造成的损害就是正当的,因而不构成侵权行为。就财产规范的文本而言——当孤立地解读时,也即不考虑法律体系中的其他规范时——普拉尼奥尔是正确的,不存在"滥用"权利一说。

财产权规范和侵权规范都符合融贯性。层次的要求,因为它们是法律体系中没有矛盾的个别单元。它们都是法律体系的组成部分,因为它们具有法律效力。根据融贯性,层次或历时融贯性的观点,只应当基于财产权规范来判决有关财产权的主张。任何试图限制这一权利的诉求都将因财产权的绝对性而被驳回。到此为止,财产权规范与侵权规范之间的关系可以被认为是一种逻辑上的关系,因为它们是相互排斥的。如果被告享有权利,即使这对原告造成损害,也不能禁止被告行使该权利。

如上所述,当法官不遵循法律规范、先例或已确立的解释惯例时,历时融贯性的程度就可能会降低:在这种情况下,对财产权规范的解释就是赋予财产权以绝对性。如此一来,连续的基本单元,如两份司法判决之间的连续关系就受到了影响。这种解释的结果是,明确了财产权的外延,并扩大了侵权规范的范围。在前文的案例中,原告被赋予了(要求拆迁的)权利,因此在这一点上,法院的新解释与以前的判决并不一致。

刚才所讨论的这个案例说明了,融贯性$_2$层次的观点是如何为降低历时融贯性或融贯性$_1$层次提供一个补偿性的正当理由的。赔偿为这一观点增加了论证支持:在考虑各方因素的前提下,参照侵权规范来解读财产权规范会比只适用财产权规范更为可取。

最高法院对上述两种规范进行了合并或重组,创立了权利滥用理论。这一理论就是参照侵权规范来解读财产权规范的结果。这种系统解释让最高法院创立了一项原则,即根据《比利时民法典》第1382条,对财产权的任何明显不合理的行使都属于侵权行为。法官是在融贯性$_2$层次上对这些规范进行体系解释的。在这种情况下,体系解释比倾向于线性适用规范的融贯性$_1$层次的论证更为重要。

法官们在融贯性$_2$层次上进行争论的前提是法律体系具有体系性。但是,依赖于法律体系的系统性是不可靠的。这种欺骗性可能在融贯性$_2$层次得以解决。首先,在砖堆理论之下,体系中所有单一元素因具有法律效力而融贯在一起,从而形成了一个体系。但是,作为个别统一体的一般有效规范之间的历时非融贯性就显现出来了。在这种情况下,法官运用特别法优于一般法、新法优于旧法、上位法优于下位法等规则解决了这些问题。合宪性解释是另一种方法。让这种方法正当化的基本原理是,我们假定立法者具有统一法律体系的意图。这种背景性的假设通常被称为立法者的合理性假设。

第七章 从委托到权衡：立法法理学的原则

在这一假设下，立法者在其整个立法活动中都被认为是理性行事的。这即是说，我们假定立法者遵守了宪法规则，致力于采用明确的法律术语，避免矛盾和冗余，坚持一套融贯的价值观，并规避荒谬的、不公的或无用的规制。此外，我们还假定他满足了手段与目的相称的要求，并且他的行为并不是完全无法预测的（Ost and van de Kerchove 1987：100-1；Ost 1978：163 ff.；Ziembinski 1970：177-8；Nowak 1969；Carbonnier 1972：271 ff.）。

探索所谓的立法理论的轮廓，要求我们不能止步于上述假设。这些假设的确会把使法律体系协调一致的重任置于法官的肩上，从而将作为法律理论的法理学局限在我所说的"法律科学"（*Rechesprachwissenschaft*）范围之内。在融贯性$_2$或系统融贯性这个层次上，我们却可以发掘出一个隐秘的观点，即立法者也影响着法律体系的融贯性。法官通过体系解释来理解法律体系，而立法者的贡献在于系统立法。我将从一个抽象的案例开始谈起，并从中进行概括总结。

我们假设，根据规范 N_1，失业人员可以按照 N_1 中的固定分配标准领取失业救济金 U。一段时间之后，立法者颁布规范 N_2。根据规范 N_2，雇佣那些符合 N_1 条件下领取失业救济金 U 的失业者的公司还可以领取保险金，以促进这些没有从事经济活动的人员实现就业。上述两项费用都由国家支付。满足 N_2 条件并领取保险金的雇主，为满足 N_1 条件并领取失业救济金 U 的人提供工作机会。雇主和雇员都获得了利益，因为后者获得了工作机会和一份薪水 S，前者则得到了保险金。但是，如果雇员所获得的工资只是稍微高于 U，那么他可能会觉得自己的工作只换来了微薄的报酬。他可能会认为，自己通过工作"真正"赚取的金额只是"S-U"。"S-U"的数额越小，他就越可能这样想。这个问题被称为"失业陷阱"（unemployment trap）。

N_1 和 N_2 都是有效的法律规范。除此之外，它们不是自相矛盾的单一实体，这满足了融贯性$_0$ 层次的要求。同时适用两个规范并不会产生冲突，即 N_1 和 N_2 同时产生的影响之间互不矛盾。它们可以在满足融贯性$_1$ 层次要求的同时得到适用。然而，关键在于，它们可能只是在很大程度上抵消了彼此的影响。不过，它们不能满足融贯性$_2$ 层次的要求。

它们的结合损害了法律体系的体系性。它们的同时存在造成了许多行政麻烦，带来了很多法院诉讼等，但其整体影响却几乎为零。N_1 和 N_2 是无效的，因为它们并不能实现立法者所欲求的目的。N_2——假设它是在 N_1 之后颁布的——需要一个补充性理由以证明它能够融入整个法律体系。虽然符合了融贯性$_0$ 和融贯性$_1$ 的要求，这份判决在融贯性$_2$ 层次上还是有所欠缺，因为它增加了具有法律效力的规范，但从社会和经济角度考量却都是没什么效果的。从立法者的视角来看，融贯性$_2$ 要求将整个法律体系的系统性纳入考量。但是，这是一件说起来容易但做起来很难的事情（记住砖堆理论！）。

符合融贯性$_0$ 和融贯性$_1$ 要求的具有法律效力的规范，可能无法达到融贯性$_2$ 层次的要求，因为它们不能共存。它们具有相反的作用力，产生的规范效果相互抵消；若同时遵守这两项规范，将导致（实际上的）效果为零。不难看出，这是一个不融贯的判决。

更一般地说，共存性指的是"在一起可能发生的事情"。不同于融贯性$_0$，作为共存性的融贯性$_2$ 是一项积极要求。融贯性$_0$ 拒绝了仅凭逻辑依据进行裁决的可能性。并非所有事情都可能同时发生。这是理性的要求。从这个意义上说，它是普遍的或抽象的，但没有确定具体应当做什么。它只是从负面告诉我们，什么不能同时成为一个话语片段（一个司法判决、一项立法规范）的构成部分。融贯性$_0$ 或历时融贯性是消极的,因为它排除了所有可能性。

融贯性$_2$(或者更一般的表述是"共存性")具有选择实用性,但不具备逻辑优势。一项立法规范的内容是一个决策问题,因此具有政治性。不过,立法者的观点取决于法律体系,而立法者决策构成了法律体系的内容。根据这一解释,立法者是一个主要做出政治决策的法律行动者。他作为法律行动者的地位由宪法加以规定。

做出政治决策并不妨碍这个行动者受到法律规范的约束。他受到那些能够限制其身份和能力的程序规范的约束。另外,在融贯性$_1$或历时融贯性的要求下,只要根据立法法理学而应当为规范的变更提供正当理由,立法者就还会受到其所制定的规范的约束。在融贯性$_2$或系统融贯性的要求下,规范必须在适用阶段相互兼容,因为它们的效果应当互不冲突。共存性或融贯性$_2$要求规范在形式上有效,而不是在实质上不能互容(Dewey 1930:153-4;Perelman and Olbrechts Tyteca 1976e:262-76)。

4. 融贯性$_3$这一层次或内在融贯性和理论依赖

当法官无法可用之时,他们便是遇到了疑难案件。由于没有"可以适用的"规范,他们无法做出认知判断,但他们必须做出裁判或实践判断。他们必须这样做,否则将受到拒绝裁判的惩罚。在融贯性$_2$层次,他们可以在规范组合或体系解释中找到一个定点,但这一过程也不是一个单纯的认知活动。既然用以进行体系解释的规范不会自动跳到法官的办公桌上,那么是什么证明了这种论点的合理性呢?那些为人所认可的法律方法论、可用的解释方法(历史解释、文义解释、体系解释和目的解释)并不能自行适用。这便是说,法官可以或多或少地自由决定使用上述解释方法,以便将他们的判决与既有法律体系联系起来。

解释理论表明,为了确定法律的历史性、文本性、(或多或少的)体系性、目的性,上述方法是不可避免的,并且它们还有助于给出既最适于处理这种情况,又与整个法律体系相容的解决方案(譬如,MacCormick 1978:100 ff. ,152 ff.)。对于该问题,我的观点是,司法自由同时也对应着司法责任,这不需要用一项特定的法律规范加以规定。强法律主义的法官可能会声称自己已经履行了职责,尽管这等于是荒谬地适用了规范。而弱法律主义的法官则渴望得到更多。他力争提出一项融贯的解决方案,一项在考虑到相关后果的情况下,将整个法律体系中的规范进行合理重构而得出的解决方案。

德沃金表示,这种解决方案激活了蛰伏于法律体系当中的原则。根据法律是个整体这一观点,疑难案件中的融贯的解决方案也应符合这些原则。那么,这些原则难道就是把司法铁锹磨钝的石头吗?如果我对德沃金的观点理解正确的话,他对三权分立理论提出了一个有趣的新构想:政策是立法者的专属领地,而原则是法官的专属领地。政策将事实转化为法律规则。法律规则在原则的引导下形成融贯的整体。德沃金认为,当法官用尽规则之时,原则便要出场了。

不管这种观点多么有吸引力,它掩盖了这一事实:法官也会做出政策判断,立法者应当关注原则和之前颁布的规则。如果没有人能从自己的错误行径中获利,如谋杀犯不享有继承权,那么人们对于税收犯罪的立法例外能否通过宪法审查,可能会产生重大怀疑。如果宪法中没有明确规定平等原则,那么它显然就不是一项有约束力的规则。然而,对于立法者而言,这并没有降低它的相关性。平等规则要求类似案件类似处理,这对司法部门来说是多余的。它在概念上与法律的规则性相关,并且无须明确加以规定。此外,法律的规则性与解释理论一样,本身并不是法律。这些特点应置于法律体系之外,即在融贯性$_3$层次上。

融贯性$_3$是对较低层次的融贯性进行的必要补充(Wintgens 2000:

131-8)。这一补充就像科学研究中的探照灯,所有理论发现都依赖于它(Popper 1974)。这一理论统辖着理论发现,它使我们看清楚正在寻找的东西,因为我们不可能直接了解实在。这个问题在自然科学和人文科学的科学研究中被称为"理论依赖"(theory dependence)。一种理论以其他理论为"基础"。然而,基础主义——以及它的理想主义底色——正是需要"理论依赖"才能克服的问题。据我所知,法律体系和理论依赖及其与立法之间的关联问题至今都未得到解决。

像任何其他学科一样,法律教义学不能从学科内部解决其方法论问题。法律教义学的方法论之立场存在于该学科之外,因为它试图澄清有关整个学科地位的问题。然而,如前所述,"经典"法教义学并没有如此的方法论自觉。它被"法律"所取代,从而使得那些在法律实践中正确(若不是"真实"的话)适用法律规范的评价性命题正当化了。

我的观点是,法律科学不是法律的理论,而是与法律有关的理论。它的方法论不是指向法律的自然特征。它不会隐蔽在法律体系之内,等待着被发现的那一刻。它是位于法律体系之外的。它的运作是一个选择问题,而不是知识问题。然而,从强法律主义的立法者的视角来看,这种选择被隐藏在了自然性背后,因此助长了工具主义的法律观(Wintgens 2006)。

法律的方法论是一个理论问题,而不是自然之物。在这一点上,法律的方法论允许进行理论研究,但由于该方法的所谓"自然性",古典法学家并不进行这种调查,正如第五章对德国法律科学的分析所呈现的那样。在自然科学中,如上所述,对象和方法之间的联系是一个选择或决策的问题。这在法律科学中也没有什么不同,因而这就把讨论推到了所谓的法律领域之外。

根据融贯性的层次理论,规范适用中的平等,作为非歧视要求以及作为法律的规则性的平等,都不是法律。三权分立也不一定是它的组成部分。最后,作为原则的自由,即作为法律的起点和目的的自由,也并不一定属于法律。它们不需要在法律体系中加以明确规定。相反,正是作为原则的自由将法律体系确定为一种法律秩序。"法律制度"和"法律秩序"的条件在很大程度上似乎是随意的。然而,"法律秩序"表明,根据体系的渊源理论本身,砖堆理论家眼中的法律体系是一套形式上可识别的规范,而在立法法理学的视角之下,法律体系可以被认为是一种法律秩序或者一套融贯的法律规范。

以上对融贯性层次理论的讨论表明,创造和适用法律的方法论是作为最终手段而嵌入同一理论当中的。这是一个嵌入了法律体系的背景理论,当法官和立法者"不遵守规范"时,他们都会借鉴这一理论。然而,立法者总是会用尽规范,因为制定规范是他们的工作。当法官用尽规范时,其判决的做出就会变得更加明显。通过向法律体系的边缘倾斜,他们认识到自己的判决作为一种意志行为,必须在法律体系"内部"进行。融贯性$_3$层次的矛盾之处是任何理论的必要条件,因为没有任何方法论可以自我证成。

因此,法律体系的背景理论包含着解释法律和使法律正当化的要素。为了使一套规范不仅在整体上有意义,而且成为一个体系,背景理论必须成为一个前提。我将简要探讨这一背景理论的概况,并将其与自由联系起来,如第四章所述。

如上所述,各种规范都会限制自由。因此,无规范之处便是自由。自由涉及个人按照自身意愿行事的可能性。也就是说,他们根据自己的自由观念行事。法律规范对自由的任何外在限制,都会使个人按照某种与自由有关的观念行事。自由观念是自由在道德层面的具体化;与自由有关的观念是法律或政治层面的具体化。

第七章 从委托到权衡:立法法理学的原则

根据这种自由理论,相对而言,道德层面的具体化优先于政治或法律层面的具体化。从这一相对优先性上来说,自由观念可以在有正当理由的情况下取代与自由有关的观念。正当化就是要给出理由,解释为什么按照与自由有关的观念行事优先于按照自由观念行事。

事实证明,法官和立法者都可以"用尽规范"。在本章开头所提到的日期之前,法理学的发展主要是从司法裁判的角度来审视这一"缺口"问题('gap' problem)的。可以说,20世纪的法理学一直在寻求解决这一缺口问题的办法。然而,在这个问题上,法学理论局限于狭隘的司法视角,从而忽视了立法者的立场。

以上几页所阐述的论点试图表明,法官和立法者始终都面临着法律体系中的缺口。将某些类型的缺口看成是"价值层面的",进而表明法官正尽力避免适用那些被要求适用的规范,没有太大意义。先不论立法者和法官各自权力的不同,他们都创造规范,即便这些规范因其源于立法或司法而存在较大差异。

然而,我的观点更关注两者间的相似之处,而非它们的不同之处。其间最关键的相似之处在于,法官和立法者都可以被视为法律行动者,他们都创造规范,同时又受制于法律体系中的规范。不受法律约束的立法者一去不复返,就像只是机械适用规范的法官一样。法官做出判决,立法者也受到融贯性要求的约束。也即,两者都扮演着具有创造力的法律角色。这会带来什么样的后果呢?

我想要特别指出法官和立法者作为法律行动者的地位所产生的后果。这并不意味着他们在本体论意义上也是如此。立法者比法官做了更多的政策方面的决策。但是,只是因为法官们下判决,没有其他的理由,他们确实也会做出政策判断。法官和立法者的活动都具有创造性的一面,在这一点上,两者可以进行有益的比较,且这种比较可以产生不同于以往的法律理论视角。

这即是说,立法者和法官的争论集中在融贯性₃层次,在这一层次上,并没有现成的规范可用。很明显,相比于法官,这种情况在立法者身上更为常见。然而,这并非我们现在所关注的重点问题。我想强调的是司法规范和立法规范之间的联系,而不是两者之间的区别。

认真对待自由意味着应该尽可能地尊重它的自反性。这意味着,在制定规范时,立法者不应相信他是在创造任何本体论意义上的联系。若是如此,立法者就会是在某种类似于黑格尔式的框架中行动了,在这种框架中,服从国家便是自由的最高实现。根据目前使用的术语,他是根据一种关于自由的理论来行动的。然而,通过服从来实现自由,这是不可接受的。

如第四章所述,根据作为原则的自由,自由是法律的起点和目的。这意味着,既然我们都是自由的,我们就都平等地享有自由。亦即,因为我们自由,所以我们平等。没有理由足以支撑你限制我的自由,我们的自由之外延都是相同的,这就是平等的意涵。因此,平等基于自由,而非相反。

根据对平等的这种解释,法律必须由普遍规范组成。其中的原因在于,我们都是自由的,因而我们都是平等的。这等于说,我们在享有自由这件事上是平等的,或者说,我们都平等地享有自由。由于统治者也是人类,与其他人平等,因而任何对自由之限制都需要正当理由。既然平等源于自由,那么没有人享有限制他人自由的先天权利。

霍布斯、卢梭和康德可能都同意这一点。他们都主张,自由是自然状态的固有特征,在自由中我们是平等的。在缔结社会契约之后,我们创造了一个借助普遍规范来影响我们生活的国家。不过,关键点在于,他们的理论从自由出发,最终都变成了某种与自由有关的理论。在进

第七章 从委托到权衡：立法法理学的原则

入国家之后，我们经历了只按照自由观念行事所产生的影响。我们的确是在服从国家。

社会契约论为我们为什么要进入公民国家这一问题提供了论据。但是，论据的多样性却不能掩盖自由内涵所经历的质的变化。出于理性的原因订立社会契约，从主体的角度来看，这意味着游戏结束了。我们所要做的就是静坐，闭嘴，按照颁布的规范行事。规范以规则的形式实施，这是行动的必要和充分——或排他性——理由。这就是契约理论的本质。

因此，作为原则的自由比"最初的自由"要求更高。作为目的的自由也确实表明，在最初，尊重自由绝不等于尊重自由的自反性。社会契约论——服从论——中对于自由的解释为国家的建立提供了理由。若自由也被视为一种目的，那么自由的自反性必须得到公正处理。由此，仅组织他人的自由是不够的。除了组织本身要有正当性之外，这种组织的行为也应具有正当性。换言之，国家机构是一回事，而机构的运转则完全是另一回事。并非国家机构的每一个行为都能因该机构的存在本身而具有正当性。

因此，统治者要说明他们限制自由的原因，要解释为什么要求法律主体按照与自由有关的观念（而非自由观念）行事。社会契约论没有区分作为"产物"的立法和作为"过程"的立法。一旦我们进入了国家状态——一旦我们建立了这一机构——我们就已经耗尽了我们的批判性反思和自反性的潜力，我们就应该按照我们被告知的内容去行动。这一机构的设立是一项应被视为整体的一揽子交易。根据兼具"起点"和目的双重含义的作为原则的自由，这并非立法法理学要处理的情况。在自由作为目的的意义上，对自由的任何限制都需要正当理由，离了它便没有目的。如果行动的唯一理由是"规范要求我们这样做"，那就不能期待有任何其他的理由了。

对作为原则的自由所产生的概念关系进行的简要概述,显示了融贯性层次理论的潜力。融贯立法是作为原则的自由之结果,它在司法判决和立法决策过程中都对公民给予了道德层面的高度重视。换言之,融贯性原则在允许法律体系存在的同时,又将法律与自由相连。这种关系要求法律对自由施加的任何限制都需要说明理由。

三、 作为立法法理学第二原则的替代性原则

在开始本节的论证之前,有必要回顾一下前几章的一些观点。第二章讨论了社会主体,即在与他人互动中产生意识的主体。在这一过程中,主体的身份(即"主我")使其与他人不同,这同时也是其自由的核心所在。第四章讨论了自由观念。所谓的作为原则的自由,既是起点,又是目的。

自由主体根据自由观念(即他自己对自由概念的具体化)行事。如此一来,他与他人保持距离,但这只是他通过社会交往而不仅仅成为一个自治主体的另一种说法。在与他人互动的过程中,他也必须保护自己的身份。这就是所谓的"作为距离的自由"。我们认为,稍微调整一下作为原则的自由,便得到了作为距离的自由,在前一种自由观下,自由是行动的目的。因此,必须和他人保持一定的距离,因为主体的身份并非在"就位"后就一成不变了,它是一个不断与他人相区分的问题。

互动并不总是没有冲突的。虽然霍布斯和卢梭等人认为,防止或解决冲突是国家的责任,但第二章也指出,法律被认为是解决这一问题的替代措施。冲突通常是自由主体之间关于社会交往规则含义的冲突,至少在广义上是这样的。这些规则不一定是法律规则,正如霍布

第七章　从委托到权衡：立法法理学的原则　　387

斯、卢梭和康德试图相信的那样。相反，主体参与的社会实践有自己的规则，没有规则就没有实践。出于这一原因，我将法律称为"子程序"，它是作为距离的自由的一种变体。根据自由观念行动的自治主体应该能够首先由其自身解决他们之间的冲突。只有在他们自行解决失败时，法律才能作为子程序或替代措施而出场。

　　正如第二章展开讨论的那样，自由受制于人类行为的环境。这一环境要求，主体必须做选择才能使行动成为可能。这即是说，他必须选择据以行动的自由观念。如果他不做出选择，那他就不可能有所行动。自由是人类行为环境的组成部分，因为它使得这种选择既是可能的，又是必要的。

　　与对人类行为环境的识别相一致，本书阐明了立法的环境。亦即，自由让立法变得既可能又必要。作为立法的可能性条件，自由不是太大的问题。不过，就像霍布斯和卢梭认为的那样，当自由也被认为是立法的必要条件时，它就变成了一个大问题。他们认为，自由必须受到法律的约束，因为在没有法律的情况下，就会出现混乱、不平等、不安全，甚至一切人对一切人的战争。第二章所表达的观点是，自由使立法成为可能，但并非必要。当立法的条件实现时，主权者就应当证明，据以行动的为什么是与自由有关的观念，而非自由观念。第六章对这一要求的理由做出了解释，第六章中提出，社会契约并不只是主权者的一张委托书，他可以据此将行动的依据从自由观念变成与自由有关的观念。相反，社会契约被解释为一种正当性的权衡模式，它要求主权者为其立法干预说明理由。

　　记住这一点，我们现在就可以更好地理解替代性原则（principle of alternativity，PA）这一立法法理学的原则了。如融贯性原则（principle of coherence，PC）一样，替代性原则是作为原则的自由的具体化，因为它要求证明对自由的外部限制是社会交往失败的替代措施。这即是说,既然权衡模式要求所有对自由的限制都必须是正当的,作为一项立法法理学原则的替代性原则便是一项论证要求,用以证明为什么对自由施加外部限制比没有限制更可取。

我将强调替代性原则的两个重要方面。第一个方面是,它包含了作为原则的自由,在这种观点下,只有因社会互动失败而被正当化为替代措施的外部限制,才会被认为是正当的。也就是说,只有通过正当化,对自由的外部限制才具有正当性。第二个方面关系到替代性原则的伦理品质。

(一) 替代性原则与自由

让我们从第一个方面着手。只有当主体能对自己意欲实现的自由观念有选择之时,才可能说他的任何行为都是根据未定的自由做出的。如果必须有某种限制作为行动的必要条件,那并不会自动得出结论说,与自由有关的观念比自由观念更为可取。如果是这样的话,那么我们采用的就是委托模式。

与委托模式相反,权衡模式要求对自由的所有限制都需要提供正当理由,亦即,要说明为什么与自由有关的观念比任何其他的自由观念更为可取。所以,除了论证自由限制的内容之正当性以外,还必须解释为什么基于与自由有关的观念进行限制要比不做限制更为可取。易言之,主权者的干预本身必须做正当化论证,因为限制在权衡模式中不是先验正当的。由此,这不是在不同的与自由有关的观念及其内容之间做选择,它只是指用与自由有关的观念取代自由观念。

那么必须证明的就是,为什么按照与自由有关的观念行动比按照其他的自由观念行动更可取。此处可能会有一种诱惑:干脆采用"混乱论证"（chaos argument）算了。虽然这种论证可能是有价值的，因为它认为有序优于混乱，但是这种论证具有"事实"特性。就像霍布斯的人类学研究或卢梭的经济学研究一样，这种论证初看上去颇有道理，因为它假定不对自由施加外部限制就会导致混乱，而谁都不会更青睐混乱，不要秩序。

然而，如果像霍布斯和卢梭那样说这是人类行为本性的基本要素，说当按照自由观念行事时必会导致混乱，那这种说法就是错误的。因为这就相当于是在说，仅仅爆发混乱的可能性不足以成为充分论据，来证明可用与自由有关的观念替换自由观念。

从上述内容可以清楚地看出，由于未定的自由具有规范性——如第四章所论——这世上便存在获得自由的权利。在替代性原则下必须讨论的是，规则这一对自由的外部限制优于没有规则，换一种说法就是，立法规制优于自我管理。立法规制就是从理论上无数的、可能的具体自由当中挑选一种硬塞给你。就像强法律主义所做的那样，在将这些选择表达为自然的选择的时候，规制过程的评价性就被自然性的面纱所掩盖了，进而也就隐藏起了规则本身的工具性。

事实上，规则确实是为了达到某个目的、目标或实现某种价值。根据强法律主义的观点，这是没有问题的。强法律主义中隐藏的工具性，如在第五章中所论述的那样，被社会契约的普遍委托所掩盖了。

然而，在权衡模式下，工具主义的这种隐藏便成了一个问题。可以这么说，与委托模式不同，在权衡模式之下，手段并不能使目的正当化。对于霍布斯和卢梭而言，规则的定义就是"正义"。规则的存在本身就意味着其所宣称要实现的目的是正当的，因此任何规则都能使其目的正当化，且任何目的都因其表达为规则这一事实而获得了正当性。

替代性原则处理的是未定的自由。正如我再三强调的那样，自由是一项原则,而这意味着它是政治领域的组织之起点和目的。如果我们在前一点上达成了一致意见,那么在后一点上便可能会争议不断。

我的主张是,如果要把自由作为起点,那么对自由(作为目的的自由)的尊重就是要求尽最大可能尊重自由概念的自反性。而这一点,只有当允许主体按照自由观念行事时才会实现,这是我的主张必然导致的结论。只有依照自由观念或内在限制行事,主体才会成为主体,也就是才会成为有意义的主体。如第三章所述,意义与主体相关,因此也产生于社会互动当中。换句话说,意义具有社会性。

这一观点可能面临两种反对意见。第一种反对意见是,外部限制为主体提供了意义,因为外部限制为社会互动提供了意义(Ellscheid 1979)。在这一过程中,外部限制使社会互动有了一个结构,而这正是法律应当肩负的任务。这种观点看似合理,因为它承认有必要对自由进行限制。但是,整体而言,它是不可接受的,因为这一观点假定,如果不对自由施加外部限制就会产生混乱。如前所述,这是一项事实论证,它本身并不能充分证明对自由施加外部限制是正当的。

我的主张比较温和:限制自由有其必要,这并非为了避免混乱,而是为了使行动在根本上成为可能的。由于我的观点始于具有双重含义的作为原则的自由,因而不能假定根据与自由有关的观念比根据自由观念采取行动更能实现自由。若是如此,那就需要论据加以支持。

第二种反对意见与第一种反对意见紧密相连,它源于拉兹的排他性理由理论(Raz 1990)。如果我理解正确的话,在拉兹看来,法律是行为的排他性理由,这一理由的分量压过了任何最重要的理由,即不根据法律之外的任何理由行事的最重要的理由。法律是行动的正式理由,排除了其他任何理由,法律应当始终被认为是这些其他理由当中最可取的一个。对此,可以做出两方面的回应。

第七章 从委托到权衡:立法法理学的原则

首先,作为哈特内部观点理论的支持性条件,排他性理由理论无疑比哈特关于此事的观点为判决理论提供了更为清晰的依据。

虽然在哈特看来,承认一项规则是规范,其理由可能多种多样,而且这些理由并不一定具有道德性(Hart 1994:202 ff.),但法律作为一种排他性理由,可以消除人们关于承认一项规则是规范的动机的一切怀疑。它纯粹只是行动的理由。然而,在我看来,只有在它实际上是正当的或合法的,比其他行动理由更为可取时,情况才会如此。在排他性理由理论之下,这只能在理论上实现;对于特定的规则,并不给出任何特定的理由。从这一观点来看,该理论应被解读为强法律主义的一种变体,关涉到对主权者的委托授权。

此外,一般来说,一旦法律存在,即一旦命题转化为有效的法律规则,这类正当化情形便不会发生了。拉兹将立法排除在法学理论领域之外,他的理论是一种有趣的审判理论。然而问题是,将立法与通常旨在分析法律概念的理论分离开来是否正确。这样看来,立法似乎就不是法律概念,而法律的理论化是始于法律存在之时的。这是一种典型的强法律主义立场,带有第五章诊断出来的所有弊端。

第二方面的回应具有方法论性质,也与第一方面回应的第二部分密切相关。拉兹的方法相当于对法律进行概念分析,故意忽略了实践哲学的实质或评价部分,而他的排他性理由理论(作为一种概念分析)是实践哲学的组成部分(Raz 1990:11)。尽管看起来很有成效,但人们可能会想,当被问及为什么对自由的外部限制构成某人(除了那些必须要适用的官员,如法官)行动的理由时,排他性理由理论是否依然有效。这一论证在其效果上类似于第一章中对笛卡尔式"我思"的批判。有人这样问过:基于确定性不像真理那样独立存在这一理念,对谁来说,某种东西是确定的?

撒开拉兹理论的优点不谈，对谁来说某事是行动的理由这一问题并没有被提出来，更不用说得到解答了。换言之，法律的正当化，也即证明对自由施加的外部限制为何优于内部限制，被搁置一旁了。行动的排他性理由完全就是正当的，不需要进一步正当化。关于这个问题，我想知道的是，是否只要不考虑主体本身所持有的概念，仅仅对法律进行概念分析就能提出这类问题。

后者有危及排他性理由理论的一致性的风险。它的承诺和目的是分析法律概念内部的逻辑关系，也就是说，这种方法是一种概念性的（conceptual）方法，而不是一种关于概念的（conceptional）方法。然而，如果遵守这种承诺，可能就会有人要问了，拉兹的方法论局限于一种概念性的——即独立于内容的——分析是否暗含了某种评价性的论述。我对此一问题的理解是，对法律概念进行分析或逻辑推演并不一定就能得出这样的结论，即遵守法律规则总是要比按照自由观念行事更好。这一隐含的评价性论述本质上是在主张，根据外部限制行事本来就要比按照内部限制行事更为可取。这又把论证拉回了强法律主义的轨道。

一旦这一隐含的评价性论述的性质显露出来，就需要进行证成。替代性原则所要求的就是这种证成。根据替代性原则，外部限制的存在和它作为行动理由之间的鸿沟必须通过论证来填补。如果没有主体，某事某物就不能成为行动理由，因为行动理由是针对某个主体来说的。也就是说，行动理由既不是悬而未决的，也不是被发现"就在那儿"的。它们的存在本身就使它们有资格成为行动理由，但这很难说是它们的排他性地位的充分条件。它至多是一个不足挂齿的必要条件。

在我看来，排他性理由理论的前提是一种对称关系，这种关系存在于主权者及其对正当性的主张，以及主体对正当性的信任之间。它在主张正当性与信任正当性之间取得了平衡。正是后一种信念,使得对自由的外部限制成了行动理由。然而,假设这种关系是对称的,那么主权者的任何公告都为行动提供了排他性理由,这就相当于认为任何外部限制都依赖于委托关系,而在我看来,这是不正确的。

否认委托模式所依赖的对称关系,使人不得不认为正当性主张与正当性信任之间并不具有对称性。这意味着什么? 它意味着如下几件事情。首先,与韦伯的观点相反,主张权威和信任权威之间存在一个鸿沟。对于韦伯而言,既然正当性已被合法性抽空,那么法律的存在就是相信法律的理由(Weber 1964:134)。其次,由于存在这一鸿沟,就需要用论证来填补它。最后,因为论证具有历史性,也即,论证依托语言进行并针对历史的主体发言,它就永不落幕,永无尽头。它可能会停止,只要不再有人去问,或者至少暂时无人去问为什么的问题。在分析时效性原则时,我将再来探讨这一问题。

(二) 替代性原则的伦理维度

在第四章讨论自由概念之时,自由被定义为距离,被定义为对作为原则的自由所做的说明。该章认为,作为距离的自由不仅意味着和其他主体保持距离,而且意味着与国家及其立法干预保持距离。在此,我将重新拾起这一观点,并探讨它是如何与替代性原则的伦理维度产生关联的。替代性原则的伦理维度指的是立法的这样一种可能性:立法远不是社会互动失败的替代措施,而是对社会互动的彻底摧毁。

在这方面,我们应当记得,在委托模式下,主体预先同意了对其自由施加的任何外部限制,无论该限制的内容为何。因此,任何外部限制都被认为是正当的,这就是委托的本质。在这种普遍委托模式之下,即该模式中不保留某些权利(无论是政治权利还是其他权利),任何社会关系都可以转变为法律关系。换句话说，在霍布斯和卢梭为之辩护的这种普遍委托模式中，要么没有社会关系（霍布斯），要么它们都可以转化为法律关系（卢梭和康德）。

根据我在第一章对他们的理论所做的解释，你们或许还记得，这两位哲学家都在"关系"这个概念上遇到了麻烦。在霍布斯唯名论理论之下，"关系"没有本体论价值。因而，在订立社会契约之前，存在着可能爆发的"一切人对一切人的战争"，正是出于这样的原因，他才支持订立社会契约，赞同个人放弃他们根据自由观念行事的能力以臣服于主权者。卢梭在其论证中则显得更狡猾一些，他并不否认在国家出现之前社会便已存在。他批评了霍布斯的观点，即认为战争是一种社会形式——尽管不是一种最理想的社会形式。对于卢梭而言，社会契约将会为既存社会关系增加在自然状态下所缺乏的道德。康德则认可自然状态下也存在社会关系，尽管他否认如果没有国家就会发生"一切人对一切人的战争"。

先不论上述差异，霍布斯、卢梭和康德都认为，社会关系只有在转化为法律关系时才能被认为具有规范性（Kant 1996：§44）。我倒认为，没有法律或制裁形式的社会关系比法律关系"价值更低"（同上：§6 ff，§44）。

当谈到规制时，他们的观点是理性地探讨政治领域内的规制应该如何进行。然而，当我们的哲学家们为了组织社会而求诸法律之时，他们所设想的主权者却可以随心所欲地发布对自由的外部限制。除了不违反权利或宪法规则外，通过限制自由来控制社会互动的外部限制的规模、数量或规范强度并不会产生伦理后果。相反，根据这种观点，似乎规则越多，就有越多的社会关系会呈现出"真实"关系的外形。此外，规则越多，发生冲突的可能性就越小。在接下来的几页里，我将挑战这种关于冲突和社会互动的总体观点,第二章已经对其做了批判,这种观点是强法律主义的基础。

我挑战这种观点的方法是去论证,对社会关系进行立法规制将导致社会关系在性质上发生根本改变。简言之,在作为原则的自由之下,主体首先就是主体本身,然后才是公民。如果他是一名公民,他仍然是主体本身或社会主体,这一点在第二章中有所阐述。强法律主义对主体的影响具有伦理特征,我将简要评述把社会互动法律化的一些伦理含义。

根据社会关系并不存在这一假设(霍布斯),或者即使它们存在也缺乏真正的道德性这一假设(卢梭),在政治领域制定规则意味着将社会关系或其牌子打上真正道德的烙印。如果是这样的话,政治领域就会用自己的道义话语,即权利和义务的话语,来构建社会关系。因此,任何相关的社会关系都变成了用权利和义务形式来表达的法律关系。

如果说存在某些社会关系,正如卢梭以及在他影响下的康德所认为的那样,那么它们就会被转化为或可以被转化为权利义务关系。在创建规则的过程中没有任何阻碍,这是委托模式的特征,在这种情况下,任何社会关系都可以被转化为法律关系。简言之,在委托模式下,整个社会互动都可被基于确定权利义务的主权者所颁布规则的互动模式所取代。强法律主义的主权者甚至可以创造社会领域中未知的社会关系。这一切都取决于主权者的自由裁量权。

这种方法显然应该被认定为施克莱版的强法律主义:道德或规范行为关涉的是对规则的遵守,规则所决定的义务和权利构成了道德关系(Shklar 1986:1)。

政治领域的这种创造结束于霍布斯的(法律)实证主义对法律与道德的同化,而卢梭将法律置于道德之上,直至在其(立法)实证主义中视两者为互不相关之物,人们只需按照决定权利和义务的外部限制行事即可(Wintgens 1991a,1991b)。

记住这一论断的同时,我们还应想起第三章的分析,其中社会互动被认为是意义和主体的基础。根据这种论证,主体是从社会互动所产生的意义当中获得自己的身份的。

根据前几章提出的观点——意义在本质上具有社会性,因为它源自社会互动——社会互动可以被认为是横向的。在没有外部限制的情况下,社会互动是横向进行的,主体不受主权者的任何外部限制。当意义具有社会性这一理念结合了争论至今的自由理论之时,就可以得出这样的结论:意义是在主体按照自由观念进行互动的过程中产生的。

在没有任何外部约束或不行使权力的情况下,这种互动是横向的,因为它是同一(横向)水平上不同立场的交流,从而临时决定了意义的内容。霍布斯和卢梭告诉我们的是,横向互动是不可能的,或者至少是存在问题的,当创建起一个政治领域之时,主体应当放弃其在横向层面进行互动的权利。然而,政治领域的创建所产生的后果是,一种新的互动模式取代了横向互动模式,我将其称为"纵向"互动。

如果 A 和 B 的互动立场以权利和义务为框架,那么纵向互动就取代了横向互动。A 和 B 相互交流的语言就是权利和义务。这种变化意味着,譬如,在国家权力保障下,B 可以被迫去做 A 有权要求他去做的事情。规则越多,这一观点就越是实在论的,即互动最终将成为限于权利与义务的法律执行的完全纵向的互动。当然,有人可能会反对说,这是一种事实性的状况。我赞成这一观点,但这不是重点。问题的关键在于,所有横向互动转变为纵向互动后,都可能会引发伦理问题。

这个伦理问题可以被阐述如下。如果横向互动转变为纵向互动,A 和 B 最终都会将对方转化为客体。调整二者间互动的规则最终就以关

第七章　从委托到权衡：立法法理学的原则

于权利和义务的主张替代了互动本身，因此，在规则的基础之上，A 就变成了 B 的权利客体，B 也变成了 A 的权利客体。A 可以被迫去做或不做某件事，B 也可以如此。简言之，二者之间的互动被限定在一个预先构筑的意义框架之中，这个意义框架在必要时可以由公权力保障实施。

第五章对强法律主义的分析认为，强法律主义中的工具主义不仅会影响手段与目的的关系，与此同时也会影响因服从规则而被创造出来的主体，因为总体上来说主体本身从讨论中消失了，或至少有消失的风险。

委托模式以如下方式发挥影响。在这种模式下，主体只出场一次，也就是在同意缔结契约的"那一刻"。在此之后，他作为主体的身份便消失了，但又会以规则客体的形象重新出现。由于他同意订立社会契约，他就被期望遵守这些规则，而因为这一点，我们只要规则确定对其自由的外部限制之内容就足够了。在这一阶段，他无须对任何特定的针对自由的限制表示同意，因为普遍委托便涵盖了这种同意。

由于外在限制的内容与主体无关，而与主体的行为有关，所以外在限制是对主体本身的抽象。这只是强法律主义创造了没有主体的话语这一观点的另一种构想。如此看来，主体本身处于消逝的持续危险当中。

此外，这种情况发生于纵向互动日益增多，也就是基于权利和义务的互动不断取代横向互动的背景之下。规则越多，纵向互动就越能先验地取代横向互动。这种替代以及随之而来的对主体的双重客体化——源自外部限制的客体化，以及其他主体根据纵向互动模式或规则进行互动而产生的客体化——便成了一枚硬币的正反两面。罗伯特·卡根（Robert Kagan）用"对抗性法律主义"（adversarial legalism）一词精妙地论述了这一问题,尽管这与我在此探讨的问题不尽相同（Kagan 2001）。

主体的客体化损害了法律的伦理维度。这意味着,源自强法律主义的法律工具主义抹去了前述的伦理维度。主体享有根据作为原则的自由（即自由观念）而自由行动的权利。这是由自由概念的自反性所决定的。因此,互动是横向的。任何规则或对自由的外部限制都有可能改变社会互动的横向品质,因为受这一外部限制的互动可能转变为纵向互动。主权者发布的外部限制越多,就越容易出现这种情况,因此对主体本身的危害也就越大。

恢复法律的伦理维度,以及之后恢复主体的主体身份,都需要对法律本身做某种特定的证成。我们讨论过的权衡模式便是要解决这一问题,该模式认为,有必要证明为什么基于某种与自由有关的观念使自由具体化要比基于任何其他的自由观念更为重要。

这一伦理关切正是替代性原则所要表达的东西（除了其他东西之外）。为了避免主体被双重客体化,即规则和其他主体分别导致的客体化,为了避免主体向客体的转化,替代性原则设置了一道论证障碍。这意味着,任何对自由的外部限制都必须被证明是对社会互动（即根据主体本身的自由观念进行横向互动）失灵的一种替代选择。

为了正确理解作为立法法理学原则的替代性原则,有必要做进一步澄清。当 X 被称为 Y 的替代选择（alternative）时,它被视为对 Y 的替代（replacement）。根据这种解释,其中隐含的假设是,替代物 X 比 Y 更可取,如下例所示。如果现在下雨了,我又不想淋湿,那么另一种消磨时间的方式就是打牌（1）。

如果忽略了这个评价性的假设,那么 X 和 Y 就一同构成了一组替代选择。所以,冒雨前行和打牌就是一组替代选择,因为打牌可以替代冒雨前行,而后者也可以替代前者(2)。如果加上了评价性假设,那就要取决于它的强度了。我完全厌恶冒雨前行吗？又或者我并不介意冒小雨前行？我可以在倾盆大雨停止之前打牌玩,然后再出去散个步。所以,当大雨如注时,我确实会厌恶被淋成个落汤鸡,但这种厌恶可以被(如只是下蒙蒙细雨)我对新鲜空气的需求所抵消(3)。

在解释(1)中,X 是 Y 的替代选择,X 总是首选方案。其中,替代选择这一概念被认为是一个决定性的概念。在 X 优于 Y 的情况下,它们是相互排斥的,所以要么 X 要么 Y,并非两者都或两者部分都能成为行动的理由。解释(2)是对(1)的描述,即不含任何评价性说明。它描述了行动的可能性或者自由的观念。解释(3)对自由的观念进行权衡,引发了为所有行为所必需的选择。

稍加修改,该示例就能展现根据替代性原则发挥作用的"替代选择"之内涵。如果替代性原则被理解为按照与自由有关的观念行事总是比按照自由观念行事更为可取,那么后者自然就比前者更加重要。这种解释符合委托模式；然而,它与权衡模式不兼容。在权衡模式下,作为原则的自由意味着主体有权根据自由观念行事,除非或直至这实际上是不可能或不可取的。

与霍布斯和卢梭的看法不同的是,权衡模式并不假设主体按照自由观念行事就会使事情变坏。在没有这一假设的情况下,也就是没有解释(1)中的评价性假设的情况下,替代性原则所指的替代选择是对按照自由观念行事和按照与自由有关的观念行事的理论描述,这是解释(2)所包含的内容。

在权衡模式中,存在着一种对这种背景不利的评价性假设,那就是作为原则的自由。关于作为原则的自由,委托模式的情况正好相反,在其中,根据自由观念行事起初(虽然不是预先)便比根据与自由有关的观念行事更为可取。但是,"起初更可取"并不意味着它"总是更可取"。这仅仅意味着,根据作为原则的自由,它表面上是更可取的。

为了使权衡模式融贯一致,替代性原则要求证明替代选择具有优越性。记住主张正当性和信任正当性之间的鸿沟是非常重要的。由于存在这种鸿沟,统治者和被统治者之间的关系被认为是"不对称的"。剩余价值(the surplus value),即权衡模式的非对称性所要求的价值,是不能被假设的。为了填补这一鸿沟,剩余价值必须在事实上得到实现;这只能通过正当性论证来实现。

四、立法中的时间:时效性原则

时间在很大程度上是耐不住理论分析和哲学分析的。其中的一个原因是,时间与真理相抵牾,而真理具有普遍性,不受时间影响。也即,时间对真理具有破坏性影响(Perelman 1970b)。之所以法律制度对时间不太敏感,还有另一个原因。如第五章所述,社会契约才是法律制度的真正基础。一般而言,基础主义不愿承认时间维度,因为这会消极影响一个法律制度赖以建立的基本原则之真理性。但是,上一节指出,时间是融贯性的一个重要方面。也就是说,法律制度是动态的,它们随着时间的变化而变化。只有"暂时的"法律制度不受时间的影响。

在分析立法的第一原则(融贯性原则)时,我们区分了法律制度的一致性与融贯性。一致性被定义为基本单元的同一性原则。融贯性被认为"说得通"。作为融贯性必要条件的一致性,只存在于融贯性层次,也只为暂时的法律制度而存在。然而,暂时的法律制度忽视了这样一个明显的事实,即它们并不是在不考虑社会时间的情况下运作的。因而,结论就是,法官和立法者都是在时间背景中工作的法律行动者。

与共时融贯性相比,作为融贯性₂层次的历时融贯性要求对为什么要矮化(甚至是放弃)共时融贯性这一问题进行具体论证。法官可以推翻他们的判决,而立法者可以变更他们的裁决或政策。立法者也许有充分的理由去不改变他们的规范或政策,而时间维度可能会阻止他们这样做,但代价是让整个体系变得不融贯。我认为,当统治者根据融贯性原则将其规范正当化时,时间在其中扮演了重要角色。

上述对融贯性原则的分析比较了法官和立法者各自的立场,但我们现在不应考虑前者,而应主要关注后者。我这样做的原因,一方面是考虑到立法者本身的合理性,另一方面则是考虑到法律制度中的时间性概念。尽管立法者和法官在规范设定的融贯性方面观点相似,但是两者之间也存在着关键的区别。一言以蔽之,司法规范设定能结束冲突。这一具体的规范是对是错无关紧要,因为即便是一个错误的判决——尽管有可能在正当化链条中提出上诉——也可以结束冲突。

有人可能会说,一旦议会颁布了法令,那它就是正当的,不能再被讨论。它是形式上有效的规范。但这并非事情的结局。根据一种普遍接受的理论,法官是面向过去的,执法者却是面向现在的,而立法者则是面向未来的。法官对过去之事做出判决,而立法者负责处理未来的事情。这一理论的经典结果是,法官不能就案件做出普遍性的裁决,从而构成对立法权的篡夺,而立法者在未使其规范具有溯及力的情况下不得对过去的事实盖棺定论。在这一问题上,已经有很多言论和作品了,我在这里也就不再赘述。我们现在不着重讨论溯及力及其问题,而是从立法者的合理性这个角度来讨论时效性原则。

在前几章中,我们试图将现代哲学规划的基本信条(分别是主体、理性和自由)重新进行语境化。我们可以从第二章的再语境化中得出这样的结论:主体在与他人进行社会互动的情境中出现,具有社会性,因而也满含时间性。在第三章中，对理性和合理性的再语境化也导出了类似的结论，我们在那里认为，只有不受限制的合理性才不受时间限制。受限制的合理性本身不再与关于合理性的笛卡尔式奥林匹克式观点有关，所以这个概念也需要一个语境才能让我们理解它。

在第四章中，我们最终试图对自由进行语境化，因为社会主体在与他人互动的语境中是自由的。根据自由的社会维度，主体可以自由地根据自由观念来安排自己的行为，并且与他人保持一定的距离。第四章里"作为距离的自由"是"作为原则的自由"的一种变体。自由的语境化再次导向这样一个结论，即人类行为的状况要求主体在与他人进行社会交往的情境中行动。这里的语境和其他语境一样，都富有时间性。在本节中，我试图证明前几章论述的时间性是一项立法原则。

在第三章批判关于合理性的奥林匹克式观点时，提到了西蒙引入经济理论的"有限理性"这一概念。行动者只具有有限理性，因为他们不能直接把握包括未来在内的实在。如我所述，有限理性是指只能获取有限的信息、技术，更具体而言，还包括时间。一位笛卡尔式的理性行动者（即无限理性行动者）不会受到如此的限制，因为在这种情况下，理性对于每个主体而言都是非时间性的、普遍的、相同的。具有普遍理性的头脑可以整合所有的知识。数学作为掌握知识的适宜工具，进一步提供了不受时间限制的确定性，这使笛卡尔式的聪明头脑最终能够获致普遍真理或绝对真理。

如第五章所述，在现代哲学研究的帮助下，强法律主义扣闭了时间的开关。由于无所不知的理性统治者的存在，法律效力不再受时间流逝的影响。对宪法而言看起来是真实的东西，对正常立法而言却绝不可能是真实的。

立法者和普罗大众一样，都受到有限理性的限制。他们的行为指向未来，但作为人类，他们又受制于有限理性。人的思想有限，缺乏关于未来的信息。此外，收集额外的信息也有边际成本。在手段匮乏的情况下，这就涉及一个局限，那就是时间。正如伊莱恩·斯皮茨（Elaine Spitz）所说的，多数原则预设了这样一个事实，即未来的多数意见有可能对现在的多数意见进行修订。相反，如果多数人的当下意见具有永恒性，它们就有可能破坏多数规则的规范性预设。关于未来的计划必须能供以选择。任何蓝图都不可能如此面面俱到、筹划精致或井然有序，以至于那些得到这一蓝图的人在是否将其保留的问题上不能做出切实的选择。能够改变过去之事是必要的。斯皮茨指出，我们不可能事无巨细地对未来做出预测，而这正是强法律主义的特点。立法者是有限的行动者，而使得法律"就在那儿"的立法的固定性，即立法的"过时性"（out of time），又矛盾地往法律中灌注了某种任意性。

更具体地来说，时效性原则（principle of temporality, PT）的宗旨更具体一点来讲就是，立法者必须论证为什么一条规范或者外部限制此时就是"现在必须考虑的全部事情"（all things considered now, ATCN）。ATCN 条款指出，现在就是发布一条规范的"适当"时机。同时它还表明，只有现在才是"适当"的时机。在这一点上，根据时效性原则，立法者必须论证他为什么现在做出这样的行为。

不过，作为立法法理学原则的时效性原则还有另一个方面，这将在下文加以阐明。

规范可能并且确实会变得过时，看看新规范频频制定的情况就知道这一点了（Calabresi 1982: 5 ff.）。过时本身就表明规范受到了当初颁布时的时间之影响；我们可以从以下两个方面来理解这个问题。

第一个方面如下。过时的规则可能依赖于某些区分，这些区分在现在看来是任意的或带有歧视性的。规则颁布时所允许的人与人之间的区分，在经过一段时间之后就可能会变成一种歧视。区分之所以是任意且带有歧视性的，是因为没有任何合理的正当理由可以支持它，或者事实上被用来支持它。从这个角度来看，只要过时的规则违反了平等的要求，它们便可能在法庭上被推翻。

某种外部限制的过时表明它受到了时间的影响。但是，承认法律体系内的规范在违反平等要求时可能被推翻，并不足以使其成为一项立法原则。由于平等原则的启发，规则的时效性才在法律体系当中得以显现。为了不让正当化链条彻底颠覆，允许法律挑战的存在可能是法律制度可以做出的一种恰当反应。

与规则过时相关的第二个方面是，在某个时间颁布的规范，并且根据时效性原则的 ATCN 条款做了充分证成或正当化的规范，可能随着时间的推移而丧失正当性。在这种情况下，与融贯性原则相结合的时效性原则，就要求立法者再次考虑 ATCN 条款。情况可能是，在融贯性原则之下，规范丧失了正当性，因而需要采取新的行动。不断变化的环境可能要求规范加以改变，或者相反，即保持不变。

更一般地说，时效性原则要求规范不只是在 ATCN 的情形下得到证成。时效性原则要求的正当化具有持续性，因为立法者必须能够持续维持他们的裁断。如上所述，立法者仅具有有限理性。即便他们面向未来工作，也不能在永恒的外表下（sub specie aeternitatis）忽略未来。

最后一点特别重要，因为它强调了这样一个事实：由于进行外部限制的理由具有历史性，它并不局限于颁布外在限制的那一刻。这也表达了另外一个观点，那就是永远不可能设想主张正当性与信任正当性之间的鸿沟最终可以被填平。如果出现了这种预设，那么时间的开关将再次闭合，这又将把我们拉回到强法律主义的轨道上来。承认外部限制的历史性，或者在 ATCN 条款之下颁布规范的结果是，主张正当性和信任正当性之间的鸿沟永远不可能被弥合。由于立法者对未来的洞察力有限,因此需要持续提供正当理由。

必须为任何权衡提供正当理由,这是权衡模式的基本要求,从这一角度出发,我们很容易理解什么是积极意义上的正当化方式,也即,作为一个过程的正当化不同于实质正当化模式和委托模式中的正当性。

实质正当化模式和委托模式中的正当性,用德沃金的术语来说就是一个"决定性概念"(Dworkin 1985:120, 125, 127)。当一个概念属于全有或全无的问题时,它便是决定性的。因此,规则的概念就是一个决定性概念,即规则要么有效,要么无效。如果它存在,那么它有效;如果它无效,那么它就不存在。卢梭可能会说,法律的有效性和规则的存在是"相关的",就像父亲和儿子或者公民和主权者之间的关系一样(Rousseau 1997a:111)。在强法律主义之下,在法律上有效的规范同时也是正当的。"正当的"一词似乎就具有决定性,但我认为情况并非如此。

也就是说,概念本身并没有"决定性"或"非决定性"的特点。但概念的使用方式有决定性与否的区分。这种说法在"圆"这样的概念上并不奏效:某物要么是圆的,要么不是圆的。但对于"正当性"这样的概念来说,情况便有所不同。如我在第六章中所述,正当性是正当化的结果。就这一点而言,一个规范或多或少都被正当化了。相反的观点——正当性具有决定性*——则让我们又回到了强法律主义的概念。

认为"正当性"是一个裁示性概念,就是将它与正当化的委托模式直接联系起来。在强法律主义观点下,使用"正当性"这一概念的方式是裁示性的。实质正当化模式和委托模式使用这一概念时也是裁示性

---

* 即要么正当,要么不正当的二元判断。

的,因而就假定了这一概念本身是裁示性的。当然,这就是那些模式想要展示的东西,也即,除了裁示性地使用这些概念之外,其他方式都是不正确的。由此,实质正当化模式和委托模式想要预先消除上述鸿沟,直至完全否认任何鸿沟的存在。易言之,当把正当性视为一个裁示性概念时,实质正当化模式和委托模式预设了上文指出的主张正当性和信任正当性之间的对称关系。

相反,在正当化的权衡模式之下,存在着前人对正当性的主张和后人对正当性的信任之间的鸿沟。这意味着,为了弥合这一鸿沟,外部限制必须得到证成,且这只能依靠时间中的无止境证成来实现。因此,规范的正当性只是暂时的 ATCN。在时效性原则之下,为了不让规则过时或出现其他问题,规范的正当性也必须与时俱进。

五、规范强度必要性原则

人们有时说,只有在必要的时候对自由进行外部限制才是正当的。这种必要性被认为是需要证成的对象。虽然这种说法意涵丰富,但它至多只是不经意地再次重申了替代性原则:是否有必要对自由进行外部限制,关系到认定进行限制是否比不做限制更好。更加正式地说,规范强度必要性原则(PN)中的"必要性"是指,在替代性原则已经证明外部限制是正当的情况下所要求的一种规范强度的必要性。换言之,如果根据替代性原则,外部限制被证明是正当的,在规范强度必要性原则之下,主权者必须证成外部限制的必要规范强度。这就是主权者加于主体肩上的规范分量。规范分量或规范强度正是规范强度必要性原则所关心的问题。

在这种解释下,规范强度必要性原则的内容与替代性原则不同。

我们首先想想规范强度必要性原则是怎么与权衡模式产生联系的。把自由当成原则,在权衡模式下,不能只证明任何外部限制都要比没有外部限制更好。若自由不仅是起点,还是目的,就进一步认可了这一结果,即外部限制的密度或强度越小,行为的内部限制的空间就越大,如果选择是支持行动的选择的话。替代性原则关心的是是否进行干预的问题,而规范强度必要性原则处理的是外部限制的规范性影响的问题。在规范强度必要性原则之下必须被证明的是,为什么一项外部限制的规范强度是必要的。

在批判奥斯汀的观点即规则是由威胁支持的命令时,哈特为法理学引入了一项开创性的见解。虽然很多规则都包含了制裁,但在他的分析中,并非"所有的规则都与禁令相关"或"任何规则都是强制命令"。哈特认为,当违反某些规则时,并不会引发制裁。除了违反一条规定有效遗嘱条件的规范可能意味着什么这一问题外,不立遗嘱的人便不会面临任何制裁。如果他立了遗嘱,但是不符合规则所确立的有效遗嘱的条件,那就只是不存在法律意义上的遗嘱。因此,在讨论作为一项制裁的无效性时,我认为,无效性源自一个确立无效性的陈述判断,但没有从该行为中减去任何东西。遗嘱就只是无效而已。

在我看来,哈特的初级规则和次级规则理论有力地挑战了奥斯汀的"规则是由威胁支持的命令"这一观点。凯尔森的理论再现了奥斯汀的观点,尽管是以稍微不同的形式完成了这种再现。这种观点至今依然吸引着大批法律人的关注,这比较充分地证明了我在这里对它的处理具有正当性,我的目的是要展示,从立法法理学视角来看它造成了什么样的问题。对它的批判有助于进一步阐明规范强度必要性原则的更多内容。

在奥斯汀和凯尔森的理论中,一条规则的标准形式是关于一个事实或一组事实的条件公式,该公式若不能实现便会导致制裁。这种"规则+制裁"模型或称 RS 模型为人熟知,看起来不言自明。然而,在我提出的理论中,自由被认为是原则,这个时候我们很容易就能发现,RS 模型直接干涉了自由。只要违反了规则,进行制裁便不需要更多的理由。

对此,可以提出两个初步意见。首先,有人可能会提出反对意见,认为在违反规则之后实施制裁并不构成对自由的限制。自由依然完整无缺,因为它包含了不违反规则的自由。如果一个人选择违反规则,他在行为之前就知晓相应的后果,因而可以说,他在想要违反规则之时便也想到了遭受制裁的可能。尽管这种说法听起来合乎逻辑,但它却没有抓住重点,这是因为它有一个基础前提。

这一基础前提就是,自由是意志的自由,是遵守或不遵守规则的自由。这类似于犯罪的观念。当一个人犯罪时,他可以自由地选择是否违反上帝的规则。这种自由概念不会在法律规则缺失也即没有国家的情况下消失。它与实质正当化模式密切相关,在这种模式下,有规则,但也有遵守或不遵守这些规则的自由。这些规则具有先验性或超越性,因为那些应当遵守规则的人无法掌握它们的内容。人们必须遵守这些规则,而不论他们是否愿意,但情况已今非昔比——现在要求进行民主辩论了——因为人们参与到规则制定过程之中去了,或者至少被要求以某种方式这样来做。规则会被遵守,因为它们"就在那儿"。因而,自由被简化成了二元选择,即遵守规则或不遵守规则。从而,"自由"就等于"自由意志"了。

第二种意见进一步做了扩展。在替代性原则下,即使对自由进行具体化更具意义,甚或变成了唯一的可能性,若这种具体化是按照与自由有关的观念进行的,那也并不意味着这种与自由有关的观念减少了行动的可能性,因为行动被简化成了是否遵守规则的决定。换言之,如果基于外部限制对自由进行具体化必定与制裁相关,那么自由还是被简化成了"自由意志"。这一观点忽略了这样一个事实,即限制自由本身也可以是一个目标或目的。

正如一再强调的那样,法律制度的普遍且适度的目的就是作为原则的自由。作为原则的自由的结果是,法律使道德成为可能。要使道德成为可能,就意味着应该允许主体按照自由观念行事。如果没有自由,就不可能有道德。更加委婉的表达是,自由越多地受到外部限制,道德的范围就越小。

根据替代性原则,进行外部限制的理由要求论证根据与自由有关的观念行事比根据自由观念行事更为可取,我在前面已经提及并将在下文详细阐释。"更为可取"是一个评价性表述,在某些情况下,它比任何其他评价都更加重要。这意味着,如果基于与自由有关的观念的所有行动总是比根据自由观念采取的行动更为可取,那么所有人都会支持带有制裁的外部限制。

制裁不让主体按照自由观念行事(尽管只是暂时的),打个比方,因为他们锒铛入狱,或者因为他们需要支付罚款,这就排除了使自由具体化的其他方式。这样做的结果是,他们不能采用这些手段来实现其他的自由观念:根据经验,钱只能花出去一次;当你被关在监狱里,你在物理上就不能按照自由观念行事了。

因此,第二种意见指向了 RS 模型的双重外部限制。其一,对自由的具体化是一种外部限制,排除了基于自由观念的行动。其二,如果要求的行动不能自由进行,那么就会出现对自由的二次限制。二次限制是对自由的自反性在时间(监禁)和物质(金钱)方面的减损。

根据替代性原则,第一种限制是正当的,但第二种不是。然而,根据权衡模式的要求,第二种限制的正当性必须单独被证成。因此,为了证明包括在外部限制中的对自由的二次限制是正当的,需要第二个原则。后一种正当化的要求正是规范强度必要性原则的存在理由(raison d'être),理由如下。

理由总共分为两个部分。在第一部分,我将把凯尔森的纯粹法学理论当成 RS 模型的范例。我要论证的是,当凯尔森通过对法律的提纯来分离法律和道德时,他在处理道德的问题上是如何徒劳无功的。在第二部分,我将借助下述观点产生的某些结果,简言之,这一观点实际上就是证成外部限制的规范性影响的要求。

凯尔森整个理论的主要目标就是,在普遍意义上分离法律和自然法,在具体意义上分离法律与道德。法律和道德,要想坚持它们的这种关系,有赖于另一个不同的基础规范,也就是确认整个规范体系的那个顶点。这两个基础规范的双轨并行可能给人造成这样一种印象,即鉴于二者的相似性,它们还是相同的。凯尔森想要证明的是,这只是一种错觉。尽管存在相似之处,但他希望保持法律的纯粹,使之不受道德、自然法或其他任何观念的影响。

在此过程中,他将法律秩序确立为一套有效规则,这套规则可以规范人们的行为,当局则为实现此一目标而颁布规则并实施制裁。在这样一幅图景中,存在着三个区别。

第一个区别是,人们的行为可以采用积极或消极的方式加以规制。积极规制包括对于某种行为的命令、禁止或许可。在许可的情况下,规则赋予了制定规范、施加制裁或创造普遍禁止规则的例外情形的权力(Kelsen 1967:15-7)。行为的消极规制不包括明确的许可,虽然它们也不会明确地禁止这种行为(同上:16,42-3)。以这种消极方式进行规制的行为通常是被允许的。

第二个区别是行为的主观意义和客观意义之间的区别(同上:2-

3)。这种区别使凯尔森能够更清楚地描述规范的法律意义或客观意义。颁布规范的行为是一种意志行为。后者构成了规范的主观意义（同上:7-9），因为一群人（即统治者）在规范中表达了其他人都应如此行为的意志。

从本书所用的术语来看，规范的主观意义同与自由有关的观念如出一辙。颁布规范的人用与自由有关的观念替代了另一种自由观念。也即，那些服从规范的人必须按照某种与自由有关的观念行事。

当一种规范的主观意义与意志行为的内容相一致时，它的客观意义却只能由另一种更高级的规范赋予。也就是说，只有当指定一个高级规范来认可新制定的规范时，意志行为才具有客观规范意义。只有在这种条件下，刚刚制定的新规范才具有相应的客观意义、规范意义或者说有效。

这里再次阐明了自由观念和与自由有关的观念之间的区别，但这一次是从正当性的角度来说的。一个基于高级规范的规范本身是有效和正当的。因为意志行为具有客观的规范意义，所以用与自由有关的观念代替自由观念在事实上就是正当的。换言之，只要制定出来的新规范可以指定一个更高级的规范作为其基础，就不需要进一步的证成。

第三个区别是法律规范与非法律规范之间的区别。在凯尔森看来，前者总是制裁性规范，而后者则不是。无论直接还是间接，制裁都是规范的重要组成部分。国家垄断暴力，从而实施制裁。法律规范与道德规范的关键区别就在于制裁的组织性（同上:33 ff.）。

用哈特的术语来说，制裁的有组织性是指法律制度包含了大量的次级规则，它们指定一定数量的行动者并垄断性地赋予其实施制裁的权力。制裁总是具有身体性的，或至少与身体的行为有关。

对暴力的垄断意味着意志行为将暴力转换成了一种正当制裁。这些意志行为的客观意义在逻辑上源于一种规范,即那些授权指定的机构或个人实施暴力的规范。规范的制裁,连同规范的主观意义和客观意义,使之成为法律规范。也就是说,制裁是规范概念的重要组成部分。

从逻辑上讲,没有任何制裁的规范并不是真正的规范。凯尔森称之为依附性规范(dependent norms)(同上:54 ff.)。这类规范只是制定其他包含制裁的真正规范所需的条件。然而,在纯粹法理论的逻辑中,它们并不能算作所谓的规范,因为它们并没有制裁的加持。

凯尔森通过一些心理技巧回避了这样一个问题,即尽管依附性规范没有制裁但依然是法律规范的问题。根据凯尔森的观点,这些依附性规范也是可以被强制执行的,因为它们"与规定强制行为的规范在本质上相关"(同上:51)。不过,凯尔森并没有明确说明这种"本质上的联系"到底是什么。

根据本节对规范强度必要性原则的分析,需要说明如下三点。首先,除针对"没有制裁的规范"和"有制裁的规范"之间关系的有些奇怪的描述之外,为了使纯粹法理论保持一致,我们从哈特处得知,正如我们从其他人处看到的一样,这一理论描述并不符合一个运转正常的法律秩序。任何法律秩序都包含着没有制裁的规则。虽然哈特的观点在20世纪中叶相当新颖,但现在听起来却平淡无奇了。

其次,保罗·安塞莱克(Paul Amselek)有力地将凯尔森的理论称为"惩罚主义的"(penalistic)理论(Amselek 1964:194),这种法律制度观念可以说是反映了普通人所持有的法律观。谋杀、强奸、纵火和盗窃,仅举这几个例子,就能激发大多数人的联想,并且他们的想法也和一般意义上的法律本质观念相吻合。并购、接管、避税或商业诉讼这些主要根据次级规则或权力规则实施的行为——而且往往没有制裁——则不在他们的考虑范围之内。凯尔森的方法涉嫌以偏概全,明显是不正确的。

最后,也是最重要的一点,即使凯尔森的观点是正确的,即使他对他所说的"本质上的联系"之含义做了某种解释,他的观点是否能被接受还有待观察。也即,他将法律与制裁联系起来的观点将法律转变成了一种社会事实。哈特也面临相似的批评,即对于两人而言,法律等于是"就在那儿"的规则,无论是否带有制裁,它们都不包括任何规范性的限制,也没有进一步的正当理由。

让我们暂停一下,看看凯尔森的观点,鉴于他所谓的"不被禁止即为允许"这一规则,对自由进行外部限制的数量并不受限(Kelsen 1967：42-4)。霍布斯和卢梭早就注意到了这一点。正如凯尔森(同上:198)后来主张的那样,主体可以按照自由观念行动,只要没有其他的外部限制,这意味着任何形式的内容都可以是法律。

这种理论虽然听起来合乎逻辑,但也具有第五章的批判性分析所指出的强法律主义的主要特性,此处并没有必要再对其进行讨论了。根据凯尔森的理论,可以肯定的是,他赞成某种委托模式,因此替代性原则是被预先排除在外的。

除此之外,我想进一步强调的是,在概念上将规范与制裁联系起来时,由于存在本节一开始就提到的对自由的双重限制,凯尔森的理论势必受到批判,也显示了对规范强度必要性的需要。

现在我们可以关注这种观点的一些后果。从第五、六章中我们可以看到,强法律主义的立法者并不会为其制定的外部限制说明理由。这并不是说理由不存在,也不意味着否定规则旨在实现某些目的、目标或价值。在大多数时候,目的、目标或价值本身并不出现在规制活动当中。工具主义隐藏了法律的"此在性"背后的关于规则之目的、目标或价值选择。

在这一方面,我们可以从凯尔森那里学到的是,对于隐含的目的或目标设定抑或是价值选择,实现它们的最佳方法是惩罚那些不遵守外部限制的人。

在概念上将外部限制与制裁联系起来的观点所包含的内容是,没有任何其他方法可以实现特定的外部限制所表达的与自由有关的观念中所包含的目的、目标或价值。对于这一观点,我们可以提出如下反对意见。

能实现外在限制所表达的行为模式的唯一方法似乎就是,通过威胁或实际实施的方式行使强力。这样做的后果是,如果根据替代性原则,强力已得证成,那么对自由的一次限制——从根据自由观念行事转向根据与自由有关的观念行事——本身似乎要求对自由施加基于制裁的二次限制。表面上,这两次限制在逻辑上——或者用凯尔森的话来说,"在本质上"——是相关的,但我却没有看到真正的论证。它只是包含在规范或法律规则的概念当中。

即便制裁可以成为实现某种目的、目标或价值的适当手段,也并不意味着它是唯一的、最好的手段。这里可以再次应用权衡模式,因为它的基础是作为原则的自由。在此条件下,制裁可能是实现外部限制所包含的价值、目的或目标的最佳方式。然而,我在之前已经提到过,这种方法有一个代价:对自由的双重限制。如果严肃对待作为自由的原则,就像权衡模式一样,那就不能认可规范与制裁之间存在概念上或本质上的联系,因为它带有实质正当化模式的色彩。

如果自由的外部限制和制裁之间的关系不是一种概念上的关系,那就意味着这种关系一定是正当的。这就是规范强度必要性原则所要求的。

在权衡模式下运转的作为原则的自由，要求外部限制所欲实现的目的、目标或价值尽可能少地影响自由本身。在对自由施加双重限制时，必须小心施行带有制裁的规则。也即，规制话语不应完全拒绝这些规则。这意味着外部限制和制裁之间根本不存在凯尔森所说的本质联系，尽管可以证成某些外部限制可能伴有制裁是正当的。

进而，后者会拓展规范强度必要性原则的范围。如果在替代性原则之下，外部限制的证成要靠与自由有关的观念替代自由观念，那么为了避免对自由的二次限制，制裁可以——而且必须——是正当的。

在规范强度必要性原则之下，为了实现目标、目的或价值，必须证明外部限制的影响或规范强度属于必要范围。以作为原则的自由为基础，法律制度将自由当成它体面的普遍目标。根据这一观点，任何对自由的外部限制都必须是正当的。并且，如果任何外部限制没有进一步得到证成且与制裁无关，那就不符合规范强度必要性原则。制裁是众多选择之一。以强法律主义为基础的法学理论忽略了规范强度必要性原则，这可以通过如下事实来解释：规则被视为旨在实现目的、目标或价值的手段，而目的、目标或价值却完全没有被讨论。这本质上就是工具主义。如果工具主义像在强法律主义中那样被隐藏起来，那么整个法律制度都服务于某种普遍目的了，并且其中的每条规则都应围绕实现这一目的而展开。法律制度的普遍目的是不容置疑的，因为最初的委托关系便涵盖了它。作为法律制度组成部分的规则也不容置疑，因为它们归属于法律制度，具有法律效力，这被视为其获得正当性的充分条件。因此，它不需要证成。

正如我们认为的那样，在强法律主义下，规则旨在实现的目的、目标或价值，和作为其实现工具的规则一起，都是"就在那儿"。可以说，规则不需要其他理由，它本身就展示了它旨在实现的目的、目标或价值。规则注入了目的、目标或价值似乎是可以被理解的;不过,它们可以作为一种选择的地位、品质却被隐藏了起来。因此,法律的工具主义性质,即法律是实现目的、目标或价值的工具,就被法律的自然性或"存在性"面纱掩盖起来了。

然而,我并不否认,法律在某种意义上就是一种工具。我也不否认,制裁有时是一种达到某种目的、目标或价值的恰当方式。然而,我想要否认的是,制裁总是实现一个目的、目标或价值的最佳手段。这相当于说,在规范强度必要性原则之下,RS 模型并不是对实在的某些特征的表现。换言之,RS 模型并不是一种实在理论。这就否定了制裁是实现某些理想目的、目标或价值的最佳方式的必然性。如果有人持有相反的主张,那么规则和制裁之间的关系就必须得到证成。

如果在替代性原则下,外部限制被证明是正当的,那么根据规范强度必要性原则,外部限制的规范作用也必须得到证成。证成的结果在综合考虑之下便可能会是,制裁应被视为实现某种目的、目标或价值的最佳方式。这意味着,除了制裁,还有其他实现目标、目的或价值的方法。

试想一下这个例子。为了使人们从特定年龄段开始可以不用继续工作,这一社会目的要求必须保障这些人在不工作时依然享有一定的收入。一方面,这一目的可以通过主体按照自由观念行动来实现,也即他们可以选择把钱存在银行,以适应他们没有工作收入来源时的需要。试想一下,在替代性原则下,需要证成限制自由是正当的,即用与自由有关的观念替代自由观念是正当的。其他正当理由可能还包括这样的论点:如果老年人在他们有工作的时期没有存钱,那么他们在退休之后便会成为需要社会照顾的负担。

另一方面,这一目的可以根据与自由有关的观念来实现,因为自由受到外部限制,并且为了使人们往国家信用机构里存钱,还建立了一种具有制裁性的义务。在正当化的委托模式下,这种外部限制得到了证成,因为委托模式要求主体遵守任何具有法律规则形式的限制。

有了外部限制,即就"规则+制裁"问题而言,这是实现该目的的良机,也是每个人都为此投资的良机。不过,说这是实现该目的的唯一手段,是正确的吗?

委托模式认为是这样的。确定这一目的以及选择实现该目标的手段都不需要证成,因为普遍委托本来就包括了这些内容。不妨假设这一目的在替代性原则之下得到证成;但是,这种证成并不意味着选择最大程度地限制自由(即制裁)就是正当的。要求证成最大程度地限制自由的正当性,就是规范强度必要性原则的本质。

这一证成过程是如何进行的呢?本质上,如果在此过程中充分探讨了能够实现该目标、目的或价值的所有选择,那么外部限制在规范强度必要性原则下便得到了证成。这些替代性选择的规范强度比制裁更低。因此,为了使制裁正当化,这种外部限制必须以规范强度"太低"为由来排除这些替代性选择。

然而,通常情况是除了制裁,其他选择还有一大堆。我将简要评述其中的一些选择。

继续以养老保险为例,主权者可以组织一场运动来让人们知晓储蓄的好处,而不是直接颁布带有制裁后果的规则。除此之外,还可以考虑减税,以使为实现该目的而节省的开支可以在年度纳税申报时予以扣除。信息告知或税收激励都与制裁无关,但它们都有助于实现那个特定的目的。

仲裁、调解和替代性纠纷解决机制是避免直接进行制裁的其他可选方案。管理合同也是一样的。它们为所涉行动者提供了根据自由观念采取行动的可能性,同时也有利于实现与自由有关的观念中所包含的目标、目的或价值。在这个方面,制裁并不是实现该目的的首要或最佳方案。我将在下一章对此做进一步说明。

　　这些例子旨在澄清的是一种存在于规则的目的、目标或价值(即规则的目的)和限制自由的手段之间的区别。如果外部限制自带制裁,那么就无法在能够实现该目的的各种方式间做出选择了。如果做出了支持制裁的选择,那么规范强度必要性原则就要求这一选择是经过慎重的利弊权衡的结果。慎重地权衡能够实现该目的的方法,能够说明为什么最终选择的手段是实现目的的最佳手段。如此一来,便能避免本节之前讨论的对自由的双重限制。

　　通过上述示例的解释,说明规范强度必要性原则所要求的是,在存在替代性措施时,必须从所有方案中做出选择。并且,这一选择必须得到证成。实现目的的方法并不是价值无涉的。选择税收激励或选择进行制裁,显然会对自由产生不同的影响。按照作为原则的自由,对自由造成最小影响的方法比其他方法更为可取。这种更可取性必须被证成,而在证成过程中,应当"充分论证"为什么不采用规范作用更小的其他方法。

　　考虑到其他方法可得,必须在一开始就选择具有最小规范作用或最弱规范分量——相比于规范作用最强的制裁——的外部限制。这就是规范强度必要性原则所要求的。换言之,规范强度必要性原则和替代性原则一样,都要求制裁和外部限制不像在委托模式中所假设的那样是先天正当的。替代性原则要求目的正当,而规范强度必要性原则要求实现该目的的手段正当。制裁只是众多可能的手段之一。

　　上文对替代性原则进行了琐碎解释(trivial interpretation),根据这一原则,外部限制的需要被视为理所当然,但这种解释在多数情况下都并不符合规范强度必要性原则。这种解释，正如刚才所提到的，只是对替代性原则的重述而已。因此，如果不区分替代性原则和规范强度必要性原则，我们将在多数时候认为最终只有一种可能，那就是需要进行外部限制加上制裁。这意味着规范强度必要性原则——先不论它的运行原理就像替代性原则的前述解释那样——在本质上也是二元的。如果外部限制的规范影响程度没有任何细微差别，这种解释就认同了委托模式的前提，因此这里也就不能支持这种解释。对规范强度必要性原则的正确解释涉及一系列制裁的替代措施，除了其他措施之外，譬如说信息告知或税收激励等。

如果我们不谈将规范强度必要性原则等同于替代性原则的前述琐碎解释，那么关于规范强度必要性原则的适当解释表明，它处理的是实现目的的方式问题，而替代性原则处理的是目标确定的问题。这也表明手段和目的是分开的。而事实是，它们只是同一事物的不同方面，即是对自由进行具体化的不同方面。

六、语境中的立法法理学原则

通过本章的分析，可以更加明确立法法理学原则的一些特点。正如屡次三番提到的那样，立法法理学原则是对作为原则的自由的具体化，亦即，作为政治组织起点的自由和作为政治组织目的的自由。在这方面，它们有一个规范性的基础。我们在第四章解释了作为原则的自由的规范性。根据作为原则的自由，掌权者颁布的外部限制必须是正当的。在这个意义上，立法法理学原则将这一要求具体化了。这些原则本身还可以进一步具体化，如第八章所讨论的那样，这要求立法者要承担起义务来。

由于立法法理学原则贯穿了作为原则的自由,因而一旦满足了这些原则的要求,它们便不是一个要被评级的清单的组成部分。它们之间也不存在词典式顺序(lexical order),因而也不存在谁比谁更重要,谁应当优先得到满足的情况。

造成这种局面的原因之一就是,这些原则是对作为原则的自由的具体化,要被用来证明以与自由有关的观念替代自由观念是正当的。在这个方面,前述的四项原则具有共同的使命。要想使外部限制正当化,必须同时满足这四项原则。它们在同样的问题上具有相同的重要性。

这和法律推理中适用的原则有所不同。法官在处理疑难案件并试图避免行使自由裁量权时,应当找出能够用以断案的原则。德沃金对里格斯诉帕尔默案(Riggs v. Palmer)中埃尔默(Elmer)的描述便是最好的例证。法官应该根据一事不再理原则,不准许由因杀害其祖父(遗嘱人)而入狱的凶手继承遗嘱人生前的遗产吗?还是说,法官应当根据任何人不能因其犯罪行为获利的原则而不准许凶手继承遗产?纽约法院最终根据后一项原则做出了判决,但这并不能消除两项原则指向不同方向的事实。换言之,法官必须在整个法律制度的语境中权衡这些原则。

事实上,立法法理学原则动用了相同的资源(如果我可以这么说的话),或者指向的是相同的方向——除了显而易见的事实,即立法者明确面临着疑难案件之时——这就让人们对于它们的权衡产生了不同的理解。这里要提出最后三个观点。

首先,这些原则同等重要并不意味着它们必须或可以被平等地适用于每一个案件。这就指向了富勒提出的方法。他的内在道德原则都同等重要,但显而易见的是,它们并不是在每一种情形下都发挥同等的作用。对它们的遵行是一种愿望，而不涉及义务。如果这是义务问题，我们就会发现我们自己也应在"清单记录"（checklist track）上面。富勒所提倡的愿望方法相当于是说，作为一个愿望问题，统治者应当尽可能地尊重它们。这种方法有其局限性，若不尊重这些原则，只会导致匹克威克意义上的法律*。在这些原则和尽可能实现这一目的的愿望之间，存在相当大的回旋余地。对这些原则的尊重并非一个全有或全无的问题，而是一个事关美德的问题。立法法理学原则也是如此。

其次，正如富勒所说的，情况可能是，必须暂时或例外地偏离法律内在道德性的其中一项原则。在特定的情况下，立法者可能不得不用某种比如说解释性的制定法来违背不溯及既往原则，以之作为最后的手段来防止规范的适用差异。具有溯及力的立法违反了规范应平等适用于类似案件的要求，但如果出于某些原因表明出现了问题，那么违反不溯及既往原则就可能是解决这一问题的合理方案。

最后，这对正确理解立法者处理立法法理学的原则具有启发意义。正如我讨论过的，这些原则需要一个主权者或立法者，来证明用与自由有关的观念代替自由观念是正确的。虽然这一要求是以义务的形式出现的，但这并不是全有或全无的问题。我们应该记住第三章里关于合理性的论证。第三章提出，实践问题中的合理性不是结论性的，而是论证性的。与结论相反，论证永远不会是确凿无疑的。这一阐释依赖于佩雷尔曼的论证理论。然而，除了论证的适当性质之外，作为行为主体的立法者并不用奥林匹克式的视角来观察社会。和其他行为主体一样，他也只具有有限的理性。有限理性与无限理性相对，它受到诸多条件的限制，如缺乏足够的信息、缺少时间以及缺乏获得更多信息和时间

---

* 即被曲解的法律。

的方法等等。

从论证的适当性和立法者的有限理性这两个方面来看,立法的正当性具有开放性,是可以调整的。这是时效性原则的一个具体方面,因为社会环境可能并且确实会发生变化。因此,立法者应能在一段时间内维持自己的裁决,并在根据立法法理学原则不能证成其正当性的情况下对其加以变更或废除。证成或论证的这种开放性和立法者的有限理性与时效性原则是一致的,但是前者又不同于后者。

与富勒的原则类似,立法法理学原则是一个允许"或多或少"的框架*。由于它们具有"原则"的地位,因而能接受"或多或少"的情况存在,但真正吸引我的是它们的框架。这一框架可以被形象地勾画成一个方形,这一方形的边界就是上面提到的四项原则(参见下图)。

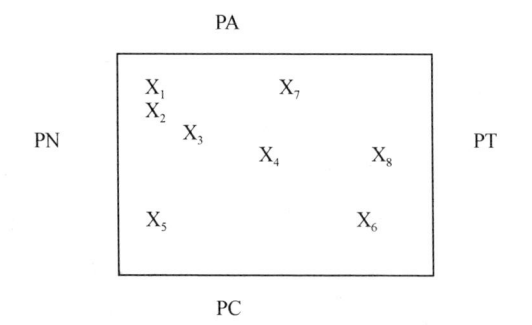

$$
\begin{array}{c}
\text{PA} \\
\boxed{\begin{array}{cccc} X_1 & & X_7 & \\ X_2 & X_3 & & \\ & & X_4 & X_8 \\ X_5 & & X_6 & \end{array}} \\
\text{PC}
\end{array}
\quad \text{PT}
$$

PN（左侧）

根据这四项原则,落入方形中间的外部限制是足够正当的。而在方形之外的外部限制则不是足够正当的,或者只具有匹克威克意义上的"正当性"。一种证成越是接近其中的一条线,就越是具有该项原则下的合法性。因此,处于正当性正中央(X_4)的外部限制在四项原则下都具有同等的正当性。越靠近左边(X_3),就越是具有规范强度必要性

---

* 即具有调整空间的框架。

原则下的正当性；而越靠近上端(X_7)，就越是具有替代性原则下的正当性，以此类推。位于角落(X_1)则意味着外部限制在双线交汇的两项原则下是更具正当性的，而根据其他两项原则却没那么正当，以此类推。

这一体系说明，尽管这些原则同等重要，并且它们指向相同的方向，但并非所有的外部限制都具有同等的正当性。比如说，根据时效性原则，立法者可能正在主张发布外部限制的紧迫性(X_8)，因而对融贯性原则关注较少。不断变化的环境可能意味着外部限制（如 X_4）在方形中移动，最终需要额外的正当化论证才能保证它留在方形内部。虽然根据立法法理学原则进行证成的图示有其局限性，但它还是阐明了一个关键问题：正当化就是根据立法法理学原则进行证成而不保证最终的正当性能够产生。下一章将更加详细地探讨立法者是如何具体处理这些原则，又是怎样根据这些原则进行证成的。

这些原则是对作为原则的自由的具体化，它们构成了开展证成的框架或背景。这些原则构成了彼此的语境。基于这一观点，"最佳"立法显然是个神话。"最佳"立法指的是一个全知全能的立法者从事着笛卡尔意义上的理性行为。我一再强调，立法者不是一个优化主义者，而是一个满足主义者。立法在一个永远无法完美实现的原则的框架中运作着。这是由于它们作为原则的地位、进行证成的根本性时效语境，以及对立法者本身的种种限制。我们并不期待立法者制定出最佳的法律，无论内容如何，我们期待的是他制定出令人满意的法律，即根据立法法理学原则是足够正当的立法。

第八章　立法法理学与权力所负的义务：
理性立法的立法法理学审查

一、引言

前几章大致介绍了立法法理学这一理性立法规范理论的相关内容。如前所述，立法需要遵循一些原则，而根据这些原则，即对自由施加限制的外在规范必须得到证成。就此而言，我们确定了立法的四项原则。

这些原则是对作为原则的自由和作为"原初状态"的自由的具体化。作为"原初状态"的自由意味着(1)若不受任何理性和规范的约束，我们是自由的。这又意味着(2)自由的边界是不确定的，并且(3)在自由的范围不受限制的情形下，大家都是同等自由的。(4)平等是自由的第一层规范性内涵，因为无人能在未征得他人同意的情形下享有限制他人自由的权利。(5)这里的"同意"是指自由的自我限制或自由的自反性。亦即，只有自由的主体才能限制自由。(6)因此，自反性和自主性是自由的第二层规范性内涵。任何其他的限制均相当于主宰，背离了平等。

根据上述原理，任何人都不享有限制他人自由的先验权利，或者至少是，在没有正当理由的情况下，任何人不得限制他人自由。存在双方

第八章 立法法理学与权力所负的义务:理性立法的立法法理学审查

或多方的协议以及拥有充分的正当理由,是限制自由的必要条件。就此而言,社会契约理论为立法的正当性提供了理论框架。基于这项假定的同意,主权者被赋予限制其臣民之自由的权力。这项旨在建立政治社会的多边社会契约本身就包含了对主权者规范的先验服从,不论该规范的内容为何。第六章已经介绍了将权力正当化的两种社会契约类型,即委托模式和权衡模式。

根据作为原则的自由的第二层规范性内涵,自由也是立法的核心宗旨。正是基于作为原则的自由,立法者需要证成限制自由的原因,如(1)社会互动失灵;并且(2)比限制自由侵害更小的替代性措施不足。除此之外,作为原则的自由要求(3)立法者证明他在某一特定的时间点颁布对自由的外部限制以及持续施行该措施的原因,还要(4)证成该措施与整个法律体系之间的关系。这四项要求对应着立法法理学的四项原则,分别是替代性原则(PA)、规范强度必要性原则(PN)、时效性原则(PT)和融贯性原则(PC)。

本章将要论证,立法法理学阐述的立法原则可以具化为立法者的义务。这些义务正是立法法理学原则的实践形态。与这些原则相同,立法者并不是以照着词典式次序,或清单、"菜谱"的方式履行这些义务的,而是在履行过程中将这些义务视为一种动态的互动的集合。

在第二节我们将会谈到,权力与义务的关系不同于霍菲尔德(Hohfeld)的分析。在明确两者关系的基础上,第三节将会探讨"立法者的理性"之含义,从而明确立法的具体情形,它可以让我们描述(立法)权力所负的义务的大致情况。此一主张所建立的基础是,基于立法法理学原则来证成法律规范,是一种义务。除了立法者必须证明其规范具有正当性之外,本章还将初步探索一个问题:立法者必须如何尽职尽责以体现其"理性"特质,从而展示贯穿在立法过程中的实践理性。

二、权力所负的义务

(一)初级规则和次级规则

西方民主已实现制度化,即政治权力必须在法律框架下行使。法律规范为国家行为提供了制度化框架,国家权力则必须受到它的约束(MacCormick 1999:122)。从而,国家权力受到的法律限制就构成了法治理论的内核,这决定了国家行为必须遵循法律规范。

本节涉及的一个有趣的理论来自卢梭,也就是第二章提到的他的社会契约理论。卢梭的社会契约只用一个条款作为国家存在的充分必要条件——多数规则。抛开该规则的政治含义不谈,它也可以被解释成一项法律规则,而且具体来讲可以是一项行使权力的次级规则。这是一项人类的惯例(惯例是一项规则成为法律规则的条件——Rousseau 1977a:14)。多数规则还可以被视为一项承认规则,即承认整个法律体系的规则,因为法律体系内的所有规则都可以根据这项规则得到承认。它还是一项改变规则,因为不经多数规则,任何规则都不能被创造出来或得到改变。基于多数规则,立法者可以创造义务初级规则(primary rules of obligation),以及作为补充的权力次级规则(secondary rules of power),如裁判规则等等。

义务初级规则和权力次级规则之间的差别早就出现在了耶林的论述当中,他认为我们可以从解剖学和生理学两种视角来看待法律。因而他强调,除了法律规则本身的结构外,它在法律体系当中还具有某种功能(von Jhering 1968: vol. 1, 25 ff.)。莱昂·狄骥(Léon Duguit)(1921:106-7,224)和让·达班(Jean Dabin)(1929:19-20;1963:101,

169)则将法律规则分为"规范性"和"建构性"/"技术性"两类。前一类规则要求为或不为一定行为,后一类规则保障前者受到尊重,能予实施。佩雷尔曼(1976b:44;1984d:71)则将次级规则看成是法律体系内解释、修改、适用立法规范的必要条件。

哈特提出了一个具有典型意义的制度化法律体系视角,即将法律体系视为义务初级规则和权力次级规则的结合。这一区别不能完全脱离霍菲尔德在其《基本法律概念》(Fundamental Legal Conceptions)中的分析,他在其中提炼出了司法推理过程中的八个规范性概念。这些概念以"义务"和"权力"为核心,分为由可互换的概念共同组成的两组相互关联的概念群。霍菲尔德将它们视为"法律的最小公分母"(Hohfeld 1913:58)和"法律的基本概念——存在于所有类型的法律利益中的法律要素"(同上:20)。

而后,哈特主张规则不必局限于奥斯汀口中的强制性命令,即主权者对其政治上的下属施加的"以威胁为后盾"且伴随着"服从习惯"的命令,也不必局限于有权禁止违法行为的官员所接收的指令。在哈特看来,奥斯汀的法律体系是"初级的",它只包含了义务初级规则(或标准),还存在许多缺陷。和洛克(1963c:ch.9;参见 Kant 1996:89-90)一样,哈特也认为,仅仅由初级规则调整的社会秩序意味着,从一个"成熟的"法律体系视角来看,关于规范的内涵、关于人们应当如何行为等问题存在着不确定性。此外,一个初级的法律体系是静态的,其中的规则不够灵活或者很难变化(Hart 1994:92-3)。最后,一个初级的法律体系还是低效的,因为它缺乏一个有权查明规则是否遭到违反的专门机构(同上:93-4)。

在哈特看来,一个成熟的法律体系包含着可以弥补上述不足的权力次级规则。次级规则主要有以下几种类别:裁判规则、改变规则和承认规则。权力次级规则将义务初级规则视为其对象。它们是法律命令的元规则或程序规则,因为它们可以确定哪些规则是法律体系的组成部分、规则如何实施以及被谁实施、规则如何发生改变(同上:94)。如果像哈特所说的那样,次级规则就是初级规则的全部内涵,或许有些牵强(同上)。譬如,改变规则本身可以被改变,这就是次级规则自我参照适用的情形。然而,更重要的是,存在着更多把义务初级规则作为对象的元规则,尽管它们还可以将次级规则作为对象并与义务初级规则相互作用。除此之外,它们自身可能就包含着义务。

耶林提到的初级规则和次级规则之间的功能差异(1968:vol.1,25 ff.)构成了"法律体系的核心"(Hart 1994:98),由此使法律体系与其他规范体系区别开来。此外,正如我们将看到的那样,它们的结合为我们提供了一种权力制度化或者法治的类型。如果这是正确的,那么接下来的问题就是:"法学科学的这个关键"是否也可以为立法法理学提供一条道路,让立法法理学以之为工具来理解立法者在此图景中的定位和功能呢?

下面的例子可以说明这个问题。第一个例子是,父母享有教育其子女的权力,易言之,父母可以决定孩子的学校教育、给孩子下达指令、对孩子施加威胁性惩罚,还可以让不听话的孩子吃点儿苦头。这种权力可以被认为是一种私权力,就此而言,它与立遗嘱和结婚的权力都来自同一类规则,这种权力被赋予了同一群人。但是,规范有效遗嘱之订立和有效婚姻之缔结的规则与规范父母教育子女之权力的规则之间存在着关键性差异。谁都不会负有立遗嘱和结婚的义务,谁也不会因为不行使这些权力就失去了它们。但教育孩子的权力便有所不同。父母不能逃避行使该权力的义务,并且可以被合法强制履行该义务。

第二个例子涉及公司规定授予其首席执行官的权力。假如公司章程赋予其首席执行官以召开股东大会和强制性年度会议的权力。若他被告知公司资产债务状况出现重大变动,那么他是否会因没有召开股东大会而担责? 也就是说,即便没有明确的规则要求,他在前述情形下是否有召开股东大会的义务? 由于他有权利(或者权力)这样做,这种情况似乎就把他置于这样一种境地了,即不行使该权力便是对义务的违反。然则,这项责任或义务并没有得到任何义务规则的明示。它是从首席执行官享有如此行为的权力中推导出来的。

第三个例子涉及公职人员。如果一条规范授权行政人员创制规范以实施该规范,那么拥有这项权力的人可以说自己没有义务这样做而不行使这项权力吗? 比利时最高法院曾判决一位拥有上述权力的公职人员赔偿因其不履行该权力而造成的损害。① 如果原告能够证明自己因这一过失行为遭受了损害,那么被告就要对此承担责任。相似的情况还有:规则制定者赋予公民以权利,但没有考虑到公民如何主张该权利的程序规则。同样,在缺乏明确的义务要求的情况下,说权力持有人由于不行使该权力而需要承担上述责任,似乎并不合理。但是,这个例子被视为一项侵权行为,所以原告必须证明其所受之损害与没有行使该权力的行为之间存在因果关系。

以上案例均指向一个事实,即权力次级规则和义务规范之间的差别,远不像分析视角下看到的东西那么明确。不过,这并不证明二者之间的差别是错误的。相反,初级规则和次级规则并不是相互排斥的(Singer 1963:208)。将这种差别视为"理想型"(ideal-typical)差异比视为"分析型"(analytical)差异更好。哈特在有些时候提出,有些次级规

---

① Cass., 20 December 1951; Pasicrisie 1952:I, 204; Cass., 7 March 1963; Pasicrisie 1963:I,744;Cass., 21 October 1977; Pasicrisie 1978:I, 228; Cass., 23 April 1971; Parsicrisie 1971:I,752.

则要求履行义务,比如法官有义务行使由一个次级规则赋予的权力,有义务听取案件双方的陈述和申辩,有义务适用义务初级规则,而这种义务初级规则是与最终的承认规则关联在一起的,这种承认规则又只有从内在视角来看才是"正确司法判决的公开而共同的标准"(Hart 1994:116;MacCormick 1991:102,104)。

还有一些其他的例子,如公证员、法院执行人员或市政官员有义务行使其依法享有的职权。换言之,赋予某人从事某种行为的权力可能会相应地确立其从事特定常规行为的义务(Ziembinski 1976:303)。这说明,次级规则不仅仅是以初级规则为对象的规则。实际上,如上述判例法中的案例所示,它们之间彼此联系,相互作用。在这一点上,我们说"权力所负的义务"是讲得通的。明确了第一点后,我将谈谈哈特法律理论中的立法者定位和功能的相关问题。

(二) 宪法的两种解读方式

哈特也不例外,他的法律理论同样也忽略了立法者的定位和功能,即相较于立法而言,他也更重视司法。① 他关于法律体系的整体见解主要建立在关于普通法的假设之上:普通法重点关注的是法官的定位、功能和活动。

不过,哈特的作品中并不缺少立法者的影子。根据改变规则,立法者有权力创制新规则,改变旧规则。但立法者的功能却相对模糊,即便这并不是哈特理论中出现的唯一的例子。

---

① 拉兹进一步论述了这种观念,他说:"规则制定机构的存在,虽然是现代法律系统的特征之一,但并不是所有法律体系的必要特性……"(Raz,1979:105)对于拉兹来说,法律体系之所以是一个体系,关键不在于立法机关,而在于规则执行机构,它们参照法律体系的渊源标准来辨识应当适用哪些规则(Raz,1990:129-48;1979:105-11)。

主权者的立法权在法律上不再无拘无束,它受到法治的制约,因而也是由宪法来组织的,受宪法的限制。进而,两种不同的宪法解读方式便出现了:一种是消极的或法律主义的方式,另一种是立法法理学的方式。

在法律主义的解读方式下,如果权力持有人没有违反授权规范(如决定实施越权行为),那么他就不能受到非难。他按照权力规则的要求实施行为。在法律主义的解读中,"禁止违宪"可以被理解为立法者必须遵循宪法规定的程序规则,并且不能违反宪法对"权利""豁免"或者"自由"(如言论自由和住宅不受侵犯)的保护性规定。

但在立法法理学的解读方式下,"禁止违反规则"只是规则制定、存续和有效的一项必要但并不充分的条件而已。对于立法者而言,仅仅遵守授权规范并且不侵犯公民的宪法权利就够了吗?换句话说,立法者可否不遵守权限规则而颁行不合理的或者瑕疵过于瑜的规则,抑或不行使主权所赋予的(尽管是受到法律限制的)"权利"?答案显然是否定的。

如前面的章节所述,立法者有义务根据立法法理学原则来证成其制定的规范。我们的主张之重点就是,立法者有义务证成其规范这一事实。这项义务要求立法者证明为什么颁布某些规范。在下文,我将进一步讨论如何使该义务具体化。

三、立法者的理性和立法的具体情形

人们普遍假定,立法是理性的,因为立法者被认为是理性的。我们之所以这样认为,是因为理论——尤其是社会契约理论——所呈现的立法者形象是理性的。假设这些理论为真,则立法者毫无疑问就是理性的,这也是他们的立法成果应当包含的一种品质。基于社会契约理论,我们相信立法者的理性,并且这种相信已经得到理性的证成,但我们现在要挑战这一观点。

法律和立法中的理性概念是第三章介绍并批判过的笛卡尔式或奥林匹克式观点。该观点认为,理性具有自显之性,即我们可以理性地对其加以思考。理性的这种自我参照的概念化作一种"完美理念"(Luhmann 1981:378-9)被假定为可以表现实在。对实在的这种表现观念,是贯穿整个现代哲学研究的哲学认识论化的产物。如在第三章中所讨论的,认识论化的哲学成立的前提是,所使用的概念具有普遍效力,并且理性的事物对任何人来说在任何时间地点都同样是理性的。基于这种"普遍性的垄断"(Bourdieu 1994:230),"普遍性的普遍性"被视为理所当然,且所有理性主体均被认为拥有相同的理性。

奥林匹克式理性观认为,决策者面对的是清晰的问题,他们拥有大量替代措施可供选择,还了解丰富的基础信息、每个替代措施的后果的信息以及有关公民价值观和偏好的信息,并且有充足的时间、技能和资源。

这些假设构成了立法法的基础,而这种立法法又在普遍意义上决定了具体的立法决策情况。如第五章所讨论的,表象主义,伴随着随之而来的强法律主义,它们的产物之一便是第六章讨论过的法律正当化的委托理论中的"主权"或者"黑箱"。由于主权概念源自"完美理性",它自身的产物也应该是完全理性的。易言之,如果立法的框架是理性的,那么这个框架的产物也将是理性的。鉴于这种推论在委托模式的社会契约中具有正当性,它也被认为是理性的。

立法者的理性,因此还有立法,是传统司法本位的法律理论中的一个关键。它发挥着成文法解释原则的功能,因为它假定立法者在立法技术和社会经验上都是理性的。技术理性特别是指立法者要采用清晰准确的语言表达,避免语义的矛盾和冗余,依靠一套融贯的价值,并且尊重宪法(Ost and van de Kerchove 1987:100)。具有社会理性的立法者则被认为应该力争制定公正的规则,避免结果不公或荒诞,不采取无用措施,并且还要保障手段和目的之间的关系适当,立法者的行动也要从根本上保持在可预见的范围之内(Ost 1978:163 ff.)。

由于该解释原则给人以明显不符合事实的直觉,它实在可以被认为是一种假想(Ziembinski 1978:177-8;Carbonnier 1972:271 ff.)。对立法者提出的这种理性要求是社会契约理论中存在的认识论障碍的结果。认识论障碍是一个概念,它在一种理论中具有某种解释潜力。这个概念具有原初性的解释潜力,而当这种潜力成为一种障碍时,它便开始产生反作用。自然科学中的"力"(force)便是一例。它运用了牛顿物理学原理来解释物理实在,但当它的原初解释力产生相反效果时,它就变成了一个障碍,因为在这种情况下,它倾向于维护既有的知识,而不允许发现新的方法。这个概念的保护功能对于解释的发展来说就更成了制动器而非发动机。[①]

对这种理论及其影响的过度依赖,导致了对"力"这一概念的过度保护,进而它就发展成了一种认识论障碍。社会契约论中的"理性"概念也是如此。由于社会契约论最初的意涵非常丰富,这就让其中出现的理性概念成了一种虚构,因为社会契约论过度保护了"主权"概念,这

[①] "认识论障碍"(epistemological obstacle)一词由加斯东·巴什拉(Gaston Bachelard)提出。举例来说,认识论障碍包括太快得出一般结论的"首次经验"(first experiences)(Bachelard 1977:23),以及一元化知识的信念或者所有知识都可纳入一个普遍整体的假设(Bachelard 1977:83)。在法律科学中,同法律确定性一样,"个案正义"(Einzelfallgerechtigkeit)判决或者规则的首次适用(决定其后续适用),是认识论障碍的另一个例证。

就对社会契约论自身的发展造成了阻碍,起了反作用。法理学领域几乎完全看不到立法理论的身影,这充分证实了理性概念的反作用属性。

这种虚构是一种解释方法(Hineininterpretierung),而且是信奉法律主义的法律科学的经典解释工具之一。它认为规则和规则制定者应该具有某些品质,但这些品质往往又是它们明显缺乏的。譬如,法律体系中确实存在一些矛盾,但根据特别法优于一般法、上位法优于下位法、新法优于旧法等原则,这些矛盾就被解释的方法给消弭了。违宪的规则也确实存在,尽管它们被解释得似乎并不违宪。在这样一个多元社会中,立法规则不再体现融贯单一的价值,而像是以规则形式拼凑包装而成的一系列政策。立法者不能预见规则可能发挥作用的每一种情况,更不能预见规则可能造成的所有影响。

上述立法者和立法的理性,是我们在第三章分析和批判的"完美理念"式理性的一种变体。对此,有人提出了理性的语境解释,佩雷尔曼和西蒙在其著作中都支持这一观点。西蒙关于"有限理性"的观点尤为有趣,他对比了奥林匹克式理性预设和我们生活的真实境况。这里的"我们"是指参与语境中的所有角色,包括臣民、立法者、法官和其他公职人员。

"语境中的理性"是指在具体语境中进行决策的理性,有限理性便是其变体之一。就此而言,理性在两个方面是受限的:其一,理性受到自身的限制,因为其本质是有限的,这些限制是指缺乏信息、精力、技能、知识、计算和结果可预见性等等。其二,理性与决策意欲改变的现实语境相关,也因此而受到限制。有限理性的这两个方面体现了立法法理学中立法理性的特征,也即有限理性是立法的主要"情形",我将在下面几段对此做出解释。

情形理论

休谟可被视为我们所说的"情形理论"的创始人。他认为,正义的概念或实践与人类生活的实际情形之间存在一种关系。他把能够引发某种活动的人类生活的事实方面描述为"正义情形"(circumstances of justice)。说到"正义情形"的时候,他指的是稀缺的资源、有限的慷慨、大致平等的能力和天赋、人与人之间的相互依赖,或者人类为了满足其基本需要而依赖外在物质和其他人的事实。因为这些因素是一种"生活事实",所以正义是必要的。申言之,社会生活需要一个能够分配资源、满足人类基本需要的组织。

然而,人类也具有社会性,也就是说,他们要与其他个体进行互动。但是,尽管我们的社会属性会引发许多问题,但其本身又包含了解决这些问题的方案。早期社会教育让我们懂得了相应的好处。所以我们知道,这种好处比资源分配冲突带来的破坏性影响更为重要,因为拥有这些外在物质让我们感觉心满意足。社会训练或社会化让我们明白,只有通过协议保障我们稳定地拥有外在物质,才可以使我们安宁地享受通过劳动或运气得来的东西(Hume 1978: Book III, sect. II, 484 – 501; 1966: sect. III, part 1, 183 – 92)。

人具有社会性这一事实使得关于财产和安全占有的习俗变得必要和可能。这种事实被称为一种"正义情形"。为了实现和谐安宁的目的,正义情形使得某种特定的行为变得必要且可能。

哈特(1994: 193 ff. ; Lucas 1966: 1-10)在其自然法理论中借鉴了休谟和霍布斯的观点,该理论因提出"最低限度的自然法"而名声大噪。人类既不是善良的天使,也不是残忍的恶魔。为了生存下去,人类天性的阴暗面带来的影响需要得到最低限度的抵抗。因而,哈特认为,最低限度的自然法就是建立一整套法律制度所需的东西。如果一套法律制度中不包含对财产权的最低程度的保护,比如没有侵权法律制度,那么这套法律制度又有什么意义呢?哈特从休谟和霍布斯处得到启发,基于现有的法学理论创发了新的"情形"理念,这一理念被罗尔斯和沃尔德伦(Waldron)进一步发展,他们都在这一观点上给出了自己的阐释。

罗尔斯版本的"正义情形"所论述的是人们需要且可以进行合作的一般条件。人类合作就是在这些情形的背景下发生的,因为它的特点就是有关利益的冲突和一致。因此,就需要有一些原则,让人们可以选择它们在那些社会情形下发挥作用以及如何发挥作用。

客观情形与哈特和休谟所指的东西非常相似,即大体相似的身体和精神能力、易受攻击的特性、适度的匮乏。主观的正义情形也依然存在,因为人类有他们自己的生活规划或善的观念作为理性的长期规划(而不仅是一时奇想)。主观情形可以被描述为对他人利益的毫不在意,或者相互之间的漠不关心(Rawls 1971:126-30)。

罗尔斯赞成正义的理想是目的王国的一部分,他的这一观点非常有趣。无法将自己从生活的各种情形中解脱出来的人类却要实现正义。这显示了巨大的判断力,即便它也招来了猛烈的批判(Sandel 1982:28-46)。

另一个版本的"情形理论"是由沃尔德伦提出的。沃尔德伦的"立法法理学"将立法视为他所谓的"政治情形"下政治决策的产物。虽然他的理论明显建立在罗尔斯的理论基础之上,但他对后者做了修正,认为社会得以组织化并非因为人们在正义原则上达成了初步共识。社会是在政治情形下组织起来的。主要的政治情形——使政治变得必要和可能的因素——是分歧。我们很难反对这一具有原创性的思路。分歧并无反常之处,它既不是愚昧或恶德的表现,也远远不是霍布斯口中的

第八章 立法法理学与权力所负的义务:理性立法的立法法理学审查

人类固有缺陷。

政治情形之所以存在,是因为特定群体中的成员意识到了他们在某些问题上需要看法相同、决策统一、行为一致,尽管他们在这些看法、决策和行为应当是什么的问题上还存在分歧(Waldron 1999:102)。

根据以上对"情形理论"的简短介绍,我们很容易发现,有限理性是立法法理学所说的基本的立法情形。它还是人类决策中固有的特性,因为我们缺乏信息、精力、知识和时间,故而决策会大大受限。人类的立法者也是如此。

依照罗尔斯的正义情形理论,立法的情形既是客观的,又是主观的。其中,客观情形是指人类生活中一些不可避免的事实,而主观情形则是行动者将善的观念作为理性的长期规划这一点。有限理性引发的客观立法情形就是理性所受的种种限制(体现在信息、精力、知识、时间等方面)。主观情形的存在则是因为行动者在立法过程中受制于政治情形,这一主张是沃尔德伦的创见。立法者在关于构建以价值多元主义为条件的政治社会的长期计划上意见不一。我们在第一章讨论过价值多元主义,它是唯名论的产物之一。最根本的分歧也集中在这一点上。分歧的存在让政治既必要又可行。从这个角度来看,政治情形可以被归类为立法的主观情形。基于这一观点,政治不像强法律主义主张的那样应该与立法过程相分离,而仅是有别于法律制定过程。

无论是赫拉克勒斯式的(Herculean)超级法官,还是立法机构中相同类型的立法者,都不是真实的行动者。他们是笛卡尔式理性观的副产品。这种观点自诩提供了能够代表实在的本体论真知识。但是,不论我们喜欢与否,这个观点已经不适应以前所未有的指数级增长速度变得更为复杂的真实世界了。立法情形体现了笛卡尔式理性与真实世界之间的差异。不过,我们不应将"情形"简单地认为是社会中的"事实"。"情形"与有限理性相关,表明了理性能力受到的重要限制。换句话说,我们必须根据具体语境来解释理性,否则将会产生认识论障碍。

如前所述,关于立法者理性的无可置疑的假定便是一种认识论障碍。在司法本位的法律理论中,这种假定发挥了法律推理原则的功能,有助于体现法律的体系性。我们可以将此称为法律中的"系统性思维"(system thinking)。但是,目前的法学理论逐渐发展出"问题性思维"(problem thinking),从而取代了系统性思维。随着这种司法审判活动中主流思维方式的变化,法学理论家们将注意力放在了问题上,并且更加意识到了法律中的理性之重要性。①

在此种转变的背景下,法官不再被简单地认为是凯尔森所希望的法律规范接受者。他还是一个具有批判精神的接受者,人们期望他除了适用规则之外,还应当解决问题或化解冲突。按照这种更有厚度的观点,裁判从"判决"这一理论问题,扩展成了决策这一实践活动。替代了"系统性思维"的"问题性思维"具有明确性,这种明确性提高了理性解决问题的敏感度。关注司法裁判和司法论证中的理性是一个积极的信号,这意味着法律推理中的实践理性比以往得到了更多的重视。

当我们把注意力放在立法上,立法法理学作为法学理论的新分支,提出了关于立法者理性的不同观点。立法法理学认为,在处理法律体系中的次级规则授权其采取行动的相关问题时,立法者仅具有有限理性。立法法理学认为有限理性是主要的"立法情形"。这意味着有限理性使得立法既必要又可行。

首先,尽管理性在本质上是有限的,我们仍拥有使我们能自立于世

---

① 这是关于不同理论如何看待法律中的理性的总体概述,虽然主要是从司法角度来说的。参见 MacCormick 1983。

界的最低限度的理性。有了这一最低限度的理性,我们方能做出决定。但是,如果理性像奥林匹克式理性观所认为的那样是完美的,那我们就不需要做出任何决定,因为若是如此,我们就会根据完整且真正的知识来行动。在这个理想的世界里,我们需要做的就是行使自由意志贯彻真理。行为的道德性因此就在于遵守真正的规范,这是我们在第一章讨论过的强法律主义的鲜明特征。这种观点还认为,唯名论的影响之一便是把世界变成了彻底偶然性。因此,由此产生的不确定性对人类行为有利,因为这使得人类行为变得可能又必要。

其次,当我们从世界的偶然性转向理性的有限本质时,这个论证也是沿着同一个思路进行的,而且实际上也证明了这一点。假设一下,即便世界是井然有序的——如笛卡尔相信的那样,并且我们拥有完美的理性——还是如笛卡尔相信的那样,在我们真正知道该做什么之前,都需要依赖总结为暂行性道德的经验法则,直到力学、药学等能对世界做出理性的诠释。如果笛卡尔式的道德做到了这一点,我担心它还是会带有法律主义的色彩。但是,在做到这一点之前,我们的理性能力审慎地指引着我们,帮助我们做出可行且必要的决定。

有限理性体现在两个方面。社会现实相当复杂,我敢说它还是世界本体意义上的偶然性之结果。理性是有限的,因为我们缺乏信息、知识等等。考虑到个人决策和集体决策之间的关键差异,理性的有限性,在第三章所倡导的关于理性的语境解释的两种情况下,都是可以应用的。

基于以上考虑,是时候让拥有有限理性的立法者开始工作了。当立法者创制新规则或者改变旧规则时,他们需要处理事实。为了通过自己制定的规则来改变社会实在的某个方面,立法者正是要从事实开始。立法者必须处理事实以立法,尽管这绝不足以立好一部法律。论述到了这里,我的目标还没有完全实现。因此,在接下来的几页里,我将大致尝试阐明立法决定过程中的这个问题。申言之,我将探究立法者在立法过程中应当如何根据立法法理学原则行事。

四、立法法理学和立法者的义务

(一) 发现相关事实的义务

立法过程就像司法裁判一样,也是由事实评估开始的。尽管这种观点具有自我证明的性质,但发现事实可能是最难加以理论化的行为。事实到底是什么呢?它们怎么被认知呢?如果我们知道它们是如何被认知的,又怎么知道哪些事实是相关的?这类问题非常麻烦,因为它们动摇了我们直接了解实在的基本直觉。

但是,当涉及理性时,这些问题又显得非常重要,因为在理性的话语中,无论是科学的还是其他的理性的话语,我们关注的并不仅仅是思想。我们还要关注事实,因为我们的理性讨论无论如何都会涉及"就在那儿"的实在。我们想要通过理性活动来把握实在,还想获得某种关于我们所做之事的理性解释,也就是说,我们想用理性来解释我们是如何做我们所做的事情的。

立法者就像科学家一样,要处理事实问题。以自然科学家为例,他们想要解释事实之间如何产生联系,即它们之间存在何种因果或数量上的关系。如果我们对这种因果或数量上的关系做出充分解释,那就可以说我们理解了实在,或者至少是理解了其中我们意欲解释的那部分实在。

就立法者而言,他们会对真实的实在施加干预,即把对某些事实或事实组合的认识变成作为义务问题的事态或实践。其他的事实、事态或实践则被认为是不可欲的,因而对它们的认识也是不被允许的。亦即,立法者根据事实、事态或实践采取行动来干预社会互动。在这一点上,法律是政策制定的结果,法律的合理性在于法律的存在是由事态来维持的(Linde 1975-76:201)。进而,对其中一些事态的认识与否,就变成了一个义务问题。

就像科学家一样,立法者必须竭尽全力地接近实在。如果立法想让自己具有某种程度的理性,那么规则制定者就必须依照与规制目的相关的事实情况来设定外部限制。

我们可以通过实践识别事实,即从社会互动中识别事实,实践只是社会互动的一个组成部分。社会可以被大致说成是各种实践的集合,其中包括商业、教育、戏剧表演等实践。因此,事实是实践的重要组成部分,尽管它们只有通过实践这一母体才能观察得到。因此,要知晓事实就是要深入识别或"处理"这部分事实的社会实践。易言之,事实之被了解有赖于参与语境,因为它们正是在这种语境中获得意义的。关于这种意义的知识涉及对那种实践的理解。这一点早在前几章就提到了。我认为,为了能够清晰阐述规则制定问题,我们可以集中关注事实的这一特征。

我们或许还记得前一章提到,权衡模式不同于委托模式,它要求任何外部限制都应当得到证成。这项要求本身就是立法法理学原则的基础。如果源自这些原则的一种外部限制必须得到证成,那么在此之前就必须充分分析一些事实,即这项限制将要加诸其上的事态所包含的事实。

如果事实取决于它们同参与语境之间的关系,我们就可以合理地做出如下总结:事实的意义来自作为实践之特色的社会互动。这只是一个更普遍的命题的一个具体例证,这个命题就是,意义是依赖于语境的,或者说,意义依赖于社会互动。亦即,事实本身不是真实的,或者说至少我们不知道它是否真实。如果说基本事实是存在的,那么我们对它们的理解却是经由某种赋予其意义的理论背景获得的。事实上,意义是"对某人来说的意义"(meaning for someone),而非"自在的意义"(meaning an sich)。

这意味着,发现事实就是要掌握其意义产生的语境。"对某人来说的意义"源自参与语境下的社会互动,而正是该参与语境使得社会互动具有了社会性意义。易言之,事实只能被认知为有意义的,所以认知事实就要把握赋予其意义的语境。第二章已经详细讨论过这一点了。

这一特征对有关外部限制的正当化产生了一定的影响。外部限制施加于实践之上,其正当化自然也在很大程度上依赖对事实的描述,即对构成当前实践之意义的描述。这意味着,为了使外部限制正当化,它必须"符合事实"。

如果实践在本质上包括了遵守规则,即包括了自由观念基础上的社会互动,那么外部限制就包括了用某种与自由有关的观念来替代要在实践中实现的自由观念。这意味着,遵守实践包含的规则所产生的事态被认为是不够理想的,所以外部限制才看起来有了理据。但是,对于规则制定者来说,事态不够理想并不是对其加以干预的充分理由。易言之,外部限制或规范必须是得到有效证明的。因此,事态由实践产生,存在于实践之中,为了使加诸其上的外部限制得到证成,实践中的事态必须首先被视为施加此外部限制的一项条件。

这一分析为规则制定者提供了一项基本准则。进而,发现相关事实的义务就包括了阐明哪些事实与在议的外部限制相关,以及如何收集这些事实的问题(如召开听证会、咨询专家、开展外国调查等等)。

基于替代性原则,规范证成是否充分,取决于事实分析是否充分。也即,规则应当与相关事实基础有关。这意味着,替代性原则要求立法者证明其所制定的规则具有正当依据,这种证明需要给他们施加充分调查事实的义务。也就是说,这对主权者施加了一项义务,即他们应考虑实践所包含的事实或事态,将其视为替代性原则所要求的一项正当化条件。此外,替代性原则下的证成还要求将颁发的规则视为社会互动失灵的补救措施。立法者除了必须熟悉其所规制的社会实践之外,还有义务指明"问题之所在",即找出社会互动失灵的原因。这就让我们看到了立法者的第二项义务。

(二) 阐明问题的义务

阐明问题的义务与将一种事态确定为"问题"状态有关,所以实践的结果或者事态就被认为是不够理想的。事态不够理想的原因是什么?

各种道德理论都试图证实某些道德原则是有效的。不过,这种确证并不必然意味着,这些被证实有效的原则之具体化所得到的外部限制,也能得到立法法理学原理的证成。虽然立法法理学原则中包含了道德原则,但是它们的确证是一回事,而根据立法法理学原则来证成外部限制又是另一回事。也就是说,立法法理学并非实质意义上的道德理论,而是一种基于原则因而具有规范性的理论,它主张在根据与自由有关的观念来限制自由时需要提供正当理由。

必须论证的并不是外部限制包含了正确的道德观,无论其内容是什么。证成涉及用与自由有关的观念替换自由观念。应当证明的不是包含在外部限制中的具体道德内涵,而是依照外部限制比依照自由观念行事更为可取。因而,立法法理学可以被视为一种元道德理论,因为它也要系统阐释那些证成外部限制的原则。正是后者让道德成为可能,而不需要强加任何实质性的道德原则。

　　立法法理学也不包括某种实质性的正义理论,因为对自由进行外部限制是想以某种更加公正的方式分配资源。但是,这也并不是说立法法理学与正义毫不相关,它们之间的关系是较为薄弱的,如下所述。

　　根据作为原则的自由,资源分配非常重要。资源,即外部的或可外部化的、物质的或非物质的东西,构成了实现自由观念的部分条件。纯粹的精神自由本身并不依赖于任何物质条件。

　　作为原则的自由旨在实现的自由是行动的自由,这要求资源由行动主体所支配。这不仅仅是说你需要比如食物等外部资源来维持充足的行动精力。事实上,纯粹的精神食粮起不到这样的效果。从这一点来看,资源有助于自由观念的实现。资源需要得到分配,所以立法法理学就可以被说成包含了一种正义理论。和道德原则的情况一样,任何实质性的正义理论或原则都不能因其自身的品质而硬要挤进一套外部限制之中,从而实现这种或那种实质性的正义。

　　如果情况就是如此,那么根据立法法理学原则进行正当性论证便没有必要了。需要这种证成恰恰是因为立法法理学不包括这样一种观念。如上所述,法律必须让道德成为可能,而不是相反。作为原则的自由是立法法理学的基础,而立法法理学具有多元主义属性。这意味着立法法理学可以实现不同的自由观念。如前所述,自由是一种道德权利,是指在没有任何限制的条件下享有自由。立法法理学使得自由的各种具体形式可以成为现实,这意味着没有哪一项具体化的自由形式是先天正当的。因此,立法法理学吸收了一种合理的多元主义自由观念。[①]

　　[①] 我借用了罗尔斯(1993:36 ff.)的"合理多元主义"概念,但是我并不赞成其理论所产生的结果。

然而,这并不必然意味着,那些要根据立法法理学原则来证成的外部限制,会如自由主义者说的那样是"中立的"。① 中立的要求在我看来是有些荒唐的,因为这种观点认为中立性是某种本身就中立的事物,而我却看不到这种东西。

我们可以用一种更能说得通的,即以一种非决定性的(non-dispositive)方式来看待中立性要求。在非决定性视角下,中立性要求是指尽最大可能实现中立。基于此一观点,中立性要求就是另一种版本的替代性原则,这种原则认为,只有在社会互动失灵时,采取外部限制才具有正当性。如果这种证成没有成功,主权者就不能施加外部限制。中立顶多包括尊重某种合理的多元主义自由观念(而非具体的正义观念)。

基于以上发现,就可以在某种程度上阐明确证事实(那些能够帮助认定某种事态"有问题"的事实)的义务,这样就能合理施加外部限制了。

认定某种事实状态"有问题",明显经历了价值判断。这可能会让立法法理学无所适从,因为如前所述,立法法理学不允许存在道德或其他形式的价值判断。不过,这并不意味着外部限制毫无价值判断的成分,因为绝对排除价值判断会导致有些奇怪的"中立性"要求,这一点在上面已经指出来了。这也不意味着立法法理学作为一种理性立法的理论本身不包含价值判断。相反,作为原则的自由是立法法理学中的基本价值判断。它只意味着在提供正当理由时,价值判断必须是清楚明白的。

在发现事实的过程中,并不需要对价值、目标或目的的内容进行证

---

① 参见 Ackerman 1983:10-7,以及我对此理论的批判(Wintgens 1992)。

成。这些证成属于包括正义和道德理论在内的广义的伦理学领域。进行证成时要受到作为主观立法情形的政治情形的限制。从而，那些关于等待转化成法律的所谓"政策"的争议，就可以用政治共识来解决了。

立法者必须兼顾立法的主客观情形，他们还必须在外部限制及其意欲实现的价值、目标或目的之间建立联系。在立法的"主观情形"下，用罗尔斯的术语来讲，立法者都是政治行动者。但在立法的客观情形下，他们都是法律行动者。只有在说明了价值判断的正当理由之后，事实状态才可以被确认为"有问题的"。立法法理学原则所要求的外部限制之证成，反过来必定也能证明想要实现的事态比实际事态更好。所以，立法法理学所关注的，不是实质性价值判断本身的证成，而是价值判断与其想要实现的事态之间关系的证成。这即是说，立法法理学所认为的立法强调的是立法者如何协调这种关系。这就带出了立法者的另一项义务。

（三）权衡各种方案的义务

主权者的第三项义务是权衡各种方案。在上一章中，我们已经提出了权衡各种方案的观点。也正如上一章指出的，立法法理学上的证成在于根据立法法理学原则提供正当理由。作为行动理由的法律之权威，要求消除其他的行动理由。法律一定是作为调整社会互动失灵的方案而得到证成的。这是立法者在替代性原则下进行权衡的一部分内容。

权衡的另一个视角就是适用规范强度必要性原则。规范强度必要性原则下的证成意味着，要权衡比所提外部限制规范强度更小的所有选项。当我们集中讨论规范强度必要性原则时，我们只讨论了其中的一个方面，即制裁的要求。为了让制裁正当化，此处的证成就是，支持

第八章 立法法理学与权力所负的义务:理性立法的立法法理学审查

实施制裁的论点必须胜过其他不施加制裁或制裁力度更小的方案。

从这个角度来看,一个尤其丰富的领域被揭露出来,其中除了伴有制裁措施的规则之外,还存在着大量的其他规制手段。这些手段可以实现同样的目标、目的或价值,而不用采取制裁措施。"规则+制裁"(RS)模型可以说是规范强度最大化的手段,因而它还是作为原则的自由视角下最次的手段。

我将从大量的 RS 模型的可能替代方案中挑出五种予以简单介绍。第一种方案是替代性纠纷解决方案,意味着避开带有惩罚性或限制性意义的制裁措施。替代性纠纷解决方案试图在法庭外解决纠纷,仲裁和调解也具有这样的功能。这种方案的特点是当事人之间的沟通更加接近于平等对话,而平等对话正是社会互动的特征之一,所以这种方案可以让纠纷以一种更能普遍适应社会的——平等的——互动方式得到解决。

第二种方案是订立协议。协议可以作为 RS 模型的替代措施,在 RS 模型中,政府与社会行动者缔约,前者通过对后者施加带有制裁性的规则来强迫他们实现政府想要实现的目标、目的或价值。协议方案便不是这样,它允许目的、目标或价值的实现由合同的所有参与方决定,而不仅仅是政府一方。

此一规制手段的典型特征是,各主体可以自己主动选择既定目标、目的或价值的实现手段。他们需要自己琢磨出实现既定目的、价值或目标的适当路径。然而,作为一项替代方案,RS 模型只有在协议方案不能产生预期效果时才能采用。

行为准则是制裁性规则的第三种替代方案。这些准则很显然是一种自我规制的规则,目前主要适用于经济行为领域。它们并不是"自上而下"地发挥作用,而是靠"该领域内"的其他社会成员共同遵守这些准则。行为准则或者专业机构的义务准则,仅以此二者为例,都源于适用这些准则的实践当中。它们诞生于参与语境之中,而这种参与语境,既是它们自身想要去规制的,也能将实践自身确定为实践。

第四种方案是对特定行为采取激励措施,比如税收激励措施,这些激励措施是不含制裁因素的替代性规制手段。理想的行为发生时会产生正向效应,目标、价值或目的便是在此基础上实现的。但如果这些行为不发生,也不会引发制裁性后果。为了使制裁正当化,必须证明该激励措施没有产生相应的激励效果。

第五种方案便是设置许可证、资格证和"标识"(labelling)。颁发许可证是一项适宜的规制手段,它直接有助于防止出现不理想的事态或做法。机动车驾驶证和职业药师资格证便是例证。资格证是许可证方案的一个分支。政府或独立机构可以针对特定专业领域(譬如建筑行业中的注册企业家)、特定产品(如药品)、商品或生产技术等发放专业证书,或者引入国际标准化组织标准(ISO-standard)。"标识"所对应的规范强度较低,因为其中的人、产品或服务会受到正向评价,从而被贴上相应的标签。对生物友好的产品以及不使用童工的产品所得到的标签是肯定性的。如果航空公司不能满足安全运输的要求,那么它就会被贴上否定性标签。

这些方案的共同特点是它们都不具制裁性或限制性。但是,在证成 RS 模型时,主权者必须考虑到上述替代方案都无法充分实现相关的目标、目的或价值。这就是权衡各种方案的义务之内涵。

(四) 预测义务或考虑未来情形的义务

预测义务要求主权者注意施加外部限制之后的实践发展状况。[①] 各种

[①] 这里的"状况"(circumstances)和"立法情形"(circumstances of legislation)是不同的。它们是社会事实。

第八章　立法法理学与权力所负的义务:理性立法的立法法理学审查　449

实践并非一个静止不变的整体。相反,它们具有互动的特性。由此,证成外部限制这一要求就对应着将外部限制引发的变化纳入考量的义务。这在很大程度上又是基于替代性原则去发现事实的问题。在这一点上,我们可以区分以下两个假设。

　　第一个假设是,情况发生了与外部限制不相干的变化。根据此项假设,立法者发现他面对的是一堆"新"事实。这就触发了之前已经讨论过的三项义务。像经济危机这种全球性突发经济变动就是这种情况的一个例子。

　　第二个假设比第一个更加复杂,即情况可能是因为既有的外部限制而发生了变化。从而,这种变化是履行了反思义务之后才出现的,下面我简要讨论一下这个问题。这种变化可能体现在四个方面。其一,它们可能是经过评估的外部限制有意导致的结果。基于此项假设,外部限制的目的已经达成,意欲实现的事态——或者想要避免出现的不理想的事态——已经达成。

　　其二,这些变化可能是外部限制所导致的意外之果。作为意外之果的变化需要进一步做另一种区分。首先,情况的变化本身是经评估的外部限制所产生的消极影响。一个经典的例子就是欧盟成立初期的农民补贴政策。他们想要达到的效果是保障农民的收入。但是,在引入这项政策之后,农民为了获得更多的补贴,便开始尽可能多地生产牛奶、黄油和肉制品。目标影响实现了,但它同时导致了牛奶、黄油和肉制品生产过剩这样的意外影响。生产过剩导致了一个新情况,必须以立法法理学原则来检验这种新情况,这要从评估这种新的事态(PA)、阐明问题、选择替代措施等等开始。这项出人意料的消极副作用可以说明立法者并没有严格履行预测义务。

　　其三,针对外部限制引发的变化情况进行评估的结果可能显示,这些变化虽然不在意料之内,但是产生了积极影响。积极影响和消极影响一样,都是根据立法法理学原则检验得到的结果。事实上,影响并不总是积极的。影响的性质只能根据对立法法理学原则及其相应义务的评估结果来确定。

其四,也即最后一点,不严格履行预测义务可能会导致规则变化过快。这并不是说规则内容不能变化,而是说这要求对改变现状和安于现状哪个更好这一问题做出补充论证。甚至即便是情况发生了变化,从立法视角来看草率或频繁的规则变动都不满足融贯性原则的要求。我们可以从中看出主权者的一项义务,即从变化和现状之间的对比中,去预测有关情况是否可能发生变化以及如何发生变化。

这意味着,基于融贯性原则的证成,只有在证明了以下事实之后才能成立,即外部限制对环境变化有充足的抵抗力,因而最轻微的变化不足以对该限制产生即时的不良影响。预测义务要求主权者的眼光要足够长远,从而清楚并非任何情况变化都应导致规则变化。因此,预测义务使得法律体系大致成为一个稳定的外部限制体系,并同时符合替代性原则、时效性原则和融贯性原则的要求。

预测义务当然受到合理预见规则的限制。我们必须谨记,立法者仅具有有限理性,而非全知全能。不过,预测义务的范围是与前述外部限制有关的可预见的影响。从这个角度来看,预测义务与发现事实、阐明问题、权衡各种方案的义务有重叠之处。阐明问题的前提是要充分掌握事实。由于一项外部限制旨在补救某种成问题的情况,因此问题阐明就包含了对外部限制可能产生的影响之预测。

总结而言,要尽到预测义务,就必须考虑外部限制想要产生的影响。如果认为外部限制只会产生积极影响,那这一定是个天真的想法。如我所言,影响也可能是意料之外的。预测义务也无法避免意料之外的消极影响。因此,可以证成一项外部限制之正当性的充分预测,就包括了对积极影响和可预见的消极影响的权衡。要确定立法者是否尽到了预测义务,就必须进行反思,下面我们就来谈谈反思义务(the duty of retrospection)。

(五) 反思义务

反思义务与预测义务关系密切,它保证统治者会考虑受到外部限制影响的过去的事实。按照极简版本的反思义务,根据时效性原则所做的证成,必须证明是在某一时间点对根据替代性原则判断为不理想的事态做出的反映。

但是,根据时效性原则,正当理由还必须长期成立。在时间点$_1$成立的正当理由并不一定能经得住时间的摧残。时间点$_1$的正当理由可能会在时间点$_2$消失,因而规则也有可能落后于时代。因此,反思义务不同于预测义务,它要求立法者评估外部限制所产生的影响,以此证明预测的可能影响是否产生了。如果产生了,那就意味着外部限制在时间点$_1$的正当理由在时间点$_2$依然适用。但若没有产生,那么就需要一项符合简化版时效性原则的附加正当理由了。

然而,如果对比外部限制所产生的实际效果与时间点$_1$的预期可以发现,实际效果与预期不符,或者产生的消极影响大于积极影响,那么根据时效性原则,施加该限制就是不正当的。所以,该限制就应当被废除或者变更。但是,根据融贯性原则的要求,规则的废除或变动会影响到法律体系的一致性。法律体系就像互联网一样,痕迹一旦留下便难以消除。规则进入法律系统之后便获得了独立的规范生命力,并与其他规则产生关联,这就使得规则的废除或变更非常困难。

对此,根据反思义务变更规则要与在全新基础上发现事实的义务双管齐下。必须对符合外部限制目的的事态之影响进行评估,而评估本身又是一种事实发现。

为了使外部限制和反思性评估得到的新事实保持一致,评估本身意味着对问题阐明的改进,即对问题的彻底再定义。在这一点上,阐明问题的义务和反思义务彼此一致。后者引出了第七项* 义务,即修正义务。

(六) 修正义务

主权者的修正义务在于撤销或改变不合理的外部限制。仅具有有限理性的主权者不可能全知全能,也不可能预见一切未来之事,或者说我们根本不应该抱有这样的期待。即便如此,他们还是履行着立法法理学原则所对应的义务。外部限制可能在某一个时间点就变得不合理了。由于正当理由具有时效性,它一旦被成功确立,便不能再无须说明理由而获得。一项不再正当因而不能继续适用的外部限制需要被修正。修正义务让立法者退回到原点,即重新承担起发现事实的义务以及本节确定的其他义务。

前面已经阐明了主权者根据立法情形履行义务的情况,我想在本节结束之前再提三点见解。

首先,将立法法理学原则具体化为主权者的义务并不会使后者具有决定性或二元性,二元性是指义务的履行变成全有或全无的问题。根据立法法理学原则进行限制的正当性源自对这些原则的权衡,原则在被权衡时可以是个别形式,也可以是整体形式。这就是说原则本身还必须在立法过程中彼此相互权衡,因为正如第七章所述,这些原则为

---

* 原文如此,疑有误,根据上下文,应为"第六项"。

彼此提供了语境。

其次,与上一点相关,主权者因遵守立法法理学原则而承担相应义务,这些义务组成的链条可能看起来有些像词汇表、清单或者"良善立法的细则手册"。然而,这只是——遗憾的是,有些人可能认为——表面上看起来如此而已。为了更好地进行分析和描述,主权者的各种义务要被区分开来。这些义务是立法法理学原则的具体形式,义务的规范性正是源于义务与这些原则的关联。但正如立法法理学原则一样,这些义务既不是有序排列着的,也不是彼此严格区分的。

主权者的义务和立法法理学原则一样错综复杂,需要彼此参照。只要履行了其中一项,便会触发"后续的"义务,这可能又会反过来唤醒"在先的"义务。用往复的循环来形容其间的交错关系,再合适不过了。然而,主权者越是经常"运行这个循环",规则便越不需要那么多的调整。如果在任何给定的时间内不需要任何调整,那么立法者至少可以暂时性地不用履行这些义务。

最后,本节所确定的立法者义务并没有对复杂的立法过程进行详细阐述。它们只是说明了什么可以被称作立法情形下的理性立法。立法的理性是一种实践理性,而这种实践理性存在于使立法裁断变得更加合理的持续的过程之中。

五、对立法者义务的审查

在明确了立法法理学视角下立法者义务的内涵之后,我们现在应当转向如何确定立法者免责的问题。审查理念对应的是立法者制定出来的法律规范的有效性问题。这一问题让讨论延伸到法学理论至今依然致力研究的更大领域,为了探索规范的"立法法理学的有效性"概念,我将在本节中提出一些自己的见解。

法律有效性理论可大致分为规范理论、事实理论和价值理论。第一种理论的范本由凯尔森提出,第二种理论则由美国和北欧的实在论者推至巅峰,第三种理论的集大成者是自然法理论。

我们在本章前面一部分提到了宪法的两种解读方式,这一点非常重要。如果采用法律主义的解读方式,立法者只要"不违反宪法规范"就行了。但在立法法理学视角下,如前所述,"不违反宪法规范"只是法律规范有效的必要条件,而非充分条件。除作为必要条件的形式有效性之外,关于立法法理学有效性的概念的研究还包括一项审查,它的目的在于找出使法律规范有效的充分条件。

规范的立法法理学有效性概念以一种形式有效性的方式体现出来,这种纯粹的形式有效性将有效性限制为全有或者全无两种形态。宪法法院很难仅采用纯粹形式有效性标准来审查法律的有效性。如果有效性只有全有和全无两种状态,这就可能导致宣布一项规范无效变得非常容易。宣布一项法律规范失效需要大量的正当理由,这说明它绝非易事,并且肯定不是一个全有或全无的问题。如果这件事非常容易的话,我们甚至就会怀疑,到底需不需要建立一个专门的宪法法院来审查法律规范是否违宪。在宪法的立法法理学解读中,我们(1)需要宪法法院,并且我们(2)必须面对这样一个事实,即重要的是法律有效性的概念,而不仅仅是一项规范的有效性。不同地区的不同宪法法院在不同的时间可能采取不同的有效性观念。甚至在同一个现有的法院中,也不一定能在主流观念上达成一致意见,更不用说达成共识了。当宪法法院认定一项法律规范无效,其结论就是该规范违宪。但是,这个结论不等于说对宪法的法律主义解读大获全胜了。

如上所述,宪法的立法法理学解读以及由此产生的立法法理学上的有效性概念使立法者承担了相应义务。但是，人们可能用一种法律主义的方式来理解这些义务，这就让它们看起来像是有效裁断的清单或者"细则手册"了。我们要坚持用立法法理学的视角来解读这些义务，而不是落入法律主义的窠臼。立法者的"义务"只有根据立法情形才能加以正确理解。立法情形通过立法者的有限理性显现出来。这意味着，立法的"最优性"只是奥林匹克式理性观所产生的幻象。

一个具有有限理性的立法者最多只能制定出"令人满意的"规范，即迄今可能存在的最佳规范。只要"迄今可能存在的最佳规范"已经考虑了目前的所有情况或者第三章提到过的 ATCN 条款，那么它们便符合立法法理学原则的要求。ATCN 条款改变了法律有效性的预期，因为它模糊了其全有或者全无的特征。从这个角度来看，这种变化涉及宪法解读方式的转变，即从法律主义解读转变为立法法理学的解读。

但是，这种转变还是比换衣服更加复杂一些。某种理想的理性模型是 ATCN 条款下进行立法的基础。如富勒（Lon Fuller, 1969:11）所言，"比如，我们即使不对完美正义之内涵下最终的定义，也可以知道什么是明显不公正的……"，这在理性问题上也是殊途同归的。我们即使不知道"完美理性"是什么样的，也一样能知道什么是明显不合理的。

根据某种理想的理性模型，立法者应当努力制定可能是最好的 ATNC 规范。这就是本章提到的立法者义务之内涵：尽可能成为处理事实的理想手段。这种理想的理性模型是立法工作中的有限理性，它要求立法者尽可能地履行好上述义务。这样，制定出来的法律规范就可以根据"合理性"标准进行审查了。

如第三章所述，合理性是指语境中的理性。它并没有一种先验的固定标准，而这套标准可使规范文本受到表意模糊而运行不畅的诘难。然而，这些诘难的来源却非常广泛，从笛卡尔式或奥林匹克式理性观本身,一直到法律主义式的宪法解读——按照这种解读方式,理性是以全有或全无的二元逻辑为标准工作的——不一而足。

立法的合理性本身是指法律规范的证成过程。当规范得到充分证成时,它就是合理的,反之则不合理。"合理性"并非某种缺少或不缺少的东西,而是一个只能通过被动审查来评估"缺陷"程度问题(参见Fuller 1969:5)。不过,缺少正当理由使规范不合理,不是因为规范本身不合理,而是因为立法程序有瑕疵。合理性审查因此就归结到了这一点上。一个行为合理的立法者能制定出已经颁布的法律规范(the legislative norm issued)吗?另一个立法者可以在类似情形下制定出类似的法律吗?

有必要在此做一些警示。合理性审查并不意味着宪法法院要介入缠绕着各种政治议题的政治领域。政治和政策是立法者最为活跃的领域,因为立法者的时间观指向未来,而法院则面向过去。一项规范得到颁发、它是如何制定出来的等等,这些事实都是过去的事情。法院也不应当干预立法者的理性判断,即问后者为什么要颁发这样一项规范,这属于政治问题。宪法法院只能审查一项法律规范是如何通过制定过程产生的,而不能僭越审查这一规范的目的、内容和价值。不涉足规范的目的、内容和价值等问题是法院系统的内部控制原则,否则法官就篡了立法者的权。

鉴于这种可分离的原则,宪法法院在审查法律规范的合理性时,只能是对立法过程中的最低理性程度进行消极审查。在审查过程中,法院以立法者提出的规范制定依据和理由为重点,从而对立法过程中的最低理性程度进行全面审查。法院的这种最低程度的理性审查有点像富勒(1969:42)所说的"内在道德原则"的审查。它们也属于义务问题,只不过这种审查的基础是理想性的,即不认为这是对义务的违反,而认为这只是义务尚未充分履行而已。就此而言,用第三章所述的西蒙(1997:295-8)的话来说,立法理性不会是"最优的",而只能是"令人满意的"。

申言之,考虑到以上确定的立法者的义务,宪法法院的最低限度理性审查包括如下几个方面:立法者是否依据了足够的相关事实? 是否充分地阐明了相关问题? 是否令人满意地识别、权衡和平衡了各种替代措施? 是否适当地考虑了未来情形并根据对规范可能做出的修正开展了令人满意的反思性评估?

宪法法院承担了最低程度合理性控制的职能,这种最低程度的合理性指向的事实是,立法者并非要在同一时间以同样方式履行所有的义务。比如,紧急立法在事实发现和方案权衡等方面都可以有所放松。但是,这种较低程度的证成本身应当是合理的,否则相关规范就可以被认为是不合理的。在这种情况下,较低程度的证成本身也必须得到证成,这样的话,所提供的正当理由在总体上才是充分的。任何义务缺少了正当理由,或者只在较低程度上履行其中的一种或一种以上的义务,都将导致不合理的立法结果。

参考文献

Aarnio, A. 1987. *The Rational as Reasonable. A Treatise on Legal Justification.* Dordrecht: Kluwer.

Ackerman, B. 1980. *Social Justice in the Liberal State.* New Haven, CT: Yale University Press.

Alchourron, C. E. and Bulygin, E. 1971. *Normative Systems.* Vienna and New York: Springer.

Alexy, R. and Peczenik, A. 1990. ' The Concept of Coherence and its Significance for Discursive Rationality' , *Ratio Juris*, 3, Issue Supplement, 130-47.

Ames, V. M. 1955. ' Mead and Husserl on the Self ' . *Philosophy and Phenomenological Research*, 15, 320-31.

Amselek, P. 1964. *Méthode phénoménologique et théorie du droit.* Paris: Librairie générale de droit et de jurisprudence.

——1994. *Théorie du droit et science.* Paris· P. U. F.

Aquinas, T. 1898. *Quaestiones disputatae et quaestiones duodecimo quodlibetales*, vol. 3, De veritate. Turin: Marietti.

——1909. *Summa contra gentiles seu de veritate catholicae fidei.* Turin: Marietti.

——1910. *Summa Theologica.* Turin: Marietti.

Aristotle 1984a. *The Complete Works of Aristotle*, edited by J. Barnes. Princeton, NJ: Princeton University Press.

——1984b. *Physics*, in Aristotle 1984a.

——1984c. *Metaphysics*, in Aristotle 1984a.

——1984d. *Nichomachean Ethics*, in Aristotle 1984a.

——1984e. *Politics*, in Aristotle 1984a.

——1984f. *Rhetoric*, in Aristotle 1984a.

参考文献

Arnaud, A. -J. 1975. *Les juristes face à la société du XIXe siècle à nos jours*. Paris: P. U. F.

Arquillière, H. -X. 2006. *L'augustinisme politique. Essai sur la formation des théories politiques du Moyen Age*, 2nd edn. Paris: Vrin.

Atienza, A. 2005. 'Reasoning and Legislation', in Wintgens 2005: 297-317.

Aubenque, P. 1972. *Le problème de l'être chez Aristote. Essai sur la problématique aristotélicienne*, 3rd edn. Paris: P. U. F.

Augustine, A. 32. De Libero Arbitrio Libri Tres, in *Patrologia Latina*, vol. 32, 1221-310.

———35. Quaestionum ex Novo Testamento, in *Patrologia Latina*, vol. 35, 2395-410.

———40. De Diversis Quaestionibus LXXXIII Liber Unus, in *Patrologia Latina*, vol. 40, 11-100.

———42. Contra Faustum Manichaeum Libri Triginta Tres, in *Patrologia Latina*, vol. 42, 207-518 <http://www.documentacatholicaomnia.eu/25_10_MPL.html>, published by J. -P. Migne between 1844 and 1855.

Austin, J. 1971. *The Province of Jurisprudence Determined and the Uses of the Study of Jurisprudence*, edited by H. L. A. Hart, 4th edn. London: Weidenfeld & Nicholson.

Bachelard, G. 1977. *La formation de l'esprit scientifique. Contribution à une psychoanalyse de la connaissance objective*. Paris: Vrin.

Baden, E. 1977. *Gesetzgebung und Gesetzesanwendung im Kommunikationsprozeβ. Studien zur juristischen Hermeneutik und zur Gesetzgebungslehre*. BadenBaden: Nomos Verlagsgesellschaft.

Balkin, J. 1993. 'Understanding Legal Understanding: The Legal Subject and the Problem of Legal Coherence', *Yale Law Journal*, 103, 105-76.

Bankowski, Z. and MacCormick, N. 2000. 'Legality without Legalism', in *The Reasonable as Rational. On Legal Argumentation and Justification. Festschrift for Aulis Aarnio*, edited by W. Krawietz et al. Berlin: Duncker & Humblot, 181-95.

———and Schafer, B. 2007. 'Double-Click Justice: Legalism in the Computer Age', *Legisprudence. International Journal for the Study of Legislation*, 1, 31-49.

Barber, B. 1984. *Strong Democracy. Participatory Politics for a New Age*. London and Berkeley: University of California Press.

Barker, D. C. and Carman, C. J. 2000. ' The Spirit of Capitalism? Religious Doctrine, Values, and Economic Attitude Constructs', *Political Behavior*, 22, 1-27.

Bastit, M. 1990a. *La naissance de la loi moderne. La pensée de la loi de saint Thomas à Suarez*. Paris: P. U. F.

——1990b. ' La loi', *Archives de Philosophie du Droit*, 35, 211-20.

——1997. *Les principes des choses en ontologie médiévale (Thomas d'Aquin, Scot, Occam)*. Bordeaux: Bière.

Bender, R. 1978. ' Das "Sandhaufentheorem". Ein Beitrag zur Reglungstechnik in der Gesetzgebungslehre', in *Gesetzgebungstheorie Juristische Logik, Zivilund Prozessrecht. Gedächtnisschrift für Jürgen Rödig*, edited by U. Klug et al. Berlin: Springer.

Bentham, J. 1948. *A Fragment on Government and an Introduction to the Principles of Morals and Legislation*, edited by W. Harrison. Oxford: Blackwell.

——1970. *Of Laws in General*, edited by H. L. A. Hart. London: Athlone.

Berlin, I. 1969. ' Two Concepts of Liberty', in *Four Essays on Liberty*. Oxford: Oxford University Press, 118-72.

Blumenberg, H. 1957. ' "Nachahumung der Natur". Zur Vorgeschichte der Idee des schöpferischen Menschen', *Studium Generale*, 10, 266-83.

——1983. *The Legitimacy of the Modern Age*, translated by R. M. Wallace. Cambridge, MA: M. I. T. Press.

Blumer, H. 1969. *Symbolic Interactionism. Perspectives and Methods*. Berkeley: University of California Press.

Boehner, P. 1964. *William of Ockham. Philosophical Writings*. Indianapolis, IN: Bobbs Merrill.

BonJour, L. 1985. *The Structure of Empirical Knowledge*. Cambridge, MA: Harvard University Press.

Bonnes, J. M. and Florijn, N. A. 1995. ' Legisprudentie. Uitvoering van EG— verordeningen: overschrijven verboden!', *RegelMaat*, 9, 115-21.

Borman, T. C. 1993. *Aanwijzingen voor de regelgeving en andere voor de regelgeving relevante aanwijzingen*. Zwolle: W. E. J. Tjeenk Willink.

参考文献

Bouckaert, B. 1981. *De exegetische school. Een kritische studie van de rechtsbronnen-en interpretatieleer bij de 19de eeuwse commentatoren van de Code Civil*. Antwerp: Kluwer.

Boulnois, O. 1994. Ce que Dieu n'est pas, in *La puissance et son ombre. De Pierre Lombard à Luther*, edited by O. Boulnois et al. Paris: Aubier, 9-68.

Bourdieu, P. 1990. 'The Scholastic Point of View', *Cultural Anthropology*, 5, 380-91.

——1994. *Raisons pratiques. Sur la théorie de l'action*. Paris: Seuil.

——2003. 'Participant Objectivation', *Journal of the Royal Anthropological Institute*, 9, 281-94.

Boutroux, E. 1896. 'La morale. Du rapport de la morale à la science dans la philosophie de Descartes', *Revue de Métaphysique et de Morale*, 4, 502-11.

Brochard, V. 1954. *Etudes de philosophie ancienne et philosophie moderne*. Paris: Vrin.

Broekman, J. M. 1979. *Recht en Anthropologie*. Antwerp and Amsterdam: Standaard Wetenschappelijke Uitgeverij.

Brouwer, P. W. 1990. *Samenhang in het recht. Een analytische studie*. Groningen: Wolters-Noordhoff.

Calabresi, G. 1982. *A Common Law for the Age of Statutes*. Cambridge, MA: Harvard University Press.

Campbell, T. D. 1973. 'Formal Justice and Rule Change', *Analysis*, 33, 113-18.

Canning, J. 1987. *The Political Thought of Baldus de Ubaldis*. Cambridge: Cambridge University Press.

Carbonnier, J. 1972. *Sociologie juridique*. Paris: P. U. F.

Carr, D. 1973. 'The "Fifth Meditation" and Husserl's Cartesianism', *Philosophy and Phenomenological Research*, 34, 14-35.

Cassirer, E. 1902. *Leibniz' System in seinen wissenschaftlichen Grundlagen*. Marburg: Elwert.

——1966. *La Philosophie des Lumières*, translated by P. Quillet. Paris: Fayard.

Caton, H. 1975. 'Will and Reason in Descartes' Theory of Error', *The Journal of Philosophy*, 72, 87-104.

Celeyrette, J. and Mazet, E. 2005. 'Jean Duns Scot', in *De la théologie aux mathématiques. L'infini au XIVe siècle*, edited by J. Biard and J. Celeyrette. Paris: Les Belles Lettres.

Cicero, M. T. 1999. *On the Commonwealth and On the Laws*, edited by J. E. G. Zetzel. Cambridge: Cambridge University Press.

Clark, D. W. 1973. 'William of Ockham on Right Reason', *Speculum*, 48, 13-36.

Clark, E. C. 1883. *Practical Jurisprudence: A Comment on Austin*. Cambridge: Cambridge University Press.

Coing, H. 1989. 'German "Pandektistik" in Its Relationship to the Former "Ius Commune"', *American Journal of Comparative Law*, 37, 9-15.

Comarnescu, P. 1942. 'The Social and Ethical Conceptions of Descartes', *Ethics*, 52, 493-503.

Congar, Y. -M. -J. 1968. *L'Ecclesiologie du haut Moyen-Age*. Paris: Cerf.

Conlisk, J. 1996. 'Why Bounded Rationality?', *Journal of Economic Literature*, 34, 669-700.

Conring, H. 2003. 'Dissertation über die Gesetzgebung oder den vernünftigen Grund, Gesetze zu geben und im besonderen über die Schaffung von Gesetzen im Deutschen Reich [1663]', in Mohnhaupt 2003a, 7-87.

Coons, J. E. 1987. 'Consistency', *California Law Review*, 75, 59-113.

Coppleston, F. 1993a. *A History of Philosophy*, vol. 2, *Medieval Philosophy*. New York: Doubleday.

——1993b. *A History of Philosophy*, vol. 3, *Late Medieval and Renaissance Philosophy*. New York: Doubleday.

Cottingham, J. 1976. *Descartes' Conversation With Burman*. Oxford: Clarendon Press.

Courtenay, W. 1990. *Capacity and Volition. A History of the Distinction of Absolute and Ordained Power*. Bergamo: Lubrina.

Courtines, J. -F. 1999. *Nature et empire de la loi. Etudes suaréziennes*. Paris: Vrin.

Cranz, E. F. 1974. 'Cusanus, Luther, and the Mystical Tradition', in *The Pursuit of Holiness in Late Medieval and Renaissance Religion*, edited by C. Trinkaus and H. A. Oberman. Leiden: Brill, 93-102.

Cumming, R. 1955. 'Descartes' Provisional Morality', *Review of Metaphysics*, 9,

207-35.

Cyrul, W. 2005. ' How Rational is Rational Lawmaking?' , in Wintgens 2005: 93 – 103.

d'Entrèves, A. P. 1961. *Natural Law*. London: Hutchinson University Library.

Dabin, J. 1929. *La philosophie de l'ordre juridique positif, spécialement dans les rapports de droit privé*. Paris: Sirey.

——1963. *Théorie générale du droit*, 3rd edn. Paris: Dalloz.

Damianus, P. 1972. *Lettre sur la toute-puissance divine*, edited and translated by A. Cantin. Paris: Cerf.

Dauenhauer, B. P. 1982. ' Relational Freedom' , *Review of Metaphysics*, 36, 77 – 101.

de Gaulle, C. 1944. *Le fil de l'épé*. Paris: Berger-Levrault.

de Lagarde, G. 1926. *Recherches sur l'esprit politique de la réforme*. Paris: Picard.

——1937. ' Marsile de Padoue et Guillaume d'Occam' , *Revue des sciences religieuses*, 17, 167-85 and 428-57.

——1946. *La naissance de l'esprit laïque au déclin du Moyen Age*, vol. 5, *Bases de départ de l'Ockhamisme*. Paris: P. U. F.

de Muralt, A. 1966. ' Epoché—Malin Génie—Théologie de la toute—puissance divine. Le concept objectif sans objet. Recherche d'une structure de pensée' , *Studia Philosophica*, 26, 159-91.

——1970. ' Signification et portée de la pensée de Jean Duns Scot. Introduction, traduction et commentaire à la distinction 17 de l'Opus oxoniense, II' , *Studia Philosophica*, 30, 113-49.

——1974. ' Pluralité des formes et unité de l'être. Introduction, traduction et commentaire de deux textes de Jean Duns Scot, Sentences, IV, distinction II, question 3; Sentences, II, distinction 16' , *Studia Philosophica*, 34, 57-92.

——1993a. *L'enjeu de la philosophie médiévale. Etudes thomistes, scotistes, occamiennes et grégoriennes*. Leiden: Brill.

——1993b. ' La doctrine médiévale des distinctions' , in de Muralt 1993a: 47-89.

——1993c. ' La métaphysique occamienne de l'idée' , in de Muralt 1993a: 168-255.

——1993d. ' La toute-puissance divine, le possible et la non-contradiction' , in de

Mulralt 1993a: 256-72.

———1993e. ' Les consequences de la doctrine occamienne de la toute—puissance divine. La connaissance d'une chose qui n'existe pas. Commentaire', in de Muralt 1993a: 373-407.

Descartes, R. 1996a. Œuvres de Descartes, edited by C. Adam and P. Tannery. Paris: Vrin.

———1996b. [Descartes to Mesland] 2 May 1644, in Descartes 1996a: vol. 4, 110-20.

———1996c. [Descartes to Elisabeth] 4 August 1645, in Descartes 1996a: vol. 4, 263-8.

———1996d. [Descartes Elisabeth] May 1646, in Descartes 1996a: vol. 4, 406-12.

———1996e. [Descartes to Elisabeth] September 1646, in Descartes 1996a: vol. 4, 485-94.

———1996f. [Descartes to Chanut] 10 November 1647, in Descartes 1996a: vol. 5, 86-8.

———1996g. [Descartes and Burman] 16 April 1648, in Descartes 1996a: vol. 5, 144-79.

———1996h. ' Discours de la méthode pour bien conduire sa raison et chercher la vérité dans les sciences', in Descartes 1996a: vol. 6, 1-78.

———1996i. ' Méditations métaphysiques touchant la première philosophie dans lesquelles l'existence de Dieu et la distinction réelle entre l'âme et le corps de l'homme sont démontrées', in Descartes 1996a: vol. 9, 1-252.

———1996j. ' Les principes de la philosophie' (first part), in Descartes 1996a: vol. 9, 25-62.

———1996k. ' Les passions de l'âme', in Descartes 1996a: vol. 11, 291-497.

———1996l. Règles pour la direction de l'esprit, translated by J. Sirven. Paris: Vrin.

Dewey, J. 1930. *The Quest for Certainty. A Study of the Relation of Knowledge and Action*. London: Allen & Unwin.

Downes, C. 1965. ' Husserl and the Coherence of the Other Minds Problem', *Philosophy and Phenomenological Research*, 26, 253-9.

Dufour, A. 1991a. *Droits de l'homme, Droit naturel et Histoire. Droit, individu et pouvoir dans l'Ecole du Droit naturel et de l'Ecole du Droit historique*. Paris: P. U. F.

——1991b. 'L'influence de la méthodologie des sciences physiques et mathématiques sur les fondateurs de l'Ecole de Droit naturel moderne (Grotius, Hobbes, Pufendorf)', in Dufour 1991a: 93-110.

——1991c. 'Savigny et l'Ecole du Droit historique', in Dufour 1991a: 153-63.

——1991d. 'Rationnel et irrationnel dans l'Ecole du Droit historique', in Dufour 1991a: 179-94.

——1994. 'Le paradigme scientifique dans la pensée juridique moderne', in Amselek 1994: 147-67.

Duguit, L. 1921. *Traité de droit constitutionnel*, vol. 1, 3rd edn. Paris: De Bocard.

Dumont, L. 1983. *Essais sur l'individualisme. Une perspective anthropologique sur l'idéologie moderne*. Paris: Seuil.

Duns Scot, 1893. 'Quaestiones in Secundum Librum Sententiarum a Distinctione tertia usque ad decimam quartam', in *Johannis Duns Scoti Opera Omnia*, Paris: Vives.

——1894. 'Reportata Parisiensia', in *Johannis Duns Scoti Opera Omnia*. Paris: Vives.

Dworkin, R. 1977a. *Taking Rights Seriously*. Cambridge, MA: Harvard University Press.

——1977b. 'A Model of Rules I', in Dworkin 1977a: 14-45

——1977c. 'Hard Cases', in Dworkin 1977a: 81-130.

——1984, 'Rights as Trumps', in *Theories of Rights*, edited by J. Waldron. Oxford: Oxford University Press, 153-67.

——1985. *A Matter of Principle*. Cambridge, MA: Harvard University Press.

——1986. *Law's Empire*. Cambridge, MA: Harvard University Press.

Edwards, C. 1970. 'The Law of Nature in the Thought of Hugo Grotius', *Journal of Politics*, 32, 784-807.

Ellscheid, G. 1979. 'Die Verrechtlichung sozialer Beziehungen als Problem der praktischen Philosophie', *Neue Hefte fur Philosophie*, 17, 37-61.

Ernoud, A. and Meillet, A. 1994. *Dictionnaire éthymologique de la langue latine. Histoire des mots*, 4th edn. Paris: Klincksieck.

Esser, J. 1972. *Vorverständnis und Methodenwahl in der Rechtsfindung. Rationalitätsgrundlagen Rechtlicher Entscheidungspraxis*, 2nd edn. Frankfurt am

Main: Athenäum.

Fallon, R. 1994. 'Reflections on the Hart and Wechsler Paradigm', *Vanderbilt Law Review*, 47, 953-91.

Finnis, J. 1982. *Natural Law and Natural Rights*. Oxford: Clarendon Press.

Foqué, R. and Hart, A. C. 1990. *Instrumentaliteit en rechtsbescherming. Grondslagen van een strafrechtelijke waardendiscussie*. Arhem and Antwerp: Gouda Quint and Kluwer.

Frank, J. 1970. *Law and the Modern Mind*. Gloucester, MA: Smith.

Freddoso, A. J. 1991. 'God's General Concurrence With Secondary Causes: Why Conservation is Not Enough', *Philosophy of Religion*, 5, 553-85.

Freund, E. 1890. 'Historical Jurisprudence in Germany', *Political Science Quarterly*, 5, 468-86.

Freund, J. 1974. 'Le droit comme motif et solution de conflits', *Archiv für Rechts-und Sozialphilosophie*, Beiheft neue Folge, 8, 47-62.

——1983. *La sociologie du conflit*. Paris: P. U. F.

Friedman, L. M. 1966. 'On Legalistic Reasoning. A Footnote on Weber', *Wisconsin Law Review*, Winter, 148-71.

Fuller, L. L. 1954-55. 'Freedom. A Suggested Analysis', *Harvard Law Review*, 68, 1305-25.

——1969. *The Morality of Law*, 2nd edn. New Haven, CT: Yale University Press.

——1981. 'The Needs of American Legal Philosophy', in *The Principles of Social Order. Selected Essay of Lon L. Fuller*, edited by K. Winston. Durham, NC: Duke University Press, 249-63.

Gagner, S. 1960. *Studien zur Ideengeschichte der Gesetzgebung*. Uppsala: Almqvist & Wiksells Boktryckeri AB.

Gale, S. G. 1982. 'A Very German Legal Science: Savigny and the Historical School', *Stanford Journal of International Law*, 18, 123-46.

Galilei, G. 1957. 'The Assayer. Selections', in *Discoveries and Opinions of Galileo*, edited by S. Drake. New York: Doubleday & Co.

Gauchet, M. 2006. *Le désenchantement du monde: une histoire politique de la religion*. Paris: Gallimard.

Geach, P. T. 1973. 'Omnipotence', *Philosophy*, 48, 7-20.

Gelasius. 1905. 'Letter of Pope Gelasius to Emperor Anastasius (494)', translated in J. H. Robinson, *Readings in European History*. Boston, MA: Ginn, 72-3.

Gérard, P. 1986. 'Validité juridique et souveraineté', *Archiv für Rechts- und Sozialphilosophie*, 72, 315-35.

——1988. 'Antinomie', in *Dictionnaire encyclopédique de théorie et de sociologie juridique*, edited by A. -J. Arnaud. Paris and Brussels: Librairie générale de droit et de jurisprudence and Story-Scientia, 19-23.

Gianformaggio, L. 1990. 'Legal Certainty, Coherence and Consensus: Variations on a Theme by Maccormick', in *Law, Interpretation and Reality. Essays in Epistemology, Hermeneutics, and Jurisprudence*, edited by P. Nerhot. Dordrecht: Kluwer.

Gilson, E. 1952. *Jean Duns Scot. Introduction à ses positions fondamentales*. Paris: Vrin.

——1955. *History of Christian Philosophy in the Middle Ages*. New York: Random House.

——1960. *Le philosophe et la théologie*. Paris: Arthème Fayard.

——1987. *La liberté chez Descartes et la théologie* [1913]. Paris: Vrin.

——1999. *The Unity of Philosophical Experience*. San Francisco, CA: Ignatius Press.

Ginascol, F. H. 1959. 'The Question of Universals and the Problem of Faith and Religion', *Philosophical Quarterly*, 37, 319-29.

Gouhier, H. 1937. 'Descartes et la vie morale', *Revue de Métaphysique et de Morale*, 44, 165-97.

Goyard-Fabre, S. 1975. *Le droit et la loi selon Thomas Hobbes*. Paris: Klincksieck.

Grotius, H. 2005. *The Rights of War and Peace*, vol. 1, edited by R. Tuck. Indianapolis, IN: Liberty Fund.

Grua, G. 1956. *La justice humaine selon Leibniz*. Paris: P. U. F.

Guastini, R. 2000. 'On Legal Order: Some Criticisms of the Received View', *Ethical Theory and Moral Practice*, 3: 263-72.

Gusy, C. 1985. 'Das Grundgesetz als normative Gesetzgebungslehre', *Zeitschrift für Rechtspolitik*, 18: 291-9.

Habermas, J. 1973. 'Wahrheitstheorien', in *Wirklichkeit und Reflexion. Festschrift für W. Schulz zum 60. Geburtstag*, edited by H. Fahrenbach. Pfullingen: Neske, pp. 211-65.

——1992. *Legitimation Crisis*, translated by T. McCarthy. Cambridge: Polity Press.

——1996a. *Between Facts and Norms. Contributions to a Discourse Theory of Law and Democracy*, translated by W. Regh. Cambridge, MA: M. I. T. Press.

——1996b. 'Individuation Through Socialization: On George Herbert Mead's Theory of Subjectivity', in *Postmetaphysical Thinking. Philosophical Essays*, translated by W. M. Hohengarten. Cambridge, MA: M. I. T. Press, pp. 149-204.

Haferkamp, H. -P. 2008. 'The Science of Private Law and the State in Nineteenth Century Germany', *American Journal of Comparative Law*, 56, 667-90.

Haggenmacher, P. 1983. *Grotius et la doctrine de la guerre juste*. Paris: P. U. F.

Halpin, A. 1996. 'The Concept of a Legal Power', *Oxford Journal of Legal Studies*, 16: 129-52.

Hampshire, S. 2001. *Justice is Conflict*. Princeton, NJ and Oxford: Princeton University Press,

Hansen, M. H. 2001. *Polis and City-State. An Ancient Concept and its Modern Equivalent*. Copenhagen: Copenhagen Polis Centre.

Hart, H. L. A. 1955. 'Are There Any Natural Rights?', *Philosophical Review*, 64: 175-91.

——1968. *Punishment and Responsibility. Essays in the Philosophy of Law*. Oxford: Clarendon.

——1982. 'Legal Powers', in *Essays on Bentham. Studies in Jurisprudence and Political Theory*. Oxford: Clarendon Press, pp. 194-219.

——1994. *The Concept of Law*, edited by J. Raz and P. A. Bulloch, 2nd edn. Oxford, Clarendon Press.

Hart, H. M. and Sacks, A. M. 1958. *The Legal Process. Basic Problems in the Making and Application of Law*. Tentative Edition.

Hegel, G. W. F. 1955. *Lectures on the History of Philosophy*, vol. 3, *Medieval and Modern Philosophy*, translated by E. S. Haldane and F. H. Simson. Lincoln and London: University of Nebraska Press.

——1956. *The Philosophy of History*, translated by J. Sibree. New York: Dover Publications.

——1991. *Elements of the Philosophy of Right*, translated by H. B. Nisbet and edited by A. W. Wood. Cambridge: Cambridge University Press.

Heidegger, M. 1950. 'Die Zeit des Weltbildes', in *Holzwege*. Frankfurt am Main: Klosterman, pp. 75-113.

——1961. *Nietzsche*, vol. 2. Neske: Pfullingen.

——1962. *Die Frage nach dem Ding. Zu Kant's Lehre von den transzendentalen Grundsätzen*. Tübingen: Niemeyer.

——1988. Schelling. *Vom Wesen der menschlichen Freiheit* (1809) [1936], in *Gesammtausgabe*, vol. 42, edited by I. Schüssler. Frankfurt am Main: Klostermann.

——1993. *Basic Writings*, edited by D. F. Krell, 2nd edn. San Francisco, CA: Harper.

Hintikka, J. 1962. 'Cogito, Ergo Sum: Inference or Performance', *Philosophical Review*, 71: 3-32.

Hobbes, T. 1966a. *The English Works of Thomas Hobbes of Malmesbury*, edited by W. Molesworth, 2nd edn. Aalen: Scientia Verlag.

——1966b. *Philosophical Rudiments Concerning Government and Society*, in Hobbes 1966a: vol. 2.

——1966c. *Leviathan: or, the Matter, Form, and Power of a Commonwealth, Ecclesiastical and Civil*, in Hobbes, 1966a: vol. 3.

Hoeflich, M. H. 1985. 'John Austin and Joseph Story: Two Nineteenth Century Perspectives on the Utility of the Civil Law for the Common Lawyer', *American Journal for Legal History*, 29: 36-77.

——1986. 'Law and Geometry: Legal Science from Leibniz to Langdell', *American Journal of Legal History*, 30: 95-121.

Hohfeld, W. N. 1913. 'Some Fundamental Legal Conceptions as Applied in Judicial Reasoning', *Yale Law Journal*, 23: 16-59.

Hollis, M. 1985. *An Invitation to Philosophy*. Oxford: Blackwell.

Holmes, O. W. 1894-95. 'Privilege, Malice, and Intent', *Harvard Law Review*, 8: 1-14.

Horwitz, M. J. 1977a. *The Transformation of American Law 1780−1860*. Cambridge, MA: Harvard University Press.

——1977b. 'The Emergence of an Instrumental Conception of Law', in Horwitz 1977a: pp. 1−30.

——1977c. 'The Rise of Legal Formalism', in Horwitz 1977a: pp. 253−266.

Hruschaka, J. 2004. 'The Permissive Law of Practical Reason in Kant's "Metaphysics of Morals"', *Law and Philosophy*, 23: 45−72.

Hume, D. 1966. *An Enquiry Concerning the Principles of Morals*, in *Enquiries Concerning the Human Understanding and Concerning the Principles of Morals*, edited by L. A. Selby-Bigge. Oxford: Clarendon.

——1978. *A Treatise of Human Nature*, edited by L. A. Selby-Bigge, 2nd edn, revised by P. H. Nidditch. Oxford: Oxford University Press.

Hunyadi, M. 1995. *La vertu du conflit. Pour une morale de la médiation*. Paris: Cerf.

Husserl, E. 1970a. *The Crisis of European Sciences and Transcendental Phenomenology. An Introduction to Phenomenological Philosophy*, translated by D. Carr. Evanston, IL: Northwestern University Press.

——1970b. 'The Origin of Geometry', in Husserl 1970a: pp. 353−78.

——1996. *Méditations cartésiennes. Introduction à la phénoménologie*, translated by G. Pfeiffer and E. Levinas. Paris: Vrin.

Husserl, G. 1955. *Recht und Zeit. Fünf Rechtsphilosophische Essays*. Frankfurt am Main: Klosterman.

Jansen, B. 1929. 'Beiträge zur geschichtlichen Entwicklung der distinctio formalis', *Zeitschrift für katholische Theologie*, 53: 317−44.

Johnson, P. E. 1987. 'Some Thoughts on Natural Law', *California Law Review*, 75: 217−26.

Jouanjan, O. 2005. *Une histoire de la pensée juridique en Allemagne (1800−1918). Idéalisme et conceptualisme chez les juristes allemands du XIXe siècle*. Paris: P. U. F.

Julliard, J. 1985. *La faute à Rousseau. Essai sur les conséquences historiques de l'idee de souveraineté populaire*. Paris: Seuil.

Justinian, 1962. *Digesta Justiniani*, edited by P. Kruger and T. Mommsen. Berlin: Weidman.

Kaeler, L. 1996. ' Weber's Lacuna: Medieval Religion and the Roots of Rationalization', *Journal of the History of Ideas*, 57: 465-85.

Kagan, R. A. 2001. *Adversarial Legalism. The American Way of Law*. Cambridge, MA: Harvard University Press.

Kant, I. 1929. *Critique of Pure Reason*, translated by N. K. Smith. London: MacMillan.

——1996. ' Metaphysical First Principles of the Doctrine of Right', in *The Metaphysics of Morals*, translated by M. Gregor. Cambridge: Cambridge University Press, pp. 1-138.

——1997. *Groundwork of the Metaphysics of Morals*, translated and edited by M. Gregor. Cambridge: Cambridge University Press.

Kantorowicz, H. U. 1912. ' Volksgeist und historische Schule', *Historische Zeitschrift*, 108: 295-325.

Kelley, D. R. 1979. ' Gaius Noster: Substructures of Western Legal Thought', *American Historical Review*, 84: 619-48.

Kelsen, H. 1934. ' Zur Theorie der Interpretation', *Revue Internationale de Théorie du Droit*, 8: 9-17.

——1967. *Pure Theory of Law*, translated by M. Knight. Berkeley and Los Angeles: University of California Press.

——1991. *General Theory of Norms*, translated by M. Hartney, Oxford: Clarendon.

Kennedy, E. S. 1942. ' Interrelations between Mathematics and Philosophy in the Last Three Centuries', *National Mathematics Magazine*, 16: 290-98.

Kestner, H. E. 2003. ' Betrachtungen zur Gesetzgebungsklugheit, in der die wahren Grundlagen der Rechtswissenschaft aus ihren ursprünglichen Quellen abgeleitet werden [1710]', in Mohnhaupt 2003a: pp. 217-324.

Kiesow, R. M. 1994. ' Science naturelle et droit dans la deuxième moitié du XIXième siècle en Allemagne', in Amselek 1994: pp. 187-210.

Knowles, M. D. 1947. ' Some Recent Advance in the History of Medieval Thought', *Historical Journal*, 9: 22-50.

Kocher, P. H. 1957. ' Francis Bacon on the Science of Jurisprudence', *Journal of the History of Ideas*, 18: 3-26.

Kojève, A. 1981. *Esquisse d'une phénoménologie du droit*. Paris: Gallimard.

Koopmans, T. 1970. 'De rol van de wetgever', in *Honderd jaar rechtsleven*. Zwolle: W. E. J. Tjeenk Willink, pp. 221-35.

Kornhauser, L. A. and Sager, L. G. 1986. 'Unpacking the Court', *Yale Law Journal*, 96: 82-117.

Korobkin, R. B. and Ulen, T. S. 2000. 'Law and Behavioral Science: Removing the Rationality Assumption from Law and Economics', *California Law Review*, 88: 1051-144.

Koyré, A. 1970. *From the Closed World to the Infinite Universe*. Baltimore, MD: John Hopkins University Press.

Kress, K. J. 1984. 'Legal Reasoning and Coherence Theories: Dworkin's Rights Thesis, Retroactivity, and the Linear Order of Decisions', *California Law Review*, 72: 369-402.

——1993. 'Coherence and Formalism', *Harvard Journal of Law and Public Policy*, 16: 639-82.

——1996. 'Coherence', in *A Companion to Philosophy of Law and Legal Theory*, edited by D. Patterson. Oxford: Blackwell, pp. 533-52.

Kripke, S. A. 1982. *Wittgenstein on Rules and Private Language*. Oxford: Blackwell.

Kubes, V. 1987. *Theorie der Gesetzgebung*. Vienna and New York: Springer.

Laband, P. 1911-14. *Das Staatsrecht des Deutschen Reichs* [1887]. Tübingen: Mohr.

——1980. *Abhandlungen, Beiträge und Rezensionen*, vol. 2. Leipzig: Zentralantiquariat der D. D. R.

Lachmayer, F. 1981. 'Legistische Richtlinien als Metanormen des Rechts', in *Gesetzgebung, Kritische Überlegungen zur Gesetzgebungslehre und zur Gesetzgebungstechnik*, edited by G. Winkler and B. Schilcher. Vienna: Springer.

Lalande, A. 1983. *Vocabulaire technique et critique de la philosophie*, 14th edn. Paris: P. U. F.

Laplantine, F. 1999. *Je, nous et les autres. Etre humain au-delà des appartenances*. Paris: Le Pommier.

Largeault, J. 1971. *Enquête sur le nominalisme*. Paris and Louvain: Nauwelaerts.

Laurent, F. 1882. *Avant-projet de revision du code civil*, vol. 1. Brussels: Bruylant.

Leff, G. 1956. 'The Fourteenth Century and the Decline of Scholasticism', *Past and Present*, 9: 30-41.

Leibniz, G. W. 1953. *Discourse on Metaphysics*, translated by P. G. Lucas and L. Grint. Manchester: Manchester University Press.

Lindbeck, G. 1959. 'Nominalism and the Problem of Meaning as Illustrated by Pierre D'Ailly on Predestination and Justification', *Harvard Theological Review*, 52: 43-60.

Linde, H. 1975-76. 'Due Process of Lawmaking', *Nebraska Law Review*, 55: 197-255.

Llewellyn, K. 1960. *The Common Law Tradition: Deciding Appeals*. Boston: Little, Brown and Comp.

Lloyd, D. 1981. *The Idea of Law*. London: Penguin.

Lloyd, H. A. 1997. 'Le constitutionalisme', in *Histoire de la pensée politique moderne 1450-1700*, edited by J. H. Burns, translated by J. Ménard and C. Sutte. Paris: P. U. F., pp. 230-69.

Locke, J. 1963a. *The Works of John Locke*. Aalen: Scientia Verlag.

——1963b. *A Letter Concerning Toleration, Being a Translation of the Epistola de Tolerantia*, in Locke 1963a: vol. 6.

——1963c. *Two Treatises of Government*. Second Treatise, in Locke 1963a: vol. 5.

Lorraine, D. and Stolleis, M. 2008. *Natural Law and Laws of Nature in Early Modern Europe: Jurisprudence, Theology, Moral and Natural Philosophy*. Aldershot: Ashgate.

Löwith, K. 1970. *Meaning in History: The Theological Implications of the Philosophy of History*. Chicago, IL: Chicago University Press.

Lucas, J. R. 1966. *The Principles of Politics*. Oxford: Clarendon Press.

Luhmann, N. 1974. *Grundrechte als Institution. Ein Beitrag zur politischen Soziologie*, 2nd edn. Berlin: Duncker & Humblot.

——1981. 'Gerechtigkeit in den Rechtssystemen der modernen Gesellschaft', in *Ausdifferenzierung des Rechts. Beiträge zur Rechtssoziologie und Rechtstheorie*. Francfort on Main: Suhrkamp, 374-418.

——1983. *Legitimation durch Verfahren*, 3rd edn. Frankfurt am Main: Suhrkamp.

McCord Adams, M. 1987. *William Ockham*, vol. 1. Notre Dame, IN: Notre Dame University Press.

MacCormick, N. 1978. *Legal Theory and Legal Reasoning*. Oxford: Clarendon Press.

——1981. *H. L. A. Hart*. London: Arnold.

——1983. 'Contemporary Legal Philosophy: The Rediscovery of Practical Reason', *Journal of Law and Society*, 10: 1-18.

——1984. 'Coherence in Legal Justification', in *Theorie der Normen. Festgabe für Ota Weinberger zum 65. Geburstag*, edited by W. Krawietz et al. Berlin: Duncker & Humblot, pp. 37-55.

——1989. 'The Ethics of Legalism', *Ratio Juris*, 2: 184-93.

——1999. 'My Philosophy of Law', in *The Law in Philosophical Perspectives. My Philosophy of Law*, edited by L. J. Wintgens. Dordrecht: Kluwer, pp. 121-45.

Maine, H. S. 1834. *Ancient Law. Its Connection with the Early History of Society, and Its Relation to Modern Ideas*. New York: Henry Holt.

Marsilius of Padua, 2001. *Defensor Pacis*, translated by A. Gewirth. New York: Columbia University Press.

Mead, G. H. 1962. *Mind, Self & Society from the Standpoint of a Social Behaviorist*, edited by C. W. Morris. Chicago, IL and London: University of Chicago Press.

——1972. *Philosophy of the Act*, edited by C. W. Morris et al. Chicago, IL: University of Chicago Press.

——1980. *The Philosophy of the Present*, edited by A. E. Murphy. Chicago, IL: University of Chicago Press.

Mecke, C. -E. 2008. 'Objektivität in Recht und Rechtswissenschaft bei G. F. Puchta und R. v. Jhering', *Archiv für Rechts- und Sozialphilosophie*, 94: 147-68.

——2009. 'Puchtas und Jherings Beiträge zur heutigen Theorie der Rechtswissenschaft', *Archiv für Rechts- und Sozialphilosophie*, 95: 540-62.

Meijer, K. J. and MacFarlane, D. R. 1996. 'Statutory Coherence and Policy implementation: The Case of Family Planning', *Journal of Public Policy*, 15: 281-98.

Miaille, M. 1976. *Une introduction critique au droit*. Paris: Maspero.

Michaelis, J. D. 1973. *Raisonnement über die protestantischen Universitäten in*

Deutschland [1768], vol. 1. Aalen: Scientia Verlag.

Michalski, C. 1927. *Les courants critiques dans la philosophie du XIVe siècle*. Krakow: Imprimerie de l'Université.

Mill, J. S. 1989. 'On Liberty', in *On Liberty and Other Writings*, edited by S. Collini. Cambridge: Cambridge University Press, pp. 1-115.

Modell, A. H. 1993. *The Private Self*. Cambridge, MA: Harvard University Press.

Mohnhaupt, H. 2003a. *Prudentia Legislatoria. Fünf Schriften über die Gesetzgebungsklugheit aus dem 17. und 18. Jarhhundert*. Munich: Beck.

——2003b. '"Prudentia"—Lehren in 17. und 18. Jahrhundert', in *Ins Wasser geworfen und Ozeane durchquert. Festschrift für K. W. Nörn.* edited by M. Ascheri. Cologne: Böhlau Verlag, pp. 617-32.

Mollnau, K. A. 1989. 'The Contributions of Savigny to the Theory of Legislation', *American Journal of Comparative Law*, 37: 81-93.

Moody, E. A. 1935. *The Logic of William of Ockham*. London: Sheed & Ward.

——1958. 'Empiricism and Metaphysics in Medieval Philosophy', *Philosophical Review*, 67: 145-63.

Morrison, K. F. 1960. *Tradition and Authority in the Western Church 300 - 1140*. Princeton, NJ: Princeton University Press.

Müller, F. 1996. *Discours de la méthode juridique*, translated by O. Jouanjan. Paris: P. U. F.

Murphy, J. W. 1992. 'Reason, Bounded Rationality, and the Lebenswelt: Socially Sensitive Decision Making', *American Journal of Economics and Sociology*, 51: 293-304.

Noll, P. 1972. 'Von der Rechtsprechungswissenschaft zur Gesetzgebungswissenschaft', in *Rechtstheorie als Grundlagenwissenschaft der Rechtstheorie. Jahrbuch für Rechtssoziologie und Rechtstheorie*, edited by H. Albert, N. Luhmann et al. Dusseldorf: Bertelsmann, pp. 524-41.

——1973. *Gesetzgebungslehre*. Reinbeck (Hamburg): Rohwolt. Novak, D. 2000. 'Law: Religious or Secular', *Virginia Law Review*, 68: 569-96.

Nowak, L. 1969. 'De la rationalité du législateur comme élément de l'interprétation juridique', *Logique et Analyse*, 12: 65-86.

Oberman, H. A. 1960. 'Some Notes on the Theology of Nominalism With Attention to its Relation to the Renaissance', *Harvard Theological Review*, 53: 47-76.

——1978. 'Fourteenth-Century Religious Thought: A Premature Profile', *Speculum*, 53: 80-93.

Ockham, G. 1967. *Scriptum in Liber Primum Sententiarum Ordinatio. Prologus et Distinctio Prima*, edited by G. Gal and S. Brown. St. Bonaventure, NY: Franciscan Institute, St. Bonaventure University.

——1970. *Scriptum in Librum Primum Sententiarum Distinctiones II-III*, edited by S. Brown and G. Gal. St. Bonaventure, NY: Franciscan Institute, St. Bonaventure University.

——1974. *Summa Logicae*, edited by G. Gal and S. Brown. St. Bonaventure, NY: Franciscan Institute, St. Bonaventure University.

——1977. *Scriptum in Librum Primum Sententiarum Ordinatio Distinctiones IV-XVIII*, edited by G. I. Etzkorn. St. Bonaventure, NY: Franciscan Institute, St. Bonaventure University.

——1981. *Quaestiones in Librum Secundum Sententiarum (Reportatio)*, edited by G. Gal and R. Wood. St. Bonaventure, NY: Franciscan Institute, St. Bonaventure University.

——1984. *Quaestiones Variae*, edited by G. I. Etzkorn et al. St. Bonaventure, NY: Franciscan Institute, St. Bonaventure University.

Ost, F. 1978. 'L'interprétation logique et systématique et le postulat de la rationalité du législateur', in van de Kerchove 1978a: 97-184.

——and Lenoble, J. 1980. *Droit, mythe et raison. Essai sur la dérive mythologique de la rationalité juridique*. Brussels: Publications des Facultés universitaires Saint-Louis.

——and van de Kerchove, M. 1987. *Jalons pour une théorie critique du droit*. Brussels: Publications des Facultés universitaires Saint-Louis.

Ozment, S. 1974. 'Mysticism, Nominalism, and Dissent', in *The Pursuit of Holiness in Late Medieval and Renaissance Religion*, edited by C. Trinkaus and H. A. Oberman. Leiden: Brill, pp. 67-92.

Paquier, J. 1927. 'Luther', in Vacant et al. 1903-46, vol. 9, pp. 1146-335.

Pegis, A. 1944. 'Concerning William of Ockham', *Traditio: Studies in Ancient and Medieval History, Thought and Religion*, 2: 465-80.

Percy, W. 1956. 'Symbol as Hermeneutic', *Existentialism. Philosophy and Phenomenological Research*, 16: 522-30.

——1958. 'Symbol, Consciousness, and Intersubjectivity', *Journal of Philosophy*, 55: 631-41.

Perelman, C. 1950. 'La quête du rationnel', *Dialectica*, 14: 135-42.

——1970a. *Le champ de l'argumentation*. Brussels: Presses University Bruxelles.

——1970b. 'De la temporalité comme caractère de l'argumentation', in Perelman 1970a: pp. 41-63.

——1970c. 'L'idéal de rationalité et la règle de justice', in Perelman 1970a: pp. 287-301.

——1970d. 'La conception de la recherche scientifique de M. Polanyi', in Perelman 1970a: pp. 344-52.

——1970e. 'Méthodologie scientifique et philosophie ouverte', *Revue Internationale de Philosophie*, 24: 623-8.

——1972a. *Justice et raison*, 2nd edn. Brussels: Editions de l'Université de Bruxelles.

——1972b. 'De la justice', in Perelman 1972a: pp. 1-80.

——1972c. 'De la méthode analytique en philosophie', in Perelman 1972a: pp. 81-94.

——1972d. 'Raison éternelle, raison historique', in Perelman 1972a: pp. 95-103.

——1972e. 'Le rôle de la décision dans la théorie de la connaissance', in Perelman 1972a: pp. 121-31.

——1972f. 'Rapports théoriques de la pensée et de l'action', in Perelman 1972a: pp. 175-83.

——1972g. 'Ce qu'une réflexion sur le droit peut apporter au philosophe', in Perelman 1972a: pp. 244-55.

——1976a. *Droit, morale et philosophie*, 2nd edn. Paris: Librarie générale de droit et de jurisprudence.

——1976b. 'Cinq leçons sur la justice', in Perelman 1976a: pp. 15-66.

——1976c. 'Désaccord et rationalité des décisions', in Perelman 1976a: pp. 161-7.

——1976d. 'Ce que le philosophe peut apprendre par l'étude du droit', in Perelman 1976a: pp. 191-202.

——1984a. *Le raisonnable et le déraisonnable en droit. Au-delà du positivisme juridique*. Paris. Librairie générale de droit et de jurisprudence.

——1984b. 'Ontologie juridique et sources du droit', in Perelman 1984a: pp. 34-43.

——1984c. 'La sauvegarde et le fondement des droits de l'homme', in Perelman 1984: pp. 49-55.

——1984d. 'A propos de l'idée d'un système de droit', in Perelman 1984a: pp. 68-74.

——1984d. 'La motivation des décisions de justice, essai de synthèse', in Perelman 1984a: pp. 112-23.

——and Olbrechts-Tyteca, L. 1976. *Traité de l'argumentation. La nouvelle rhétorique*, 3rd edn. Brussels: Editions de l'Université de Bruxelles.

Pernoud, M. A. 1970. 'Innovation in William of Ockham's References to the "Potentia Dei"', *Antonianum*, 45: 65-97.

Piper, A. M. S. 1986. 'Instrumentalism, Objectivity, and Moral Justification', *American Philosophical Quarterly*, 23: pp. 373-81.

Planiol, M. 1909. *Traité élémentaire de droit civil*, vol. 2, 5th edn. Paris.

Plato, 1943. *Euthyphro; Apology; Crito, Phaedro; Phaedrus*, edited by H. N. Fowler. Cambridge, MA: Harvard University Press.

——1946. *The Republic*, books VI-X, translated by P. Shorey. Cambridge, MA: Harvard University Press.

Polin, P. 1971. *La politique de la solitude. Essai sur J. -J. Rousseau*. Paris: Sirey.

Popper, K. R. 1966. *The Open Society and its Enemies*, vol. 1, The Spell of Plato, 5th edn. London: Routledge.

——1974. 'The Bucket and the Searchlight: Two Theories of Knowledge', in *Objective Knowledge. An Evolutionary Approach*. Oxford: Clarendon Press, pp. 341-61.

Pringsheim, F. 1944. 'The Unique Character of Classical Roman Law', *The Journal of Roman Studies*, 34: 60-64

Puchta, G. F. 1845. *Cursus der Institutionen*, book I, *Encyclopaedie*, 2nd edn. Leipzig: Breitkopf und Härtel.

——1851. ' Über die Perioden in der Rechtsgeschichte', in *Kleine Civilistische Schriften*. Leipzig: Breitkopf und Härtel, pp. 135-48.

Pufendorf, S. 1991. *On the Duty of Man and Citizen According to Natural Law*, edited by J. Tully, translated by M. Silverthorne. Cambridge: Cambridge University Press.

——1994a. *The Political Writings of Samuel Pufendorf*, edited by C. L. Carr, translated by M. J. Seidler. Oxford: Oxford University Press.

——1994b. ' Elements of Universal Jurisprudence in Two Books', in Pufendorf 1994a: pp. 29-92.

——1994c. ' On the Law of Nature and of Nations in Eight Books', in Pufendorf 1994a: pp. 93-268.

Putallaz, F.-X. 1983. ' Autour de la connaissance intuitive des non-existents chez Ockham', *Freiburger Zeitschrift für Philosophie und Theologie*, 30: 447-67.

Rawls, J. 1971. *A Theory of Justice*. Cambridge, MA: Harvard University Press.

——1993. *Political Liberalism*. New York: Columbia University Press.

Raz, J. 1980. *The Concept of a Legal System. An Introduction to the Theory of Legal System*, 2nd edn. Oxford: Clarendon Press.

——1990. *Practical Reason and Norms*. Princeton, NJ: Princeton University Press.

——1992. ' The Relevance of Coherence', *Boston University Law Review*, 72: 273-321.

Reimann, M. 1989-90. ' Nineteenth Century German Legal Science', *Boston College Law Review*, 31: 837-97.

Rescher, N. 1974. ' Foundationalism, Coherentism, and the Idea of Cognitive Systematization', *Journal of Philosophy*, 71: 695-708.

Ricoeur, 1975. ' Phenomenology and Hermeneutics', *Nous*, 9: 85-102.

——1986a. *Du texte à l'action. Essais d'herméneutique II*. Paris: Seuil.

——1986b. ' La fonction herméneutique de la distanciation', in Ricoeur 1986a: pp. 101-17.

——1986c. ' La raison pratique', in Ricoeur 1986a: pp. 237-59.

——1986d. 'L'intersubjectivité selon Husserl contre l'esprit selon Hegel', in Ricoeur 1986a: pp. 288-302.

——1986e. 'Science et idéologie', in Ricoeur 1986a: pp. 303-31.

——1990. Soi-même comme un autre. Paris: Seuil.

Robinson, J. H. 1905. *Readings in European History*. Boston, MA: Ginn.

Rodis-Lewis, G. 1971. 'Descartes a-t-il eu un professeur nominaliste?', *Archives de Philosophie*, 34: 37-46.

Rorty, R. 1979. *Philosophy and the Mirror of Nature*. Princeton, NJ: Princeton University Press.

Ross, A. 1974. *On Law and Justice*. Berkeley and Los Angeles: University of California Press.

Ross, J. F. 1962. 'Suarez on Universals', *Journal of Philosophy*, 59: 737-8.

Rousseau, J.-J. 1997a. 'Of the Social Contract', in *The Social Contract and Other Later Political Writings*, translated by V. Gourevitch. Cambridge: Cambridge University Press, pp. 41-152.

——1997b. 'Discourse on the Origin and Foundations of Inequality Among Men', in *The Discourses and Other Early Political Writings*, translated by V. Gourevitch. Cambridge: Cambridge University Press, pp. 111-88.

Rückert, J. 2004. 'Savigny et la méthode juridique', *Annales de la Faculté de droit de Strasbourg*, 7: 75-95.

Ryle, G. 1988. *The Concept of Mind*. London: Penguin.

Sandel, M. J. 1982. *Liberalism and the Limits of Justice*. Cambridge, MA: Cambridge University Press.

Scheler, M. 1964. 'The Thomist Ethic and the Spirit of Capitalism', *Sociological Analysis*, 25: 4-19.

Schmitt, C. 1934. *Politische Theologie. Vier Kapitel zur Lehre der Souveränität*, 2nd edn. Munich: Duncker & Humblot.

Schneider, H. P. 1966. 'Der Plan einer "Jurisprudentia rationalis" bei Leibniz', *Archiv für Rechts- und Sozialphilosophie*, 52: 553-78.

Schönberger, C. 1997. *Das Parlament im Anstaltstaat. Zur Theorie parlamentarischer Repräsentation in de Staatsrechtslehre des Kaiserreichs (1971-1918)*. Franfurt am

Main: Klostermann.

Schwartz Porzecanski, D. 2004. ' Friendship and the Circumstances of Justice According to Aquinas' , *The Review of Politics*, 66: 35-54.

Scott, T. K. 1969. ' Ockham on Evidence, Necessity, and Intuition' , *Journal of the History of Philosophy*, 7: 27-49.

Sève, R. 1985. ' Discours juridique dans la première moitié du XVIIième siècle. Regards sur la pensée juridique de la France du premier XVIIième siècle' , in *L'Etat Baroque*, edited by H. Méchoulan et al. Paris: Vrin, pp. 119-46.

——1989. *Leibniz et l'école de droit naturel moderne*. Paris: P. U. F.

Shiner, R. 1992. ' Exclusionary Reasons and the Explanation of Behaviour' , *Ratio Juris*, 5: 1-22.

Shklar, J. N. 1986. *Legalism. Law, Morals, and Political Trials*, 2nd edn. Cambridge, MA: Harvard University Press.

Sikes, J. G. 1936. ' A Possible Marsilian Source in Ockham' , *English Historical Review*, 41: 496-504.

Simmonds, N. E. 2001. ' Protestant Jurisprudence and Modern Doctrinal Scholarship' , *Cambridge Law Journal*, 60: 271-300.

Simon, H. A. 1978. ' Rationality as a Process and as a Product of Thought' , *American Economic Review*, 68: 1-16.

——1983. ' Alternative Visions of Rationality' , in *Reason in Human Affairs*. Oxford: Blackwell, pp. 3-35.

——1997. *Models of Bounded Rationality*. vol. 3. *Empirically Grounded Economic Reason*. Cambridge, MA: M. I. T. Press.

Singer, M. 1963. ' Hart's Concept of Law' , *Journal of Philosophy*, 60: 197-220.

Spinoza, B. 1965a. *The Political Works*, edited by A. G. Wernham. Oxford: Clarendon Press.

——1965b. ' A Treatise on Religion and Politics' , in Spinoza 1965a: pp. 50-255.

——1965c. ' A Treatise on Politics' , in Spinoza 1965a: pp. 257-445.

Spitz, E. M. 1984. *Majority Rule*. Chatham: Chatham House.

Stichweh, R. 1984. *Die Entstehung des modernen Systems wissenschaftlicher Disziplinen—Physik in Deutschland 1740-1890*. Franfurt am Main: Suhrkamp.

——1994. 'Motifs et stratégies de justification employés pour fonder la scientificité de la jurisprudence allemande au XIXe siècle', in Amselek 1994: pp. 169-86.

Strauss, L. 1974. *Natural Right and History*. Chicago, IL: Chicago University Press.

Suarez, F. 1856. *De Legibus ac de Deo Legislatore*, in *Opera Omnia*, vol. 5. Paris: Vivès.

——1944. *Selections from Three Works of Francisco Suarez, s. J. De Legibus, ac Deo Legislatore, Defensio Fidei Catholicae, et Apostolicae Adversus Anglicanae Sectae Errores, De Triplici Virtute Theologica, Fide, Spe, et Caritate*, vol. 2, translated by G. L. Williams et al. Oxford: Clarendon (references to this book concern *De Legibus*).

——2003. *Des Lois et du Dieu Législateur*, translated by J.-P. Coujou. Paris: Dalloz.

Summers, R. S. 1977. 'Naive Instrumentalism and the Law', in *Law, Morality, and Society. Essays in Honour of H. L. A. Hart*, edited by P. M. S. Hacker and J. Raz. Oxford: Clarendon Press, pp. 119-31.

Tapper, C. F. H. 1973. 'Powers and Secondary Rules of Change', in *Oxford Essays on Jurisprudence*, Second Series, edited by A. W. B. Simpson. Oxford: Oxford University Press, pp. 242-77.

Taylor, C. 1985a. *Philosophy and the Human Sciences. Philosophical Papers*, vol. 2. Cambridge: Cambridge University Press.

——1985b. 'What's Wrong With Negative Freedom', in Taylor 1985a: pp. 211-29.

——1985c. 'Social Theory as Practice', in Taylor 1985a: pp. 91-115.

——1995a. *Philosophical Arguments*. Cambridge, MA: Harvard University Press.

——1995b. 'Overcoming Epistemology', in Taylor 1995a: pp. 1-19.

——1995c. 'Lichtung or Lebensform', in Taylor 1995a: pp. 61-78.

Thibaut, A. F. J. 1814. *Über die Notwendigkeit eines allgemeinen bürgerliches Rechts für Deutschland*. Heidelberg: Mohr und Zimmer.

Thomasius, C. 2003. 'Vorlesungen über die Gesetzesklugheit [1740]', in Mohnhaupt 2003a,: pp. 95-215.

Tierney, B. 2002. 'Natural Law and Natural Rights. Old Problems and Recent Approaches', *Review of Politics*, 64: 389-406.

Tornay, S. C. 1936. 'William of Ockham's Nominalism', *Philosophical Review*, 45:

245-67.

Toulmin, S. 1990. *Cosmopolis: The Hidden Agenda of Modernity*. New York: Free Press.

——2001. *Return to Reason*. Cambridge, MA: Harvard University Press.

Ullmann, W. 1955. *The Growth of Papal Government in the Middle Ages: A Study in the Ideological Relation of Clerical to Lay Power*. London: Methuen.

——1975. *Law and Politics in the Middle Ages. An Introduction to the Sources of Medieval Political Ideas*. Cambridge: Cambridge University Press.

——1979. *Medieval Political Thought*. London: Penguin.

Unger, R. M. 1987. *Social Theory: Its Situation and Its Task. A Critical Introduction to Politics, a Work in Constructive Social Theory*. Cambridge: Cambridge University Press.

Vacant, A. et al. 1903-46. *Dictionnaire de théologie catholique*. Paris: Letouzey & Ané.

van de Kerchove, M. 1978a. *L'interprétation en droit. Approche pluridisciplinaire*, edited by M. van de Kerchove. Brussels: Publications des Facultés universitaires Saint-Louis.

——1978b. 'La doctrine du sens clair des textes et la jurisprudence de la Cour de Cassation de Belgique', in van de Kerchove 1978a: pp. 13-50.

——and Ost, F. 1988. *Le système jurique entre ordre et désordre*. Paris: P. U. F.

Van Gerven, W. 1973. *Het beleid van de rechter*. Antwerp: Standaard Wetenschappelijke Uitgeverij.

Van Hoecke, M. 1988. *Norm, Kontext und Entscheidung. Die Interpretationsfreiheit des Richters*. Louvain and Amersfoort: Acco.

Van Mill, D. 2001. *Liberty, Rationality, and Agency in Hobbes' Leviathan*. Albany: State University Press of New York.

Van Steenberghen, F. 1966. *La philosophie au XIIIième siècle*. Paris and Louvain: Nauwelaerts.

Viandier, A. 1988. *Recherche de légistique comparée*. Berlin: Springer.

Viehweg, T. 1965. *Topik und Jurisprudenz*, 3rd edn. Munich: Beck.

Vignaux, P. 1931. 'Nominalisme', in A Vacant et al. 1903-46: vol. 11: pp. 717-

84.

——1948. *Nominalisme au XIième siècle*. Montreal: Institut d'Etudes médiévales.

Villey, D. 1958-59. 'Notes de philosophie économique' (unpublished classnotes).

Villey, M. 1942. *La croisade. Essai sur la formation d'une théorie juridique*. Paris: Vrin.

——1961. 'Les fondateurs de l'école du droit naturel moderne au XVIIième siècle. Notes de lecture', *Archives de Philosophie du droit*, 6: 73-105.

——1962. 'Abrégé du droit naturel classique', in *Leçons d'histoire de la philosophie du droit*. Paris: Dalloz, pp. 109-65.

——1989. 'Le droit dans les choses', in *Controverses autour de l'ontologie du droit*, edited by P. Amselek and C. Grzegorczyck. Paris: P. U. F., pp. 11-26.

——2003. *La formation de la pensée juridique moderne*, 2nd edn. Paris: P. U. F.

von Gerber, C. F. W. 1851. *Zur Karakteristik der Deutschen Rechtswissenschaft*. Tübingen: Laupp & Siebeck.

——1880. *Grundzüge des Deutschen Staatsrechts*. Leipzig: Tauchnitz.

von Jhering, R. 1857. 'Unsere Aufgabe', *Jahrbücher für die Dogmatik des heutigen römischen und deutschen Privatrechts*, 1: 1-52.

——1968. *Geist des römischen Rechts auf den verschiedenen Stufen seiner Entwicklung*, 9th edn. Aalen: Scientia Verlag.

von Savigny, F. C. 1815a. 'Rezension von Gönner Ueber Gesetzgebung und Rechtswissenschaft unserer Zeit', *Zeitschrift für geschichtliche Rechtswissenschaft*, 1: 373-423.

——1815b. 'Über den Zweck dieser Zeitschrift', *Zeitschrift für geschichtliche Rechtswissenschaft*, 1: 1-17.

——2002. *On the Vocation of Our Age for Legislation and Jurisprudence*, translated by A. Hayward. Union, NJ: The Lawbook Exchange.

Waaldijk, C. 1994. *Motiveringsplichten van de wetgever*. Lelystad: Koninklijke Vermande.

Waldron, J. 1999. *Law and Disagreement*. Oxford: Oxford University Press.

——2000. '"Transcendental Nonsense" and System in the Law', *Columbia Law Review*, 100: 16-53.

Warrender, H. 1962. 'Obligations and Rights in Hobbes', *Philosophy*, 37: 352-75.

Watt, J. A. 1993. 'Pouvoir spirituel et pouvoir temporel', in *Histoire de la pensée politique médiévale 350-1450*, edited by J. H. Burns and translated by J. Ménard. Paris: P. U. F., pp. 347-99.

Weber, M. 1964. *The Theory of Social and Economic Organisation*, edited by A. M. Henderson, translated by T. Parsons. New York: Free Press.

——1992. *The Protestant Ethic and the Spirit of Capitalism*, translated by T. Parsons. London: Routledge.

Wellschmied, K. 1952. 'Zur Inleidinge tot de Hollandsche Rechts-Geleerdheid des Hugo Grotius', *Tijdschrift voor Rechtsgeschiedenis*, 20: 389-440.

Welzel, H. 1962. *Naturrecht und Materiale Gerechtigkeit*, 4th edn. Göttingen: Vandenhoeck & Ruprecht.

Wieacker, F. 1995. *The History of Private Law in Europe With Particular Reference to Germany*, translated by T. Weir. Oxford: Clarendon Press.

Wilhelm, W. 2003. *Zur juristischen Methodenlehre im 19. Jahrhundert. Die Herkunft der Methode Paul Labands aus der Privatrechtswissenschaft*, 2nd edn. Frankfurt am Main: Klostermann.

Wilks, M. 1963. *The Problem of Sovereignty in the Late Middle Ages: the Papal Monarchy with Augustinus Triumphus and the Publicists*. Cambridge: Cambridge University Press.

Winch, P. 1965. 'Universalisability of Moral Judgments', *The Monist*, 49: 198-214.

——1990. *The Idea of a Social Science and its Relation to Philosophy*, 2nd edn. London: Routledge.

Windscheid, B. 1904. 'Die Geschichtliche Schule in der Rechtswissenschaft', in *Gesammelte Reden und Abhandlungen*. Leipzig: Duncker & Humblot.

Wintgens, L. J. 1991a. 'Law and Morality: a Critical Relation', Ratio Juris, 4: 177-201.

——1991b. *Rechtspositivisme en wetspositivisme. Een rechtstheoretische en rechtsfilosofische analyse*. Brussels: Story-Scientia.

——1992. 'Possibilités et limites du langage libéral', *Archives de Philosophie du droit*, 37: 205-26.

——1993. 'Rhetoric, Reasonableness, and Ethics. An Essay on Perelman', *Argumentation*, 7: 451-60.

——2000. *Droit, principes et théories. Pour un positivisme critique*. Brussels: Bruylant.

——2002. *Legisprudence. A New Theoretical Approach to Legislation*. Oxford: Hart Publishing.

——2005. *The Theory and Practice of Legislation: Essays in Legisprudence*. Aldershot: Ashgate.

——2006a. 'Le projet philosophique moderne: l'histoire standard et la *quaestio originis*', in *L'architecture du droit*, edited by D. de Béchillon et al. Paris: Economica, pp. 1003-19.

——2006b. 'Legisprudence as a New Theory of Legislation', *Ratio Juris*, 19: 1-25.

——2007. *Legislation in Context: Essays in Legisprudence*. Aldershot: Ashgate.

——2010. 'Modern Science as Freedom. An Essay on the Mechanisation of the Worldview, Religion, and the Epistemologisation of Philosophy', *Rechtstheorie*, 41: 199-232.

——2011. 'Two Readings of Modernity', *Rechtstheorie*, 42, forthcoming.

——and Lindemans, J.-F. 1986. 'Kelsen et le problème des lacunes dans l'ordre juridique', *Revue Interdisciplinaire d'Etudes Juridiques*, 16: 105-21.

Wittgenstein, L. 1969 *The Blue and Brown Books: Preliminary Studies for the Philosophical Investigations, Generally Known as The Blue and Brown Books*. Oxford: Blackwell.

——1976. *Philosophical Investigations*, translated by G. E. M. Anscombe. Oxford: Blackwell.

Wolter, A. B. 1962. 'The Realism of Scotus', *Journal of Philosophy*, 59: 725-36.

Wood, J. E. 1967. 'Christianity and the State', *Journal of the American Academy of Religion*, 35: 257-70.

Xanthaki, H. 2010. 'Drafting Manuals and Quality of Legislation: Positive Contribution Towards Certainty in the Law or Impediment to the Necessity for Dynamism of Rules?', *Legisprudence. International Journal for the Study of*

Legislation, 4: 111-28.

Zamboni, M. 2007. *The Policy of Law. A Legal Theoretical Framework*. Oxford: Hart Publishing.

Ziembinski, Z. 1970. 'La notion de rationalité du législateur', *Archives de Philosophie du droit*, 23: 175-87.

——1976. *Practical Logic*. Dordrecht: Reidel Publishing.

Zuckerman, C. 1975. 'The Relationship of Theories of Universals to Theories of Church Government in the Middle Ages. A Critique of Previous Views', *Journal of the History of Ideas*, 36: 579-94.

索 引

(页码为原著页码,即本书页边码)

Abelard, P. 阿波拉德 15
absolutes 绝对真理 19
adversarial legalism 对抗性法律主义 265
'all things considered now' clause "现在必须考虑的全部事情"条款 269-71,305-6
alter ego 他我 68-9,106
alternativity, principle of 替代性原则 258,271,275-6,279,281,284,296,298-9,301
 ethical dimensions of 的伦理维度 262-6
 and freedom 与自由 258-62,272,277-8
Amselek, Paul 保罗·安塞莱克 275
anthropological theory 人类学理论 204,207,222
Aquinas, Thomas (and Thomism) 托马斯·阿奎纳(与托马斯主义)11,14,25,57,231
 and the *Decalogos* 十诫 35
 on God 关于上帝 11-12,26,29-31,35,109-10
 on natural law 关于自然法 35,38
 and nominalism 与唯名论 10,38
 and rationalism 与理性主义 36,39
 theory of morality 道德理论 55
argumentation 论辩 102-7,111-12,281
Aristotle and Aristotelianism 亚里士多德与亚里士多德主义 13-15,23,25,160
 and certainty 与确定性 91-2
 and God 与上帝 25,31
 and metaphysics 与形而上学 14,17-18
 and *phronesis* 实践智慧 231
 and the *polis* 与城邦 39-40,120
 and politics 与政治 144
 and rationality 与理性 91-2,102-3
 and truth 与真理 91-2
 and universals 与共相 18
Aubenque, Pierre 皮埃尔·奥本克 92
audiences 观众 102-5,114

Augustine, St 奥古斯丁 21,23
  and God 与上帝 14,30−31
  and Neoplatonic theory 与新柏拉图主义理论 14,18
  see also political Augustinianism 也见政治奥古斯丁主义
Austin, J. 奥斯汀 212−14,271−2,285
autonomy 自主、自治 53,173,257; see also moral autonomy 也见道德自主

Barber, Benjamin 本杰明·巴伯 140
Begriffsjurisprudenz 概念法学 179−82,188,191
Bender, Rolf 罗尔夫·本德尔 81
Bentham, Jeremy 杰里米·边沁 232
Blumenberg, Hans 汉斯·布鲁门伯格 9,151,212,221
Bodin, Jean 让·博丹 212
bounded rationality 有限理性 99,113,268,281,290,292−4,303
Bourdieu, Pierre 皮埃尔·布尔迪厄 82,94−6
Breton, André 安德烈·布勒东 238
Brouwer, P. W. 布劳威尔 241

Calvin, John (and Calvinism) 约翰·加尔文（与加尔文主义）166−7
capitalism 资本主义 9−10
certainty 确定性 13,24,63,71,74−6,237
  for Aristotle 亚里士多德 91−2
  for Descartes 笛卡尔 29,60−67,71,74,93−4,149,173
chain of legitimation 正当化链条 201−2,211−12,214,217−18,220
Christianity 基督教 11−15,18,22−5,30−31,142;
  see also Roman Catholic Church 也见罗马天主教会
'circumstances theories' 情形理论 291−4
civil law 民约法 151,161,169
  and natural law 与自然法 206
  and the sovereign 与主权者 151,201
closed questions 封闭式问题 147−8
cogito, the 我思 3,76,93,96,143
  critique of 的批判 65−72
  for Descartes 笛卡尔 9,59,61−2,64−5,75−7,95,106−7,116−18,130,140−41,143,173,203,236,261
  for Hegel 黑格尔 203
  and knowledge 与知识 117
coherence 融贯性 238−40,242,267
  and the legislator 与立法者 4−5,255
  'level' theory of 的层次理论 4,241−2,254
  principle of 的原则 4,267,269,282,284,302
  see also diachronic coherence; embedded coherence; synchronic coherence; system coherence 也见历时融贯性、内在融贯性、共时融

贯性、系统融贯性
compossibility 共存性 251-2
concrete reality 具体的实在 18
conflict 冲突 78-84, 86-7, 89, 134, 207, 220
 for Hobbes 霍布斯 78-83, 87-9, 136, 142-3, 204, 206, 257
 institutionalisation of 的制度化 204
 and law 与法律 134, 137, 143, 145
 and 'legisprudence' 135
 and meaning 与意义 78, 80-82, 84-5, 88
 and politics 与政治 211
 for Rousseau 卢梭 78-83, 135-6, 143, 257
 and rules 与规则 80, 88-9, 146, 257
 for Unger 昂格尔 142
Conring, H. 康令 231
consciousness 意识 66-8, 70-73, 77, 106
consistency 一致性 238-42
constitutionalism and the constitution 宪制与宪法 145, 287-8, 304-5
Counter-Reformation 反宗教改革 167-8
courtesy 礼貌 123-4
'covenant' theory 社会契约论 44-6, 48
criminology 犯罪学 233

Dabin, Jean 让·达班 285
Dasein 此在 173, 236

Decalogos, the 十诫 35, 38
decisionism 决定论 218
democracy 民主 40, 201-2, 220; see also paradox of democracy 也见民主悖论
depersonalisation 去人格化 99-100
Descartes, René 勒内·笛卡尔 29, 57, 60-61, 74, 96, 98, 107, 110-11
 and argumentation 与论辩 104
 on certainty 关于确定性 29, 60-67, 71, 74, 93-4, 149, 173
 on conflict 关于冲突 78
 on consciousness 关于意识 66-7
 and epistemologised philosophy 与认识论哲学 97, 141, 150
 on freedom 关于自由 11, 57, 107, 116-17, 119, 135
 on God 关于上帝 61-3, 149
 on individualism 关于个人主义 11, 57
 on knowledge 关于知识 61-2, 94
 and modern philosophy 关于现代哲学 2, 11
 on morality 关于道德 107, 116
 and nominalism 与唯名论 11, 59, 61-3, 116, 150
 and normativity 与规范性 118
 Olympian view of 的奥林匹克式观点 69, 268, 288-9, 293
 on prudence 关于审慎 120
 on rationalism 关于理性主义 11, 57

on rationality 关于理性 3, 92-4, 99-105, 107-8, 110-13, 237, 268, 293-4
on realism 关于唯实论 150
on the subject 关于 64-5, 69, 76
on truth 关于真理 61-7, 69, 80-81, 92-4, 105, 146, 149, 160
see also cogito, the diachronic coherence 也见我思,历时融贯性 244-7, 249, 267
division of labour 劳动分工 82, 154
Duguit, Léon 莱昂·狄骥 285
Dumont, Louis 路易斯·杜蒙 172
Duns Scotus, John 约翰·邓斯·司各脱 14-15, 17, 22-4, 31, 35-6
Dworkin, Ronald 罗纳德·德沃金 122-4, 134, 252-3, 270

L'Ecole de l'exégesè 172
ego 自我 66-9, 106-7; see also transcendental ego 也见先验自我
embedded coherence 内在融贯性 252-7
epistemologised philosophy 认识论哲学 64, 74, 96-8, 101, 106-9, 140
 for Descartes 笛卡尔 97, 141, 150
 and law 与法律 175
 and morality 与道德 97-8, 108
 and rationality 与理性 109, 143
 and strong legalism 与强法律主义 140-43, 150
etatism 国家主义 169, 172, 212

and the German Historical School 与德国历史学派 191
and individualism 与个人主义 170
and legality 与合法性 194
and strong legalism 与强法律主义 163, 170, 172
European Union 欧盟 301
'Euthyphro' problem 尤西弗罗问题 12, 22, 39
'exclusionary reasons' theory 排他性理由理论 260-61
executive power 执行权 156
externalisation 外化 100

foundationalism, see representationalism 基础主义,见表象主义
France, codification of law in 法国法典 172, 177-8, 190
freedom 自由 3-4, 25, 39, 199, 202, 204-7, 283-4
 and 'alternativity' principle 与替代性原则 258-62, 272, 277-8
 articulation of 的表达 75-6
 characteristics of 的特征、特点 131, 219
 conceptions of 的概念 124-7, 133, 204, 207, 215, 219, 221-2, 225, 227-8, 256, 258-9, 274, 280, 297
 for Descartes 笛卡尔 11, 57, 107, 116-17, 119, 135
 as distance 作为距离 135-8

and God 与上帝 25, 32, 36, 38, 57, 110, 115, 125, 159
for Hobbes 霍布斯 126-7, 132-5, 202, 204-7, 210, 223
for Kant 康德 53, 56, 132-4, 198
and individualism 与个人主义 115, 120
and the law 与法律 133-4, 137, 227, 257-8
legal framework of 的法律框架 131-4
and legitimation 与正当化 200, 220-21, 258, 266, 276
limitations on 的限制 126, 199-201, 207, 210, 219-21, 224-5, 228-9, 256, 258-61, 278, 297
meaning of 的意义 128-9
and morality 与道德 272-3
normative dimensions of 的规范性维度 127-30, 280
and political space 与政治领域 215
politics of 的政治 47-9
and rationalism 与理性主义 115, 118
and reflexivity 与自反性 129-31, 199
for Rousseau 卢梭 121, 202, 204, 206-7, 210, 223
and rules 与规则 272
social dimension of 的社会维度 268
and the sovereign 与主权者 126, 219, 223
and the subject 与主题 109, 206, 221-2

Friedman, Lawrence 劳伦斯·弗里德曼 217-18
Fuller, Lon 朗·富勒 225-7, 280-81, 305-6

Gagner, Sten 斯登·加格纳 232
Galileo 伽利略 80, 146, 174
geometry 几何学 100-101, 174
Gerber, Carl Friedrich von 卡尔·弗里德里希·冯·加贝尔 182-6, 188-9
German Historical School 德国历史学派 179, 183-6, 187-9
  and etatism 与国家主义 191
  and legal science 与法律科学 172-3, 181, 187-9, 194
  and Roman law 与罗马法 182, 187
Germany, codification of law in 德国法典 177-8
Gianformaggio, L. 吉安弗马乔 241
God 上帝 14, 16-17, 20-21, 29-30, 33-4, 38, 57-8, 60
  for Aquinas 阿奎纳 11-12, 26, 29-31, 35, 109-10
  for Aristotle 亚里士多德 25, 31
  for Augustine 奥古斯丁 14, 30-31
  for Descartes 笛卡尔 61-3, 149
  existence of 的存在 18, 61-2
  and freedom 与自由 25, 32, 36, 38, 57, 110, 115, 125, 159
  and the laws of nature 与自然法 121, 213

and nominalism 与唯名论 13-14,21, 25,29,32,59,109-10,115,120
and the papacy 与教皇 163,165
and the sovereign 与主权者 213
and universals 与共相 19-20,26,31, 35,40,115,199
veracity of 的真实性 61-2,141,149
see also omnipotence of God 也见上帝全能
Grotius, Hugo 胡果·格劳秀斯 50, 174-6
Grua, G. 格鲁阿 176

Habermas, Jürgen 尤尔根·哈贝马斯 72,105
Hart, H. L. A. 哈特 79,170,213,225- 6,228,274-5
　and rules 与规则 86,260,271,285, 287
　and the theory of natural law 与自然法理论 291
heap theory 砖堆理论 247,250,254
Hegel, Georg Wilhelm Friedrich 格奥尔格·威廉·弗里德里希·黑格尔 59,171-2,179,182-3,203
Heidegger, Martin 马丁·海德格尔 96- 8,101,149,173,236
Hobbes, Thomas 托马斯·霍布斯 41- 3,57,120-21,142,144,146,171-2, 201
　on anthropological theory 关于人类学理论 204,207,222
　on civil law 关于民约法 169
　on conflict 关于冲突 78-83,87-9, 136,142-3,204,206,257
　on the covenant 关于契约 45-6,48
　on freedom 关于自由 126-7,132-5, 202,204-7,210,223
　on judicial positivism 关于法律实证主义 84
　on the laws of nature 关于自然法 44, 127,151-2,169,197,203,219
　on morality 关于道德 83-4,134, 204,263
　and nominalism 关于唯名论 41-2, 45,48,78,127,205,262
　on political rights 关于政治权利 208, 210
　on political society 关于政治社会 47
　on religion 关于宗教 169
　on rules 关于规则 259
　on the self 关于自我 89
　on the social contract 关于社会契约 162,175,197,204,210,262
　on the sovereign 关于主权者 130, 152,202,207-8,214,219
　on sovereignty 关于主权 168,213-14
　on the state 关于国家 97,169,257
　on strong legalism 关于强法律主义 141
Hohfeld, W. N. 霍菲尔德 284
Hollis, Martin 马丁·霍利斯 147

'horizontal' obligations 横向义务 35
Horwitz, Morton 莫顿·霍维茨 190-91
human nature 人的本性、人性 34,38,50
Hume, David 大卫·休谟 143,291
Hunyadi, Mark 马克·洪雅迪 84,87
Husserl, Edmund 埃德蒙德·胡塞尔 66-73,76,106-7
 and Cartesian rationality 与笛卡尔理性 99-101
 and normativity 与规范性 109

'I' 主我 71-2,75-7,104,130
idealisation 理想化 100,106
individualism 个人主义 3-4,11,42,59
 for Descartes 笛卡尔 11,57
 and etatism 与国家主义 170
 and freedom 与自由 115,120
 and rationalism 与理性主义 115
institutionalisation 制度化 194,204
instrumentalism 工具主义 157-60,190-91,216,259
 and law 与法律 160-63
 and strong legalism 与强法律主义 158-9,172,225,264-5,277
internal morality 内在道德 280
intersubjectivity 主体间性 66-7,69,72-3,76,100,106-7,109,130

Jhering, Rudolf von 鲁道夫·冯·耶林 183,188-9,284-6
judgment and the judge 判决与法官 137-8,217-18,235
 and coherence 与融贯性 255
 and discretion 与自由裁量权 280
 and legal theory 与法律理论 1-2
 and legalism 与法律主义 140,217
 and legislation 与立法 217-18,235,255,267
 and rules 与规则 146
judicial positivism 法律实证主义 84
jurisprudence 法理学 1,176-7,179,185,187,231-2,241,254-5,271
 and legislation 与立法 292
juries 评委会 85-7
jusnaturalism 自然主义
 and legitimation 与正当化 212
 and theories of law 法律理论 196-7,200
justice 正义 122-4,162,224
 and 'legisprudence' 与立法法理学 297

Kagan, Robert 罗伯特·卡根 265
Kant, Immanuel (and Kantianism) 伊曼努尔·康德(与康德主义) 24,50-56,68,108,130
 on autonomy 关于自主 53
 on freedom 关于自由 53,56,132-4,198
 on legalism 关于法律主义 54,56,58,194
 on metaphysics 关于形而上学 24

and modern philosophy 与现代哲学 52,56

on morality 关于道德 52-6,97,121

and nominalism 与唯名论 52

and normativity 与规范性 52,54

on the social contract 关于社会契约 171,198,262

on the sovereign 关于主权者 213-15

synthesis of philosophy 哲学的综合性 24

and transcendental ego 与先验自我 107

and transcendental philosophy 与先验哲学 15,107

Kelsen, H. 凯尔森 237,271-6,293,304

Knowledge 知识 34,60,74,107-8,149

and the cogito 与我思 117

for Descartes 笛卡尔 61-2,94

for Husserl 胡塞尔 66

and mathematics 与数学 268

of reality 的实在 95-6,149

and religion 与宗教 52

Kornhauser, L. A. 康豪瑟 241

Kress, K. J. 克雷斯 241

Laband, Paul 保罗·拉班德 183,186-8

Lalande, A. 拉兰德 241

language games 语言游戏 122

law 法律 50,150

and conflict 与冲突 134,137,143,145

definition of 的定义 35

and epistemologised philosophy 与认识论哲学 175

and freedom 与自由 133-4,137,227

and the German Historical School 与德国历史学派 185-6

and instrumentalism 工具主义 160-63

and legislation 与立法 176,180,185

legitimacy of 的正当性 193-7

moralisation of 的道德化 35

and morality and 与道德以及 83,273,281

as a natural science 作为一种自然科学 183

purposes of 的目的 226

rule characteristic of 的规则特性 224

rule of 的规则 145

separation from politics 从政治中分离 143-7,190

and the sovereign 与主权者 88,156,170,205

and the state 与国家 177

and strong legalism 与强法律主义 225

theories of 的理论 196,273

timelessness of 的永恒性 153-5,189-90

law-making 法律制定 1,6,234

laws of nature 自然法 41-2,44,46-8,
87-8,209
  and God 与上帝 121,213
  for Hobbes 霍布斯 44,127,151-2,
    169,197,203
  and mathematics 与数学 175
  for Rousseau 卢梭 121
  and the sovereign 与主权者 127,151,
    201,205
  and the theory of the covenant 与契约
    理论 44-6
legal science 法律科学 177,180-81,
  183-6,189,253-4
  formalism of 的形式主义 191
  and the German Historical School 与
    德国历史学派 172-3,181,187-
    9,194
  and natural science 与自然科学 188
  and Roman law 与罗马法 175-6,
    181,191
  and strong legalism 与强法律主义
    188,194
legal system 法律系统 1,137,234,237,
  240-41
  and living concepts 与活的概念 189
  and morality 与道德 226-7
  purposes of 的目的 226-7
legal theory 法律理论 1-2,6,170,215,
  260,287,293
legalism 法律主义 2,57,142,189
  characteristics of 的特征 4,9,139,
    217
  and instrumentalism 与工具主义 158
  and the judge 与法官 217
  for Kant 康德 54,56,58,194
  and metaphysics 与形而上学 35
  and nominalism 与唯名论 110
  and normativity 与规范性 24
  and positivism 与实证主义 9-10,185
  and reality 与实在 152
  for Shklar 施克莱 39,57,193
  for Suarez 苏亚雷兹 37,39
  for Weber 韦伯 9,217
  see also adversarial legalism; strong
    legalism 也见对抗性法律主义、强
    法律主义
legality 合法性 9,51,193-4
legislation 立法 137,195,217,232-5,
  257
  'all things considered now' clause
    "现在必须考虑的全部事情"条款
    269-71,305-6
  and bounded rationality 与有限理性
    293-4
  and conflict 与冲突 134
  and freedom 与自由 257-8
  and jurisprudence 与法理学 292
  and law 与法律 176,180,185
  and legal theory 与法律理论 1-2,
    287
  norms of 的规范 236,240
  and obsoleteness 与过时 269

and political space 与政治领域 198
practical reason in 中的实践理性 235
and prudence 与审慎 232
and rationality 与理性 288,298,306-7
and rules 与规则 3
theory of 的理论 4,234,250
and time 与时间 155-7,267
legislators 立法者 137,156-7,195
and coherence 和融贯性 4-5,255
duties of 的责任 299-307
and freedom 与自由 257-8
and the judges 与法官 217-18,235,255,267
for Kant 康德 53
and legal theory 与法律理论 1-2
and 'legisprudence' 与立法法理学 294-307
and legitimation 与正当化 196,204
and positivism 与实证主义 182
rationality of 的理性 214,289
and strong legalism 与强法律主义 140
'legisprudence' 立法法理学 1-3,84
and alternativity 与替代性 258
and bounded rationality 与有限理性 293
and conflict 与冲突 135
definition of 的定义 231,233-5
and the duties of the legislator 与立法者的责任 294-307

principles of 的原则 4-6,137,279-82,295,304
and rational legislation 与有限理性 232,241,293,298
and the theory of justice 与正义理论 297
and the trade-off model of legitimation 与正当化的权衡模式 219
legitimacy 正当性 4,35,145-6,198,269-70
and law 与法律 193-7
and legitimation 与正当化 270
and the social contract 与社会契约 198
and strong legalism 与强法律主义 196,270
for Weber 韦伯 9
legitimation 正当化 4,145,199-200,203,296
and jusnaturalism 与自然主义 212
and the legislator 与立法者 196
procedural theory of 的程序理论 221
and the social contract 与社会契约 201,211
and theories of law 与法律理论 196-7
see also chain of legitimation; proxy theory of legitimation; trade-off model of legitimation 也见正当化链条、正当化的委托理论、正当化的权衡模式

Leibniz, Gottfried Wilhelm 戈特弗里德·威廉·莱布尼茨 175-6, 178, 184
lex aeterna 永恒法 11-12, 14, 29-31, 33, 38, 109-10
lex divina 神法 11, 30, 33
lex naturalis 自然法 30
lex regia 王位法 197
Locke, John 约翰·洛克 41, 166, 168, 197-8, 224, 285
Lombardus, P. 隆巴 22
Löwith, Karl 卡尔·洛维特 9
Luhmann, Niklas 尼古拉斯·卢曼 94, 144
Luther, Martin (and Lutheranism) 马丁·路德(与路德派) 166

MacCormick, N. 麦考米克 83
majority rule 多数规则 162, 170, 214, 268-9
Marx, Karl 卡尔·马克思 82
mathematics 数学 98-9, 102, 106, 112, 183
  and externalisation 与外化 100
  and infinity 与无限 173
  and knowledge 与知识 268
  and the laws of nature 与自然法 175
  and philosophy 与哲学 101, 161, 173-5
  and natural science 与自然科学 159-60, 173

naturalisation of 的本质化 97
systems of 的系统 97
'me' 客我 71-2, 75-7, 104, 130
Mead, George Herbert 乔治·赫伯特·米德 67-76, 104, 106-7, 130, 135
meaning 意义 19, 42-8, 65-6, 70-74, 76-7 86, 89, 95, 106
  and conflict 与冲突 78, 80-82, 84-5, 88
  and words 与词语 42
metaphysics 形而上学 14-17
  for Aristotle 亚里士多德 14, 17-18
  and Christianity 与基督教 11-12
  for Kant 康德 24
  and legalism 与法律主义 35
  and nominalism 与唯名论 11-13, 35, 38, 115, 158, 161
  and normativity 与规范性 115
  theory of 的理论 115
Michaelis, Johann David 约翰·大卫·米夏埃利斯 232
Mill, John Stuart 约翰·斯图尔特·密尔 168
modern philosophical project 现代哲学研究 57, 72, 91, 94-9, 103, 107, 116, 135, 153
  and autonomy 与自主 173
  and cosmology 与宇宙论 159
  framework of 的框架 115
  for Kant 康德 52, 56
  and mathematics 与数学 101, 161

metaphysical dimension of 的形而上学维度 236
and political space 与政治领域 201
separation from theology 从神学中分离 168
and the sovereign 与主权者 216
and strong legalism 与强法律主义 143, 172, 268
and the subject 与主体 106, 109
tenets of 的信条 268
and unlimited space 与无限的空间 159
and values 与价值 160
monarchy 君主制 40, 213
moral autonomy 道德自主 3, 84, 220–21, 223, 226
moral duty 道德责任 55–6, 121, 127, 171, 205, 213
moral law 道德法 42, 56
moral obligations 道德义务 35, 51
morality 道德性 32, 34, 37, 39, 50, 108, 119–21
  for Descartes 笛卡尔 107, 116
  and epistemologised philosophy 与认识论哲学 97–8, 108
  and freedom 与自由 272–3
  for Hobbes 霍布斯 83–4, 134, 204, 263
  for Kant 康德 52–6, 97, 121
  and law 与法律 83, 273, 281
  and the legal system 与法律系统 226–7
  and political space 与政治领域 154
  for Rousseau 卢梭 84, 204, 263
  and the sovereign 与主权者 83–4
  and the state of nature 与自然状态 202, 205
  and the subject 与主体 84
  theory of 的理论 52, 55
  see also internal morality 也见内在道德

Nachahmung 模仿力 151
Nachvollziehung 理解力 151
natural law 自然法 35, 38, 88, 150–52, 174, 178, 189
  and civil law 与民约法 206
  for Hart 哈特 291
  for Hobbes 霍布斯 197, 219
  and theology 与神学 161
natural science 自然科学 102, 174, 183, 190
  and legal science 与法律科学 188
  and mathematics 与数学 159–60, 173
  and rationality 与理性 213
nature 自然
  and nominalism 与唯名论 46
  science of 的科学 97, 173
  three dimensions of 的三个维度 41–4
  see also laws of nature; state of nature 也见自然法、自然状态
normative density 规范强度 271–3,

275-9, 281, 284, 299
neoliberalism 新自由主义 113
Neoplatonic theory 新柏拉图主义理论 14, 18
Noll, Peter 彼得·诺尔 232-3
nominalism 唯名论 10, 24, 35, 46, 65
    for Aquinas 阿奎纳 10, 38
    for Descartes 笛卡尔 11, 59, 61-3, 116, 150
    for Duns Scotus 邓斯·司各脱 14
    and God 与上帝 13-14, 21, 25, 29, 32, 59, 109-10, 115, 120
    for Hobbes 霍布斯 41-2, 45, 48, 78, 127, 205, 262
    for Kant 康德 52
    and legalism 与法律主义 110
    metaphysics of 的形而上学 11-13, 35, 38, 115, 158, 161
    and obligation 与义务 35
    for Ockham 奥卡姆 15··17, 35-6
    and philosophy 与哲学 13-16, 24
    and realism 与唯实论 12-13, 29-30
    for Rousseau 卢梭 201
    and secularisation 与世俗化 212
    and sovereignty 与主权 166-8
    and the state of nature 与自然状态 46
    for Suarez 苏亚雷兹 38
    and subjectivism 与主观主义 13
    and theology 与神学 20-21, 60, 199
    theories of 的理论 149
    and universals 与共相 60

non-jusnaturalistic theories of law 非自然主义法律理论 196-7
normativity 规范性 49, 109
    for Descartes 笛卡尔 118
    and freedom 与自由 127-30, 280
    and God 与上帝 36
    for Kant 康德 52, 54
    and legalism 与法律主义 24
    and legitimation 与正当化 197
    and metaphysics 与形而上学 115
    for Rousseau 卢梭 202
    and the sovereign 与主权 193-4
    and the state of nature 与自然状态 41
    for Suarez 苏亚雷兹 38-9

Oberman, Heiko 黑科·奥伯曼 10-11
obligations 义务 35, 51, 54
Ockham, G. 奥卡姆 17-19, 29, 36, 57, 60, 62
    logical method of 的逻辑方法 26
    and nominalism 与唯名论 15-17, 35-6
    on the omnipotence of God 关于上帝全能 21, 31, 118
    theory of reality 实在论 19-20
    and universals 与共相 16-18, 20, 27
Olympian view 奥林匹克式观点 69, 268, 288-9, 293
omnipotence of God 上帝全能 11, 14-15, 20, 21-32, 35, 63, 115, 120, 159, 212-13, 222

for Duns Scotus 邓斯·司各脱 24
and nominalism 与唯名论 25, 29, 59, 115–16
and normativity 与规范性 36
for Ockham 奥卡姆 21, 31, 118
for Pufendorf 普芬道夫 51
for Suarez 苏亚雷兹 38–9
and universals 与共相 31, 117
open questions 开放式问题 147–8
'optimisers' 优化主义者 113

papacy, the 教皇 163–5, 167, 169
paradox of democracy 民主悖论 214
peace 和平 79–80, 208
Percy, Walker 沃克·珀西 73
Perelman, Chaïm 沙依姆·佩雷尔曼 106–7, 110–12, 114, 290
   and Cartesian rationality 与笛卡尔理性 101–5
   and normativity 与规范性 109
   theory of justice 正义理论 123–4
Perfektionsbegriff 完美理念 94, 288, 290
philosophy 哲学 11
   and God 与上帝 21
   and mathematics 与数学 161, 173–5
   and nominalism 与唯名论 13–16, 24
   synthesis of 的综合 24
   and theology 与神学 24, 168
phronesis 实践智慧 231–2
Planiol, M. 普拉尼奥尔 249
Plato 柏拉图 14, 18, 214

polis, the 城邦 39–40, 120, 153, 171
political Augustinianism 政治奥古斯丁主义 163
political philosophy 政治哲学 212
political rights 政治权利 208–10, 216, 223–4, 288
political society 政治社会 39–40, 47, 50
political space 政治领域 44, 54–5, 88, 133, 136, 144, 208, 214
   creation of 的创建 83, 121, 142, 153, 155
   and freedom 与自由 215
   institutionalisation of 的制度化 170
   and legislation 与立法 198
   and modern philosophy 与现代哲学 201
   and morality 与道德 154
   operationalism of 的行动主义 204
   organisation of 的组织 132, 171, 206, 212, 219, 221
   regulation of 的规制 263
   for Rousseau 卢梭 47, 155
   and the social contract 与社会契约 146
   and sovereignty 与主权 216
   and strong legalism 与强法律主义 211
politics 政治 1–2, 6, 116, 150
   for Aristotle 亚里士多德 144
   and conflict 与冲突 211
   and nominalism 与唯名论 41

separation from law 从法律中分离 143-7, 190
    for Suarez 苏亚雷兹 39
positivism 实证主义 9, 182, 185, 196
potentia absoluta 绝对权力 25
potentia ordinata 常规权力 25-6
power 权力
    duties of 的责任 284-8
    legislative forms of 的立法形式 287-8
    representation of 的表现 194-5
    separation of 的分离 195, 252
Protestantism 新教 9-11, 167
proxy theory of legitimation 正当化的委托理论 201-4, 206-7, 213, 216-17, 262, 264, 270, 278, 289
    and freedom 与自由 220-21, 258, 266
    and the legislator 与立法者 204
    and the sovereign 与主权者 217, 219, 227
    and strong legalism 与强法律主义 201, 219
    and trade-off theory 与权衡理论 223-9
prudence 审慎 120, 231-2
prudentia legislatoria 立法审慎 231-2
Puchta, Georg 格奥尔格·普赫塔 179-81, 183-5, 187-9
Pufendorf, Samuel 塞缪尔·普芬道夫 38, 49-51, 57-8, 175-6
    theory of normativity 规范性理论 49, 51-2

rational choice 理性选择 95, 113, 125, 142, 162, 198, 200-201, 210
rational legislation 理性立法 2, 4
    and 'legisprudence' 与立法法理学 232, 241, 293, 298
rationalism 理性主义 11
    for Aquinas 阿奎纳 36, 39
    for Descartes 笛卡尔 11, 57
    and freedom 与自由 115, 118
    and individualism 与个人主义 115
    for Suarez 苏亚雷兹 37-8
'rationalistic fallacy' 理性谬误 94-9, 106
rationality 理性 3-5, 91, 105-8, 111, 114, 120, 238, 268
    for Aristotle 亚里士多德 91-2, 102-3
    for Descartes 笛卡尔 3, 92-4, 99-105, 107-8, 110-13, 237, 268, 293-4
    and epistemologised philosophy 与认识论哲学 109, 143
    and God 与上帝 30
    for Husserl 胡塞尔 99-101
    and legislation 与立法 288, 298, 306-7
    and the legislator 与立法者 214, 289
    and mathematics 与数学 161
    and natural science 与自然科学 213

Olympian view of 的奥林匹克式观点 268,288-9,293
for Perelman 佩雷尔曼 101-4
and reasonableness 合理性 110-14
for Rousseau 卢梭 203
and rules 与规则 162-3
and the social contract 与社会契约 290
and the subject 与主体 102,106,108
and truth 与真理 112
see also bounded rationality 也见有限理性

Rawls, John 约翰·罗尔斯 55,132-3, 135,291-2
Raz, Joseph 约瑟夫·拉兹 228,260-61
realism 唯实论 14,15,25,96
    for Descartes 笛卡尔 150
    and God 与上帝 29
    and nominalism 与唯名论 12-13,29-30
    for Suarez 苏亚雷兹 37-8
    theories of 的理论 149
    and universals 与共相 18
reality 实在
    knowledge of 的知识 95-6,149
    and legalism 与法律主义 152
    representation of 的表现 150-52
    and strong legalism 与强法律主义 194
    theory of 的理论 19-20,96,150,161

reason 理性 102-3,105,107,268
reasonableness 合理性 102-3,105,306
    and rationality 与理性 110-14
reflexivity 自反性 129-31,199
Reformation 宗教改革 167-8
religion 宗教 52,168-9
'representation-construction' 表现-建构 151-3
'representation-creation' 表现-创造 169
'representation-reproduction' 表现-再现 151-3,169
representationalism 表象主义 149,153, 163,172-4,185,193,218,236,289
    and strong legalism 与强法律主义 140,147-53,188-9,194
Ricoeur, Paul 保罗·利科 68-9,73, 76,108-9
Riemann, Mathias 马蒂亚斯·黎曼 178-9
Roman Catholic Church 罗马天主教 163-7
Roman law 罗马法 35,175,177-9,186
    and the German Historical School 与德国历史学派 182,187
    and German private law 与德国私法 187
    and legal science 与法律科学 175-6, 181,191
Rorty, Richard 理查德·罗蒂 144
Rousseau, Jean-Jacques 让-雅克·卢

梭 47,89,142,144,170-72,222

on conflict 关于冲突 78-83,135-6, 143,257

on economics 关于经济 154

on freedom 关于自由 121,202,204, 206-7,210,223

on morality 关于道德 84,204,263

on natural laws 关于自然法 121

and nominalism 与唯名论 201

and normativity 与规范性 202

on political rights 关于政治权利 208-10

on political space 关于政治领域 47, 155

and rationality 与理性 203

on religion 关于宗教 168

on rules 关于规则 259

on the self 关于自我 89

on the social contract 关于社会契约 154-6,158,162,175,197,204, 206,210,262,284

on social space 关于社会领域 203

on the sovereign 关于主权者 207

on sovereignty 关于主权 213-14

on the state 关于国家 257

on the subject 关于主体 206-7

on voting processes 关于投票过程 157

RS-model "规则+制裁"模型 272,277, 299-300

rules 规则 5,85-8,90,137,224-5

and conflict 与冲突 80,88-9,146, 257

and freedom 与自由 272

for Hart 哈特 86,260,271,285,287

for Hobbes 霍布斯 259

and the judge 与法官 146

and law 与法律 145,224

and legislation 与立法 3

models of 的模型 79

primary and secondary types of 的初级和次级类型 284-7

and rationality 与理性 162-3

for Rousseau 卢梭 259

and the sovereign 与主权者 142,145, 206

and strong legalism 与强法律主义 140,259

for Suarez 苏亚雷兹 39

for Weber 韦伯 139

Ryle, Gilbert 吉尔伯特·莱乐 96

Sager, L. G. 萨格尔 241

sanctions 制裁 5,227,262,271,273-7, 279,299-300; see also RS-model 也见 "规则+制裁"模型

Sandhaufentheorem 沙堆原理 81

'satisficers' 满足主义者 113-14

Savigny, Friedrich Carl von 弗里德里希·卡尔·冯·萨维尼 174,177-80,187,189-90

Schmitt, Carl 卡尔·施米特 212

secularisation 世俗化 212
self 自我 69-72,74-7,132
  conception of 的概念 3,72-3,78,89
  for Hobbes 霍布斯 89
  the 'I' of 的主我 71-2,75-7,104,130
  the 'me' of 的客我 71-2,75-7,104,130
  and others 的他人 76-8
  for Rousseau 卢梭 89
  and social interaction 与社会互动 85
self-consciousness 自我意识 71,77,116
self-revealing rationality 自我显示的理性 102,105,109-10
Shklar, Judith Nisse 朱迪斯·尼塞·施克莱 39,57,146,193,263
Simon, Herbert 赫伯特·西蒙 113-14,268,290
Smith, Adam 亚当·斯密 154
social contract 社会契约 4,44,48-50,161,194,201,206-7,209
  for Hobbes 霍布斯 162,175,197,204,210,262
  for Kant 康德 171,198,262
  and legitimacy 与正当性 198
  and legitimation 与正当化 201,211
  and political space 与政治领域 146
  and rationality 与理性 290
  for Rousseau 卢梭 154-6,158,162,175,197,204,206,210,262,284
  and the sovereign 与主权者 84,195,200,219
  and sovereignty 与主权 212
  and strong legalism 与强法律主义 145-6
  and the subject 与主体 206-7
  theories of 的理论 145,199,256
  and time 与时间 153-5
social interaction 社会互动 5,42,44,47,68-71,79,82,88-9,104,135-8,264-5
social relations 社会关系 69,83,89,136-7,204,262-3
social space 社会领域 47,88,136,144,203
social subject, the 社会主体 3,5,76,257
Socrates 苏格拉底 19
sovereign, the 主权者 2,90,118,156,212-13,215,222
  and civil law 与民约法 151,201
  and conflict 与冲突 78-9
  and freedom 与自由 126,219,223
  and God 与上帝 213
  for Hobbes 霍布斯 130,152,202,207-8,214,219
  for Kant 康德 213-15
  and law 与法律 88,156,170,205
  and the laws of nature 与自然法 127,151,201,205
  and legitimation 与正当化 4,217,219-20,227

and meaning 与意义 88-9
and modern philosophy 与现代哲学 216
and morality 与道德 83-4
and normativity 与规范性 193-4
organisation of 的组织 195
and political power 与政治权力 41, 224
and political rights 与政治权利 208-9, 224
for Rousseau 卢梭 207
and rules 与规则 142, 145, 206
and the social contract 与社会契约 84, 195, 200, 219
and tyranny 与专制 219
sovereignty 主权 2, 9
concept of 的概念 212-13, 216
for Hobbes 霍布斯 168, 213-14
and legal theory 与法律理论 215
limitations on 上的限制 224
and nominalism 与唯名论 166-8
and the papacy 与教皇 163-5, 167, 169
and political Augustinianism 与政治奥古斯丁主义 163
and political space 与政治领域 216
for Rousseau 卢梭 213-14
and the social contract 与社会契约 212
and strong legalism 与强法律主义 214

Spinoza, Baruch 巴鲁赫·斯宾诺莎 169
Spitz, Elaine 伊莱恩·斯皮茨 268-9
state, the 国家
for Hobbes 霍布斯 169, 257
and law 与法律 177
theories of 的理论 97, 169, 171-2
state of nature 自然状态 45, 126, 153, 171, 201-3, 205
strong legalism 强法律主义 136, 139-41, 172, 218, 221, 269
and epistemologised philosophy 与认识论哲学 140-43, 150
and etatism 与国家主义 163, 170, 172
and instrumentalism 与工具主义 158-9, 172, 225, 264-5, 277
and law 与法律 225
and legal science 与法律科学 188, 194
and legality 与合法性 193
and the legislator 与立法者 140
and legitimacy 与正当性 196, 270
and legitimation 与正当化 201, 219
and modern philosophy 与现代哲学 143, 172, 268
and political rights 与政治权利 216
and political space 与政治领域 211
and reality 与实在 194
and representationalism 与表象主义 140, 147-53, 188-9, 194

and rules 与规则 140,259
for Shklar 施克莱 263
and the social contract 与社会契约 145-6
and sovereignty 与主权 214
time dimension of 的时间维度 210
Suarez, Francisco 弗朗西斯科·苏亚雷兹 35,37-41,57
subject, the 主体 3-4,69,74-5,104
and conflict 与冲突 78,87
for Descartes 笛卡尔 64-5,69,76
and freedom 与自由 109,206,221-2
individuality of 的个体性 93
and legitimacy 与正当性 196
and modern philosophy 与现代哲学 106,109
and morality 与道德 84
and rationality 与理性 102,106,108
for Rousseau 卢梭 206-7
and the social contract 与社会契约 206-7
and truth 与真理 112
universalisation of 的共相化 65
subjectivism 主观主义 13
suppositio theory 指代理论 1
synchronic coherence 共时融贯性 242-4,251,267
system coherence 系统融贯性 247-52

Taylor, Charles 查尔斯·泰勒 76,109,133

temporality, principle of 暂时性原则 5,267,269,271,282,302-3
Ten Commandments 十诫 33-6,38,52,115,118,197
theology 神学 11,15,24,166
and morality 与道德 54
and natural law 与自然法 161
and nominalism 与唯名论 20-21,60,199
and philosophy 与哲学 24,168
theory dependence 理论依赖 253
Thibaut, Anton 安东·蒂博 177
Time 时间
and legislation 与立法 155-7,267
and the social contract 与社会契约 153-5
Timelessness 永恒性
and legal validity 与法律的有效性 153-5,189-90
and strong legalism 与强法律主义 159,170
Tornay, S. C. 托尔内 20
totalitarianism 极权主义 172,213-16
trade-off model of legitimation 正当化的权衡模式 4,219,270,276
and freedom 与自由 220,258,266,276
and 'legisprudence' 与立法法理学 219
and proxy theory 与委托理论 223-9
transcendence 先验 91-2,189,199

transcendental ego 先验自我 67-9,73,
  76-7,107-8,132
transcendental experience 先验经验 66
transcendental philosophy 先验哲学 15,
  107
Tribonianus 特里波尼安 176
truth 真理 23,27-8,55,59,82,91,95,
  106-8
  for Aristotle 亚里士多德 91-2
  for Descartes 笛卡尔 61-7,69,80-
    81,92-4,105,146,149,160
  and free will 与自由意志 119
  and rationality 与理性 112
  and the subject 与主体 112
tyranny 专制 219

Unger, Roberto 罗伯托·昂格尔 142
universal laws 普遍法 53,56,67
universality 普遍性 71,101,109,113,
  153-4,159,203
universals 共相 14,18-19,27,31,40,
  71,120,159-60
  and God 与上帝 19-20,26,31,35,
    40,115,199
  and nominalism 与唯名论 60
  for Ockham 奥卡姆 16-18,20,27
  ontological status of 的本体论地位
    18-19
  reality of 的实在 19
  and singularity 与殊相性 20

value judgements 价值判断 99,143-7,
  159-60,162,298
value pluralism 价值多元主义 292
'vertical' obligations 纵向义务 35
Villey, Michel 米歇尔·维利 35
vocal language 有声语言 70
Volksgeist 民族精神 177,179,181,183-
  4,186
voluntarism 唯意志论 37-9
voting processes 投票过程 157

Waldron, Jeremy 杰里米·沃尔德伦
  292
war 战争 79-82,204-5,210-11,220
Weber, Max 马克斯·韦伯 9-10,68-
  9,73,106,261-2
  on conflict 关于冲突 80,84
  on legalism 关于法律主义 9,217
  on legitimacy 关于正当性 193
  on rules 关于规则 139
Western philosophy 西方哲学 22,166
Wieacker, F. 维亚克 185
Willensmacht concept 公意概念 192
Windscheid, Bernard 伯纳德·温德沙
  伊特 181,183,188
Wittgenstein, Ludwig 路德维希·维特
  根斯坦 63,87,122
Wrede, Franz von 弗朗茨·冯·弗雷
  德 231

图书在版编目（CIP）数据

立法法理学：立法中的实践理性/（比）吕克·J.温特根斯著；姜廷惠，陈一宏译. — 北京：商务印书馆，2024
（立法学经典译丛）
ISBN 978-7-100-23571-6

Ⅰ. ①立… Ⅱ. ①吕… ②姜… ③陈… Ⅲ. ①立法—法理学—研究 Ⅳ. ① D901

中国版本图书馆 CIP 数据核字（2024）第 062303 号

权利保留，侵权必究。

立法学经典译丛
立法法理学
立法中的实践理性
〔比〕吕克·J.温特根斯　著
姜廷惠　陈一宏　译

商 务 印 书 馆 出 版
（北京王府井大街36号　邮政编码100710）
商 务 印 书 馆 发 行
南京新世纪联盟印务有限公司印刷
ISBN 978-7-100-23571-6

2024年8月第1版　　开本 880×1240 1/32
2024年8月第1次印刷　印张 16 5/8

定价：98.00元